공기업법

홍준형

박영사

공기업은 국민 생활에 필수불가결한 기능과 서비스를 제공해 주고 있다. 국민경제의 주역으로 다양한 서비스를 제공하고 있다. 에너지, SOC 등 국민생활에 필수적인 공공서비스를 제공하고(전력공사, 수자원공사, 석유공사, 도로공사, 인천공항공사 등), 의료, 사회복지 서비스 및 보증·보험 등의 연기금 관리·운용을 담당하며(국립암센터, 대한적십자사/국민건강보험공단, 국민연금공단 등), 또 국민생활 안전 확보를 위한 서비스를 제공하고(한국시설안전공단, 선박안전기술공단, 한국철도시설공단 등), 국가적으로 중요한 분야의 개발 및 진흥업무를 위탁받아 집행하는 등(한국디자인진흥원, 한국인터넷진흥원, 한국발명진흥회 등) 각 분야에서 중요한 임무를 수행하고 있다. 이들 공기업이 없었다면 대한민국의 오늘이 가능했을까. 공기업은 자본과 기술이 극히 부족하던 시절 국가 기간산업 육성, 사회간접자본의 확충, 투자자본의 조달 등 경제발전에 핵심적인 역할을 담당했다. 공기업이 없었다면 한시라도 오늘의 삶 자체가 불가능할 정도이다. 한국에 대해 제3세계 관료들이 부러워하는 것 중 하나가 공기업임을 알고 있는가.

사람들이 공기업에 대해 가지는 기대는 그만큼 크고 결코 절하되지 않는다. 공기업, 그 넓은 개념인 공공기관이 국민생활에 불가결한 요소가 된 것은 바로 정부서비스의 연장(extension of government service)이기 때문이다. 그러나 공공기관이 정부기능의 연장이라는 측면은 종종 무시되거나 소홀히 다뤄지는 경향이 있다. 정치적 정부, 행정부의 역할이 늘 전면에 부각될 뿐만 아니라 국가나 정부란 바로 그런 형상, 즉 입법, 행정, 사법이라는 생각이 고정관념처럼 뿌리내렸기 때문일 것이다. 그러나 이제 공공기관이 국민을 위한 정부서비스와 국민경제의 주역이라는 양면적 역할을 하고 있다는 사실을 직시해야 한다.

정부에 대해서는 법의 지배를 요구하지만 공공기관에 대해서는 미처 그런 생각에 미치지 못하는 경우가 많은 것 같다. 행정부는 법치행정의 원칙에 의해 제약을 받을 뿐만 아니라 그런 관점에서 국민의 감시와 통제를 받게 된다. 그러나 공공기관은 그것이 정부기능의 연장임에도 불구하고 법치행정의 원칙에 지배되는 대상이 아닌 듯 일종의 사각지대처럼 시야에서 벗어나기 일쑤이다. 그런 까닭에 공공기관은 행정부보다도 훨씬 더 많이 법치 리스크에 노출되어 있다. 그리고 그럼에도 불구하고 법적 리스크에 대한 대비가 제대로 되어 있지 못한 경우가 많다. 공공기관은 행정부보다도 더 많고 더 빈번히 법적 리스크에 대한 취약점(vulnerability)을 안고 있다. 이 책은 바로 이 점에 착안하여 공공기관이 그 법적 리스크를 어떻게 대처해 나가야 하는지를 제시하고자 한다. 공공기관의 법무관리와 법적 리스크에 대한 대응은 특히 공공기관의 리더십의 필수요소로서 공공기관 임직원들이 해결해야 할 핵심과제라는 믿음에서 이 책을 구상하고 또 상재하게 되었다. 서울대학교 행정대학원의 공기업정책학과를 거쳐간 학생들, 모처럼 절호의 기회로 공부하고 있는 중견간부들, 공기업리더십 과정의 학생들을 위해 도움이 되었으면 한다.

2021년 봇들마을의 봄을 기다리며
홍 준 형

차례

제1부　서론

제2부　공공기관의 법무관리: 과제와 대응

제3부 공공기관법의 주요 분야

제1부 / 서 론

I. 공기업법(공공기관법)이란 무엇인가?

1. 개념

'공기업' 하면 우선 한국전력공사, 수자원공사, 토지주택공사, 도로공사, 석탄공사 같은 공사들이 떠오른다. 이들은 국가라는 공적 손이 공기업을 통해 경제 활동을 하는 사례들로 이를 통틀어 공기업이라 부를 수 있다. 다른 한편 공기업은 대부분 종래 정부가 수행해오던 공적 기능을 물려받아 그 연장선상에서 또는 그 확장형으로 수행한다는 점에서 정부기능의 연장 또는 확장이라는 의미를 가진다. 그런 뜻에서 공기업은 경제적 단위로서 그리고 공행정의 형성수단으로서 야누스머리(Januskopf)를 갖고 있다.[1]

공기업법, 정확히는 공공기관법은 공공기관을 규율하는 법의 총체를 말한다. 공공기관법은 사실 새롭지는 않지만 기존의 법학, 특히 행정법이나 경제법 영역에서는 새롭게 발전되기 시작한 일종의 신흥법영역이다.

2. 공공기관을 규율하는 법의 체계와 구조

공공기관을 규율하는 법은 헌법을 최상위 규범으로 한 일련의 법령들로 이루어진다. 헌법은, 특히 기본권 조항들과 함께 '경제헌법'으로 불리는 헌법 제9장의 경제조항들(제119조−제127조)이 중요한 의미를 가지는데, 말할 나위도 없이 공공기관을 규율하는 모든

---

[1] Jürgen Becker, Öffentliche Unternehmen als Gegenstand des Wirtschaftsverwaltungsrechts, DÖV 1984, 313.

법령들을 아우르며 그 법체계적 근거와 한계가 된다.

공공기관에 관한 일반법으로서 가장 중추적인 역할을 하는 것은 「공공기관의 운영에 관한 법률」(약칭: 공공기관운영법)이며 지방공기업에 관해서는 별도로 「지방공기업법」이 규율하고 있다. 공공기관은 재정, 감사 등에 관하여 「공공감사에 관한 법률」, 「국가재정법」 등 예산회계 관련 법령, 「공공기관의 회계감사 및 결산감사에 관한 규칙」(감사원규칙) 등의 규율을 받는다.

공공기관에 관한 지침은 2018년 3월 이전에는 조직과 정원에 관한 지침, 인사운영에 관한 지침, 임금피크제 권고안 등 32개의 지침이 있었으나, 기획재정부는 2018년 3월 8일 공공기관운영위원회를 개최하여 '공기업·준정부기관 경영 및 혁신에 관한 지침 전면 개정안' 등 7개 지침 개정안을 심의·의결하여 총 15개로 지침을 통폐합하였다. 공공기관 예산과 결산에 관한 지침은 매년 기획재정부에서 작성되는 「공기업·준정부기관 예산집행지침」과 「공기업·준정부기관 예산편성지침」, 「공기업·준정부기관 회계사무규칙」, 「공기업·준정부기관 회계기준」 등이 있다. 그 밖에 공공기관 관련 지침으로 「공기업·준정부기관 임원 보수지침」, 「공공기관의 통합공시에 관한 기준」, 「민영화등 공공기관 선진화방안 추진에 따른 매각업무 일반기준」이 있다.

「한국전력공사법」, 「한국도로공사법」, 「한국철도공사법」(「철도산업발전기본법」 제21조 ③), 「한국수자원공사법」, 「한국토지주택공사법」 등 별도의 단행법으로 설치된 공공기관들은 그 해당 설치법령의 규율을 받는다. 그 밖에도 그 공공기관으로서의 지위를 근거로 하여 「공공기관의 정보공개에 관한 법률」, 「개인정보보호법」, 「정부기관 및 공공법인 등의 광고시행에 관한 법률」(약칭: 정부광고법) 등의 적용을 받는다.

아울러 공공기관은 그 업무와 관련하여 민간업체들에게 사업이나 용역을 발주하는 발주자의 지위에서 계약사무에 관해 「공기업·준정부기관 계약사무규칙」(기획재정부령), 「국가를 당사자로 하는 계약에 관한 법률」(국가계약법), 「지방자치단체를 당사자로 하는 계약에 관한 법률」(지방계약법) 등의 규율을 받게 된다. 또한 기획재정부의 지침 「공기업·준정부기관 계약사무규칙」, 「기타공공기관 계약사무 운영규정」의 적용을 받는다.

또 2019년 3월 신설된 「공공기관의 운영에 관한 법률」 제15조에 따른 공공기관 사업 및 시설의 안전관리에 관한 사항을 명시한 「공공기관의 안전관리에 관한 지침」, 「공공기관의 운영에 관한 법률」에 따라 공기업·준정부기관의 자율·책임경영체계 확립을 위해, 매년도 경영노력과 성과를 평가하는 경영평가에 관련된 평가기준, 평가지표(가중치 포함), 세부평가내용, 평가방법 등을 명시한 「공공기관 경영평가편람」, 공기업·준정부기관 경영평가를 받기 위해서 필요한 경영실적보고서를 작성하는 기본원칙 등을 명시한

「경영평가보고서 작성지침」이 있다.

「공공기관의 운영에 관한 법률」 제40조제3항 및 같은 법 시행령 제25조의3제6항에 따라 공공기관 중 공기업·준정부기관은 신규 투자사업 및 자본출자에 대한 예산을 편성하기 위하여 시행령이 정하는 바에 따라 미리 예비타당성조사를 실시하여야 한다.

공공기관은 일정한 경우 행정청의 지위에 서게 되며 그 한도 내에서 「행정절차법」, 「행정심판법」, 「행정소송법」 등 행정법의 규율을 받게 된다.

또한 공공기관은 정부를 대신해서 공공서비스를 제공하면서도 여느 기업처럼 시장 참여자의 지위에서 일반 기업과 마찬가지로 민법, 상법 등 민상사법령은 물론 「독점규제 및 공정거래에 관한 법률」(약칭: 공정거래법) 등 경제법적 규율을 받게 된다.

한편 공공기관의 구성원은 공무원은 아니더라도 벌칙 적용에서 공무원으로 의제되거나 공직자의 지위에서 법적 규제나 처벌의 대상이 되는 경우가 많다.

전자는 「한국토지주택공사법」 제25조처럼 「공공기관의 운영에 관한 법률」 제53조에 해당하는 임직원과 임원추천위원회위원으로서 공무원이 아닌 사람은 「형법」 제129조부터 제132조까지의 규정의 적용에서는 공무원으로 본다고 규정하는 경우가 대표적인 예이다. 공공기관의 설치법에서 이와 같은 공무원 의제조항을 두는 경우가 많다.

후자의 예로는 소위 '김영란법'이라 불리는 청탁금지법(「부정청탁 및 금품등 수수의 금지에 관한 법률」) 제2조 제1호 다목에 따른 공공기관 구성원으로서 법적 규제와 처벌 등 제재의 대상이 되는 경우, 부패방지법(「부패방지 및 국민권익위원회의 설치와 운영에 관한 법률」) 제2조 제3호 나목에 따라 공직유관단체의 장 및 그 직원이 공직자로서 업무상 비밀 이용죄의 처벌 대상이 되는 경우(§§86 및 7의2)를 들 수 있다. 또 공직윤리법 제3조 제1항 제10호에 따라 「공공기관의 운영에 관한 법률」에 따른 공기업의 장·부기관장·상임이사 및 상임감사가 재산 등록이나 공개 의무를 지고 공기업이나 지방공기업 등이 공직유관단체로 지정되어 규제나 처벌의 대상이 될 수 있다(§3의2).

II. 공기업과 공공기관

1. 공기업

1.1. 공기업의 개념

공기업의 개념은 공기업을 다루는 학문 분야, 즉 행정학, 행정법학, 경영학, 경제학

등에 따라 상이하고 또 논란되기도 한다. 공기업의 개념요소는 공행정주체가 직접 또는 간접적 경영주체로 등장하며, 공공의 이익(공익성)과 수익성을 추구하는 기업이라는 데 있다. 수익성은, 특히 준시장형 공기업의 경우 절대적인 기준은 아니고 수익성의 요소를 경영 또는 재정의 건전성, 지속가능성 등으로 탄력적으로 파악할 필요도 있다. 하지만, 공기업은 공익성 못지않게 기업성을 떠나서 생각할 수 없다. 그런 맥락에서 지방공기업법은 제3조에서 제1항에서 지방공기업은 항상 기업의 경제성과 공공복리를 증대하도록 운영할 것을 경영의 기본원칙으로 명시하고 있다. 이와 같이 공기업의 기업성을 감안할 때 수익성을 전적으로 무시할 수는 없을 것이다. 공기업의 개념 중 중요한 것을 살펴보면 다음과 같다.

1.1.1. 형식적 공기업개념과 실질적 공기업개념

형식적 공기업개념은 설립주체에 착안한 개념이다. 공행정주체가 단독으로(주식회사 형태인 경우 지배적으로) 설립·운영하는 경우가 전형적인 경우지만, 공사혼합형도 있을 수 있다. 공행정주체가 기업활동에 관여하지 아니 하고 단순히 주식만 보유하는 경우에는 재정재산일 뿐 공기업의 범주에는 들어가지 않는다.

실질적 공기업개념은 공공의 이익 증진이라는 공적 목적을 위하여 사실상 또는 법적으로 독립성을 가지고 생산, 유통, 용역 등 경제적 활동에 참여하는 조직체라고 정의될 수 있다. 이러한 의미에서 공기업은 수익성을 추구하지만 어디까지나 공공의 이익을 실현하기 위한 것이라는 점에서 담배사업과 같이 국가의 재정수입을 확보할 목적에서 행하는 사업은 공기업에서 제외된다.

1.1.2. 공기업개념의 범위

공기업의 개념에 관하여는 적어도 다음 세 가지의 관점이 고려될 수 있을 것이다. 첫째, 국가 또는 공공단체가 경영하는 모든 '사업'을 공기업으로 보는, 즉 주체만을 기준으로 공기업을 정의하려는 입장(광의설), '급부주체가 직접 국민에 대한 생활배려를 위하여 인적·물적 종합시설을 갖추어 경영하는 비권력적 사업'으로 정의하는 입장(협의설), 그리고 주체, 목적, 수익성을 기준으로 '국가 또는 공공단체가 직접 사회공공의 이익을 위하여 경영하는 기업'을 공기업으로 보는 입장(최협의설: 다수설)[2]이 그것이다. 최협의설

---

2) 김남진·김연태교수(행정법 II, 408)는 공기업을 '국가·지방자치단체 및 그에 의해 설립된 법인이 사회공공의 이익을 위하여 직접 경영하거나 경영에 참가하는 기업'이라고 정의하여 최협의설에 동조하면서도, 특허기업에 대해서는 기업예산회계법, 정부투자기관관리기본법, 지방공기업법 등

이 다수설이지만, 최협의설을 취하면서 국가 또는 공공단체가 직접 경영하거나 경영에 참가하는 기업으로 범위를 다소 넓히기도 하고, 수익성 유무를 불문하고 '공공주체가 소유 혹은 기타 참여지분을 통해 지배적인 영향력을 행사할 수 있는 모든 독립적 생산단위'로 정의하는 경우도 있다.[3]

1.1.3. 제도적 공기업개념

실정법상 공기업이란 용어는 「공공기관의 운영에 관한 법률」(이하 "공공기관운영법"이라 한다.)과 지방공기업법에서 사용하고 있다.

지방공기업법은 '지방자치단체가 직접 설치·경영하거나, 법인을 설립하여 경영하는 기업'을 대상으로 하며, 제3조에서 제2조에 따라 지방직영기업, 지방공사 및 지방공단을 '지방공기업'이라 부르고 있다.

1.2. 공기업의 종류

공기업은 경영주체를 기준으로 국영기업과 공영기업, 또는 국영공비기업, 특수법인 기업 등으로, 독점성의 유무를 기준으로 독점기업과 비독점기업으로 각각 분류된다.

1.3. 공기업의 유형과 법적 특성

공기업의 유형은 다양하다. 우선 경영주체를 기준으로 보면 국영기업과 공영기업, 국영공비기업, 특수법인기업 등으로 분류된다. 독점성의 유무를 기준으로 하면 독점기업과 비독점기업으로 분류되며, 법적 형식에 따라서는 정부기업(국영기업), 공법상 영조물 법인·공법상 사단, 공단, 공금고 등으로 분류된다.

주요법률이 적용되지 않기 때문에, 최협의설이 공기업에 사기업인 특허기업을 포함시키는 것은 옳지 않다고 한다. 또 공기업의 전부를 공공단체로 보는데 대하여도 최협의의 공기업에 사법인 기업(한국감정원·국정교과서주식회사, 포철 등)이나 공사혼합법인 기업(한국종합화학공업주식회사·한국기술개발주식회사 등)이 포함되어 있다는 것을 이유로 반대하고 있다.
 3) 이원우, "민영화에 대한 법적 논의의 기초", 한림법학포럼 제7권, 1998, 228.

1.3.1. 경영주체에 따른 분류

(1) 국영기업 또는 정부기업

행정주체에 의한 직영공기업(Eigenbetrieb)이 대표적인 경우이다. 국영기업 또는 '정부기업'(정부기업예산법 §2)이란 국가가 직접·간접으로 경영하는 사업중 정부부처의 형태를 가진 기업(국영사업·관영사업·행정청형기업)을 말한다. 국가가 자기의 경제적 부담에 의하여 스스로 관리·경영하는 기업으로서 정부기업예산법은 '정부기업'을 '기업형태로 운영하는 우편사업, 우체국예금사업, 양곡관리사업 및 조달사업'으로 정의하고 있다(§2).[4]

(2) 공영기업 또는 지방공기업

「지방공기업법」상 공기업은 '지방자치단체가 자기의 경제적 부담으로 직접 설치·경영하거나, 법인을 설립하여 경영하는 기업'으로서 지방직영기업과 지방공사, 지방공단을 포함하는 개념이다(지방공기업법 §2 ①).[5] 지방공기업은 지방자치단체가 직접 설치·경영하는 사업으로서 특별회계를 마련하여 독립채산제로 운영될 수도 있다. 그 경우 지방공기업법 외에 지방자치단체의 조례가 적용된다.

(3) 국영공비기업

국영공비기업이란 국가와 지방자치단체와의 협력에 의해 행해지는 공기업의 경영·관리의 한 형태로서 지방자치단체의 경비부담에 의하여 국가가 관리·경영하는 공기업을 말한다. 과거 지방자치단체의 일부 부담 하에 국가가 시행하는 농지개량사업이 이에 해당했으나(구 농촌근대화촉진법 §99), 오늘날에는 지방재정 여건상 국영공비기업의 예는 찾아보기 어렵다.

---

4) 과거에는 수도·전기·철도 사업이 정부기업에 속했지만 공사 형태의 공기업으로 전환되거나 민영화과정을 밟았다.

5) 지방공기업법은 1. 수도사업(간이상수도사업을 제외한다), 2. 공업용수도사업, 3. 궤도사업(도시철도사업을 포함한다), 4. 자동차운송사업, 5. 지방도로사업(유료도로사업에 한한다), 6. 하수도사업, 7. 주택사업, 8. 토지개발사업, 주택(대통령령으로 정하는 공공복리시설을 포함)·토지 또는 공용·공공용건축물의 관리 등의 수탁에 적용된다(§2 ①). 지방자치단체는 민간인의 경영 참여가 어려운 사업으로서 주민복리의 증진에 이바지할 수 있고, 지역경제의 활성화나 지역개발의 촉진에 이바지할 수 있다고 인정되는 사업, 체육시설업, 관광사업(여행업 및 카지노업은 제외) 등의 사업 중 경상경비의 50퍼센트 이상을 경상수입으로 충당할 수 있는 사업을 지방직영기업·지방공사 또는 지방공단이 경영하는 경우에는 조례가 정하는 바에 의하여 이 법을 적용할 수 있다(§2 ②).

(4) 독립법인에 의한 공기업(특수법인기업)

특수법인기업 또는 독립법인기업이란 국가 또는 지방자치단체에 의하여 독립된 법인으로 설립된 공기업(국가의 특수법인기업, 지방공사) 및 그에 준하는 기업을 말한다. 여기서 '그에 준하는 기업'에는 정부투자기관이 해당된다.

1.3.2. 독점여부에 따른 분류

공기업은 독점성의 유무를 기준으로 독점기업과 비독점기업으로 나뉜다. 우리 헌법상 제120조 제1항과 제126조에서 각각 중요자원의 국유화, 법률에 의한 사영기업의 국공유화의 가능성을 유보하고 있으므로 독점적 공기업을 예상하고 있다. 공기업은 종래 사업의 성질상 자유경쟁에 적절치 않거나(철도사업, 전기, 가스공급사업), 전국적으로 통일적인 역무제공이 요구된다는 점에서(우편사업, 전기전화사업 등) 독점성을 당연히 한 때도 있었으나, 공기업 민영화의 세계적인 흐름 속에서 점차 독점성이 폐지되거나 완화되어 가고 있다. 그리하여 우편사업의 경우처럼 여전히 법률상 사업경영권의 독점이 보장된 사업도 있으나(우편법 §2), 그 예는 현저히 줄고 있다.

1.3.3. 공기업의 법적 형식에 따른 분류

공기업은 정부기업(국영기업), 공법상 영조물법인·공법상 사단, 공단, 공금고 등 다양한 법적 형식을 취할 수 있다.

2. 공공기관

2.1. 공공기관의 개념

공공기관의 개념은 강학상·이론상 공기업 개념보다 넓고, 「공공기관의 운영에 관한 법률」에 실정화된 '공기업' 개념을 포괄한다.

'공공기관'은 종래 「정부투자기관 관리기본법」, 「정부산하기관 관리기본법」, 「공기업의 경영구조개선 및 민영화에 관한 법률」에서 규율하고 있었던 정부투자기관, 정부산하기관, 공기업 등이 「공공기관운영법」에서 공기업, 준정부기관 및 기타 공공기관으로 재분류되어 통합적으로 규율되었기 때문에 공기업의 상위개념으로 성립하게 된 개념이다.

'공공기관'이란 용어는 「공공기관운영법」뿐만 아니라 「공공기관의 정보공개에 관한 법률」, 즉 정보공개법 등 여러 법령에서 사용되고 있다. 하지만 그 개념의 범위는 해당 법률의 목적에 따라 한결같지 않고 또 통일되어 있지도 못하다. 가령 정보공개법은 제2조 제3호에 따른 "공공기관"은 공공기관운영법에 따른 공공기관보다 넓은 개념이다.

공공기관운영법은 '공공기관'을 제4조 제1항에 열거된 범주에 해당하는 기관을 대상으로 지정하도록 하고 있다. 즉 기획재정부장관은 국가·지방자치단체가 아닌 법인·단체 또는 기관으로서 다음 어느 하나에 해당하는 기관을 공공기관으로 지정할 수 있다(§4 ①).

1. 다른 법률에 따라 직접 설립되고 정부가 출연한 기관
2. 정부지원액(법령에 따라 직접 정부의 업무를 위탁받거나 독점적 사업권을 부여받은 기관의 경우에는 그 위탁업무나 독점적 사업으로 인한 수입액을 포함한다. 이하 같다)이 총수입액의 2분의 1을 초과하는 기관
3. 정부가 100분의 50 이상의 지분을 가지고 있거나 100분의 30 이상의 지분을 가지고 임원 임명 권한 행사 등을 통하여 당해 기관의 정책 결정에 사실상 지배력을 확보하고 있는 기관
4. 정부와 제1호 내지 제3호의 어느 하나에 해당하는 기관이 합하여 100분의 50 이상의 지분을 가지고 있거나 100분의 30 이상의 지분을 가지고 임원 임명권한 행사 등을 통하여 당해 기관의 정책 결정에 사실상 지배력을 확보하고 있는 기관
5. 제1호 내지 제4호의 어느 하나에 해당하는 기관이 단독으로 또는 두개 이상의 기관이 합하여 100분의 50 이상의 지분을 가지고 있거나 100분의 30 이상의 지분을 가지고 임원 임명권한 행사 등을 통하여 당해 기관의 정책 결정에 사실상 지배력을 확보하고 있는 기관
6. 제1호 내지 제4호의 어느 하나에 해당하는 기관이 설립하고, 정부 또는 설립 기관이 출연한 기관

이처럼 공공기관의 지정은 다른 법률에 따라 직접 설립되고 정부가 출연을 한 기관 외에는 정부지원액이 총수입액의 2분의 1 초과나 100분의 50 이상의 지분이나 100분의 30 이상의 지분과 사실상 지배력을 주된 기준으로 삼고 있다. 제1항제2호의 규정에 따른 정부지원액과 총수입액의 산정 기준·방법 및 같은 항 제3호부터 제5호까지의 규정에 따른 사실상 지배력 확보의 기준에 관하여 필요한 사항은 대통령령으로 정하도록 위임되어 있다(§4 ③).

그러나 위 규정에 불구하고 다음 어느 하나에 해당하는 기관은 공공기관으로 지정할 수 없도록 되어 있다(§4 ②).

1. 구성원 상호 간의 상호부조·복리증진·권익향상 또는 영업질서 유지 등을 목적으로 설립된 기관
2. 지방자치단체가 설립하고, 그 운영에 관여하는 기관
3. 「방송법」에 따른 한국방송공사와 「한국교육방송공사법」에 따른 한국교육방송공사

공공기관은 다시 공기업·준정부기관과 기타공공기관으로 나뉜다. 종래에는 공기업·준정부기관과 기타공공기관의 지정기준으로 직원 정원만을 제시하고 있어 자산규모 등을 고려할 때 공기업·준정부기관으로 지정하여 관리·감독할 필요가 있는 경우에도 기타공공기관으로 분류되는 경우가 있는 등 문제가 있다는 비판을 받았다. 이에 2020년

3월 31일의 개정법률은 직원 정원, 수입액 및 자산규모가 일정한 기준에 해당하는 공공기관을 공기업·준정부기관으로 지정하도록 하되, 책임경영체제가 구축되어 있는 등 대통령령으로 정하는 기준에 해당하는 공공기관은 기타 공공기관으로 지정할 수 있도록 하였다(§5).

공공기관운영법에 있어 공공기관은 공기업의 상위개념인 동시에 앞서 본 강학상의 공기업보다도 더 넓은 개념이다. 공공기관운영법상 공기업이 현존하는 모든 실질적인 공기업들을 포괄하고 있다고 보기도 어려울 뿐만 아니라,[6] 준정부기관이나 기타공공기관의 경우가 공공기관에 더해지고 있기 때문이다.

·공공기관의 운영에 관한 법률(제 4조)

2021년 공공기관 지정 : 350개

공기업 36개
직원 정원이 50인 이상이고, 자체수입원이 총 수입액의 2분의 1이상인 공공기관 중에서 기획재정부 장관이 지정한 기관

준정부기관 96개
직원 정원이 50인 이상이고, 공기업이 아닌 공공기관 중에서 기획재정부장관이 지정한 기관

기타공공기관 218개
공기업, 준정부기관이 아닌 공공기관

시장형 16개
자산규모가 2조원 이상이고, 총 수입액 중 자체 수입액이 85% 이상인 공기업
(한국전력공사, 한국가스공사 등)

기금관리형 13개
국가재정법에 따라 기금을 관리하거나, 기금의 관리를 위탁받은 준정부기관
(국민체육진흥공단, 근로복지공단 등)

준시장형 20개
시장형 공기업이 아닌 공기업
(한국조폐공사, 한국방송광고진흥공사 등)

위탁집행형 83개
기금관리형 준정부기관이 아닌 준정부기관
(한국국제협력단, 한국장학재단 등)

6) 예컨대 공공기관운영법상 공기업 개념의 한정성 그리고 지방공기업처럼 공공기관운영법의 적용대상이 아닌 공기업이 있을 수 있다는 점 등을 감안할 때.

2.2. 공공기관 지정현황

공공기관 현황은 공공기관 경영정보시스템 ALIO에 공개되어 있다.[7] 2021년 공공기관 지정현황을 보면, 총 350개로 2020년 대비 10개가 증가했고, 그 중 공기업은 기존의 36개로 변동이 없으나, 준정부기관은 95개에서 96개로 1개 증가, 기타공공기관은 209개에서 218개로 9개 늘어났다.

3. 공기업과 국민경제

현실적으로 국민경제에서 공기업이 차지하는 비중은 막대하다. 총 350개의 공공기관이 국민경제에서 차지하는 비중은 막대하다. 예산규모에서 정부 예산을 훨씬 상회한지 오래고, 고용측면, 매출액면에서도 큰 비중을 차지하고 있다. 2017년 기준 공공기관의 총지출 예산은 638.5조원으로 같은 해 정부의 총지출 예산 400.5조원 보다 200조원 이상 많다. 공공기관에 대한 정부 지원 규모도 2012년 47.4조원에서 2017년 66.0조원으로 증가하는 등 공공기관이 국가재정과 국민경제에 미치는 영향은 날로 확대되고 있다.[8]

공공기관은 기능적 측면에서도 국민경제의 핵심 주체로서 다양한 역할을 수행하고 있다. 실례를 들면, 에너지, SOC 등 국민생활에 필수적인 공공서비스를 제공하고(전력공사, 수자원공사, 석유공사, 도로공사, 인천공항공사 등), 의료, 사회복지서비스 및 보증·보험 등의 연기금 관리·운용을 담당하고 있다(국립암센터, 대한적십자사/국민건강보험공단, 국민연금공단 등). 또 국민생활 안전 확보를 위한 안전관련 공적 검사를 실시하고(한국시설안전공단, 선박안전기술공단, 한국철도시설공단 등), 국가적으로 중요한 분야의 개발 및 진흥업무를 위탁받아 집행하는 등(한국디자인진흥원, 한국인터넷진흥원, 한국발명진흥회 등) 각 분야에서 중요한 임무를 수행하고 있다.

한국 공기업의 규모는 국제적으로도 매우 큰 수준이다. 정부 주도 경제개발로 말미암아 한국 경제의 공적 영역 의존도는 그동안 많은 기업이 민영화됐음에도 불구하고, 여전히 높게 나타나고 있다. 경제협력개발기구(OECD)의 국제비교에 따르면 한국 공기업의 순자산가치는 1천 777억달러로 경제협력개발기구(OECD) 회원국 중 최상위이고, 국가 경제에서 공기업이 차지하는 비중을 나타내는 국내총생산(GDP) 대비 공기업 순자산의 비

---

7) http://www.alio.go.kr/alioPresent.do.

8) 국회예산정책처, 대한민국 공공기관, 2018.3.26.(http://www.mosf.go.kr/synap/602e0cd1－d7f4－4608－9839 －278c3b3547fd.view.htm).

율도 상위권에 들어 있다.9)

공기업은 자본과 기술이 극히 부족하던 시절 국가 기간산업 육성, 사회간접자본의 확충, 투자자본의 조달 등 경제발전에 중요한 역할을 담당했던 것이 사실이다. 그러나 이러한 공기업 부문의 팽창·비대화는 불가피한 측면이 없지 않을지라도 경영효율이나 경쟁을 통한 경제활성화 견지에서 반드시 바람직한 현상이라고는 보기 어렵다.

공공기관이 안고 있는 가장 어려운 과제를 꼽는다면 단연 부채 증가 문제와 정부의 공기업 통제 문제를 꼽을 수 있을 것이다.

공공기관의 부채는 '숨은 뇌관', '수렁 깊은 부채의 덫' 등으로 불리면서 위험수위를 오르내리고 있다. 2019 회계년도 공공기관 부채 규모는 525조 1,000억원으로 2017년 495조 2,000억원에서 30조원 가량 증가했고, 박근혜 정부 시절 '공공기관 정상화' 정책으로 부채 규모 500조원 아래로 감소했으나, 최근 다시 급증세를 부이고 있다. 일반정부 부채(D2)에 비금융 공기업 부채를 더한 공공부문 부채(D3)는 지난 2015년 처음으로 1,000조원을 넘어섰고 2018년 1,078조원으로 3년 만에 7.5% 증가했는데, 2018년 기준으로 GDP 대비 비금융 공기업 부채 비율은 20.5%로 이 수치를 산출하는 OECD 7개 국가 중 가장 높을 뿐 아니라 평균치인 9.7%보다 두 배 이상 높은 것으로 나타났다.10)

정부의 공기업 통제 문제는 공기업에 대한 낙하산 인사 논란 등 끊임없이 제기되었고, 특히 정권교체에 따른 기관장 교체과정에서의 부작용이 불거졌다. 주무기관장인 국토교통부가 공공기관운영위원회에 공공기관장 해임 요청을 제출하고 그 기관장이 정부의 사장 해임 추진에 불복하는 사태(인천국제공항공사 사례)가 빚어진 것이 그 단적인 예이다. 그 밖에도 비정규직의 정규직화 추진과정에서 공사노조와 취업준비생 등의 거센 반발을 불러일으켰고, 다른 공공기관장이나 상임감사 등 임원교체를 둘러싸고 형사처벌을 받는 사례도 잇따르고 있다.

인천국제공항공사 사장 인사 파동은 공공기관장 인사를 밀실에서 운영해 온 정부의 오랜 관행이 빚은 질 낮은 해프닝으로 해석되고 있다. 간과해서는 안 될 사실은, 정부의 공공 고용확대 정책이 경영 여건을 무시한 채 일방적인 상명하달식으로 강행돼 해당 기관장조차 실패 책임을 회피하는 '모럴해저드'를 야기했다는 점이며, 이번 사건의 책임이 정부에 있다고 볼 수밖에 없는 이유라고 한다.11)
최근 한국토지주택공사(LH) 직원들의 3기 신도시 땅 투기 의혹 사건이 불거져 국토교통부장관

9) OECD (2011), "The size and composition of the SOE sector in OECD countries", OECD Corporate Governance Working Papers, No.5 www.oecd.org/daf/corporateaffairs/wp(http://www.esade.edu/public/ modules/news/files/48512721.pdf).
10) 서울경제 2020. 7. 8.자 기사(https://www.sedaily.com/NewsVIew/1Z583JY1XH).
11) 2020. 9. 18. 한국일보 사설 "정부가 자초한 인천공항 사장의 인사 불복 사태".

이 사의를 밝히는 등 정국을 뒤흔드는 초미의 현안으로 떠올랐다. 문 대통령은 이를 "불공정의 가장 중요한 뿌리인 부동산 적폐"로 부르면서 이번 사건을 공공기관 전체에 대한 근본적 개혁의 기회로 삼아야 한다고 역설하였다. 공직 윤리를 확립하기 위한 이해충돌 방지 장치의 마련과 직무윤리 규정 강화를 포함한 강력한 내부통제 시스템 구축, 그리고 공공기관 평가에서 공공성과 윤리경영의 비중 강화도 주문하였다.

한편 내부정보를 이용한 투기 의혹을 받은 LH 임직원들의 처벌이 문제되자 부패방지법 제7조의2 및 제86조에 따른 '업무상 비밀이용죄'와 「공공주택 특별법」 제9조제2항 및 제57조에 따른 '부동산 투기 방지대책 위반죄'가 적용가능한 죄목으로 거론되었다. 한편 「한국토지주택공사법」 제26조 제1항처럼 "공사의 임원 및 직원은 일반인에게 공개되지 아니한 업무와 관련된 정보를 이용하여 공사가 공급하는 주택이나 토지 등을 자기 또는 제3자가 공급받게 하여서는 아니 된다."고 규정하여 미공개 정보 이용행위를 금지하는 조항도 있으나, 이를 위반한 임직원에게는 형사처벌이 아니라 정관 또는 내부규정으로 정하는 바에 따라 징계를 하도록 할 뿐이어서 '솜방망이 징계' 시비를 낳기도 한다.

2021년 3월 24일 국회는 이른바 '투기·부패방지 5법' 중 「공공주택 특별법」, 「한국토지주택공사법」, 「공직자윤리법」 개정안을 통과시켰다. 「공공주택 특별법」 개정안은 미공개 정보를 부적절하게 사용한 공직자에게 투기 이익에 따라 최대 무기징역에 처할 수 있도록 했다. 「한국토지주택공사법」 개정안은 LH 임직원과 10년 이내 퇴직자가 미공개 정보를 이용해 부동산을 거래하면 이익을 모두 몰수·추징하고 5년 이하의 징역이나 얻은 이익의 3~5배 벌금에 처하도록 하였다. 다만 이 조항은 최근 3기 신도시 투기 의혹에 연루된 LH 직원에 소급적용되지는 않는다. 「공직자윤리법」 개정안은 LH 등 부동산 관련 업무를 하거나 부동산 정보를 취급하는 공직유관단체 직원은 모두 재산 등록을 하도록 하는 내용으로 재산등록 의무와 이해관계인은 업무 관련성 있는 부동산의 취득도 제한된다.

더불어민주당은 투기·부패방지 5법 중 남은 이해충돌 방지법, 부동산거래법 등도 3월 중을 목표로 가속도를 붙여 입법을 추진하고 있다. 국회는 비(非)농업인이 예외적으로 농지를 소유한 경우에도 이를 농업 경영에 이용해야 한다는 점을 명시한 「농지법」 개정안도 의결했다.

이들 현안들은 모두 법적 문제와 관련이 있고 특히 공공기관의 법적 외부환경이 전례 없이 악화되고 있다는 사실을 여실히 보여준다. 그렇다면 과연 무엇이 문제일까?

제2부 / 공공기관의 법무관리: 과제와 대응

I. 공공기관의 법적 지위와 법무관리

　공공기관은 싫든 좋든 항상 다양한 법적 현안과 분쟁에 맞부딪치기 마련이다. 먼저, 공공기관이 맺게 되는 다양한 관계에서 어떠한 지위에 서게 되는지를 살펴보면 다음과 같다. 공기업을 예로 든다면 공기업은 정부를 대신해서 공공서비스를 제공하는 입장에 설 수도 있지만 여느 기업처럼 시장참여자의 지위에 설 수도 있다. 공기업은 그 업무영역에서 민간업체들에게 사업이나 용역을 발주하는 발주자가 될 수도 있지만, 반면 그 업무수행으로 인해 피해를 입은 자에게는 가해자일수도 있고 경우에 따라서는 환경오염이나 그로 인한 피해발생의 원인제공자일수도 있다. 아울러 공공기관은 자신의 고객이나 시민사회단체 등과의 관계에서 막대한 개인정보를 수집, 보유, 관리하는 개인정보처리자일수도 있고 자신이 보유하는 정보에 대한 공개 청구가 있을 경우 그 정보를 공개할 의무를 지는 공공기관의 지위에 설 수도 있다. 끝으로 공공기관은 대외적으로 국회 및 감사원의 감사나 경우에 따라 기획재정부장관 소속 공공기관운영위원회 같은 감독기관 또는 주무부처의 감독을 받는 피감기관의 지위에 서게 되며, 내부적으로는 그 구성원에 대한 관계에서는 고용주의 지위를, 기획재정부장관이나 주무기관의 장, 또는 주주에 대한 관계에서 경영성과에 대한 책임을 지는 경영관리자의 지위에 서게 될 수도 있다.

　아울러 위에서 본 다양한 지위와 관련하여 공공기관은 자신의 법적 위상이나 임무, 기능에 관한 법정책·입법에 대한 일종의 이해당사자(stakeholder)로서 지위에 서게 된다. 공공기관의 설치, 법적 지위, 임무 및 업무, 통제와 감독 등에 직·간접적 영향을 미치는 입법과 법정책에 대하여 자신들의 입장과 의견을 내거나 특정한 입법이나 법정책적 목표 달성을 위해 영향력을 행사할 수 있고 또 그러한 활동을 허용하거나 보장해 주는 것이 정당하고 또 공익에 합당한 경우를 상정할 수 있기 때문이다.

　이와 같이 복잡다양한 공공기관의 지위는 대부분 법적 연관성을 가지며 또 법적으로 뒷받침되어 공공기관의 법적 과제와 현안들이 생성되는 토대이자 맥락이 된다.

　공공기관은 공정거래법에 따른 규제를 받거나 대기환경보전법이나 물환경보전법 등에 따른 환경규제의 대상이 될 수 있고, 행정기관의 지위에서 부정당업체에 대해 입찰참가제한조치를 할 수도 있다. 또 공공기관은 기획재정부장관과 주무기관의 장의 감독을 받는 피감독기관 지위에 설 수도 있다. 공공기관운영법 제51조는 공기업·준정부기관에 대한 감독에 대하여 기획재정부장관과 주무기관의 장은 공기업·준정부기관의 자율적 운영이 침해되지 아니하도록 이 법이나 다른 법령에서 그 내용과 범위를 구체적으로 명시한 경우에 한정하여 감독하도록 감독권을 제한하고 있다(§51 ①).

　이와 같이 공공기관은 그 다양한 지위에 상응하는 법적 규율을 받게 되는데 그 과정에서 공공기관이 직면하는 모든 법적 용건이나 수요를 총칭하여 '공공기관의 법무'(Legal Affairs of Public Enterprises)로, 또 그런 용건이나 수용에 대한 대응활동의 총체를 '법무관리'로 부를 수 있을 것이다. 물론 '법무관리'란 개념은 학문적으로 정립된 개념이라기보다는 실무상 또는 기술적으로 법과 관련한 업무영역이나 범위를 한정하기 위하여 안출된 일종의 집합개념(Sammelbegriff)이라 할 수 있다.

　집합개념으로서 공공기관의 법무관리는 그 중요성이나 비중에 따라 다음 세 가지 주요 부문으로 나누어 살펴 볼 수 있다.

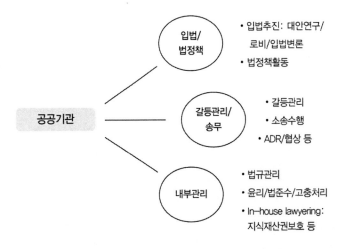

　법무관리는 위와 같은 분야들뿐만 아니라 사생활보호, 보안, 산업안전보건, 장애인 접근성 확보, 환경 지속가능성, 디지털 포용성, 기업 거버넌스 혁신 등 그 영역이 계속 확장되고 있다.

　공공기관 역시 여느 민간기업과 마찬가지로 오너리스크를 안고 있다. 세금 부담도 날로 커지고 있고, SNS 등을 통한 온라인 위기관리 문제가 절박한 과제로 떠오르고 있을 뿐만 아니라 공공성에 대한 사회적 기대가 그 어느 때보다도 고조되고 있다. 아울러 국내적으로는 경영성과와 생산성 제고를 요구하는 민관의 압박이 고조되는 가운데, 역외 담합규제의 강화, 그린 뉴딜에 따른 투자 및 금융 조건의 악화 등 국제적 기업환경 역시 '퍼펙트 스톰'이란 말이 무색할 정도 전례없이 거세지는 추세를 보인다. 이러한 전방위적 도전을 헤쳐나가는 데 다른 분야의 대응 못지않게 법무관리에 만전을 기울여야 하는 상황이다.

기업의 법규환경(Legal Environment of Business) 변화와 법무관리의 중요성

"(2008년) 위기 이전에도 기업들이 독점적 지위를 남용하거나 소비자에게 진실을 말하지 않아 벌금 등을 내기는 했다. 하지만 벌금 액수가 지금처럼 크지 않았다. 벌금을 내야 하는 기업 숫자도 많지 않았다." 기업의 법규환경이 변곡점(Inflection Point)을 지났다는 지적이다. 제프리 가튼(Jeffrey E. Garton) 전 예일대 경영대학원 교수는 "기업 또는 기업인의 불법행위를 관대하게 처벌하던 시대는 끝났다"며 기업의 법규환경이 금융위기 이후 질적으로 바뀌었다고 진단했다. 실례로 미국의 JP모건체이스는 2013년 2008년 이전에 장기주택담보대출(모기지) 관련 증권을 속여 판 대가로 부과받은 벌금과 배상금 등으로 그해 순익의 60%를 넘는 175억 달러(약 18조5500억원)를 물어주어야 했다. '벌금 관리도 경영'이라는 말이 나오는 이유이다.[1] 2008년 서브프라임모기지 금융위기에 따른 결과라고 하지만 이러한 경향은 지속되고 있다. 이같은 경향은 우리나라에서도 마찬가지로 두드러지게 나타나고 있다. 기업들이 「독점규제 및 공정거래에 관한 법률」(약칭: 공정거래법)에 따라 막대한 과징금을 부과받는 일은 전혀 이상한 일이 아니다. 최근에는 산업안전보건 등 일련의 분야를 중심으로 기업에 대한 법적용이 날로 강화되고 엄벌주의 경향이 확대되고 있다. 2018년 12월 故김용균씨 사망사고를 계기로 위험작업 도급 제한과 법 위반에 대한 벌칙 강화를 내용으로 한 산업안전보건법이 전부 개정되었다. 이후에도 현대중공업 아르곤 가스 질식 사망사고, 태안화력발전소 압사사고, 물류창고 건설현장 화재사고와 같은 산업재해로 인한 사망사고와 함께 가습기살균제 사건 및 4·16 세월호 사건과 같은 시민재해로 인한 사망사고가 잇달아 발생하여 심각한 사회적 문제로 대두되었다. 이에 사업 또는 사업장, 공중이용시설 및 공중교통수단을 운영하거나 인체에 해로운 원료나 제조물을 취급하면서 안전·보건 조치의무를 위반하여 인명피해를 발생하게 한 사업주, 경영책임자 등을 엄벌하는 내용의 「중대재해 처벌 등에 관한 법률」(법률 제17907호 제정 2021. 1. 26. 시행 2022. 1. 27 약칭: 중대재해처벌법)이 제정되어 시행을 앞두고 있다. 이러한 입법 경향과 사회적 분위기는 공공기관이라고 해서 예외가 없다. 공공기관이 그 어느 때보다도 준법활동 등 법무관리를 강화해야 할 시점이다.

그러나 공공기관들은 내부 법무기능에 대하여 부정적이거나 소극적인 모습을 보이고 있다.[2] 공공기관의 법무관리는 단지 의도하지 않게 발생한 법적 분쟁이나 갈등, 트러

1) Hans—Paul Bürkner 전 보스턴컨설팅(BCG) 회장의 말(중앙일보 2013년 11월 19일자 기사 (https://news.joins.com/article/print/13171024).
2) 김중하. 공공기관의 법무업무 처리 실태와 개선방안에 관한 사례 연구. 2014년 8월. 서울대학교 행정대학원 석사학위논문을 참조. 이 논문은 공공기관에 대한 실태조사 결과 사전적 법률리스크 관리의

블을 처리하는 종말처리 문제가 아니라 다른 이른바 수익사업이나 생산부문 못지않은 우선순위를 가진 주요 업무 영역이라는 사실을 이해하는 것이 무엇보다 중요하다.

II. 공공기관 법무관리의 주요 부문

1. 입법과 법정책

공공기관 관련 입법이나 법정책의 형성, 변화 등에 목소리를 낼 뿐만 아니라 입법대안의 연구·제안을 통해 때로는 입법 로비나 입법변론 등 '입법옹호활동'(legislative advocacy)3) 등을 통해 공공성과 수익성이라는 공공기관의 이해관계를 적극적으로 대변해 나갈 필요가 있다. 공공기관은 자신들의 전문성을 살려 소관업무나 사업 영역에 관한 법정책 관련 조사·연구 및 홍보 활동에도 관심을 기울여야 한다. 예를 들어 에너지공기업의 경우 에너지전환의 국내외 동향이나 시장전망을 놓칠 수 없고, 세계 각국에서 전개되는 관련 법제도의 변화 추이에 대해서도 관심을 소홀히 할 수 없을 것이다. 파리협약, RE100 등 국제기구나 EU, 글로벌기업 등을 중심으로 에너지전환, 탄소중립 등의 기치 하에 전개된 패러다임 시프트의 영향을 분석하고 이에 대한 대응방안을 모색하려면 통상적인 국제협력 차원에서의 대응만으로는 부족하고 다각적이고 입체적인 능동적 관여가 필요하며 이를 위해서는 관련 법제도가 어떻게 만들어지고 움직여 가는지를 면밀히 관찰, 분석하여 민첩한 실천전략이 필요하다. 학계, 전문가그룹은 물론 언론과의 협력도 빼놓을 수 없을 것이다. 물론 개별 공공기관의 특성이나 여력 등을 감안할 때, 이러한 활동을 위한 조직이나 인력 투입이 어려울 수 있다. 그러나 자신의 존립이나 임무에 직결되는 입법이나 법정책 현안이 추진되고 있는데 '입 다물고 처분만 기다리는 것'이 온당한 태도일까. 축적된 전문성을 토대로 더 나은 대안을 가지고 있는데 그 노하우나 지혜를 반영하지 못하고 사장시키는 것이 공공의 선에 도움이 될 수 있을까. 공공기관이

중요성 확대 등으로 오히려 사내 법무기능의 보완이나 확대가 필요한 시점이며, 법무부서 설치나 사내변호사 채용 등 법무담당 조직이나 시스템의 보완이 뒤따라야 한다는 결론을 도출하고 있다.

3) '입법옹호활동'(legislative advocacy)이란 법률의 도입, 제정 또는 개정에 영향을 미치기 위한 모든 노력 또는 활동을 말한다. 그 가장 일반적인 방법으로는 직접적인 입법로비활동으로 의원들을 접촉하고 이슈에 대한 의견을 교환하며 의원들에게 법안에 대한 찬반 투표 등을 부탁하는 활동들이 포함된다(https://ctb.ku.edu/en/ table-of-contents/advocacy/direct-action/legislative-advocacy/main).

뇌와 심장을 튼튼히 해야 하는 이유이다. 오남용이나 방만한 운영 등의 문제점들이 있을 수 있으나, 예산, 조직이 허용하는 범위에서 입법과 법정책에 유효적절한 대응이 필요하다는 점은 부정하기 어려울 것이다.

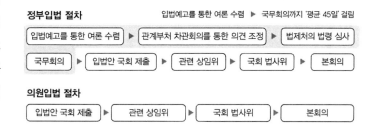

정부입법 절차   입법예고를 통한 여론 수렴 ▶ 국무회의까지 '평균 45일' 걸림

| 입법예고를 통한 여론 수렴 | ▶ | 관계부처 차관회의를 통한 의견 조정 | ▶ | 법제처의 법령 심사 |

| 국무회의 | ▶ | 입법안 국회 제출 | ▶ | 관련 상임위 | ▶ | 국회 법사위 | ▶ | 본회의 |

의원입법 절차

| 입법안 국회 제출 | ▶ | 관련 상임위 | ▶ | 국회 법사위 | ▶ | 본회의 |

공공기관은 자신의 존립이나 임무에 직결되는 문제가 어떤 배경과 맥락에서 정책문제로 떠오르고 의제화되어 입법을 통해 다루어지는지, 그리고 그와 관련된 입법이 어떻게 진행되고 처리되는지를 명확히 파악하여 대처할 필요가 있다. 자신과 관련된 입법이 진행상황을 단계별로 파악하여 유효적절하게 대응하는 것은 비단 공공기관의 입지뿐만 아니라 국가 전체의 관점에서 공익을 구현하는 길이 된다.

헌법 제52조에 따라 국회의원과 정부는 법률안을 제출할 수 있다. 따라서 입법절차 역시 법률안의 발의 주체에 따라 두 가지 트랙으로 진행된다. 법률안 제출자가 정부인 경우와 의원인 경우를 각각 '정부입법'과 '의원입법'이라고 부른다. 우리나라 입법은 오랫동안 정부에 의해 주도되었지만, 제16대 국회 이후에는 의원발의 법률안이 정부제출 법률안에 비하여 크게 증가하였고, 제20대 국회에서는 총 20,394건 중 의원발의 법률안이 19,468건으로 무려 95%를 차지할 정도에 큰 비중을 차지하게 되었다. 이는 무엇보다도 국회가 당면한 입법과제가 그만큼 급증하고 복잡다양화했고 따라서 국회의원들도 자연스레 열성적으로 입법활동에 매진한 데 따른 결과라고 볼 수 있고, 다른 한편 국회의원들이 실적 쌓기 위주로 법안제출 경쟁을 벌이는 경향과도 무관하지 않을 것이다.[4] 아울러 그런 요인들과 더불어 의원입법이 입안 단계의 검토·수정과정을 거치지 않아 실행이 용이할 뿐만 아니라 정부입법에 비해 상대적으로 절차가 단순하고 시간과 노력을 절감할 수 있는 현실적 이점을 가진다는 사실도 유의해야 할 점이다. 심지어 정부 각부처조차 관계부처 이견조정이 어렵거나 일정 촉박 등을 이유로 의원입법이란 대안을 이용하는 경향(이른바 '청부입법'의 문제)이 나타난다.[5]

---

4) 시민사회단체나 언론기관, 학술단체들의 의정 평가가 '법안발의 실적' 같은 계량화된 지표 중심으로 이루어짐으로써 의원입법이 증가하는 측면도 있을 것이다. 홍완식. (2019). "의원입법의 증가와 질적 수준의 향상 방안". 2019년도 제헌 71주년 기념 학술대회 『입법의 현재와 미래 - 국회의 역할과 과제를 중심으로』 제1주제 발제문, 자료집 17-37, 23.

정부입법은 그림에서 보듯 입법예고를 통한 여론 수렴에서 국무회의 의결까지의 과정을 거쳐야 하므로 그만큼 시간이 더 걸리게 된다. 정부입법 절차는 대통령령인 법제업무운영규정에 따라 진행된다.

여기서 유의할 점은 '정부입법'이란 용어는 법률의 제·개정에 관해 사용할 때는 '의원입법'의 대칭 개념으로 쓰이지만, 일반적으로는 대통령령, 총리령, 부령 등 법규명령, 즉 법률하위명령(위임명령과 집행명령 포함)의 제·개정을 포함하는 의미로 사용된다는 것이다.

자료: 법제처 정부입법지원센터(https://www.lawmaking.go.kr/lmGde/govLm)

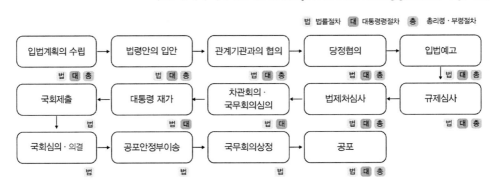

이러한 의미의 정부입법절차는 위 그림에서 보는 바와 같다.[6]

한편 정부입법과 의원입법이 입안절차에서 차이를 보이는 것은 법안의 입안단계까지만이다. 정부입법이나 의원입법 모두 법률안이 국회에 제출된 다음부터는 국회법에 따른 절차를 밟게 된다. 입법절차는 다음 그림에서 보는 바와 같다.

공공기관은 이러한 법정책의 형성과정과 입법과정 및 절차를 면밀히 주시하면서 법정책·입법에 대한 자신의 입장과 의사를, 공익에 대한 헌신과 전문성, 사업분야 경험을 활용하여 과학기술·증거 기반으로 적극 개진해 나갈 수 있어야 한다. 이를 위한 사전적·상시적 대비가 필요하며 경우에 따라 담당인력이나 전담기구를 설치할 필요도 있을 것이다. 또한 정규적으로 또는 그때그때 이슈에 따라 분야별 정책·입법 포럼 같은 형태로 전문가 네트워크를 활용할 수도 있을 것이다. 전담조직은 직접 사내 조직으로 설치, 운영하거나 그럴 여건이 갖춰지지 않은 경우에는 외부전문가와의 네크워킹을 가능케 할

---

5) 의원입법 전반에 관해서는 홍완식. (2019). 앞의 글, 17－37 및 2019년도 제헌 71주년 기념 학술대회 『입법의 현재와 미래 － 국회의 역할과 과제를 중심으로』 자료집을 참조.

6) 정부입법절차에 관해 상세한 것은 정부입법지원센터 포탈(https://www.lawmaking.go.kr/lmGde/govLm)을 참조.

탄력적이고 민첩한 태스크포스 형태의 ad hoc 조직(ad hoc unit for flexible and agile net−work management)의 활용을 고려해 보아야 할 것이다.

제안(제출)	• 국회의원 10인 이상	– 제안: 국회의원 10인 이상의 찬성 ※ 위원회도 그 소관에 속하는 사항에 관하여 법률안 제안
	• 정부	– 제출: 국무회의 심의를 거쳐 대통령이 서명하고, 국무총리·관계 국무위원이 부서하여 제출
위원회 회부 입법 예고	• 국회의장	– 국회의장은 법률안이 발의 또는 제출되면 이를 의원에게 배부하고 본회의에 보고한 후(폐회·유회 등으로 보고할 수 없을 때에는 생략), 소관위원회에 회부하여 심사하게 함.
위원회 심사	• 상임위원회	– 위원회는 회부된 법률안에 대하여 위원회 상정 → 제안자 취지 설명 → 전문위원 검토보고 → 대체토론 → 소위원회심사보고 → 축조심사 → 찬반토론 → 의결(표결)의 순서로 심사
법제사법위원회 체계 자구심사	• 법제사법위원회	– 위원회의 심사를 마친 법률안은 법제사법위원회에 회부되어 체계자구 심사를 거치게 됨.
전원위원회심사		– 위원회의 심사를 거치거나 위원회가 제안하는 의안 중 정부조직에 관한 법률안, 조세 또는 국민에게 부담을 주는 법률안 등 주요 의안에 대해서는 당해 안건의 본회의 상정 전이나 상정 후 재적의원 4분의 1 이상의 요구가 있으면 의원 전원으로 구성되는 전원위원회의 심사를 거침.
본회의 심의 의결		– 체계자구심사를 거친 법률안은 본회의에 상정되어 심사보고, 질의·토론을 거쳐 재적의원 관반수의 출석과 출석의원 과반수의 찬성으로 의결됨.
정부이송		– 국회에서 의결된 법률안은 정부에 이송되어 15일 이내에 대통령이 공포함.
대통령의 거부권 행사		– 법률안에 이의가 있을 때에는 대통령은 정부이송 후 15일 이내에 이의서를 붙여 국회로 환부하고, 그 재의를 요구할 수 있음. – 재의요구된 법률안에 대하여 국회가 재적의원 과반수의 출석과 출석의원 3분의 2 이상의 찬성으로 전과 같은 의결을 하면 그 법률안은 법률로서 확정됨. – 정부이송 후 15일 이내에 대통령이 공포하지 않거나 재의요구를 하지 않는 경우 그 법률안은 법률로서 확정됨.
공포		– 대통령은 법률안이 정부에 이송된 지 15일 이내에 공포하여야 함. – 법률로 확정되거나, 확정 법률의 정부이송 후 5일 이내에 대통령이 이를 공포하지 않을 경우 국회의장이 공포함. – 법률은 특별한 규정이 없으면 공포한 날로부터 20일을 경과함으로써 효력을 발생함.

▮ 국회 입법 절차

자료: 대한민국 국회 (https://www.assembly.go.kr/views/cms/assm/assemact/legislation/legislation03.jsp)

2. 갈등관리와 송무

2.1. 갈등관리

공공기관은 대규모 국책사업의 주역을 맡는 경우가 빈번한데 그 과정에서 공공갈등의 당사자로 등장하게 된다. 공공갈등은 대한민국을 '갈등공화국'이라고 부르게 할 정도로 심대한 사회경제적·정치적 부담과 비용을 발생시키는 원인이 된다. 공공갈등의 해결 또는 관리가 공공기관의 주된 임무로 떠오르는 배경이다. 그러나 공공기관은 종종 이러한 공공갈등에 잘 준비되어 있지 못하거나 그 대처과정에서 크고 작은 실수나 오류를 범해 더 큰 사회경제적·정치적 비용을 유발하는 경우가 많다. 공공갈등을 완벽히 해소할 것을 기대하기는 어렵기 때문에 공공갈등의 발생을 사전에 예방하고 발생한 갈등을 개방과 협력, 연대의 정신을 살려 효과적이고 효율적으로 해소 또는 관리해 나가기 위한 체계적이고 실효적인 대응방안을 제도화할 필요가 있다. 이러한 배경에서 법제도와 자율규범을 통해 공공갈등의 해법을 구현해 나가야 할 것이다.

갈등에 관한 경험과 교훈들은 축적되지 않고 쉽사리 사장되는 경향이 있다. 비슷한 갈등이 반복되고 악화되는 것도 바로 그 때문이다. 갈등관리 분야의 세계적 석학인 MIT의 서스카인드(Lawrence Susskind) 교수는 갈등해결과정에서 얻은 교훈들이 쉽게 소실되고 확산·계승이 어려우며 실제로 일상생활에 적용하여 편익을 얻기도 쉽지 않다고 토로한 바 있다. 갈등관리의 교훈이나 노하우를 축적하고 계승하여 활용할 수 있도록 하는 것(legacy and case management)이 중요하고, 또 갈등관리를 제도화(institutionalizing)하여 지속가능하게 만드는 것, 즉 갈등관리시스템 구축이 중요하다.

갈등관리의 경험과 노하우를 축적하는 데 가장 큰 어려움은 갈등해결과정에서의 책임 문제 때문에 당사자들이 사례 노출이나 축적을 꺼리는 경향이 있다는 것이다. 경우에 따라 개인정보 노출에 대한 저항, 이미 끝난 일을 다시 들추어 내 거론할 필요가 있는가 하는 정서적 부담이 있는가 하면 자신이 (성공적으로) 관여한 사례에 관한 기록, 자료의 개인화, 사장, 근무과정에서의 잘잘못이 드러날지도 모른다는 우려와 같은 심리적 요인들도 가세한다.

공공기관에서 갈등관리시스템이 효과적으로 작동하기 위해서는 최소한 두 가지 조건이 충족되어야 한다. 그 하나는 갈등관리 메커니즘을 운영해 나갈 전문인력의 양성이고 다른 하나는 제도의 원활한 작동을 뒷받침해 줄 사회문화적 인프라의 구축이다.

먼저 전문 인력의 양성이 요구되는 이유는 갈등관리 전문 인력이 턱없이 부족하고,

갈등영향분석, 참여적 의사결정방법 및 갈등의 조정·중재·협상이 우리나라에서 갈등에 적용된 사례도 충분히 쌓이지 않았기 때문이다. 공공갈등에서 이들 갈등관리도구의 활용 경험은 여전히 미흡한 수준에 머무르고 있다. 참여적 의사결정방법과 조정·중재·협상은 그나마 소수의 적용 사례를 찾을 수 있지만, 갈등영향분석은 국무조정실 주도 하에 시행된 시범사업 사례나 일부 분야에서의 사례를 제외하면 적용 사례가 그리 많지 않다. 각각의 절차에 따라 양성해야 할 전문 인력의 규모는 다르겠지만, 전반적으로 전문 인력의 양성은 시급한 과제이다.

갈등관리와 관련된 사회적·문화적 인프라는 갈등관리를 위한 제도적 절차를 떠받쳐 주는 사회적·문화적 토대이다. 갈등관리를 위한 사회적 인프라의 핵심은 결국 사회적 자본(social capital)이다. 사회적 자본은 사회구성원들이 상호 이익을 증진시키기 위한 조정과 협력을 촉진시켜주는 사회적 연결망, 신뢰, 규범 등과 같은 사회조직 상의 특성이라 할 수 있다. 특히, 신뢰는 참여적 의사결정방법과 갈등 조정·중재를 가능케 하는 조건이다. 갈등 조정자, 전문가 그리고 심지어 갈등 상대자가 약속을 성실하게 지킬 것이라는 기대, 즉 선의(good will)에 대한 믿음이 없이는 어떤 절차도 제대로 작동할 수 없다. 이런 선의에 대한 믿음이 사람들로 하여금 결과가 불투명한 갈등관리과정에 위험을 감수하면서 참여하게 하고 그 결과를 따르게 한다.

문화적 인프라는 화해와 평화를 중시하는 가치 구조를 말한다. 갈등이 불가피한 보편적 사회적 과정이라면, 화해는 이를 초월해가는 과정이고 평화는 화해의 결과 도달하는 상태라고 할 수 있다. 갈등이 수단적 가치라면 화해와 평화는 궁극적 가치이다. 화해와 평화가 갖는 궁극적 가치를 인정할 때 타협, 양보, 관용, 승복을 소중히 여기는 가치가 확산될 수 있다. 지금 우리 사회 일각에서는 타협은 회색을, 양보는 패배를 의미하는 것으로 통용되고 있다. 한 쪽에서는 합의를 지키지 않더라도 목적을 이루어내면 된다는 절차무용론도 자리잡고 있다. 그러나 우리사회에도 화해와 평화를 소중히 여기는 굳건한 전통이 있었음은 분명하다. 상대의 처지를 공감적으로 이해하고자 하는 역지사지(易地思之)의 정신은 오늘날에도 화해의 출발점이 될 수 있다. 또한 "싸움은 말리고 흥정은 붙여야 한다"는 경구도 갈등 해소와 협상·타협의 중요성을 강조하는 우리의 문화적 자원이다.

'경험으로 깨닫고, 실패에서 배운다'는 것을 갈등관리의 모토로 삼으려는 관리자의 결단과 의지, 구성원들의 협력을 조직문화 차원에서 정착시키는 것이 무엇보다도 중요하다. 갈등관리 부서는 물론 공공기관의 지도부, 구성원 사이에 갈등관리에 관한 소통과 학습의 기회를 정례화하는 것도 효과적인 방안이다.

그러나 경영관리 또는 조직심리적 차원에서의 접근만 가지고는 부족하다. 갈등관리에 관한 제도적 인프라를 구축할 필요가 있다. 갈등관리에 관한 많은 연구와 논의들을 통해 확인되는 가장 중요한 정책인식은 갈등의 처리과정에서 얻은 경험과 교훈들을 지속적으로 확산·공유하려면 그 소중한 무형자산들을 담고 필요한 때 잘 쓸 수 있도록 하기 위한 법제도적 인프라를 구축하는 것이 중요하고 시급하다는 점이다. 가칭 '갈등관리기본법'은 이미 오랜 기간 추진되었지만 여전히 성사되지 못하고 있다. 그 대신 중앙행정기관(총리령으로 정하는 대통령 소속기관 및 국무총리 소속기관을 포함)을 대상으로 「공공기관의 갈등 예방과 해결에 관한 규정」(약칭: 공공기관갈등예방규정)이 시행되고 있다. 위 규정 제3조 제2항은 공공기관이 이 영과 동일한 취지의 갈등관리제도를 운영할 수 있도록 명시하고 있다. 해석상 의무사항은 아닐지라도 공공기관의 갈등관리시스템 구축에 지침이 될 수 있을 것이다. 이 규정에 따라 공공기관들이 갈등관리제도를 도입, 운영해 온 사례들이 늘고 있는 것은 바람직한 현상이다.

정책결정자나 갈등당사자들의 자율적 갈등해결을 기대하기 어렵기 때문에 체계적으로 정책·사회 학습의 기회를 부여하는 것이 필요하다. 갈등조정메커니즘, 그리고 갈등관리관련 교훈과 기법, 지식정보자원을 집약하여 관리하고 지원할 수 있는 공작소(craft shop)같은 기구가 필요하다. 갈등영향분석이나 참여적 의사결정방법은 이미 선진국들이 성공사례를 쌓아온 갈등조정메커니즘이므로 이를 적극 활용할 필요가 있다. 운영매뉴얼과 시행모듈을 미리 준비해 두면 좋을 것이다.

그리고 이 모든 것을 가능케 할 규범적 근거와 유인구조를 설계하는 것이 중요하다. 갈등관리에 있어 공정성을 확보하는 것도 빼놓을 수 없는 과제이다.[7] 공공기관이 자율적으로 또는 선례를 참조하여 정관을 고치거나 내부규칙을 만들어 그와 같은 제도적 인프라를 구축하는 전향적 접근이 절실히 요구된다.[8]

2.2. 송무

송무 역시 결코 소홀히 해서는 안 될 뿐만 아니라 경우에 따라서는 공공기관의 핵

---

7) 임현철·은재호. (2020). "미래의 갈등관리, 어디로 가야하나? 공정성, 소통, 사회갈등의 삼각관계". 『입법과 정책』(국회입법조사처) 제12권 제3호 2020. 12. 31. pp.57~88(https://doi.org/10.22809/nars.2020.12.3.003).

8) 이에 관해서는 홍준형(공저). (2008). 『공공갈등의 관리, 과제와 해법』. 법문사; 홍준형, 갈등관리와 공적해결 시스템, 『공공갈등관리의 이론과 기법(下)』(대통령자문지속가능발전위원회편), 2005, 514-547을 참조.

심 사명에 영향을 미칠 수 있는 주요 업무 영역 중 하나이다. 소극적·방어적 대책에 급급할 것이 아니라 적극적·선제적 혁신으로 접근해야 할 영역이 될 수도 있다. 공공기관은 앞서 본 다양한 지위에 따라 각종 소송의 당사자가 될 수 있다. 각종 공공사업을 수행하는 과정에서 민사상 계약관계를 맺을 수 있고 그로 인한 법적 분쟁 해결을 위해 민사소송의 당사자가 될 수 있을 뿐만 아니라 경우에 따라 행정청의 지위에서 부정당업체에게 입찰참가제한조치를 내리거나(공공기관운영법 §39 ②) 정보 공개 청구를 받고 비공개 결정을 하여 제기된 행정심판이나 행정소송에서 피청구인이나 피고로 소송을 수행해야 하는 처지에 놓일 수도 있다. 특히 앞서 본 바와 같이 기업의 법적 환경이 날로 악화되면서 공공기관 역시 복잡다양한 송사에 휘말리는 일이 빈번해지고 있어 송무업무의 중요성이 상대적으로 부각되고 있다. 그런 경우 소송수행 등 송무관리에 만전을 기할 수 있는 조직역량을 갖추는 것이 무엇보다 중요하다.

대규모 소송이 제기되는 경우에는 변호인단과 공공기관의 실무진과 전문가그룹의 협업을 공공기관의 요구에 맞게 추진하는 동시에 구체적인 소송사건의 성공적 수행을 위해 효과적인 지원기능을 수행할 일종의 협력조직(liasion unit)을 구성해야 한다. 소송사건에 따라 그 사건을 해결해 줄 가능 유능한 변호인을 찾아 사건을 의뢰하는 것이 가장 중요하지만, 변호인단을 정했다고 해서 모든 것을 맡기고 안심할 수는 없다. '당신의 변호사를 믿지 마시오'(Don't trust your lawyers!)라는 말이 드물지 않게 나오는 이유가 바로 거기에 있다. 아무리 유능한 변호사라 하더라도 의뢰인인 공공기관과 관심과 이해관계가 똑같은 경우는 현실적으로 거의 찾을 수 없다. 변호사들의 관심은 설사 의뢰인의 이익, 즉 승소를 위해 헌신한다 할지라도 의뢰인의 그것과는 별개인 경우가 대부분이다. 소송지연은 의뢰인에게는 비용이나 승소 불확실성의 증가 등 불리한 요인으로 작용하는 반면, 수임인의 입장에서는 비용이나 소송의 승패, 수임사건에 대한 시간·에너지 안배 등의 측면에서 그리 나쁘지 않은 변화일 수도 있다. 불확실성과 리스크가 따르는 소송과정에서 맞부딪치는 선택의 기로에서 의뢰인에게 (솔직하게) 객관적 상황과 선택에 따른 리스크, 유불리 등을 납득시키고 조언하는 일은 의당 좋은 변호인의 임무이지만, 의뢰인이 관심을 두는 이해관계와 변호인의 그것과의 간극은 깊은 대화를 통해서도 메꿔지지 않을 수 있다. 경우에 따라서는 의뢰인이 변호인에게 소송 상황 설명을 제대로 요구하지 않거나 변호인으로부터 소상한 설명을 듣지 못해 차질을 빚을 가능성도 배제하기 어렵다. 의뢰인의 입장에서는 이를테면 충분한 설명을 듣고 그것을 바탕으로 의사결정을 할 수 있어야 하는데(informed decision making) 그러기 위해서는 변호인단과 격의 없는, 객관적이고 소상한 의견교환이 가능해야 한다.

변호인단은 공공기관의 실무에 밝지 않고 공공기관의 실무진은 법률적 쟁점을 정확히 파악하여 대처하기가 어려운 경우가 많기 때문에 이러한 송무추진을 위한 협력조직의 구성은 종종 소송의 승패를 좌우하는 요인이 되기도 할 만큼 중요하다. 이 협력조직은 법률적 쟁점과 소송진행과정을 소상히 파악하고 공공기관의 지도부와 긴밀히 소통하여 소송과정에서 직면하는 중요한 의사결정에 차질이 없도록 해야 한다. 소송을 어떤 방향으로 어떤 쟁점 중심으로 이끌어 갈 것인가에 관한 소송관련 전략기획부터 그때그때 제기되는 주요 사실관계 확인과 쟁점 제기 방향, 법률상의 변론 방향 등에 이르기까지 협력기구는 때로는 자료와 증거 관련 지원을 위한 연락기능을, 때로는 전문적 변론전략 도출을 위한 기획기능을 수행할 수 있어야 할 것이다. 바람직하기로는 사내변호인이 있을 경우 이들과 실무진간의 긴밀한 협의를 통해 변호인단과의 소통에 임하도록 하는 것이 필요할 것이다.

반면 공공기관의 송무와 관련하여 고문변호사나 각종 기술적·전문분야별 자문기구를 적절히 활용하는 것도 중요하다. 고문변호사나 자문변호사는 공공기관의 일상 업무과정에서도 많은 도움을 줄 수 있으나, 현실적으로 이들에 대한 보수나 처우 면에서 그 효과를 기대하기 곤란한 경우도 드물지 않다. 고문변호사들 역시 회사 업무의 개선이나 문제점 해소에 기여하는 것 못지 않게 소송사건 수임에 관심을 가질 수 있기 때문에, 공공기관으로서는 고문변호사 채용시 그 역할을 어떻게 설정할 것인지에 관한 고민과 명확한 업무설계가 필요하다.

2.3. 대체적 분쟁해결(ADR)의 활용

재판은 법원이라는 국가기관에 의한 사법적 분쟁해결방법이다. 현대 법치국가에서 분쟁해결을 위한 정규적·최종적 절차라는 의미를 가진다. 그러나 재판에 이르기까지 또는 재판과는 무관하게 분쟁이 해결되는 경우도 얼마든지 있을 수 있다. 이 경우 분쟁은 도피(flight) 또는 투쟁(fight)이라는 일방적 결정에 따라 해소되거나 당사자간 합의, 또는 제3자의 관여에 의하여 해결되기 마련이다.9) 이들은 이를테면 '재판외적' 분쟁해결방법이라 부를 수 있는데, 재판을 '대체'하는 것이라기보다는10) '재판을 보완하는 대안적 수

---

9) 'flight'란 불만이 있는 당사자가 자신의 자존심을 억누르고 문제를 잊는 심리적 행태를 말한다(송상현, "재판에 의하지 아니한 분쟁해결방법의 리념과 전망", 『인권과 정의』, 1994/7(통권 215호), 8).
10) 그런 이유에서 '대체적'이란 수식어를 빼고 단순히 '분쟁해결'(dispute resolution) 또는 '분쟁처리'(dispute processing)라는 용어를 사용하는 경우가 늘고 있다(Goldberg et al. 1985).

단으로' 이용될 수 있다는 점에서 이를 대안적 또는 대체적 분쟁해결(Alternative Dispute Resolution: ADR)[11]이라 부른다.

미국 ADR의 발전

　　대체적 분쟁해결제도는 1960년대 후반 미국을 필두로 전통적 사법제도의 결함을 보완할 수 있는 대안으로 각광을 받아 왔다.[12] 그리하여 1988년 80여만 명의 변호사를 회원으로 하는 미국변호사협회는 일반 실무분과의 발제문에서 다음과 같이 지적하였다:

　　"대체적 분쟁해결"(ADR)은 조용히 법실무의 주류에 스며들어 왔다. 어떤 사람들에게는 ADR을 언급하는 것만으로도 분쟁을 처리하는 일련의 수단들이 소송보다 더 빠르고 더 나은 결과를 가져오는지 여부에 대한 논란을 연상시키는 반면, 다른 사람들에게 ADR은 전통적인 법적 협상과 합의의 관념을 상기시킨다. 지난 20년간 ADR은 분쟁의 처리, 절차 및 자원의 풍요한 보고(cornucopia)가 되어 버렸고, 분쟁에 대한 전통적인 접근방법을 대치하기 보다는 보완하는 모든 방법을 의미하게 되었다. 그 명칭과는 반대로 ADR은 대안이나 대체물은 결코 아니다: 그것은 변호사들의 기존의 직업적 연장상자(Toolbox)에 또 하나의 유용한 연장을 추가해 주는 것이기 때문이다.[13]

　　대체적 분쟁해결의 출현과 확산은 미국법에서 가장 의심심장한 변화 중 하나였으며, 연방정부가 갈등을 다루는 방식에 심대한 영향을 끼쳤다. 이처럼 대체적 분쟁해결제도가 하나의 운동으로 추구될 정도로 풍미할 수 있었던 철학적 뿌리는 미국의 1960년 세대의 철학적·직업적 영향에서 연유한 관심들이 집결되었다는데 있었다. 지역사회로부터 세계적 맥락으로 이동된 분쟁의 평화적 해결에 대한 관심, 기존의 사회적 분쟁해결제도가 소비자가 주도하는 사회의 새로운 도전에 대응하는데 실패했다는 인식, 살아 있는 공동체와 그에 상응하는 공동체적 정의의 추구에 대한 새로운 강조, 의뢰인의 자기지향(self-direction)이 중시됨에 따른 직업적 전문성 및 지위 개념의 손상, 공동체적 사회에서 관측되는 의미와 구조 면에서 보다 단순하고 관료주의와 직업적 독점에 의해 덜 오염된

---

11) ADR의 개념에 관하여는 Carnevale, D.G., Alternative Dispute Resolution: An Illustrative Case in the US Postal Service, Public Administration Review, Vol.14, No.1, 1989; Folberg, J./ Taylor, A., Mediation: A Comparative Resolving Guide to Conflicts Without Litigation, San Francisco: Jossey－Bass Publishers, 1986; Kanowitz, L., Alternative Dispute Resolution, 1990 Supplement, 2Vols. West; Frank P. Grad, Alternative Dispute Resolution in Environmental Law, Columbia Journal of Environmental Law, Vol.14, 1989, 157－185; Wex, alternative dis－ pute resolution (adr): an overview(http://www.law.cornell.edu/wex/index.php/ADR 2008.1.8 검색); 金暎洙, 『地方自治團體間 紛爭調整方案』(한국지방행정연구원, 1994.2.), 46 등을 참조.

12) Sander, 1985: 97; Mackie, 1991: 1; Richard L. Abel, The Politics of Informal Justice, Vol.1, American Experience, Academic Press, 1982, 269. 'ADR 운동' 또는 개혁이라는 이름을 얻은 이 흐름을 통해 종래 사법제도에서 법의 조력을 받지 못하던 시민들이 도움을 얻게 되었고, 당초 우려와 달리 결코 2류 법률서비스가 아니었음이 판명되었으며, 많은 ADR 전문가가 양성되어 새로운 분쟁해결 영역을 개척할 수 있게 되었다고 한다(Micheal Thompson, 권순일 역, "ADR운동의 전개와 현대적 분석", 법조 1993.9, 183). 미국의 대체적 분쟁해결법(Alternative Dispute Resolution Act of 1998)의 시행결과와 문제점에 대한 보고로는 Nabatchi, Tina. (2007). The Institutionalization of Alternative Dispute Resolution in the Federal Government, *Public Administration Review*, July/August 2007, 646－661을 참조.

13) Dispute Resolution First Aid Kit for Attorneys, ABA General Practice Section, 1988, Introduction.

형태의 분쟁해결메카니즘에 대한 인류학적 연구의 성행 등이 그러한 시대적 분위기를 구성하는 배경이었다. 여기에 당시 점증하는 사건부담과 재판의 정체를 극복하기 위한 방안을 강구하는데 부심했던 법원 관계자들의 동조가 이루어짐으로써 이후 대체적 분쟁해결의 승승장구가 이어지게 되었다. 대체적 분쟁해결제도가 그 필요성에 동조한 다른 어느 분야보다도 당시 날로 "심화되는 소송의 병리"(deepening pathology of litigation)를 우려하면서 사회정의와 사회통제를 동시에 달성하기 위한 수단으로서 법제도 또는 유사법제도의 지배적 중요성을 강조했던 법학의 진영에서 꽃을 피울 수 있었던 것도 하등 이상한 일은 아니었다. 또한 분쟁회피적인 법문화를 지닌 일본을 위시한 동아시아권 국가에서 대체적 분쟁해결제도가 환영을 받았던 것이나,14) 그것이 정규적인 재판제도가 제대로 기능을 발휘하지 못하거나 계속적 관계의 파국이라는 부작용을 가져왔던 분야에서 먼저 정착되기 시작했던 것도 이상한 일은 아니었다.15) 그리하여 오늘날 대체적 분쟁해결제도의 사용은 보편적 현상이 되었다고 해도 과언은 아니다.16)

대체적 분쟁해결제도는 주관기관에 따라 사법형(司法型), 행정형, 민간형으로 구분된다. 사법형으로는 민사조정법에 따른 민사조정, 가사소송법에 따른 가사조정 등이 있고, 민간형은 시민사회단체나 종교단체 등 민간분야에서 분쟁을 해결하는 경우로 한국기독교화해중재원, 조계종 산하 화쟁위원회, 대한상사중재원 등이 있으나 활동비중이 지극히 낮은 실정이다.

행정형 ADR은 법령에 근거를 두고 행정부 소속 또는 산하기관 등에 설치된 분쟁해결기구에 의해 실시된다. ADR 기본법 제정이 추진되고 있으나, 행정형 ADR을 규율하는 일반법은 없고, 개별법에서 분쟁조정기구 설치근거를 두고 있다. 행정형 ADR은 행정부 소속기관이나 산하기관, 공공기관 등에 설치된 분쟁조정기구를 통해 주로 알선, 조정, 재정, 중재 등의 절차에 따라 분쟁을 해결한다.

행정형 ADR은 매우 다양한 분야에 걸쳐 제도화되어 있고 그 수도 늘어나는 추세이다. 행정기관에 설치된 경우로는 환경분쟁조정위원회(환경부), 노동위원회(고용노동부), 건설분쟁조정위원회(국토교통부), 건축분쟁전문위원회(국토교통부), 언론중재위원회(문화체육관광부), 개인정보분쟁조정위원회(개인정보보호위원회), 건강보험분쟁조정위원회(보건복지부), 산업재산권분쟁조정위원회(특허청), 공공데이터제공분쟁조정위원회(행정안전부), 국가계약

---

14) 일본의 분쟁회피적 법문화에 관하여는 Takeyoshi Kawashima, Dispute Resolution in Contemporary Japan, in: Arthur Taylor von Mehren(ed.), Law in Japan: The Legal Order of a Changing Society, Tokyo; Tokiyasu Fujita, Streitvermeidung und Streiterledigung durch informelles Verwaltungshandeln in Japan, NVwZ 1994, 136－137 등을 참조.

15) Micahel Freeman, Alternative Dispute Resolution, Dartmouth, 1995, xii.

16) 일례로 영국 정부는 2001년 3월 23일 정부 부처와 기관들이 모든 적합한 사안에 당사자들의 동의 하에 Alternative Dispute Resolution (ADR) 기법에 의하여 법적 분쟁을 해결하도록 하겠다는 방침을 천명하였고, 이에 따라 매년 그러한 방침을 실효적으로 이행하고 있는지 여부를 조사하여 보고서를 공개하고 있다(http://www.dca.gov.uk/civil/adr/adr_reports.htm).

분쟁조정위원회(기획재정부) 등이 있고, 행정부 산하기관에 설치된 경우는 전자거래분쟁
조정위원회(지식경제부/정보통신산업진흥원), 소비자분쟁조정위원회(공정거래위원회/한국소비자
원), 공정거래분쟁조정협의회(공정거래위원회/한국공정거래조정원), 금융분쟁조정위원회(금융
감독원), 의료분쟁조정위원회(보건복지부/한국의료분쟁조정중재원) 등이 있다. 국민권익위원
회 역시 갈등해결 차원에서 일종의 행정형 ADR 기능을 수행하고 있다.[17]

대체적 분쟁해결제도의 가치는 보다 "효과적인" 분쟁해결방법의 제공 — 비용, 속
도, 만족, 순응 측면의 효과성,[18] 재판의 폭주, 과다한 비용과 지연의 완화 등에 있다.[19]
이 점을 감안할 때 공공기관이 다양한 분야에서 분쟁 해결을 위하여 소송까지 가지 않
고서도 ADR을 활용하는 방안을 고려할 이유는 충분하다. 많은 경우 ADR을 통한 분쟁
조정신청에 응답해야 하는 처지에 놓일 수 있어 그러한 대응이 불가피하게 요구되기도
한다. 공공기관이 잘 짜여진 ADR 대응 시스템을 미리 궁리해 두어야 하는 이유이다. 그
런 의미에서 공공기관들이 이러한 ADR의 요구에 얼마나 준비되어 있는가, 평소 ADR의
활용방안을 얼마나 잘 준비하고 있고 실제로 그로부터 성과를 거양하고 있는가 하는 물
음이 제기된다.

우선 다양한 분야에서 제도화되어 이용되고 있는 ADR의 특성과 용도, 효능을 정확
히 파악하는 것이 필요하며, 각 ADR의 특성과 용도에 상응한 준비활동과 대응방안을
담은 매뉴얼을 마련하여 구성원들이 ADR 상황이 발생했을 때 어떻게 대처해야 하는지
를 숙지하도록 해야 할 것이다. 법원에서의 소송은 우선 비용이 많이 소요되는데 ADR
을 통해 상대적으로 얻을 수 있는 이점에 대한 고려가 필요하겠지만, ADR을 통해 분쟁
상대방과의 관계에서 '전부 아니면 전무'(all or nothing) 식의 반목적·파괴적 결말이 아
니라 소통과 화해를 통한 상생의 결과를 이룰 경우 기대되는 무형의 성과에도 관심을
기울여야 할 것이다.

---

17) 상세한 것은 한국법제연구원. (2016). 「한국의 분쟁조정제도 소개 — 제2차 워크숍 —」(2016. 8.
   5. 법제교류 자료 16−18−④) 발표문을 참조(https://policy.nl.go.kr/cmmn/FileDown.do?atchFil
   eId=200443&fileSn=43312).

18) S.B. Goldberg/E.D. Green/F.E.A. Sander, Dispute Resolution, Boston, Mass.: Little, Brown,
   1985, p.5; Tom R. Tyler, The Quality of Dispute Resolution Procedure and Outcomes:
   Measurement Problems and Possibilities, Denver University Law Review, 66, 1989, 419−436,
   pp.435−436.

19) 홍준형(공저). (2008). 「공공갈등의 관리, 과제와 해법」(법문사). 제5장 대체적 분쟁해결제도
   (ADR); Sander, Frank E.A. (2000). The Future of ADR. Journal of Dispute Resolution
   2000(1): 3-10; Mackie, K. J.(Ed.). (1991). A Handbook of Dispute Resolution, Routledge and
   Sweet & Maxwell 등을 참조.

공공기관이 활용할 수 있는 분쟁조정제도는 앞서 살펴 본 바와 같이 매우 다양하다. 건설분쟁조정위원회, 언론중재위원회, 개인정보분쟁조정위원회, 건강보험분쟁조정위원회, 국가계약분쟁조정위원회, 공정거래분쟁조정협의회 등 분야별 특성과 절차에 상응한 대응 매뉴얼을 만들 필요가 있다. 가령 공공기관들이 빈번히 겪고 있는 환경분쟁을 적기에 효과적으로 해결하기 위해서는 소송 못지않게 환경분쟁조정제도가 효용을 발휘할 수 있다. 신청인이나 피신청인 모두 과다한 비용과 리스크를 피해 신속·간편한 조정절차를 통해 분쟁을 종식시킬 수 있다면 이는 사회적으로도 매우 바람직한 결과라 할 수 있다. 아울러 협상이나 그 밖의 창의적인 비공식적 갈등해결의 길도 함께 활용할 수 있어야 함은 물론이다.

2.4. 공공기관 ESG 경영과 법무관리의 혁신

ESG의 사전적 정의는 '기업의 비재무적 요소인 환경(Environment), 사회(Social), 지배구조(Governance)'로 되어 있지만 ESG 경영은 시대사회적 환경변화에 적응하는 경영이고 그것은 변화하는 환경에서 기업이 살아남기 위한 생존전략인 동시에 불가피한 선택이기도 하다.

공공기관 역시 이러한 ESG 경영의 요구를 외면할 수 없고, 앞에서 살펴 본 지속가능하고 유연하며 민첩한 법무관리의 요청 역시 ESG 경영의 일환이라 할 수 있다. 투자자의 신뢰가 있어야 주가가 오르고 유리한 조건으로 자금조달이 가능하며, 실제로 기업의 ESG 수준을 투자 결정 시 필수 척도로 활용하는 글로벌 대형 기관투자가들이 늘고 있다. 국민의 신망을 얻기 위해서는 공공기관 역시 ESG 경영의 요구에 부응해야 하며 이를 법무관리의 혁신을 위한 전략적 지향점으로 삼아야 할 것이다.[20]

3. 내부관리

내부관리 영역은 크게 법규관리, 윤리·법준수·고충처리, 노무관리, 지식재산권보호 등 사내법무(In-house lawyering) 등으로 나누어 볼 수 있다. 법규관리는 공공기관 관련 법령, 정관, 사규 등 내부규정들을 상시 정비, 관리해 나가는 문제로 '법규과'나 '규정류

---

20) 일례로 김석은. (2020). "공공기관의 전략적 사회책임 활동을 위한 조건 탐색". 『입법과 정책』(국회입법조사처) 제12권 제2호 2020. 8. 31. pp.231~261(https://doi.org/10.22809/nars.2020.12.2.009)을 참조.

심의위원회' 등의 조직단위에서 다루어 온 업무이다. 윤리·고충처리 업무는 특히 최근에는 '상사갑질', '미투' 등 인권경영 이슈가 더해져 그 중요성이 커졌고, 공공기관 조직 내에서 일상적으로 많은 문제가 발생하는 영역이다. 공공기관운영법이 제52조의3 제1항에서 "공공기관은 투명하고 공정한 인사운영 등 윤리경영을 강화하기 위하여 노력하여야 한다."고 명문의 규정을 두게 된 배경이다. 법준수(compliance) 문제는 앞서 본 공공기관의 법적 외부환경 변화와 관련하여 역점을 두고 대처해야 할 영역이다. 이를 위해서는 「금융회사의 지배구조에 관한 법률」(금융사지배구조법), 농업협동조합법 등에서 설치 의무화된 준법감시인(compliance officer) 제도를 참조하여 법준수 전담기구를 설치하는 방안도 적극 검토해 볼 필요가 있다. 준법감시인은 감사위원회와는 달리 지배구조의 내부 감사 뿐만 아니라 법규 준수와 윤리경영을 구현하는 효과적인 수단이다. 교육훈련 프로그램에 준법교육을 필수요소로 포함시켜야 할 것이다.

개인정보보호, 성평등, 고용평등이나 환경규제 순응 문제 등과 관련하여 공공기관은 다른 어느 민간기업보다도 높은 기대와 감시를 받고 있다. 사내법무(In-house lawyering) 영역은 분야를 가리지는 않지만 특히 근로관계에서 생기는 법률문제의 처리, 공공기관과 그 구성원의 지식재산권 보호 등을 포함하며 사내변호사가 조직 내부에서 기여할 수 있는 분야이다.

제3부 / 공공기관법의 주요 분야

I. 공공기관과 행정법

1. 개설

공공기관은 다음과 같은 경우 국가 또는 지방자치단체 또는 행정청의 지위에 서게 된다.

첫째, 공공기관은 국가나 지방자치단체로 의제되거나 행정청의 지위에 설 수 있다.

둘째, 공공기관은 행정청의 지위에서 부정당업체에 대해 입찰참가제한 같은 제재처분을 할 수 있다.

끝으로, 공공기관은 정보공개법상 정보공개여부 결정 및 처분을 하는 행정청의 지위에 선다.

이와 같이 공공기관이 국가나 지방자치단체로 의제되거나 행정청의 지위에서 일정한 처분을 할 경우 경우에 따라 행정절차법, 행정대집행법 등 행정법의 규율을 받을 수 있다.

1.1. 국가 또는 지방자치단체 의제 등

공공기관이 국가 또는 지방자치단체로 의제되거나 행정청의 지위에 서는 경우로 한국토지주택공사의 예를 들 수 있다. 「한국토지주택공사법」 제19조(공사의 국가 또는 지방자치단체 의제 등)에 따르면, 한국토지주택공사는 공사가 수행하는 제8조제1항제2호 및 제7호의 사업 중 「공익사업을 위한 토지 등의 취득 및 보상에 관한 법률」 제4조 각 호의 어느 하나의 공익사업에 해당하는 경우, 같은 법 제9조제1항(사업 준비를 위한 출입의 허가 등) 및 제2항(사업 준비를 위한 출입의 허가 등), 같은 법 제51조제1항제1호(중앙토지수용위원회의 관할로서 '국가 또는 시·도가 사업시행자인 사업')와 「부동산등기법」 제98조를 적용할 때에는 "국가 또는 지방자치단체"를 "공사"로, "관계 중앙행정기관의 장"을 "공사 사장"으로 본다(§19 ①).

또한 한국토지주택공사가 시행하는 사업의 경우, 「국토의 계획 및 이용에 관한 법률」 제134조 후단 및 「도시개발법」 제77조 단서에 따른 행정심판에서 공사의 처분에 대한 감독행정기관은 국토교통부장관으로 하며, 「국토의 계획 및 이용에 관한 법률」 제65조 (개발행위에 따른 공공시설 등의 귀속) 및 제99조(공공시설 등의 귀속)를 적용하는 경우에는 공사를 행정청인 시행자로 본다(§19 ②).

> 「국토의 계획 및 이용에 관한 법률」 제134조(행정심판): 이 법에 따른 도시·군계획시설사업 시행자의 처분에 대하여는 「행정심판법」에 따라 행정심판을 제기할 수 있다. <u>이 경우 행정청이 아닌 시행자의 처분에 대하여는 제86조제5항에 따라 그 시행자를 지정한 자에게 행정심판을 제기하여야 한다.</u>
> 같은 법 제86조 ⑤: 제1항부터 제4항까지의 규정에 따라 시행자가 될 수 있는 자 외의 자는 대통령령으로 정하는 바에 따라 <u>국토교통부장관, 시·도지사, 시장 또는 군수로부터 시행자로 지정을 받아</u> 도시·군계획시설사업을 시행할 수 있다.
> 「도시개발법」 제77조(행정심판): 이 법에 따라 시행자가 행한 처분에 불복하는 자는 「행정심판법」에 따라 행정심판을 제기할 수 있다. <u>다만, 행정청이 아닌 시행자가 한 처분에 관하여는 다른 법률에 특별한 규정이 있는 경우 외에는 지정권자에게 행정심판을 제기하여야 한다.</u>

한국토지주택공사가 시행하는 사업의 경우, 「국토의 계획 및 이용에 관한 법률」 제134조 후단 및 「도시개발법」 제77조 단서에 따라 공사는 행정청이 아닌 시행자로서 '처분'을 하지만 그 처분에 대한 행정심판은 공사를 시행자로 지정한 지정권자에게 행정심판을 제기하도록 되어 있다.

한편 국토교통부장관 또는 지방자치단체의 장은 공사가 행하는 사업에 관한 다음 각 호의 권한을 대통령령으로 정하는 바에 따라 공사에 위탁할 수 있다(§19 ③).

1. 「주택법」 제49조제1항에 따른 사용검사
2. 「공공주택 특별법」 제31조제1항에 따른 준공검사
3. 「택지개발촉진법」 제16조제1항에 따른 준공검사
4. 「국토의 계획 및 이용에 관한 법률」 제98조제2항에 따른 준공검사
5. 「도시개발법」 제50조제2항 및 「민간임대주택에 관한 특별법」 제39조의2제1항에 따른 준공검사
6. 「도시 및 주거환경정비법」 제83조제2항 및 「빈집 및 소규모주택 정비에 관한 특례법」 제39조 제2항에 따른 준공인가
7. 「건축법」 제22조제2항에 따른 사용승인
8. 「공익사업을 위한 토지 등의 취득 및 보상에 관한 법률」 제89조제1항에 따른 대집행

1.2. 공공기관의 제재처분

공공기관은 일정한 경우 행정소송법에 정한 행정청, 그 소속기관 또는 그로부터 제재처분 권한을 위임받은 행정기관의 지위를 가질 수 있다.

공기업·준정부기관가 부정당업체의 입찰자격을 제한하는 조치를 취한 경우가 대표적인 예이다. 공공기관법은 제39조 제2항에서 "공기업·준정부기관은 공정한 경쟁이나 계약의 적정한 이행을 해칠 것이 명백하다고 판단되는 사람·법인 또는 단체 등에 대하여 2년의 범위 내에서 일정기간 입찰참가자격을 제한할 수 있다."고 규정하고 있다. 입찰참가자격 제한기준 등 필요한 사항은 기획재정부령으로 정하도록 위임되어 있다(§39 ③).

> **한국전력공사의 부정당업자 입찰참가자격제한처분**

[1] 공공기관의 운영에 관한 법률 제39조 제2항, 제3항에 따라 입찰참가자격 제한기준을 정하고 있는 구 공기업·준정부기관 계약사무규칙(2013. 11. 18. 기획재정부령 제375호로 개정되기 전의 것) 제15조 제2항, 국가를 당사자로 하는 계약에 관한 법률 시행규칙 제76조 제1항 [별표 2], 제3항 등은 비록 부령의 형식으로 되어 있으나 규정의 성질과 내용이 공기업·준정부기관(이하 '행정청'이라 한다)이 행하는 입찰참가자격 제한처분에 관한 행정청 내부의 재량준칙을 정한 것에 지나지 아니하여 대외적으로 국민이나 법원을 기속하는 효력이 없으므로, 입찰참가자격 제한처분이 적법한지 여부는 이러한 규칙에서 정한 기준에 적합한지 여부만에 따라 판단할 것이 아니라 공공기관의 운영에 관한 법률상 입찰참가자격 제한처분에 관한 규정과 그 취지에 적합한지 여부에 따라 판단하여야 한다. 다만 그 재량준칙이 정한 바에 따라 되풀이 시행되어 행정관행이 이루어지게 되면 평등의 원칙이나 신뢰보호의 원칙에 따라 행정청은 상대방에 대한 관계에서 그 규칙에 따라야 할 자기구속을 받게 되므로, 이러한 경우에는 특별한 사정이 없는 한 그에 반하는 처분은 평등의 원칙이나 신뢰보호의 원칙에 어긋나 재량권을 일탈·남용한 위법한 처분이 된다.

[2] 한국전력공사가, 갑 주식회사가 광섬유복합가공지선 구매입찰에서 담합행위(1차 위반행위)를 하였다는 이유로 6개월의 입찰참가자격 제한처분(1차 처분)을 한 다음, 1차 처분이 있기 전에 전력선 구매입찰에서 담합행위(2차 위반행위)를 하였다는 이유로 갑 회사에 다시 6개월의 입찰참가자격 제한처분(2차 처분)을 한 사안에서, 수 개의 위반행위에 대하여 그 중 가장 무거운 제한기준에 의하여 제재처분을 하도록 규정한 '국가를 당사자로 하는 계약에 관한 법률 시행규칙' 제76조 제3항은 규정의 취지 등을 고려할 때, 공기업·준정부기관(이하 '행정청'이라 한다)이 입찰참가자격 제한처분을 한 후 그 처분 전의 위반행위를 알게 되어 다시 입찰참가자격 제한처분을 하는 경우에도 적용된다고 보아야 하고, 1차 위반행위와 2차 위반행위의 제한기준이 동일하며, 행정청 내부의 사무처리기준상 1차 처분 전의 2차 위반행위에 대하여는 추가로 제재할 수 없다는 이유로, 갑 회사에 대한 2차 처분은 재량권을 일탈·남용하여 위법하다.[1]

---

1) 대법원 2014. 11. 27. 선고 2013두18964 판결(부정당업자제재처분취소): 한국전력공사가, 갑 주식회사가 광섬유복합가공지선 구매입찰에서 담합행위를 하였다는 이유로 6개월의 입찰참가자격 제

[1] 법령에서 행정처분의 요건 중 일부 사항을 부령으로 정할 것을 위임한 데 따라 시행규칙 등 부령에서 이를 정한 경우에 그 부령의 규정은 국민에 대해서도 구속력이 있는 법규명령에 해당한다고 할 것이지만, 법령의 위임이 없음에도 법령에 규정된 처분 요건에 해당하는 사항을 부령에서 변경하여 규정한 경우에는 그 부령의 규정은 행정청 내부의 사무처리 기준 등을 정한 것으로서 행정조직 내에서 적용되는 행정명령의 성격을 지닐 뿐 국민에 대한 대외적 구속력은 없다고 보아야 한다. 따라서 어떤 행정처분이 그와 같이 법규성이 없는 시행규칙 등의 규정에 위배된다고 하더라도 그 이유만으로 처분이 위법하게 되는 것은 아니라 할 것이고, 또 그 규칙 등에서 정한 요건에 부합한다고 하여 반드시 그 처분이 적법한 것이라고 할 수도 없다. 이 경우 처분의 적법 여부는 그러한 규칙 등에서 정한 요건에 합치하는지 여부가 아니라 일반 국민에 대하여 구속력을 가지는 법률 등 법규성이 있는 관계 법령의 규정을 기준으로 판단하여야 한다.
[2] 공공기관법 제39조 제3항에서 부령에 위임한 것은 '입찰참가자격의 제한기준 등에 관하여 필요한 사항'일 뿐이고, 이는 그 규정의 문언상 입찰참가자격을 제한하면서 그 기간의 정도와 가중·감경 등에 관한 사항을 의미하는 것이지 처분의 요건까지를 위임한 것이라고 볼 수는 없다. 따라서 이 사건 규칙 조항에서 위와 같이 처분의 요건을 완화하여 정한 것은 상위법령의 위임 없이 규정한 것이므로 이는 행정기관 내부의 사무처리준칙을 정한 것에 지나지 않는다.[2]

반면 공공기관의 운영에 관한 법률 제39조 제2항은, 공기업·준정부기관이 공정한 경쟁이나 계약의 적정한 이행을 해칠 것이 명백하다고 판단되는 행위를 한 부정당업자를 향후 일정 기간 입찰에서 배제하는 조항으로서, 공적 계약의 보호라는 일반예방적 목적을 달성함과 아울러 해당 부정당업자를 제재하기 위한 규정이며, 따라서 위 조항이 적용되는 부정당행위는 공기업·준정부기관을 상대로 하는 행위에 한정되는 것으로 해석함이 타당하다는 것(대법원 2018. 10. 25. 선고 2016두33537 판결), 그리고 공공기관운영법 제5조 제4항의 '기타 공공기관'은 같은 법 제39조에 따른 입찰참가자격 제한 조치를 할 수 없고 따라서 행정소송법에 정한 행정청, 그 소속기관 또는 그로부터 제재처분 권한을 위임받은 공공기관에 해당하지 아니하므로, 설사 부정당업자에 대한 제재로 입찰참가자격제한조치를 내리더라도 이는 행정소송 대상이 되는 행정처분이 아니라 단지 신청인을 공사가 시행하는 입찰에 참가시키지 않겠다는 뜻의 사법상 효력을 가지는 통지행위에 불과하다는 것이 대법원 판례이다(대법원 2010. 11. 26. 자 2010무137 결정).

공공기관의 입찰참가자격 제한조치의 처분성을 인정한 대법원의 판례에 대해서는 비판이 제기된다. 물론 그 비판은 처분성 인정 자체를 반대하는 것은 아니고 그 전제로서 공기업의 행정주체성, 특히 행정청 지위에 관한 것이다. 이러한 비판에 따르면, 대법원이 공기업의 입찰참가자격 제한조치의

한처분(1차 처분)을 한 다음, 1차 처분이 있기 전에 전력선 구매입찰에서 담합행위를 하였다는 이유로 갑 회사에 다시 6개월의 입찰참가자격 제한처분(2차 처분)을 한 사안에서, 위 2차 처분은 재량권을 일탈·남용하여 위법하다고 한 사례.

2) 대법원 2013. 9. 12. 선고 2011두10584 판결(부정당업자제재처분취소).

처분성을 인정한 것은 긍정적이지만, 공공기관운영법 제39조 제2항에 입찰참가자격 제한조치의 근거규정이 마련되었다는 점만으로 이를 정당화하기 어렵다고 한다. 이는 기존의 행정조직법의 일반 법률이나 행정소송법상 처분의 법리에 부합하지 않을 뿐 아니라, 이와 관련한 다른 대법원 판례와도 일관되지 않는다는 것이다. 이러한 문제점을 극복하고 공기업의 부당한 입찰참가자격 제한으로 인한 피해를 적절히 구제하기 위해, 그리고 공기업의 일방적 구속적 조치로 인한 피해를 적절히 구제하기 위해서는 공법상 법인격을 가지고 있는 공기업의 행정주체성을 인정하여야 한다고 주장한다.[3]

반면, 준시장형 공기업인 한국마사회가 조교사 또는 기수의 면허를 부여하거나 취소하는 것은 국가 기타 행정기관으로부터 위탁받은 행정권한의 행사가 아니라 일반 사법상의 법률관계에서 이루어지는 단체 내부에서의 징계 내지 제재처분에 불과하다고 판시한 사례가 있다.

[1] 행정소송의 대상이 되는 행정처분이란 행정청 또는 그 소속기관이나 법령에 의하여 행정권한의 위임 또는 위탁을 받은 공공단체 등이 국민의 권리·의무에 관계되는 사항에 관하여 직접 효력을 미치는 공권력의 발동으로서 하는 공법상의 행위를 말하며, 그것이 상대방의 권리를 제한하는 행위라 하더라도 행정청 또는 그 소속기관이나 권한을 위임받은 공공단체 등의 행위가 아닌 한 이를 행정처분이라고 할 수 없다.
[2] 한국마사회가 조교사 또는 기수의 면허를 부여하거나 취소하는 것은 경마를 독점적으로 개최할 수 있는 지위에서 우수한 능력을 갖추었다고 인정되는 사람에게 경마에서의 일정한 기능과 역할을 수행할 수 있는 자격을 부여하거나 이를 박탈하는 것에 지나지 아니하므로, 이는 국가 기타 행정기관으로부터 위탁받은 행정권한의 행사가 아니라 일반 사법상의 법률관계에서 이루어지는 단체 내부에서의 징계 내지 제재처분이다.
[3] 취업규칙이나 상벌규정에서 징계사유를 규정하면서 동일한 사유에 대하여 여러 등급의 징계가 가능한 것으로 규정한 경우에 그 중 어떤 징계처분을 선택할 것인지는 징계권자의 재량에 속한다고 할 것이지만, 이러한 재량은 징계권자의 자의적이고 편의적인 재량이 아니며 징계사유와 징계처분 사이에 사회통념상 상당하다고 인정되는 균형의 존재가 요구되므로 경미한 징계사유에 대하여 가혹한 제재를 과하는 것은 징계권 남용으로서 무효라고 하여야 할 것인바, 이와 같은 징계권 남용의 판단 기준은 한국마사회가 그로부터 면허를 받은 조교사 또는 기수에 대하여 면허 취소·정지 등의 제재를 과하는 경우에도 마찬가지로 적용된다.[4]

1.3. 정보공개법에 따른 공공기관의 처분

공공기관은 「공공기관의 정보공개에 관한 법률」(약칭: 정보공개법)에 따라 자신이 보유하는 정보에 대한 공개 청구가 있을 경우 그 정보를 공개할 의무를 지는 '공공기관'의 지위에 서게 된다. 즉 정보공개법 제11조(정보공개 여부의 결정), 제13조(정보공개 여부 결정의 통지), 제18조(이의신청), 제19조(행정심판), 제20조(행정소송) 등에서 행정청, 다시 말해

---

3) 이원우, "공기업의 의의와 공법적 통제의 법적 과제", 「공법연구」 제45집 제3호, 2017년 2월, 277–311, 특히 301–305.
4) 대법원 2008. 1. 31. 선고 2005두8269 판결(해고무효등확인청구).

처분청의 지위에 서게 된다.

정보공개법 제19조 제1항에 따르면, 청구인이 정보공개와 관련한 공공기관의 결정에 대하여 불복이 있거나 정보공개 청구 후 20일이 경과하도록 정보공개 결정이 없는 때에는 「행정심판법」에서 정하는 바에 따라 공공기관을 피청구인으로 하여 행정심판을 청구할 수 있다. 이 경우 국가기관 및 지방자치단체 외의 공공기관의 결정에 대한 감독 행정기관은 관계 중앙행정기관의 장 또는 지방자치단체의 장으로 한다(§19 ① 제2문).

2. 경제행정법의 한 분야로서 공기업행정법

공공기관, 특히 공기업은 경제행정법의 한 분야인 공기업행정법의 규율 대상이 된다. 이를 좀 더 살펴보기로 한다.

국가 등 행정주체는 경제행정권을 통하여 경제를 규제·조정할 뿐만 아니라 경우에 따라서는 직접 또는 간접적으로 기업가(entrpreneur, Unternehmer)로서 스스로 경제활동을 할 수 있다. 즉 국가 또는 지방자치단체 등 행정주체는 우편사업이나 양곡관리사업처럼 직접 공기업을 경영할 수 있고(영조물직영방식), 독립법인[5]을 설립하여 이를 통하여 공기업을 수행하도록 할 수도 있다. 대한석탄공사, 한국방송공사, 한국토지주택공사, 한국도로공사 등이 그러한 예이다. 이처럼 공적 손에 의한 경제활동을 통틀어 공기업이라 부를 수 있다면 그 한도 내에서 공기업 역시 경제행정의 수단이 된다: 공기업은 경제적 단위로서 그리고 공행정의 형성수단으로서 양면성을 지닌다.

공기업행정법, 즉 공기업에 대한 행정법적 규율은 그 공익성과 수익성으로 인하여 다양한 특성을 띠게 된다. 공기업에 대한 각종 금지나 제한, 성과평가 및 회계감사 등 엄격한 법적 통제가 이루어질 뿐만 아니라 공기업 개설의 목적, 그것이 공급하는 재화나 역무의 특성(생활의 필수적 수요), 공급형태의 특성(독점성, 자연독점성) 및 그 안정적·지속적 공급보장의 필요를 고려하여 특별한 법적 보호를 받기도 하며, 나아가 공기업 경영이나 이용관계에 관한 적용법원리나 법적 규율 내용 면에서도 다른 분야에 비해 특수성을 가지는 경우가 많다.

공기업에 대해서는 그 설립, 운영 등에 대한 다양한 공법적 통제가 이루어지고 있다.

---

5) 이를 '영조물법인'으로 부르기도 한다.

2.1. 설립 통제

국영기업을 설치하려면 따로 법률의 수권은 필요하지 않지만 최소한 정부조직법(§4)에 따라 대통령령에 의해야 하며, 다만 독점기업으로서 국영기업이나 후술하는 국영공비기업의 개설을 위해서는 법률의 수권이 필요하다고 보아야 한다. 전자는 동종기업의 경영을 배제하는 효과를 발생하기 때문이고, 후자는 지방자치단체에 부담을 과하기 때문이다.[6]

공기업을 신설할 경우 공공기관운영법 제7조에 따라 기획재정부장관의 타당성 심사를 거쳐야 하며, 기획재정부장관은 공공기관운영위원회의 심의·의결을 거쳐 기관 신설 및 재정지원 등의 필요성과 효과 등을 심사하고, 그 결과를 주무기관의 장에게 통보하여야 하도록 되어 있다(§7 ②).

지방직영기업 역시 국영공기업에 준하는 법적 통제를 받고 있다. 우선 지방공기업법은 제5조에서 지방자치단체가 지방직영기업을 설치·경영하고자 할 때에는 그 설치·운영의 기본사항을 조례로 정하도록 법정하는 한편, 제3조에서 지방공기업은 항상 기업의 경제성과 공공복리를 증대하도록 운영하여야 하며, 지방자치단체는 지방공기업을 설치·설립 또는 경영함에 있어서 민간경제를 위축시키거나 공정하고 자유로운 경제질서를 저해하거나 환경을 훼손시키지 아니하도록 노력하여야 한다는 것을 지방공기업 경영의 기본원칙으로 명시하고 있다.

특수법인기업의 경우 그 개설이 특별법(한국방송광고공사법)에 의하는 경우도 있고 지방공기업법에 의한 지방공사의 경우 대통령령이 정하는 바에 따라 주민복리 및 지역경제에 미치는 효과·사업성 등 지방공기업으로서의 타당성 여부를 사전에 검토하여 조례로 설립하도록 되어 있다(§49 ③, ②).

2.2. 경영감독 및 평가 등

공기업에 대해서는 특히 공익성과 자율경영 및 책임경영이라는 명분 뒤에서 자칫 경영이나 회계가 방만하게 운영될 우려가 있다는 점에서, 경영평가, 회계감사 등 각종 법적 감독 또는 통제가 가해진다. 공공기관운영법은 제3조에서 '공공기관의 책임경영체제를 확립하기 위하여 공공기관의 자율적 운영을 보장하여야 한다'고 천명하면서도, 공

---

6) 김남진·김연태, 행정법 II, 414.

기업의 투명한 운영을 도모하기 위하여 경영공시를 의무화하고(§§11, 12), 경영목표와 예산 및 운영계획 등에 관한 사항을 심의·의결하기 위하여 이사회를 두어, 이사회로 하여금 기관장이 법령 등 위반행위나 직무를 게을리한 경우 주무기관의 장에게 기관장의 해임 등 필요한 조치를 요청할 수 있도록 하고 있다(§§17, 22). 또한 임원 임면의 객관성·공정성을 확보하기 위하여, 공기업의 장은 비상임이사 등으로 구성되는 임원추천위원회가 복수로 추천하여 공공기관운영위원회의 심의·의결을 거친 사람 중에서 주무기관의 장의 제청으로 대통령이 임명하도록 하고 있다(§§25, 26).

아울러 공기업의 경영 효율을 높이기 위하여 기획재정부장관은 경영목표 및 공기업·준정부기관이 제출한 경영실적보고서 등을 기초로 공기업의 경영실적을 평가하고, 평가 결과 경영실적이 부진한 공기업의 기관장 또는 상임이사의 해임을 건의하거나 요구할 수 있도록 하고 있다(§48).

특수법인에 대해서도 주무부장관, 기획재정부장관 및 감사원 등 행정기관과 국회가 여러 가지 측면에서 감독권을 행사하고 있다. 또한 지방공사의 경우에도 지방자치단체장, 지방의회뿐만 아니라 행정안전부장관, 감사원도 감독권을 행사할 수 있도록 되어 있다.

2.3. 공기업의 법적 보호

공용부담특권을 부여 받거나, 기업독점권을 법적으로 또는 사실상으로 보장받는 경우, 특수법인지위와 독립채산제 하에서 면세, 보조금 등 혜택을 받는 경우 등이 있다.

특히 정부기업의 경우, 정부기업예산법 제3조에 따라 우편사업특별회계, 우체국예금특별회계, 양곡관리특별회계, 조달특별회계 등 특별회계를 설치하여 그 세입으로써 그 세출에 충당하도록 되어 있고, 지방공기업의 경우에도 지방공기업법에 따라 특별회계를 둘 수 있고 독립채산제(§§13, 14)에 따르도록 되어 있다.

2.4. 공기업에 대한 법적 규율

국영기업에 관하여는 정부조직법, 정부기업예산법, 감사원법 등이 적용된다. 정부기업의 직원은 공무원의 신분을 가지며, 예산편성 및 운용 등 각종 행정통제 면에서 일반 행정기관과 동일하게 취급된다.

공공기관운영법상 공공기관의 범주에 해당하는 공기업에 대해서는 공공기관운영법, 감사원법 등이 적용된다. 공공기관운영법은 제2조에서 법 제4조 내지 제6조의 규정에 따라 지정·고시된 공공기관에 대하여 적용하고, 공공기관에 대하여 다른 법률에 이 법과 다른 규정이 있을 경우 이 법에서 그 법률을 따르도록 한 때를 제외하고는 이 법을 우선하여 적용하도록 하고 있다(§2 ②). 공기업의 임직원, 운영위원회의 위원과 임원추천위원회의 위원으로서 공무원이 아닌 사람은 형법 제129조(수뢰, 사전수뢰) 내지 제132조(알선수뢰)의 적용에 있어서는 이를 공무원으로 보며(§53), 주식이 유가증권시장에 상장되지 아니한 공기업·준정부기관에 대한 소수주주권의 행사와 주주제안에 관하여는 상법 제542조의6을 준용한다(§54).

지방직영기업의 경우 지방공기업법 외에도 지방자치법 및 지방재정법 기타 관계법령이 적용된다(§6).

3. 공기업의 이용관계

3.1. 공기업이용관계의 의의

국민이 공기업으로부터 제공되는 각종 재화, 서비스를 수급하고 이용하는 법률관계를 공기업이용관계라고 한다.

공기업이용관계의 종류로 일시적 이용관계와 계속적 이용관계가 있다. 가령 종묘등의 분양, 석탄의 매매, 철도 승차 등은 전자의 예이며, 수도, 가스의 공급, 국공립병원 입원, 국민주택의 사용 등은 후자의 예이다. 협의로는 후자만을 가리킨다.

3.2. 공기업이용관계의 성질

공기업이용관계의 성질을 어떻게 보느냐에 따라 공사법 귀속, 그에 따른 법률관계에 대한 적용법규, 재판관할 및 절차가 달라진다. 공기업이용관계의 성질에 대해서는 다음과 같은 학설 대립이 있다.

(1) 공법관계설

사회공공의 이익을 위해 행해지므로 행정작용의 일부를 구성하는 것이고 따라서 공법관계라고 한다. 그러나 공기업의 수익성, 프랑스의 행정법상 공역무중 '상공업적 공역무'(service public industriel et commercial)의 이용관계는 원칙적으로 사법의 규율하에 있음을 간과한 것이라는 비판이 있다.

(2) 사법관계설

비권력적 관리작용으로서 사인이 경영하는 사업과 본질적 차이가 없다고 본다. 동일 내용의 관계는 동일한 법원리에 의해 규율되어야 하므로 그 이용관계도 사법 및 사법원리에 의해 규율되는 사법관계로 본다. 실정법상 특별한 규정이 있는 경우 공법관계로 볼 수도 있으나 당해관계 전체가 공법관계로 되는 것은 아니라고 본다.

(3) 단체법적 사회관계설

공기업의 이용관계는 공법 또는 사법관계 어느 일면만을 갖지 않고 이들 양자가 혼재하는 단체법적, 사회법적 분야에 속한다고 본다. 그러나 구체적으로 단체법적 사회관계의 내용이 무엇인지, 공법에 속하는 것인지 아닌지를 판명해 주지 못한다.

(4) 결론

공기업이용관계는 원칙적으로 사법관계로 보아야 하며, 따라서 이를 둘러싼 분쟁도 민사소송에 의해 해결하여야 한다고 보는 것이 통설이다. 이에 따르면 공기업이용관계는 원칙적으로 기업자와 이용자간 합의에 의해 성립하며, 다만 기업자가 정형적인 이용조건을 정하고 이용자가 이를 따를 수밖에 없는 부합계약(contrat adhésion)의 관계지만, 예외적으로 법령이 공기업의 공익목적을 감안하여 특별한 규정을 두거나 관계법규 전체의 합리적 해석에 따라 공법관계로 볼 수 있는 경우도 있다. 즉, 법령의 명시적 규정에 의한 경우에는 행정상 강제징수가 인정되며(수도료, 우편요금), 행정쟁송절차가 적용되며, 실정법구조 전체의 합리적 해석에 의한 경우, 가령 이용관계가 순수한 경제적 급부를 내용으로 하는 것이 아니라 윤리성을 띠는 경우나(공립학교 재학관계), 경제적 급부를 내용으로 하는 경우에도 이용관계가 공공성이 있는 경우에도(비공영수도의 이용관계) 공법이 적용된다고 한다.

이러한 통설에 대해서는 공기업이용관계는 공법관계와 행정사법관계를 포함하는 관계로 행정법관계라고 보는 반론이 제기되고 있다.[7] 이 견해에 따르면 행정법관계 중에서 공법관계에 속하는가 행정사법관계에 속하는가는 개별결정설(복수기준설)에 의하는데, 실정법이 공법관계임을 명시하고 있는 경우에는 문제가 없지만, 명시하고 있지 아니 한 경우에는 공사법 구별의 제도적 의의와 당해 행정법규가 규율하는 취지 등에 따라 공법관계에 속하는가 행정사법관계에 속하는가를 개별구체적으로 판단해야 한다고 한다.

생각건대, 국가나 지방자치단체가 운영하는 버스사업, 전기·수도공급사업 등과 같

---

7) 김철용, 행정법 II, 334.

은 공기업을 이용하는 관계의 법적 성질을 파악하는 문제는 공법이든 사법이든 아니면 행정사법이든 어떤 법영역에 대한 절대적, 선험적 범주를 전제로 하여 공기업이용관계의 법적 성질을 결정하는 문제는 아닌 것 같다. 오히려 결정적인 것은 법형식에 대한 '선택의 자유'(Wahlfreiheit) 원칙에 따라 각각의 구체적 사정, 특히 이용규칙(Benutzungs-ordnung)으로부터 추지할 수 있는 관할행정주체의 의지가 무엇인가를 파악하는 데 있다. 여기서 이용규칙의 종별(자치법규인가 아니면 보통거래약관인가), 각각 사용된 법형식(그 관계의 종료는 철회에 의하는가 아니면 해제에 의한 것인가), 이용규칙의 규율내용(공급강제나 이용강제를 규정하고 있는가), 이용대가의 성질(공법상의 수수료인가 아니면 단순한 사법상의 이용료인가), 쟁송수단(행정심판법상 불복고지의 적용유무) 등이 그 구체적 표지가 될 것이다. 가령 지방자치단체가 전부 또는 지배주주인 사법상 법인이 공기업을 운영하는 경우 특별한 사정이 없는 한 그 회사와 이용자간의 관계는 사인 상호간의 관계로서 사법적 관계로 보아야 할 것이다. 만일 부당하게 공기업이용(거래)이 거부되는 경우 당해 신청인은 지방자치단체에 대하여 그 사법상 법인에게 회사법상 가능한 감독권등의 행사를 통하여 시설이용의 기회를 마련해 달라고 요구할 수 있을 것이다.

> 行政私法(Verwaltungsprivatrecht), 엄밀히 말해 '행정사법적 활동'이란 수도공급, 폐기물처리, 융자의 제공 등과 같이 주로 급부행정 및 경제유도행정의 분야에서, 행정목적을 수행하기 위하여 사법적 형식에 의하여 수행되는 행정활동으로서 일정한 공법적 규율을 받는 것을 말한다. 이것은 사회국가적 이념에 따라 현대행정의 기능이 확대됨으로써 초래된 행위형식 다양화의 산물이지만, 행정이 私法的 행위형식을 선택하여 공법적 구속, 특히 기본권 구속, 기타 공법적 제한들(권한배분에 관한 규정이나 행정작용의 일반원리)을 벗어날 수는 없다는 것이 행정사법론의 핵심이다. 행정에게 허용되는 것은 사법적 행위형식일 뿐, 사적 자치(Privatautonomie)에 의한 자유나 가능성은 아니다. 볼프(H.J. Wolff)는 이를 行政私法이라고 불렀다. 그것은 행정의 임무수행을 위하여 행정이 동원할 수 있는, 공법에 의하여 중첩되고 구속된 私法이라고 할 수 있다.[8] 공기업이용관계를 행정사법관계로 본다면 이는 공법적 구속이 따르는 사법관계로 파악한다는 것을 뜻하게 될 것이다.

사실 공기업이용관계 가운데에는 공·사법 혼합관계에 해당하는 경우도 적지 않다. 가령 국민주택임대차관계의 경우 국가 또는 지방자치단체인 사업주체와 분양권자 또는 임차인의 일반적 법률관계는 사법관계이만, 임대료에 관한 관계는 공법관계이다. 따라서 국민주택의 분양대금·임대보증금 및 임대료가 체납된 경우에는 국가 또는 지방자치단체가 국세 또는 지방세 체납처분의 예에 따라 강제징수할 수 있다(주택법 §89). 이렇게 볼 때, 공기업이용관계를 일률적으로 공법관계 또는 사법관계 또는 행정사법관계로 규정하는 것은 그 내용이나 법형식의 다양성에 비추어 매우 위험한 발상이다. 공기업이용

---

8) Maurer, Allgemeines Verwaltungsrecht, §3 Rn.9.

관계의 법적 성질에 관해서는 본질 규명보다는 현상의 서술이 더 적절하지 않을까 생각한다. 이를테면 공기업이용관계는 관계법에서 이를 공법관계로 설정하거나 그렇게 볼 만한 근거들이 규정되어 있는 등 특별한 사정이 없는 한, 원칙적으로 사법관계인 경우가 많다. 하지만, 그 이용관계의 급부행정적 특성에 따라서는 기본권이나 비례원칙, 신뢰보호원칙 등에 따른 공법적 구속이 부가되는 경우가 많을 것이라고 서술하는 것이다. 이러한 서술은 가능하지만, 공기업이용관계의 이런저런 본질 때문에, 그리고 공사법 법률관계의 본질적 차이로부터 일반적으로 사법관계라고 하거나 공법관계 또는 행정사법관계일 수밖에 없음을 증명하는 것은 불가능하다는 것이다.

3.3. 공기업이용관계의 성립

(1) 합의이용

공기업이용관계가 성립하는 원칙적 형태는 합의이용방식이다. 통상 부합계약의 방식에 의하는 경우가 많다. 이와 관련하여 관계법령에서 이용조건의 공시의무나 계약강제, 이용 허용 또는 제공의 의무를 명시하는 경우가 많다(철도사업법 §9 ④, §20 ②; 전기통신사업법 §3, 우편법 §50)

(2) 이용강제

공기업이용이 법률상 또는 사실상 강제되는 경우도 있다. 공기업이용의 강제는 계약강제, 행정처분에 의한 이용강제, 직접 법률에 의한 강제 등 다양한 형식을 통해 이루어질 수 있다.

통상 계약강제의 예로는 국공립병원에서의 예방접종, 행정행위에 의한 이용강제의 예로는 전염병환자의 강제격리, 법률규정에 의한 이용강제로는 산재보상이나 건강보험 등의 가입강제를, 사실상 이용강제로는 정부기업 등의 독점사업에 의한 재화, 역무의 제공을 든다. 그러나 대부분의 예는 공공시설이나 영조물 이용의 강제에 해당하는 것으로 보아야 하므로 결국 공기업의 이용강제에 해당하는 예는 사실상 대안이 없어 이용할 수밖에 없는 우편사업이나 조달사업을 법령상 반드시 이용하도록 규정한 경우의 이용강제를 들 수 있을 뿐이다.[9]

---

9) 김철용, 행정법 II, 335에서는 사실상 공기업이용관계가 강제되는 경우는 실정법이 인정하는 합의이용의 예외로서 이용강제에 해당하지 아니 한다며 그런 의미의 이용강제는 실정법상 찾기 힘들다고 지적하고 있다.

3.4. 이용관계의 내용

(1) 일반적 특색

공기업이용관계의 일반적 특색으로는 당사자간의 합의에 의한 이용관계의 경우 부합계약이 일반화됨에 따라 이용관계의 내용이 정형화되어 있는 경우가 많다는 것이다. 물론 공급강제, 배상책임의 제한, 수수료강제징수 등 공법상 특수한 규율이 부과되는 경우가 많다.

(2) 이용자의 권리

공기업이용자가 가지는 권리 중 가장 기본적인 것은 공기업에서 생산, 공급하는 역무나 재화의 공급을 부당하게 거부당하지 않을 권리라 할 수 있다. 가령 수도법 제39조 제1항은 "일반수도사업자는 수돗물의 공급을 원하는 자에게 정당한 이유 없이 그 공급을 거절하여서는 아니 된다."고 규정하고 있고, 우편법, 전기사업법, 철도사업법 등도 그와 비슷한 조항을 두고 있다. 공기업이용자는 이를 토대로 하여 비로소 공기업이용권을 향유할 수 있게 된다.

공기업이용권이란 공기업이용관계가 성립하면 이용자가 그 근거된 법령이나 조례, 그 밖의 규칙, 정관이 정하는 바에 따라 공기업주체에 대하여 그 재화나 역무의 공급을 요구할 수 있는 권리를 말한다. 이러한 의미의 공기업이용권은 채권적 성질을 가지는 사권인 것이 원칙이며 따라서 이전성도 인정된다. 아울러 공기업이용자는 부수적으로 재화나 역무의 평등수급권, 쟁송제기권, 손해배상청구권 등 공법적 제한에 따른 권리나 사법상의 권리를 가진다.

(3) 공기업주체의 권리

공기업주체는 이용자의 권리에 상응하여 이용조건 설정권과 이용대가 징수권, 과태료 부과권 등을 가진다. 이용대가는 보통 수수료나 사용료의 형태를 띠며, 합의이용의 경우 보통 약관이 정하는 바에 따라 산정, 부과된다. 이용대가 그 밖의 공급조건을 정한 약관은 통상 공기업규칙만으로 제정, 변경되지만, 주무부장관의 인가 등을 받아야 그 효력을 가지게 되어 있는 경우가 많다. 반면 이용강제의 경우, 그 이용대가를 징수하려면 법령상 근거가 필요하다.

이용대가청구권의 성질은 원칙적으로 사법상 채권이라는 것이 통설이다. 다만 관계 법령상 특별한 규정에 따라 행정상 강제징수가 허용되고(수도법 §68; 우편법 §24), 또 행정상 불복절차가 인정되는 경우(지방자치법 §140)에는 공권적 성질을 가진다고 보아야 할 것이다.

공기업주체는 공기업 경영에 부수하여 법령상 질서유지권을 부여 받는 경우가 있다 (철도안전법 §§47~50). 그러나 법령상 그와 같은 명문의 규정이 없는 한, 가택권 등에 의해 정당화될 수 있는 경우를 제외하고는 그 질서유지권한을 일반화할 수는 없다고 본다. 공기업을 영조물로 파악하지 않는 한, 일반적인 질서유지권이나 명령강제 및 징계권을 인정하기는 어렵다고 본다. 공기업관계에서의 이용조건을 위반한 자에 대한 처벌규정도 일반공권력에 의한 행정벌에 불과하다고 보아야 할 것이다.

3.5. 공기업이용관계의 종료

공기업이용관계는 이용목적의 달성, 이용자의 탈퇴, 공급의 정지·중지, 공기업 폐지 등의 사유로 종료된다. 공기업 폐지의 경우, 그 공익성으로 인하여 그 폐지가 자유롭지는 않지만, 불가피한 정책적·재정적 사유에 따라 정당화될 여지를 전적으로 배제하기는 어려울 것이다. 다만, 공기업폐지로 생존에 필수불가결한 서비스를 적기에 공급받지 못해 피해를 입은 경우에는 경우에 따라 기본권침해를 이유로 행정쟁송이나 헌법소원을 강구해 볼 여지가 있을 것이다.

4. 특허기업

4.1. 특허기업의 개념

(1) 특허기업과 공익사업의 특허

공익사업의 특허란 행정청이 사인에게 공익사업의 경영권을 설정하여 주는 형성적 행정행위라고 이해된다. 법률상 국가에 유보되어 있는 공익사업의 경영권 전부 또는 일부를 타인에게 부여하는 행위가 공익사업의 특허이며, 그 특허에 의하여 성립한 기업을 특허기업이라고 부른다. 특허기업은 넓은 의미로는 법령에 의한 특허기업, 즉 국가 또는 지방자치단체가 법령이나 조례의 제정을 통하여 설립한 특수법인기업10)과 행정청으로부터 특허를 받아 사인(사법인)이 경영하는 공익사업 특허에 의한 특허기업을 포함한다. 반면 좁은 의미의 특허기업(공익사업)은 후자, 즉 사인이 행정청으로부터 특허를 받아 경영

---

10) 법령에 의하여 직접 설립되는 특수법인인 한국토지주택공사, 한국수자원공사, 한국도로공사, 한국철도공사, 대한석탄공사, 한국관광공사, 한국감정원, 한국마사회 등이 그러한 예인데 이들은 공기업(준시장형 공기업)으로서 「공공기관의 운영에 관한 법률」에 따른 '공공기관'이라고 부른다. 한편 이들 특수법인 형태의 공사들을 영조물법인으로 분류하기도 한다.

하는 공익사업만을 말한다. 이를 '특허처분기업'이라고도 한다. 이러한 의미의 특허기업은 공익사업이기는 하지만 사인에 의하여 경영된다는 점에서 공기업이 아니라 사기업에 해당하며, 이 점에서 국·공영 공기업이나 특수법인 공기업과는 다르다.

> 종래 국내문헌들은 비권력적 행정작용으로서 공기업 경영방식의 하나로 공기업의 특허를 다루어 왔다. 그런데 공기업의 특허라고 한다면 그 특허된 기업은 당연히 공기업임을 전제로 한 것이어서, 이는 동어반복에 불과하고 특허기업의 대부분이 사기업인 현실에도 맞지 않는다는 문제가 있다.[11] 그런 이유에서 다수설에서 사용해 온 '공기업의 특허'라는 접근방식을 대체하려는 시도가 이루어져 왔고 '공기업' 대신 '공익사업'의 특허 또는 아예 '특허기업'이라는 용어가 사용되고 있다. 특허기업은 사실 대부분이 공기업이 아니므로 공기업법에 포함시킬 이유가 없다. 그럼에도 불구하고 공기업법에서 특허기업을 다루는 이유로는 규제행정법을 별도로 다루지 않고 있다는 점과 특허기업이 어느 정도 공익적 성격을 가지고 있다는 점에서 공기업에 가장 접근되어 있다는 점을 들기도 한다.[12]

국가가 재정경제상 이유 그 밖의 이유로 스스로 경영하기에 적당하지 않은 공익사업에 대한 경영권을 사인에게 특허하고, 이에 따라 각종의 공법상의 특전을 주어 이를 조장함과 동시에 사업수행의 의무를 다하도록 하고, 그 사업에 대해 특별한 감독을 가한다는 것이 특허기업의 법정책적 발상이다.

(2) 국영기업·공영기업과의 구별

특허기업을 사기업으로 볼 경우 특허기업은 국영공기업이나 지방공기업 등 공기업의 범주에 포함되지 않는다.

(3) 특수법인기업과의 구별

특허기업은 사인이 경비를 부담하는 점에서 자본금의 전액 또는 50% 이상을 국가 등이 투자한 특수법인기업과도 구별된다.

4.2. 공익사업의 특허

공익사업의 특허란 행정청이 사인에게 공기업의 경영권을 설정하여 주는 형성적 행정행위를 말한다.

공익사업 특허의 주체는 국가 또는 지방자치단체의 행정청이다. 국가의 행정관청이 되는 것이 보통이나 지방자치단체의 장도 그 주체가 될 수 있다.

특허기업의 경영주는 사인(사법인)이다. 이런 의미에서 특허기업을 공기업으로 보아

---

11) 김동희, 행정법 II, 312−313.
12) 김철용, 행정법 II, 340.

온 종래의 다수설은 특허기업의 현실을 충분히 반영하지 못하고 있다.

특허의 대상은 특정 공익사업의 경영권이다. 특허는 국가나 지방자치단체가 수행할 공익사업(운수사업이나 가스공급사업 등)을 사인이 수행하도록 하는 행위이다. 공익사업이 독점사업이어야 할 필요는 없다. 그러나 특허의 결과 경영보장의 측면에서 어느 정도 독점적 지위가 생기는 것은 무방하다.

공기업특허는 사인에게 공기업경영권을 설정하여 주는 형성적 행정행위의 성질을 가지며, 이 점에서 경찰상 영업에 대한 일반적·상대적 금지를 해제하여 본래의 자유를 회복해 주는 경찰상의 영업허가 등 명령적 행정행위인 허가와 구별된다. 다만, 공기업특허의 구체적 효과에 관해서는 학설의 대립이 있다.

(1) 포괄적 법률관계설정설

특허를 특정한 공익사업 경영에 관한 각종의 권리·의무를 포괄적으로 설정하는 설권행위로 보는 견해이다.

(2) 독점적 경영권설

특허를 특정인에게 특허기업의 독점적 경영권을 설정하여 주는 형성적 행정행위로 본다.

(3) 허가설

특허를 그 대상인 공익사업에 대한 일반적·상대적 금지를 해제하여 본래의 자유를 회복해 주는 영업허가의 성질을 가진다고 보는 견해이다.

(4) 소결

특허기업에 있어 특허의 핵심은 일정한 범위 안에서 해당 공익사업에 대한 독점적 경영권을 설정해 준다는 데 있다. 따라서 특허는 그것을 신청한 특정인에게 해당 특허기업의 독점적 경영권을 설정하여 주는 형성적 행정행위로 보는 것이 옳다.

특허는 상대방의 신청을 전제로 한다는 점에서 협력을 요하는 행정행위 또는 쌍방적 행정행위의 성질을 가진다.

특허기업에 있어 특허는 앞서 본 바와 같이 그 대상인 공익사업에 대한 경영상의 독점권을 설정해 주는 형성적 행위로 볼 수 있으므로, 관계법령에 특별한 규정이 없는 한, 재량행위인 경우가 보통이다.

특허기업에 있어 특허의 형식은 일반적으로 강학상 행정행위인 처분의 형식을 띠는 것이 보통이다. 이미 기술한 바와 같이 특수법인기업의 경우 특허가 법률이나 조례에 의해 이루어지지만, 좁은 의미의 특허기업은 특허처분기업에 한한다.

4.3. 특허기업과 허가기업

특허기업에 있어 공익사업 특허와 영업허가는 목적, 대상사업, 행위의 성질, 재량행위 여부, 보호·감독, 이익보호 등 여러 가지 측면에서 차이가 있다. 이를 요약하면 다음 표에서 보는 바와 같다.

공익사업특허와 영업허가의 비교

비교항목	공익사업 특허	영업허가
목적	적극적 복리증진	소극적 공공질서의 유지
대상사업	전기, 가스, 통신 등 公益사업	질서행정, 영업법 영역 중심 私益사업
행위의 성질	형성적 행위	*명령적 행위/형성적 효과
내용/효과	경영상 독점권 등 권리 설정	자연적 자유의 회복에 그침
재량행위 여부	재량행위	기속행위
행위요건	공익성/사업능력(판단여지 넓음)	*상대적으로 제한된 범위에서 일정한 자격/시설기준 요구
보호/특전 및 감독	국가/지자체의 적극적 개입과 특별한 감독, 경영 및 영업 보호 특전	위험방지/질서유지 등 소극적 목적에 따른 예외적 개입과 감독

*양자의 구별은 점차 상대화되는 경향이 있음.

4.4. 특허기업의 법률관계

4.4.1. 개설

특허기업의 법률관계는 공기업의 경우와는 달리 행정주체(행정청)와 특허기업자간의 권리·의무관계가 주된 내용을 이룬다. 과거에는 특허기업의 법률관계를 특별권력관계의 일종으로 파악하였으나, 오늘날에는 특허기업의 공익적 성격과 사실상 독점성에 의하여 설정되는 일반권력관계로서 내용면에서 특별한 규율이 이루어진다는 점에서 특별한 권리·의무관계라고 보는 것이 일반적이다.

4.4.2. 특허기업자의 권리

(1) 특허기업 경영권

특허기업자는 특허기업에 대한 경영권을 가진다. 즉 당해 특허기업에 대한 독점적 경영권을 얻게 된다(독점적 경영권설). 국가 등은 법정요건에 위반하여 타인에게 동종의 특허기업을 특허할 수 없게 되고, 그렇게 할 경우 관계법령의 취지에 따라 기존의 특허기업자가 그 취소를 청구할 수 있게 된다.[13] 반면 포괄적 법률관계설정설에 따르면 그러한 독점적 지위를 주장할 수 없게 된다.

(2) 부수적 권리(특권)

특허기업의 원활한 경영수행은 그 역무 등에 의존하는 국민들을 위해서는 물론 국가 전체의 견지에서도 공익에 부합한다. 그런 배경에서 특허기업자에게는 공기업의 경우처럼 특허기업의 원활한 경영수행을 보장해 주기 위하여 여러 가지 보호와 특권이 부여되는 경우가 많다. 그 종류와 범위는 특허기업의 종류에 따라 다르지만, 대체로 공물사용권 부여, 보조금교부 등 경제상 보호, 공기업벌 부과 권한의 부여, 긴급조정제도에 의한 노동법상의 보호 등이 주어진다.

4.4.3. 특허기업자의 의무

(1) 기본적 의무로서 기업경영의무

특허기업자는 해당 특허기업의 내용이나 급부행정적 중요성에 따라 일반 영업자의 경우보다는 더욱 강한 특별한 의무와 부담을 지는 경우가 많다.

특허기업자의 기업경영은 공공성의 요청으로 인하여 권리인 동시에 의무이다. 따라서 특별한 사유가 없는 한 일정한 기간 내에 사업을 시작해야 할 의무를 지며(전기사업법 §9 ①), 당해 공익사업을 행정청의 특별한 승인 없이는 휴지 또는 폐지할 수 없는 기업계속의무를 지고 또 제3자의 이용관계에서도 정당한 사유 없이 그 이용을 거절할 수 없는 이용제공의무를 진다(전기사업법 §§14, 21).

(2) 부수적 의무

① 지휘·감독을 받을 의무

관할행정청은 특허기업자의 공익사업 수행을 지휘·감독하고 특허기업자는 이에 응할 의무를 지는 경우가 많다. 그런 예로는 감독청의 검사를 받거나 특허기업의 안전관리자 선임의무를 지는 경우, 또는 일정한 행위에 대해 관할행정청의 승인을 받아야 하거나(도시가스사업법 §§17, 29, 20) 기업의 인적 구성 또는 물적 기초에 대한 감독을 받는 경우가 있다(전기사업법 §§73, 10 ①).

---

13) 박윤흔, 최신행정법강의(하), 446; 김철용, 행정법 II, 345; 김남진·김연태, 행정법 II, 제10판, 432; 장태주, 행정법개론, 제8판, 1250 등.

② 특허기업자의 부담

특허기업자가 지는 부담으로는 ① 기업물건의 불융통성, ② 특별부담(예: 긴급공급의무 수도법 §41), ③ 보험가입의무(도시가스사업법 §43), ④ 매수에 응할 의무(수도법 §44) 등을 들 수 있다.

4.5. 특허기업의 이전·위탁·종료

4.5.1. 특허기업의 이전

특허기업자의 독점적 기업경영권은 양도·합병·상속 등의 사유로 타인에게 이전된다. 공익사업의 특수성으로 인해 행정청의 인가를 받아야 하거나 신고를 해야 하는 등 제한이 따르는 경우가 많다.

4.5.2. 특허기업의 위탁

특허기업자가 독점적 기업경영권은 보유하되 실제적인 기업의 관리나 경영을 타인에게 맡기는 경우를 말한다. 그 경우에도 신고의무가 부과되는 등(여객자동차운수사업법 §13) 일정한 공익상 제한이 따르는 경우가 많다.

4.5.3. 특허기업의 종료

특허기업은 특허의 철회, 특허기간의 경과, 특허의 실효, 특허기업자의 사업폐지 등에 의하여 종료된다. 특허기업자의 사업폐지의 경우 특허기업의 계속의무에 따라 행정청의 허가나 승인을 받아야 하는 경우가 있다(여객자동차운수사업법 §16 ①; 전기통신사업법 §14 ①).

II. 공공기관운영법

1. 개설

「공공기관의 운영에 관한 법률」, 즉 공공기관운영법은 공공기관을 규율하는 가장 기본적인 규범이자 일반법이다. 2007년 1월 19일 제정되어(법률 제8258호) 같은 해 4월 1일부터 시행된 이 법률은 제정이유를 '공공기관의 자율책임경영체제 확립을 통해 공공기관의 대국민 서비스 증진에 기여할 수 있도록 하기 위하여 공공기관의 범위 설정과 유형구분 및 평가·감독 시스템 등 공공기관의 운영에 관하여 필요한 사항을 정하려는 것'이라고 제시하고 있다.

공공기관에 대한 통합적 법제화는 「정부투자기관관리법」이 제정된 1973년 3월부터 시작되었다. 당시 정부투자기관은 정부가 자본금의 50% 이상을 출자한 기업체로 한정했고 같은 법 시행령에서 22가지 기관을 일일이 나열하는 방식이었다. 1983년 12월 31일 기존의 법을 대체하여 「정부투자기관관리기본법」이 제정되고 정부투자기관의 범위도 정부가 납입자본금의 50% 이상을 출자한 기업체로 바뀌었다. 이 법에서 책임경영체제 확립을 위해 투자기관의 자율적 운영을 보장하는 한편 경영평가제도가 도입되었고 이를 위해 경제기획원 장관을 위원장으로 한 정부투자기관경영평가위원회가 설치되었다. 2003년 12월 31일 정부로부터 출연금·보조금 등을 받거나 법령에 따라 직접 정부로부터 업무를 위탁받거나 독점적 사업권을 부여받는 기관 또는 단체 중 일부를 정부산하기관으로 분류하여 이들을 체계적으로 관리하고 자율·책임경영체제를 도모하기 위해 「정부산하기관관리기본법」이 제정되었다. 그러나 공공기관이 정부기업, 정부투자기관, 정부출자기관, 정부투자기관 출자회사로 난립하게 되어 통합 관리의 필요성이 대두되었고 이에 2007년 1월 19일 기존의 두 법률을 폐지하여 「공공기관의 운영에 관한 법률」이 제정된 것이다.

공공기관운영법의 골자는 다음과 같다.

- 공공기관의 지정·구분(법 제4조 내지 제6조)
- 공공기관운영위원회의 설치·구성(법 제8조 내지 제10조)
- 공공기관에 대한 경영공시 의무화(법 제11조 및 제12조)
- 공기업 및 준정부기관의 이사회 설치 및 구성(법 제17조 및 제22조)
- 공기업 및 준정부기관의 임원 임면 절차(법 제25조 및 제26조)
- 공기업 및 준정부기관의 경영평가(법 제48조)

2. 공공기관의 분류와 특성

2.1. 공공기관의 분류

공공기관운영법에 따른 공공기관은 공기업·준정부기관과 기타공공기관으로 나뉜다. 종래에는 공기업·준정부기관과 기타공공기관의 지정기준으로 직원 정원만을 제시하고 있어 자산규모 등을 고려할 때 공기업·준정부기관으로 지정하여 관리·감독할 필요가 있는 경우에도 기타공공기관으로 분류되는 경우가 있는 등 문제가 있다는 비판을 받았다. 이에 2020년 3월 31일의 개정법률은 직원 정원, 수입액 및 자산규모가 일정한 기준에 해당하는 공공기관을 공기업·준정부기관으로 지정하도록 하되, 책임경영체제가 구축되어 있는 등 대통령령으로 정하는 기준에 해당하는 공공기관은 기타 공공기관으로 지정할 수 있도록 하였다(§5).

기획재정부장관은 공공기관을 다음 구분에 따라 지정한다(§5 ①).

1. 공기업·준정부기관: 직원 정원, 수입액, 자산규모가 대통령령으로 정하는 기준에 해당하는 공공기관
2. 기타공공기관: 제1호에 해당하는 기관 이외의 기관

법은 이러한 기준, 특히 제1항제1호의 기준에 미달하더라도 다른 법률에 따라 책임경영체제가 구축되어 있거나 기관 운영의 독립성, 자율성 확보 필요성이 높은 기관 등 대통령령으로 정하는 기준에 해당하는 공공기관은 기타공공기관으로 지정할 수 있도록 함으로써(§5 ②), 일률적인 지정기준에 따른 경직성을 회피하여 실질적인 법목적 구현이 가능하도록 하였다.

기획재정부장관은 제1항의 규정에 따라 공기업과 준정부기관을 지정하는 경우 총수입액 중 자체수입액이 차지하는 비중이 대통령령으로 정하는 기준 이상인 기관은 공기업으로 지정하고, 공기업이 아닌 공공기관은 준정부기관으로 지정한다(§5 ③).

공기업과 준정부기관은 다음과 같은 기준에 따라 구분하여 지정한다(§5 ④).

1. 공기업
   가. 시장형 공기업: 자산규모와 총수입액 중 자체수입액이 대통령령으로 정하는 기준 이상인 공기업
   나. 준시장형 공기업 : 시장형 공기업이 아닌 공기업
2. 준정부기관
   가. 기금관리형 준정부기관 : 「국가재정법」에 따라 기금을 관리하거나 기금의 관리를 위탁받은 준정부기관
   나. 위탁집행형 준정부기관 : 기금관리형 준정부기관이 아닌 준정부기관

공공기관운영법 시행령에 따르면, 직원 정원이 50명 이상, 수입액이 30억원 이상이면서 자산규모가 10억원 이상인 공공기관을 공기업·준정부기관으로 지정한다(시행령 §7 ①).

한편, 기획재정부장관은 제1항 및 제2항에 따라 기타공공기관을 지정하는 경우 기관의 성격 및 업무 특성 등을 고려하여 기타공공기관 중 일부를 연구개발을 목적으로 하는 기관 등으로 세분하여 지정할 수 있다(법 §5 ⑤).

제3항 및 제4항의 규정에 따른 자체수입액 및 총수입액의 구체적인 산정 기준과 방법 및 제5항에 따른 기타공공기관의 종류와 분류의 세부 기준은 대통령령으로 정하도록 되어 있다(법 §5 ⑥).

(1) 공기업

'공공기관' 중 공기업의 지정기준은 공공기관운영법 시행령이 정하고 있다. 이에 따르

면, 공기업은 '직원 정원이 50명 이상, 수입액이 30억원 이상이면서 자산규모가 10억원 이상인 공공기관 중 총수입액 중 자체수입액이 차지하는 비중이 100분의 50 이상이 되어' 공기업으로 지정된 기관을 말하며(시행령 §7 ②), 다시 그 규모 등에 따라 시장형 공기업과 준시장형 공기업으로 나뉜다. 공공기관운영법 제5조 제3항 제1호에 따르면, 시장형 공기업이란 자산규모가 2조원 이상이고, 총수입액 중 자체수입액이 대통령령이 정하는 기준 이상인 공기업을 말하고 준시장형 공기업이란 그 밖에 시장형 공기업이 아닌 공기업을 말한다. 시행령에 따르면 시장형 공기업은 자산규모가 2조원 이상이면서 총수입액 중 자체수입액이 차지하는 비중이 100분의 85 이상인 경우에 지정된다(시행령 §7 ③).

공공기관의 유형별 지정기준

구 분		내 용
공기업		직원 정원, 수입액, 자산규모가 대통령령으로 정하는 기준에 해당하는 공공기관중 기획재정부장관이 공기업으로 지정한 기관 직원 정원 50명 이상, 수입액 30억원 이상, 자산규모 10억원 이상인 공공기관 중 수입액 중 <u>자체수입액 비중 100분의 50 이상으로 공기업으로 지정된 기관</u>
	시장형	자산규모와 총수입액 중 자체수입액이 대통령령으로 정하는 기준 이상인 공기업: 자산규모가 2조원 이상, 총 수입액 중 자체수입액 85% 이상인 공기업 *(한국석유공사, 한국가스공사 등)*
	준시장형	시장형 공기업이 아닌 공기업 *(한국토지주택공사, 한국감정원, 한국도로공사, 한국수자원공사, 한국철도공사, 한국관광공사, 한국방송광고진흥공사 등)*
준정부기관		직원 정원 50인 이상, 수입액이 30억원 이상, 자산규모 10억원 이상인 공공기관 중 <u>공기업이 아닌 기획재정부장관이 지정한 기관</u>
	기금관리형	「국가재정법」에 따라 기금을 관리하거나, 기금의 관리를 위탁받은 준정부기관*(서울올림픽기념국민체육진흥공단, 한국문화예술위원회 등)*
	위탁집행형	기금관리형 준정부기관이 아닌 준정부기관 *(한국교육학술정보원, 한국과학창의재단 등)*
기타공공기관		공기업, 준정부기관이 아닌 공공기관

(2) 준정부기관

공공기관의 유형으로서 준정부기관은 기금관리형과 위탁집행형으로, 그리고 공기업, 준정부기관이 아닌 공공기관은 기타공공기관으로 분류되고 있다. 준정부기관은 직원 정원 50인 이상, 수입액이 30억원 이상, 자산규모 10억원 이상인 공공기관 중 공기업이 아닌 기관으로 기획재정부장관이 지정한 기관을 말한다(법 §5 ①). 기금관리형 준정부기관은 「국가재정법」에 따라 기금을 관리하거나 기금의 관리를 위탁받은 기관이며, 위탁집행형 준정부기관은 기금관리형 준정부기관이 아닌 준정부기관이다(법 §5 ④).

(3) 기타 공공기관

공공기관운영법 제5조 제1항 제2호에 따라 기타공공기관은 제1호에 해당하는 기관, 즉 공기업·준정부기관 이외의 기관 중에서 지정한다. 하지만 공공기관운영법은 제5조 제1항 제2호에도 불구하고 기타공공기관은 다른 법률에 따라 책임경영체제가 구축되어 있거나 기관 운영의 독립성, 자율성 확보 필요성이 높은 경우 등으로 유형화하고 각각에 해당하는 기관을 정할 수 있도록 하고 있다(시행령 §7의2).

기타공공기관의 지정기준

기획재정부장관은 법 제5조제2항에 따라 다음 각 호의 어느 하나에 해당하는 공공기관을 기타공공기관으로 지정할 수 있다(시행령 §7의2 ①).
1. 다른 법률에 따라 <u>책임경영체제가 구축되어 있는 기관</u>으로서 다음 각 목의 어느 하나에 해당하는 기관
   가. 「국립대학병원 설치법」에 따른 국립대학병원 또는 「국립대학치과병원 설치법」에 따른 국립대학 치과병원
   나. 「서울대학교병원 설치법」에 따른 서울대학교병원 또는 「서울대학교치과병원 설치법」에 따른 서울대학교치과병원
   다. 「공공보건의료에 관한 법률」에 따른 공공보건의료기관
   라. 그 밖에 다른 법률에 따라 별도의 책임경영체제가 구축되어 있다고 기획재정부장관이 인정하는 기관
2. <u>기관 운영의 독립성, 자율성 확보 필요성이 높은 기관</u>으로서 다음 각 목의 어느 하나에 해당하는 기관
   가. 공공기관이 출연 또는 출자하여 설립한 교육기관
   나. 법무·준사법 업무, 합의·조정 업무나 국제규범이 적용되는 업무 등을 수행하는 기관
   다. 민간기업과의 경쟁을 고려해 자율경영 필요성이 높은 기관
   라. 연구개발을 주된 목적으로 하는 기관
   마. 그 밖에 가목부터 라목까지의 규정에 따른 기관과 유사한 기관으로서 기관 운영의 독립성과 자율성 확보의 필요성이 높다고 기획재정부장관이 인정하는 기관
3. 그 밖에 기획재정부장관이 필요하다고 인정하는 기관으로서 법 제8조에 따른 공공기관운영위원회 (이하 "운영위원회"라 한다)의 심의·의결을 거쳐 정하는 기관

기획재정부장관은 법 제5조제5항에 따라 기타공공기관 중 다음 각 호의 어느 하나에 해당하는 기관을 <u>연구개발을 목적으로 하는 기관</u>으로 지정할 수 있다(시행령 §7의2 ②).
1. 「정부출연연구기관 등의 설립·운영 및 육성에 관한 법률」에 따라 설립된 정부출연연구기관 및 경제·인문사회연구회
2. 「과학기술분야 정부출연연구기관 등의 설립·운영 및 육성에 관한 법률」에 따라 설립된 과학기술 분야 정부출연연구기관 및 국가과학기술연구회
3. 그 밖에 연구개발을 목적으로 하는 기관으로서 운영위원회의 심의·의결을 거쳐 정하는 기관

2.2. 공공기관 유형에 따른 특성

공공기관 유형에 따라 관리체계가 달라지기 때문이다.

공공기관의 유형별 관리체계 비교

구분	공기업		준정부기관	기타 공공 기관
	시장형	준시장형		
통합공시(§12), 고객만족도조사(§13), 기능조정(§14), 경영혁신(§15)	공통 적용			
이사회의장(§18 ②)	선임비상임이사	선임비상임이사 (2조 미만: 기관장)	기관장	
감사위원회 설치(§20 ②)	필수	필수 (2조 미만: 임의)	임의	
임원 임면(§§25-26)	– 기관장: 주무기관장 제청+대통령 – 상임이사: 기관장 – 비상임이사: 기재부장관 – 감사: 대통령		– 기관장: 주무기관장 – 상임이사: 기관장 – 비상임이사: 주무기관장 – 감사: 기재부장관	규정 없음
	양성평등을 위한 임원임명 목표제(§24의2)			
예산안 확정(§40)	이사회 의결		주무기관장 승인	
결산서 제출(§43)	기재부장관·주무기관 승인, 감사원 검사 후 국회 제출			
경영실적평가(§48), 경영지침(§50), 감사원감사(§52)	적용			
감독(§51)	– 기재부장관: 경영지침 이행 – 주무기관장: 소관업무		주무기관장	

* 기관 규모가 대통령령으로 정하는 기준 이하인 공기업의 장: 주무기관장이 임명
** 기관 규모가 대통령령으로 정하는 기준 이상 또는 업무내용 특성 고려해 대통령령으로 정하는 준정부기관의 장은 대통령이 임명
*** 공기업과 준정부기관의 상임감사위원은 대통령 또는 기재부장관이 임명
**** 기관 규모가 대통령령으로 정하는 기준 이하인 공기업의 감사는 기재부장관이 임명
***** 기관 규모가 대통령령으로 정하는 기준 이상 또는 업무내용 특성 고려해 대통령령으로 정하는 준정부기관의 감사는 대통령이 임명
****** 기관 규모가 대통령령으로 정하는 기준 이상 또는 업무내용 특성 고려해 대통령령으로 정하는 준정부기관의 비상임이사는 주무기관장이 임명(별도 법령 있을 때는 그에 따름)
******* 주주총회나 출자자총회 등 사원총회가 있는 공기업·준정부기관의 경우 다른 법령에서 임원의 선임과 관련하여 사원총회의 의결을 거치도록 한 경우에는 이를 거쳐야 한다(§ 27).
자료: 김재환·박인환 ,"공공기관 지정제도의 쟁점과 개선방안"(2017)을 토대로 수정, 현행화함.

3. 공공기관의 운영원칙: 책임경영체제 확립과 자율적 운영 보장

공공기관운영법은 제1조에서 '공공기관의 운영에 관한 기본적인 사항과 자율경영 및 책임경영체제의 확립에 관하여 필요한 사항을 정하여 경영을 합리화하고 운영의 투명성을 제고함으로써 공공기관의 대국민 서비스 증진에 기여함을 목적'으로 천명한다. 이 조항에서 '자율경영 및 책임경영' 체제의 확립이 공공기관 운영의 기본원칙임을 알 수 있다. 하지만 같은 법 제3조에서는 '공공기관의 책임경영체제를 확립하기 위하여 공공기관의 자율적 운영을 보장하여야 한다'고 규정하여 자율경영을 보장하지만 이는 어디까지나 책임경영체제 확립을 위한 수단으로서 종속적 의미를 가진다는 해석이 가능하다. 앞으로 살펴 볼 공공기관운영법의 모든 면모 역시 그러한 해석을 뒷받침해주고 있다.

공공기관운영법은 제51조 제1항에서 '공기업·준정부기관의 자율적 운영이 침해되지 아니하도록'기획재정부장관과 주무기관의 장의 감독권을 '이 법이나 다른 법령에서 그 내용과 범위를 구체적으로 명시한 경우에 한정'하면서도, 제2항에서는 기획재정부장관에게 공기업의 경영지침 이행에 관한 사항을 감독하도록 하는 한편, 제3항에서는 주무기관의 장이 가지는 공기업·준정부기관 감독권의 범위를 다음과 같은 사항으로 제한하고 있다.

1. 법령에 따라 주무기관의 장이 공기업·준정부기관에 위탁한 사업이나 소관 업무와 직접 관련되는 사업의 적정한 수행에 관한 사항과 그 밖에 관계 법령에서 정하는 사항
2. 준정부기관의 경영지침 이행에 관한 사항

아울러 기획재정부장관과 주무기관의 장은 제2항 및 제3항의 규정에 따라 행하는 감독의 적정성을 대통령령으로 정하는 바에 따라 점검하고, 운영위원회의 심의·의결을 거쳐 개선에 필요한 조치를 취하여야 한다(§51 ④).

4. 공공기관운영위원회의 설치 및 구성

공공기관운영법은 공공기관의 운영을 주도하는 기구로 공공기관운영위원회를 기획재정부장관 소속 하에 설치하도록 하고 있다(§8). 이 기구는 360개 공공기관의 총괄 관리기능을 수행하며 다음과 같은 사항을 심의한다.

1. 공기업·준정부기관과 기타공공기관의 지정, 지정해제와 변경지정
2. 기관의 신설 심사
3. 공공기관의 경영공시

    4. 경영공시의무 등의 위반에 대한 인사상 조치 등
    5. 공공기관의 기능조정 등
    6. 공공기관의 혁신지원 등
    7. 시장형 공기업과 준시장형 공기업의 선임비상임이사 임명
    8. 공기업·준정부기관의 임원 임명 등
    9. 임원의 보수지침
    10. 공기업·준정부기관의 임원에 대한 해임이나 해임 건의 등
    11. 비상임이사·감사에 대한 직무수행실적 평가 등
    12. 공기업·준정부기관의 경영실적 평가 등
    13. 공기업·준정부기관의 경영지침
    14. 공기업·준정부기관에 대한 감독의 적정성의 점검과 개선
    15. 채용비위 행위자 명단의 공개
    16. 채용비위 관련자 합격취소등
    17. 그 밖에 공공기관의 운영과 관련하여 대통령령으로 정하는 사항

공공기관운영위원회는 위원장 1인 및 다음 각 호의 위원으로 구성하되, 기획재정부
장관이 위원장이 된다(§9 ①).

    1. 국무조정실의 차관급 공무원으로서 국무조정실장이 지명하는 공무원 1인
    2. 대통령령으로 정하는 관계 행정기관의 차관·차장 또는 이에 상당하는 공무원
    3. 제2호에 해당하지 아니하는 주무기관의 차관·차장 또는 이에 상당하는 공무원
    4. 공공기관의 운영과 경영관리에 관하여 학식과 경험이 풍부하고 중립적인 사람으로서 법조계·
       경제계·언론계·학계 및 노동계 등 다양한 분야에서 기획재정부장관의 추천으로 대통령이 위
       촉하는 11인 이내의 사람

제1항제4호의 규정에 따른 위원, 즉 민간위원의 임기는 3년으로 하되, 연임할 수 있
으며(§9 ②), 공공기관의 자율·책임경영체제 확립 및 경영효율성 제고를 위하여 그 양심
에 따라 성실히 직무를 수행하여야 한다는 의무를 부과된다(§9 ③). 민간위원은 다음 어
느 하나에 해당하는 사유가 발생하면 해촉될 수 있다(§9 ④).

    1. 심신장애로 인하여 직무를 수행할 수 없게 된 때
    2. 직무태만, 품위손상 그 밖의 사유로 인하여 위원으로 적합하지 아니하다고 인정된 때
    3. 직무와 관련한 형사사건으로 기소된 때

5. 공공기관에 대한 경영공시 의무화

공공기관운영법은 공기업의 투명한 운영을 도모하기 위하여 경영공시를 의무화하고
있다. 이에 따라 공공기관은 경영목표 및 운영계획, 결산서, 임원 현황 등에 관한 사항
을 인터넷 홈페이지를 통하여 공시하여야 한다(§11). 기획재정부장관은 각 공공기관의

주요 경영공시사항을 표준화하여 통합공시할 수 있다(§12).

6. 공기업 및 준정부기관의 이사회 설치 및 구성

공공기관운영법은 공공기관의 지배구조의 핵심으로서 이사회를 두어 경영목표와 예산 및 운영계획 등에 관한 사항을 심의·의결하도록 하고 있다. 이사회는 기관장이 법령 등 위반행위나 직무를 게을리한 경우 주무기관의 장에게 기관장의 해임 등 필요한 조치를 요청할 수 있다(§§17, 22).

7. 공기업 및 준정부기관의 임원 임면

공공기관운영법은 임원 임면의 객관성·공정성을 확보하기 위하여, 공기업의 장은 비상임이사 등으로 구성되는 임원추천위원회가 복수로 추천하여 공공기관운영위원회의 심의·의결을 거친 사람 중에서 주무기관의 장의 제청으로 대통령이 임명하도록 하고 있다(§§25, 26).

7.1. 공기업 임원의 임면

공기업의 장은 제29조의 규정에 따른 임원추천위원회가 복수로 추천하여 운영위원회의 심의·의결을 거친 사람 중에서 주무기관의 장의 제청으로 대통령이 임명한다(§25 ① 본문). 다만, 기관 규모가 대통령령으로 정하는 기준 이하인 공기업의 장은 임원추천위원회가 복수로 추천하여 운영위원회의 심의·의결을 거친 사람 중에서 주무기관의 장이 임명한다(§25 ① 단서).

공기업의 상임이사는 공기업의 장이 임명한다. 다만, 제20조제2항 및 제3항에 따른 감사위원회의 감사위원이 되는 상임이사("상임감사위원")는 제4항에서 정한 절차에 따라 대통령 또는 기획재정부장관이 임명한다(§25 ②).

공기업의 비상임이사는 임원추천위원회가 복수로 추천하는 경영에 관한 학식과 경험이 풍부한 사람(국·공립학교의 교원이 아닌 공무원은 제외한다) 중에서 운영위원회의 심의·의결을 거쳐 기획재정부장관이 임명한다(§25 ③ 제1문). 이 경우 제6조의 규정에 따른 지정 당시 비상임이사가 없는 공기업은 지정 후 3개월 이내에 비상임이사 2인 이상을 선임하여야 한다(§25 ③ 제2문).

공기업의 감사는 임원추천위원회가 복수로 추천하여 운영위원회의 심의·의결을 거친 사람 중에서 기획재정부장관의 제청으로 대통령이 임명한다(§25 ④ 본문). 다만, 기관 규모가 대통령령으로 정하는 기준 이하인 공기업의 감사는 임원추천위원회가 복수로 추천하여 운영위원회의 심의·의결을 거친 사람 중에서 기획재정부장관이 임명한다(§25 ④ 단서).

공기업의 장은 제22조제1항, 제35조제3항, 제48조제4항·제8항 및 제52조의3제3항에 따라 그 임명권자가 해임하거나 정관으로 정한 사유가 있는 경우를 제외하고는 임기 중 해임되지 아니한다(§25 ⑤).

7.2. 준정부기관 임원의 임면

준정부기관의 장은 임원추천위원회가 복수로 추천한 사람 중에서 주무기관의 장이 임명한다. 다만, 기관 규모가 대통령령으로 정하는 기준 이상이거나 업무내용의 특수성을 고려하여 대통령령으로 정하는 준정부기관의 장은 임원추천위원회가 복수로 추천한 사람 중에서 주무기관의 장의 제청으로 대통령이 임명한다(§26 ①).

준정부기관의 상임이사는 준정부기관의 장이 임명하되, 다른 법령에서 상임이사에 대한 별도의 추천위원회를 두도록 정한 경우에 상임이사의 추천에 관하여는 그 법령의 규정에 따른다(§26 ② 본문). 다만, 상임감사위원은 제4항에서 정한 절차에 따라 대통령 또는 기획재정부장관이 임명한다(§26 ② 단서).

준정부기관의 비상임이사(다른 법령이나 준정부기관의 정관에 따라 당연히 비상임이사로 선임되는 사람은 제외한다. 이하 이 항에서 같다)는 주무기관의 장이 임명하되, 기관규모가 대통령령으로 정하는 기준 이상이거나 업무내용의 특수성을 고려하여 대통령령으로 정하는 준정부기관의 비상임이사는 임원추천위원회가 복수로 추천한 사람 중에서 주무기관의 장이 임명한다(§26 ③ 본문). 다만, 다른 법령에서 해당 준정부기관의 비상임이사에 대하여 별도의 추천 절차를 정하고 있는 경우에 비상임이사의 추천에 관하여는 그 법령의 규정에 따른다(§26 ③ 단서).

준정부기관의 감사는 임원추천위원회가 복수로 추천하여 운영위원회의 심의·의결을 거친 사람 중에서 기획재정부장관이 임명한다(§26 ④ 본문). 다만, 기관 규모가 대통령령으로 정하는 기준 이상이거나 업무내용의 특수성을 고려하여 대통령령으로 정하는 준정부기관의 감사는 임원추천위원회가 복수로 추천하여 운영위원회의 심의·의결을 거친 사람 중에서 기획재정부장관의 제청으로 대통령이 임명한다(§26 ④ 단서).

준정부기관의 장의 임기보장에 관하여는 제25조제5항을 준용한다. 이 경우 "공기업의 장"은 "준정부기관의 장"으로 본다(§26 ⑤).

7.3. 사원총회가 있는 공기업·준정부기관의 임원 선임에 관한 특례

주주총회나 출자자총회 등 사원총회가 있는 공기업·준정부기관의 경우 다른 법령에서 임원의 선임과 관련하여 사원총회의 의결을 거치도록 한 경우에는 이를 거쳐야 한다(§27).

7.4. 공기업·준정부기관 임원의 임기

제25조 및 제26조의 규정에 따라 임명된 기관장의 임기는 3년으로 하고, 이사와 감사의 임기는 2년으로 한다(§28 ① 본문). 다만, 제6조의 규정에 따라 공기업·준정부기관으로 지정될 당시 재직 중인 임원은 제25조 및 제26조의 규정에 따라 임명된 것으로 보되, 그 임기는 임기 개시 당시 법령 등에 따른다(§28 ① 단서).

공기업·준정부기관의 임원은 1년을 단위로 연임될 수 있다(§28 ② 제1문). 이 경우 임원의 임명권자는 다음 각 호의 구분에 따른 사항을 고려하여 임원의 연임 여부를 결정한다(§28 ② 제2문).

1. 기관장: 제48조의 규정에 따른 경영실적 평가 결과
2. 상임이사: 제31조제7항의 규정에 따라 체결된 성과계약 이행실적의 평가 결과와 그 밖의 직무 수행 실적
3. 비상임이사 및 감사 : 제36조의 규정에 따른 직무수행실적의 평가 결과와 그 밖의 직무수행실적

공기업·준정부기관의 임원이 연임되는 경우에는 임원추천위원회의 추천을 거치지 아니한다(§28 ③). 기관장이 연임되는 경우에는 제31조제3항의 규정에 따라 계약을 다시 체결하여야 하며, 그 경우 제31조제2항의 규정에 따른 임원추천위원회의 협의를 거치지 아니한다(§28 ④).

임기가 만료된 임원은 후임자가 임명될 때까지 직무를 수행한다(§28 ⑤).

7.5. 임원추천위원회

제25조·제26조에 따라 공기업·준정부기관의 임원 후보자를 추천하고, 제31조제2

항에 따른 기관장 후보자와의 계약안에 관한 사항의 협의 등을 수행하기 위하여 공기업·준정부기관에 임원추천위원회를 둔다(§29 ①).

임원추천위원회는 그 공기업·준정부기관의 비상임이사와 이사회가 선임한 위원으로 구성한다(§29 ②). 공기업·준정부기관의 임직원과 공무원은 임원추천위원회의 위원이 될 수 없다(§29 ③ 본문). 다만, 그 공기업·준정부기관의 비상임이사, 「교육공무원법」에 따른 교원과 그 준정부기관의 주무기관 소속 공무원은 그러하지 아니하다(§29 ③ 단서).

이사회가 선임하는 위원의 정수는 임원추천위원회 위원 정수의 2분의 1 미만으로 한다(§29 ④ 본문). 다만, 임원추천위원회 구성 당시 비상임이사가 1명인 경우에는 이사회가 선임하는 위원의 정수를 2분의 1로 할 수 있다(§29 ④ 단서).

임원추천위원회의 위원장은 임원추천위원회 위원인 공기업·준정부기관의 비상임이사 중에서 임원추천위원회 위원의 호선으로 선출하며(§29 ⑤), 임원추천위원회 구성 당시 비상임이사가 없는 공기업·준정부기관은 이사회가 선임한 외부위원으로 임원추천위원회를 구성하며, 위원장은 외부위원 중 호선으로 선출한다(§29 ⑥).

임원추천위원회는 회의의 심의·의결 내용 등이 기록된 회의록을 작성·보존하고 이를 공개하여야 한다(§29 ⑦ 본문). 다만, 「공공기관의 정보공개에 관한 법률」 제9조제1항 각 호의 어느 하나에 해당하는 경우에는 공개하지 아니할 수 있다(§29 ⑦ 단서).

임원추천위원회의 구성, 운영 및 후보자 추천 기한 등에 관하여 필요한 사항은 대통령령으로 정한다(§29 ⑧).

7.6. 양성평등을 위한 임원임명 목표제

공공기관운영법은 양성평등을 위한 임원임명 목표제를 도입하였다(§24의2). 이에 따라 공기업·준정부기관은 각 기관의 특성을 고려하여 양성평등을 실현하기 위한 임원임명목표를 정하고(§24의2 ①), 기관장은 그 목표에 따라 임원임명에 대한 연차별 목표를 수립하고 그 이행을 위하여 노력하여야 하며(§24의2 ②), 목표 수립 및 이행에 관한 연차별 보고서를 기획재정부장관에게 제출하여야 한다(§24의2 ③).

공공기관운영법은 제30조에서 임원후보자의 추천 기준과 자격요건을 정하고 있고, 제35조에서는 이사와 감사의 책임을, 제36조에서는 비상임이사와 감사에 대한 직무수행 실적 평가를 규정하고 있다. 한편 제37조에 임직원의 겸직제한을 규정하여 공기업·준정부기관의 상임임원과 직원은 그 직무 외의 영리를 목적으로 하는 업무에 종사하지 못하도록 하는 한편(§37 ①), 비영리 목적의 업무는 공기업·준정부기관의 상임임원이 그 임명권자나 제청권자의 허가를 받은 경우와 공기업·준정부기관의 직원이 기관장의 허가를 받은 경우에 한하여 겸할 수 있도록 하고 있다(§37 ②). 겸직이 금지되는 영리 목적의 업무 범위는 대통령령으로 정한다(§37 ③).

8. 공공기관의 인사에 대한 법적 통제

8.1. 공기업·준정부기관 임직원등의 공무원의제

공공기관운영법은 제53조에서 "공공기관의 임직원, 운영위원회의 위원과 임원추천위원회의 위원으로서 공무원이 아닌 사람은 「형법」 제129조(수뢰, 사전수뢰)부터 제132조(알선수뢰)까지의 규정을 적용할 때에는 공무원으로 본다."고 규정하고 있다. 이 조항은 공기업·준정부기관 임직원등에게는 그 신분 특성에 비추어 공무원에 버금가는 고도의 청렴성과 업무의 불가매수성이 요구되므로 이를 보장하려는 취지에서 담당업무의 성격을 불문하고 형법상 뇌물죄 규정을 적용할 때에 한정하여 공무원으로 보도록 규정한 것이다. 대법원 역시 그와 같은 견지에서 다음과 같이 판시한 바 있다.

공무원의제조항의 적용 관계

[1] 일반적으로 특별법이 일반법에 우선하고 신법이 구법에 우선한다는 원칙은 동일한 형식의 성문법규인 법률이 상호 모순·저촉되는 경우에 적용된다. 이때 법률이 상호 모순·저촉되는지는 법률의 입법목적, 규정사항 및 적용범위 등을 종합적으로 검토하여 판단하여야 한다.

[2] 공공기관운영법 제53조는 공공기관운영법이 2007. 1. 19. 법률 제8258호로 제정될 때부터 있던 조항으로, 공기업·준정부기관 임직원등은 신분의 특성에 비추어 공무원에 버금가는 고도의 청렴성과 업무의 불가매수성이 요구되므로 이를 보장하려는 취지에서 담당업무의 성격을 불문하고 형법상 뇌물죄 규정을 적용할 때에 한정하여 공무원으로 보도록 규정하고 있다.
　　도로교통법 제129조의2는 도로교통법이 국가행정기관인 운전면허시험관리단에서 담당하던 운전 면허시험 및 적성검사업무를 도로교통공단으로 이양하는 등의 목적으로 2010. 7. 23. 법률 제10382호로 개정되면서 신설된 조항이다. 이는 도로교통공단의 임직원이 위와 같이 이양된 업무를 비롯하여 공무의 성격을 가지는 일정한 업무를 담당하는 경우 업무의 특성에 비추어 공공성과 공정성을 보장하려는 취지에서, 도로교통공단이 공공기관운영법에 따라 공공기관으로 지정·고시되었는지를 불문하고 형법이나 그 밖의 법률에 따른 벌칙을 적용할 때 뇌물수수죄 등에 한정하지 아니하고 공무원으로 보도록 규정하고 있다.
　　이와 같이 공공기관운영법 제53조와 도로교통법 제129조의2는 입법목적, 입법연혁, 규정사항 및 적용범위 등을 달리하여 서로 모순·저촉되는 관계에 있다고 볼 수 없다. 따라서 공공기관운영법에 따른 준정부기관인 도로교통공단의 임직원에 대하여 도로교통법 제129조의2가 특별법 내지 신법으로 우선하여 적용되고 공공기관운영법 제53조의 적용이 배제된다고 볼 수 없다.(대법원 2016. 11. 25. 선고 2014도14166 판결 배임수재(인정된 죄명:뇌물수수)

8.2. 공공기관 임직원 인사규제 강화

공공기관운영법은 종래 공공기관 임직원의 비리에 대한 법적 규제를 강화하려는 취지에서 수사기관등의 수사 개시·종료 통보(§53의2), 의원면직의 제한(§53의3)을 규정하고 있다. 나아가 2018년 3월 27일의 개정법률은 제4장의2를 신설하여 비위행위자에 대한 수사 의뢰 등(§52의3), 채용비위 행위자 명단 공개(§52의4), 채용비위 관련자 합격취소 등(§52의5), 인사감사 등(§52의6)의 규정들을 신설하여 비위행위자에 대한 강력한 제재 의지를 구체화하였다.

특히 주목되는 것은 기획재정부장관 또는 주무기관의 장으로 하여금 공공기관의 임원이 비위행위 중 채용비위와 관련하여 유죄판결이 확정된 경우 해당 채용비위로 인하여 채용시험에 합격하거나 승진 또는 임용된 사람에 대하여는 운영위원회의 심의·의결을 거쳐 해당 공공기관의 장에게 합격·승진·임용의 취소 또는 인사상의 불이익 조치(이하 "합격취소등"이라 한다)를 취할 것을 요청할 수 있도록 하고, 그 경우 운영위원회는 심의·의결을 하기 전에 그 내용과 사유를 당사자에게 통지하여 소명할 기회를 주도록 한 것이다(§52의5 ①). 합격취소등의 기준·내용 및 소명 절차 등에 필요한 사항은 대통령령으로 정하도록 위임되어 있다(§52의5 ②). 이러한 재제조항들이 실제로 어떤 효과를 거둘지 귀추가 주목되는 대목이다.

9. 공기업 및 준정부기관의 경영평가

공공기관운영법은 공기업의 경영 효율을 높이기 위하여 기획재정부장관은 경영목표 및 공기업·준정부기관이 제출한 경영실적보고서 등을 기초로 공기업의 경영실적을 평가하고, 평가 결과 경영실적이 부진한 공기업의 기관장 또는 상임이사의 해임을 건의하거나 요구할 수 있도록 하고 있다(§48).

기획재정부장관은 제24조의2제3항에 따른 연차별 보고서, 제31조제3항 및 제4항의 규정에 따른 계약의 이행에 관한 보고서, 제46조의 규정에 따른 경영목표와 경영실적보고서를 기초로 하여 공기업·준정부기관의 경영실적을 평가한다(§48 ① 본문). 다만, 제6조의 규정에 따라 공기업·준정부기관으로 지정(변경지정은 제외한다)된 해에는 경영실적을 평가하지 아니한다(§48 ① 단서).

기획재정부장관은 제1항 본문의 규정에 따라 공기업·준정부기관의 경영실적을 평가하는 경우 「국가재정법」 제82조(기금운용의 평가)의 규정에 따라 기금운용평가를 받는 기관과 「과학기술기본법」 제32조(정부출연연구기관등의 육성)제3항에 따라 평가를 받는 기관에 대하여는 그 평가 결과를 활용한다(§48 ②).

기획재정부장관은 제1항에 따른 경영실적의 평가를 위하여 필요한 경우 공기업·준정부기관에 관련 자료의 제출을 요청할 수 있다(§48 ③).

공기업·준정부기관이 제24조의2제3항에 따른 연차별 보고서, 제31조제3항 및 제4항에 따른 계약의 이행에 관한 보고서, 경영실적보고서 및 그 첨부서류를 제출하지 아니하거나 거짓으로 작성·제출한 경우 또는 불공정한 인사운영 등으로 윤리경영을 저해한 경우로서 대통령령으로 정하는 경우에는 기획재정부장관은 운영위원회의 심의·의결을 거쳐 경영실적 평가 결과와 성과급을 수정하고, 해당 기관에 대하여 주의·경고 등의 조치를 취하거나 주무기관의 장 또는 기관장에게 관련자에 대한 인사상의 조치 등을 취하도록 요청하여야 한다(§48 ④ 제1문). 이 경우 기획재정부장관 또는 주무기관의 장은 감사, 감사위원회 감사위원 또는 기관장이 관련 직무를 이행하지 아니하거나 게을리 하였다면 운영위원회의 심의·의결을 거쳐 해당 감사, 감사위원회 감사위원 또는 기관장을 해임하거나 그 임명권자에게 해임을 건의할 수 있다(§48 ④ 제2문).

제1항에 따른 경영실적의 평가 기준과 방법은 운영위원회의 심의·의결을 거쳐 기획재정부장관이 정하되, 공기업·준정부기관에 대하여 다음 각 호의 사항이 평가에 반영될 수 있도록 정하여야 한다(§48 ⑤).

1. 경영목표의 합리성 및 달성 정도
2. 주요사업의 공익성 및 효율성
3. 직원의 고용 형태 등 조직·인력 운영의 적정성
4. 제39조의2에 따른 중장기재무관리계획의 이행 등 재무운용의 건전성 및 예산 절감노력
5. 제13조제2항에 따른 고객만족도 조사 결과
6. 합리적인 성과급 지급제도 운영
7. 그 밖에 공기업·준정부기관의 경영에 관련된 사항

기획재정부장관은 제1항에 따른 경영실적 평가의 효율적인 수행과 경영실적 평가에 관한 전문적·기술적인 연구 또는 자문을 위하여 공기업·준정부기관경영평가단(이하 "경영평가단"이라 한다)을 구성·운영할 수 있다(§48 ⑥).

기획재정부장관은 운영위원회의 심의·의결을 거쳐 매년 6월 20일까지 공기업·준정부기관의 경영실적 평가를 마치고, 그 결과를 국회와 대통령에게 보고한다(§48 ⑦).

기획재정부장관은 제7항에 따른 경영실적 평가 결과 경영실적이 부진한 공기업·준정부기관에 대하여 운영위원회의 심의·의결을 거쳐 제25조 및 제26조의 규정에 따른 기관장·상임이사의 임명권자에게 그 해임을 건의하거나 요구할 수 있다(§48 ⑧).

기획재정부장관은 제1항에 따른 경영실적 평가 결과 인건비 과다편성 및 제50조제1항에 따른 경영지침 위반으로 경영부실을 초래한 공기업·준정부기관에 대하여는 운영위원회의 심의·의결을 거쳐 향후 경영책임성 확보 및 경영개선을 위하여 필요한 인사상 또는 예산상의 조치 등을 취하도록 요청할 수 있다(§48 ⑨).

경영실적 평가의 절차, 경영실적 평가 결과에 따른 조치 및 경영평가단의 구성·운영 등에 관하여 필요한 사항은 대통령령으로 정한다(§48 ⑩).

10. 공공기관에 대한 기능조정과 혁신

10.1. 공공기관에 대한 기능조정 등

기획재정부장관은 주무기관의 장과 협의한 후 운영위원회의 심의·의결을 거쳐 공공기관이 수행하는 기능의 적정성을 점검하고 기관통폐합·기능 재조정 및 민영화 등에 관한 계획을 수립하여야 한다(§14 ① 제1문). 이 경우 기획재정부장관은 수립된 계획을 국회 소관 상임위원회에 보고하여야 한다(§14 ① 제2문).

기획재정부장관은 제1항에 따라 계획을 수립하는 경우 연구개발을 목적으로 하는 기관 등 제5조제5항에 따라 세분하여 지정된 기타공공기관에 대해서는 기관의 성격 및 업무 특성을 반영하여야 한다(§14 ②).

주무기관의 장은 제1항의 규정에 따라 수립된 계획을 집행하고, 그 실적에 관한 보고서를 기획재정부장관에게 제출하여야 한다(§14 ③).

기획재정부장관은 제3항에 따른 보고서의 내용을 분석하여 집행실태를 확인·점검한 후 필요한 때에는 운영위원회의 심의·의결을 거쳐 원활한 계획집행을 위하여 필요한 조치를 주무기관의 장에게 요구할 수 있다(§14 ④).

제1항, 제3항 및 제4항에 따른 계획의 수립 및 집행 등에 관하여 필요한 사항은 대통령령으로 정한다(§14 ⑤).

10.2. 공공기관의 혁신

공공기관은 경영효율성 제고 및 공공서비스 품질 개선을 위하여 지속적인 경영혁신을 추진하여야 한다(§15 ①).

기획재정부장관은 제1항의 규정에 따른 경영혁신을 지원하기 위하여 운영위원회의 심의·의결을 거쳐 관련 지침의 제정, 혁신수준의 진단 등 필요한 조치를 할 수 있고, 그 경우 연구개발을 목적으로 하는 기관 등 제5조제5항에 따라 세분하여 지정된 기타공공기관에 대해서는 기관의 성격 및 업무 특성을 반영하여야 한다(§15 ②).

III. 공공기관과 정보공개법

정보공개법은 개인정보보호법, 신용정보, 금융정보, 통신비밀에 관한 법, 데이터 관계법 등과 함께 넓은 의미의 '정보법' 또는 '정보관리에 관한 법'의 핵심적 구성부분이다. 앞에서 지적한 바와 같이 공공기관은 정보공개법에 따라 정보공개의 의무를 지고 정보공개여부를 결정, 시행하는 행정청의 지위에 서게 된다. 공공기관은 이와 같은 정보공개법의 규율에 대하여 어떻게 대처해야 할까. 정보공개의무자일 뿐만 아니라 국민의 알 권리 보장, 국정참여와 국정운영의 투명성 확보의 일익을 담당하는 적극적 선도자로서 공공기관이 갖추어야 할 이해와 대응방안을 함께 모색해 볼 필요가 있다.

공공기관의 입장에서 유의해야 할 정보공개법의 내용은 크게 세 가지 축으로 구성된다. 첫째는 정보공개청구권은 대한민국 국민이면 누구나 가지는 만인의 권리라는 점이고, 둘째는 정보공개의 핵심은 비공개사유에 모아진다는 점, 그리고 셋째는 공공기관이 현실적으로 집중해야 할 부분은 정보공개 여부에 대한 결정을 다투는 방법, 즉 불복구제문제이다.

1. 정보공개법에 따른 정보공개

1.1. 정보공개의무를 지는 공공기관

정보공개의무를 지는 주체는 '공공기관'이다. 앞서 지적했듯이 이 '공공기관'의 개념은 공공기관운영법에 따른 공공기관보다 넓은 개념이다. 정보공개법 제2조제3호에 따르면 "공공기관"이란 다음과 같은 기관을 말한다.

> 가. 국가기관
>   1) 국회, 법원, 헌법재판소, 중앙선거관리위원회
>   2) 중앙행정기관(대통령 소속 기관과 국무총리 소속 기관을 포함한다) 및 그 소속 기관
>   3) 「행정기관 소속 위원회의 설치·운영에 관한 법률」에 따른 위원회
> 나. 지방자치단체

다. 「공공기관의 운영에 관한 법률」 제2조에 따른 공공기관
라. 「지방공기업법」에 따른 지방공사 및 지방공단
마. 그 밖에 대통령령으로 정하는 기관

정보공개법 시행령 제2조에 따르면 법 제2조 제3호 라목에서 "대통령령으로 정하는 기관"이라 함은 다음 어느 하나를 말하는 것으로 규정되어 있다.

1. 「유아교육법」, 「초·중등교육법」, 「고등교육법」에 따른 각급 학교 또는 그 밖의 다른 법률에 따라 설치된 학교
2. 「지방공기업법」에 따른 지방공사 및 지방공단
3. 「지방자치단체 출자·출연 기관의 운영에 관한 법률」 제2조제1항에 따른 출자기관 및 출연기관
4. 특별법에 따라 설립된 특수법인
5. 「사회복지사업법」 제42조제1항에 따라 국가나 지방자치단체로부터 보조금을 받는 사회복지법인과 사회복지사업을 하는 비영리법인
6. 제5호 외에 「보조금 관리에 관한 법률」 제9조 또는 「지방재정법」 제17조제1항 각 호 외의 부분 단서에 따라 국가나 지방자치단체로부터 연간 5천만원 이상의 보조금을 받는 기관 또는 단체. 다만, 정보공개 대상 정보는 해당 연도에 보조를 받은 사업으로 한정한다.

한편, 대법원은 정보공개법시행령에서 사립대학교를 정보공개의무 있는 공공기관의 하나로 지정한 것은 모법의 위임범위를 벗어나지 않은 것으로 적법하다고 판시한 바 있다.[14] 방송법이라는 특별법에 따라 설립 운영되는 한국방송공사(KBS)는 공공기관의 정보공개에 관한 법률 시행령 제2조 제4호의 '특별법에 의하여 설립된 특수법인'으로서 정보공개의무가 있는 공공기관의 정보공개에 관한 법률 제2조 제3호의 '공공기관'에 해당한다고 판시한 바 있다.[15]

1.2. 정보공개청구권자

정보공개를 청구할 수 있는 자는 '모든 국민'이다(§5 ①). 이처럼 모든 국민에게 정보공개청구권을 보장했다는 데 정보공개법의 제정 의의가 있다. '모든 국민'에는 대한민국 국적을 지닌 모든 자가 포함되며, 비단 자연인뿐만 아니라 공·사법인, 그리고 법인격이 없어도 대한민국 국민으로 구성된 단체(조합, 협회 등)가 포함된다. 권리나 법률상 이익 기타 이해관계의 유무를 불문한다. 다만 외국인에 대해서는 별도로 대통령령으로

---

14) 대법원 2006. 8. 24. 선고 2004두2783 판결(정보공개거부처분취소).
15) 대법원 2010. 12. 23. 선고 2008두13101 판결. 한국방송공사(KBS)도 정부투자기관의 범주에 속해 있었지만 1998년 11월 방송의 독립성과 자율성을 보장한다는 명분 아래 공공기관의 범주에서 빠지게 되었다.

정하도록 위임되어 있다(§5 ②).[16]

1.3. 비공개대상정보

1.3.1. 비공개사유

정보공개법은 제9조 제1항에서 비공개대상정보를 8가지로 열거하여 정보공개의 대상에서 제외하고 있다. 공공기관은 비공개대상정보는 이를 공개하지 아니할 수 있다(§9 ①). 공공기관이 법적으로 허용되는 범위 안에서 이러한 정보를 공개하는 것은 무방하다. 공공기관은 기간의 경과 등으로 비공개 필요성이 없어진 경우에는 그 정보를 공개대상으로 해야 한다(§9 ②).

여기서 "공공기관은 다음 각 호의 어느 하나에 해당하는 정보에 대하여는 이를 공개하지 아니할 수 있다"고 규정한 정보공개법 제9조제1항을 공공기관에게 공개 거부 여부에 대한 재량을 수권한 것으로 해석할 수 있느냐, 다시 말해 비공개대상정보를 공개하지 아니할 수도 있으나 공개할 수도 있다는 의미로 해석할 수 있느냐 하는 것이 문제가 된다. 이 역시 같은 조항이 '공개하지 아니할 수 있다'는 가능규정을 두었기 때문에 생기는 문제이다.

정보공개법의 취지를 최대한 실현하기 위하여 그 문언상 표현을 근거로 정보공개법 제9조제1항에 열거된 유형에 해당하는 정보도 공공기관의 재량에 의하여 공개할 수 있다는 해석도 가능하다고 할 수도 있겠지만,[17] 정보공개법 제9조 제1항 각 호에서 규정한 비공개대상정보들은 그 내용 면에서는 대부분이 공개금지대상으로 해야 마땅한 정보들입이다. 만일 어떤 정보가 정보공개법 제9조 제1항 제2호가 비공개사유로 규정한 "공개될 경우 국가안전보장 · 국방 · 통일 · 외교관계등 국가의 중대한 이익을 해할 우려가 있다고 인정되는 정보"에 해당한다면, '이를 공개하지 아니할 수 있다'고 규정한 동 제1항 본문 문언에도 불구하고, 그 성질상 공개할 수 없도록 해야 할 것이다. 그런 뜻에서 정보공개법 취지에 비추어, 이들 비공개사유는 공개금지의 의미로 해석하는 것이 옳다.[18] 그 한도 내에서 비공개사유 조항은 이들 중요정보를 공개로부터 보호하기 위한 정보보호법의 의미를 가질 수도 있다.

---

16) 외국인의 정보공개청구권에 관한 입법례에 대해서는 김석준/강경근/홍준형, 열린 사회, 열린 정보, 1993, 비봉출판사, 112-113을 참조.
17) 박균성, 행정법론(상), 제5판, 507.
18) 경건, "행정정보의 공개", 행정작용법(김동희교수정년퇴임기념논문집), 2005, 900.

물론 정보공개법상 이들 비공개사유를 공개금지의 의미로 해석한다고 해서 반드시 그 정보들이 공개로부터 보호되는 것은 아니다. 정보공개법은 비공개대상 정보의 공개에 대한 제재장치를 마련해 두고 있지 않기 때문이다. 그와 같은 정보의 비공개는 오히려 각각의 정보에 관하여 이를 비밀 또는 비공개로 하는 각각의 관련법령에 따라 비로소 확보될 수 있을 뿐이다.

다만, 비공개대상 정보를 무단으로 공개한 경우 관계법령에 처벌 등에 대한 근거규정이 없는 경우에도 공무원법상 비밀엄수의무 위반으로 징계를 받거나 형법상 공무상 비밀누설죄로 처벌을 받을 수 있는데, 그러한 경우 '이를 공개하지 아니할 수 있다'고 규정한 정보공개법 제7조 제1항 본문의 규정을 정당화사유 또는 위법성조각사유로 원용할 수 없도록 해석하는 것이 정보공개법의 입법취지에 부합된다. 그런 이유에서 '공개하지 아니할 수 있다'는 가능규정에도 불구하고 비공개사유의 내용에 따라서는 공개금지의 의미로 해석해야 할 경우가 있을 수 있다.

이와 관련, 지방자치단체의 도시공원위원회의 회의관련자료 및 회의록을 공개시기 등에 관한 아무런 제한 규정 없이 공개해야 한다는 취지의 지방자치단체의 조례안이 구 정보공개법 제7조 제1항 제5호에 위반된다고 본 판례가 있다.

> "지방자치단체의 도시공원에 관한 조례에서 규정된 도시공원위원회의 심의사항에 관하여 위 위원회의 심의를 거친 후 시장이나 구청장이 위 사항들에 대한 결정을 대외적으로 공표하기 전에 위 위원회의 회의관련자료 및 회의록이 공개된다면 업무의 공정한 수행에 현저한 지장을 초래한다고 할 것이므로, 위 위원회의 심의 후 그 심의사항들에 대한 <u>시장 등의 결정의 대외적 공표행위가 있기 전까지는</u> 위 위원회의 회의관련자료 및 회의록은 공공기관의정보공개에관한법률 제7조 제1항 제5호에서 규정하는 비공개대상정보에 해당한다고 할 것이고, 다만 시장 등의 결정의 대외적 공표행위가 있은 후에는 이를 의사결정과정이나 내부검토과정에 있는 사항이라고 할 수 없고 위 위원회의 회의관련자료 및 회의록을 공개하더라도 업무의 공정한 수행에 지장을 초래할 염려가 없으므로, <u>시장 등의 결정의 대외적 공표행위가 있은 후에는</u> 위 위원회의 회의관련자료 및 회의록은 같은 법 제7조 제2항에 의하여 공개대상이 된다고 할 것인바, <u>지방자치단체의 도시공원에 관한 조례안에서 공개시기 등에 관한 아무런 제한 규정 없이 위 위원회의 회의관련자료 및 회의록은 공개하여야 한다고 규정하였다면 이는 같은 법 제7조 제1항 제5호에 위반된다</u>고 할 것이다."[19]

같은 조 제2항은 "공공기관은 제1항 각호의 1에 해당하는 정보가 기간의 경과 등으로 인하여 비공개의 필요성이 없어진 경우에는 해당 정보를 공개대상으로 하여야 한다."고 규정하고 있는데, 여기서 '비공개의 필요성'이라 한 것은 표현상 강도는 떨어지지만, 제1항 각호에 열거된 정보는 이를 비공개, 즉 공개금지 대상으로 한다는 것을 전제한 것이라고 볼 수 있다. 같은 항 제7호는 "법인·단체 또는 개인의 경영·영업상 비밀에 관

---

19) 대법원 2000. 5. 30. 선고 99추85 판결(공원조례중개정조례안무효).

한 사항으로서 공개될 경우 법인등의 정당한 이익을 현저히 해할 우려가 있다고 인정되는 정보"를 비공개대상으로 하는데, 이 경우 역시 같은 호 단서에서 예외적 공개대상으로 한 "사업활동에 의하여 발생하는 위해로부터 사람의 생명·신체 또는 건강을 보호하기 위하여 공개할 필요가 있는 정보"나 "위법·부당한 사업활동으로부터 국민의 재산 또는 생활을 보호하기 위하여 공개할 필요가 있는 정보"에 해당하는 정보 외에는 공개가 허용되지 않는다고 해석해야 할 것이다. 그럼에도 불구하고 가령 행정절차법에 따른 청문절차에서 당사자등이 그러한 정보의 열람·복사를 요구하고 행정청이 이를 공개하려하는 경우에는 제3자에 대한 통지 및 의견청취에 관한 정보공개법 제11조제3항, 제3자의 이의신청에 관한 제21조제1항의 규정이 적용되며, 만일 행정청이 해당 정보를 공개한 경우에는 제21조제2항의 규정에 따라 행정심판 및 행정소송을 통해 공개결정의 집행정지, 취소 등을 구하거나 국가배상법에 따른 손해배상을 청구할 수 있을 것이다.

1.3.2. 비공개사유의 내용

(1) 다른 법령에 따른 비밀·비공개정보

법은 다른 법률 또는 법률에서 위임한 명령(국회규칙·대법원규칙·헌법재판소규칙·중앙선거관리위원회규칙·대통령령 및 조례로 한정한다)에 따라 비밀이나 비공개사항으로 규정된 정보를 제1차적 비공개정보로 명시하고 있다(법 제9조 제1항 제1호).

공개금지 법령의 의미와 교육공무원승진규정

[1] 공공기관의 정보공개에 관한 법률 제9조 제1항 제1호에서 '법률이 위임한 명령'에 의하여 비밀 또는 비공개 사항으로 규정된 정보는 공개하지 아니할 수 있다고 할 때의 '법률이 위임한 명령'은 정보의 공개에 관하여 법률의 구체적인 위임 아래 제정된 법규명령(위임명령)을 의미한다.

[2] 교육공무원법 제13조, 제14조의 위임에 따라 제정된 교육공무원승진규정은 정보공개에 관한 사항에 관하여 구체적인 법률의 위임에 따라 제정된 명령이라고 할 수 없고, 따라서 교육공무원승진규정 제26조에서 근무성적평정의 결과를 공개하지 아니한다고 규정하고 있다고 하더라도 위 교육공무원승진규정은 공공기관의 정보공개에 관한 법률 제9조 제1항 제1호에서 말하는 법률이 위임한 명령에 해당하지 아니하므로 위 규정을 근거로 정보공개청구를 거부하는 것은 잘못이다.[20]

---

(2) 중대한 국가이익관련정보

법은 공개될 경우 국가안전보장·국방·통일·외교관계등 국가의 중대한 이익을 해

---

20) 대법원 2006. 10. 26. 선고 2006두11910 판결(정보비공개결정취소).

할 우려가 있다고 인정되는 정보를 공개대상에서 제외하고 있다(법 제9조 제1항 제2호).

보안관찰 관련 통계자료의 정보공개법 제9조 소정의 비공개대상정보 해당 여부

[다수의견] 보안관찰처분을 규정한 보안관찰법에 대하여 헌법재판소도 이미 그 합헌성을 인정한 바 있고, 보안관찰법 소정의 보안관찰 관련 통계자료는 우리나라 53개 지방검찰청 및 지청관할지역에서 매월 보고된 보안관찰처분에 관한 각종 자료로서, 보안관찰처분대상자 또는 피보안관찰자들의 매월별 규모, 그 처분시기, 지역별 분포에 대한 전국적 현황과 추이를 한눈에 파악할 수 있는 구체적이고 광범위한 자료에 해당하므로 '통계자료'라고 하여도 그 함의(含意)를 통하여 나타내는 의미가 있음이 분명하여 가치중립적일 수는 없고, 그 통계자료의 분석에 의하여 대남공작활동이 유리한 지역으로 보안관찰처분대상자가 많은 지역을 선택하는 등으로 위 정보가 북한정보기관에 의한 간첩의 파견, 포섭, 선전선동을 위한 교두보의 확보 등 북한의 대남전략에 있어 매우 유용한 자료로 악용될 우려가 없다고 할 수 없으므로, 위 정보는 공공기관의정보공개에관한법률 제7조 제1항 제2호 소정의 공개될 경우 국가안전보장·국방·통일·외교관계 등 국가의 중대한 이익을 해할 우려가 있는 정보, 또는 제3호 소정의 공개될 경우 국민의 생명·신체 및 재산의 보호 기타 공공의 안전과 이익을 현저히 해할 우려가 있다고 인정되는 정보에 해당한다.

[반대의견] 보안관찰법 소정의 보안관찰 관련 통계자료 자체로는 보안관찰처분대상자나 피보안관찰자의 신상명세나 주거지, 처벌범죄, 보안관찰법의 위반내용 등 구체적 사항을 파악하기 어려운 자료이므로, 위 정보를 악용하려 한다고 하더라도 한계가 있을 수밖에 없으며, 국민의 기본권인 알 권리를 제한할 정도에 이르지 못하고, 간첩죄·국가보안법위반죄 등 보안관찰 해당범죄에 관한 사법통계자료를 공개하는 뜻은 사법제도의 경우 그것이 공정·투명하게 운영되고 공개될수록 그 제도에 대한 국민의 신뢰가 쌓이고, 국민의 인권 신장에 기여한다는 데 있는 것이고, 보안관찰법은 남·북한이 대치하고 있는 현상황에서 우리의 자유민주적 기본질서를 유지·보장하기 위하여 필요한 제도로서 합헌성이 확인된 제도이므로, 북한이나 그 동조세력이 위 정보를 토대로 국내의 인권상황을 악의적으로 선전하면서 보안관찰법의 폐지를 주장한다 하더라도 보안관찰법에 의한 보안관찰제도가 헌법상 제 기본권 규정에 위반하지 않는 한, 보안관찰법의 집행 자체를 인권탄압으로 볼 수는 없으며, 오히려 위 정보를 투명하게 공개하지 않음으로써 불필요한 오해와 소모적 논쟁, 이로 인한 사회불안의 야기와 우리나라의 국제적 위상의 저하 등의 문제가 발생할 소지를 배제할 수 없는 이상, 위 정보의 투명한 공개를 통한 보안관찰제도의 민주적 통제야말로 법집행의 투명성과 공정성을 확보함과 동시에 공공의 안전과 이익에 도움이 되고, 인권국가로서의 우리나라의 국제적 위상을 제고하는 측면도 있음을 가벼이 여겨서는 안 될 것이라는 등의 이유로, 위 정보는 공공기관의정보공개에관한법률 제7조 제1항 제2호 또는 제3호 소정의 비공개대상정보에 해당하지 아니한다.[21]

위 다수의견은 국가이익관련 비공개대상정보의 범위를 너무 넓게 설정하였고 또 그 기준이 지나치게 불명확·모호하다는 점에서 비판의 여지가 있다. 제2호의 국가안전보장·국방·통일·외교관계에 관한 정보만 해도 범위가 매우 광범위한데 거기다가 다시 '~등 국가의 중대한 이익을 해할 우려가 있다고 인정되는 정보'를 추가하고 있으니, 이 조항은 사실상 '정보공개의 지뢰밭'이라고 해도 지나친 말이 아닙니다. 특히 정보공개법 제4조 제3항에서 국가안전보장 관련 정보에 대해서는 아예 이 법이 적용되지 아니하게

---

21) 대법원 2004. 3. 18. 선고 2001두8254 전원합의체 판결(정보비공개결정처분취소).

되어 있을 뿐만 아니라, 제18조 제3항에서 국익관련정보에 대한 재판상 비공개조항을 도입함으로써 자칫 국익관련정보 자체가 공개 대상에서 제외될 소지가 있다는 것이 문제점으로 지적된다.[22]

(3) 공개되면 국민의 생명·신체 및 재산 보호에 현저한 지장을 초래할 우려가 있는 정보

공개될 경우 국민의 생명·신체 및 재산의 보호에 현저한 지장을 초래할 우려가 있다고 인정되는 정보는 공개대상에서 제외된다(법 제9조 제1항 제3호). 그 증명책임은 처분청인 피고에게 있다는 것이 판례이다."[23]

(4) 형사사법관련정보

'진행중인 재판에 관련된 정보와 범죄의 예방, 수사, 공소의 제기 및 유지, 형의 집행, 교정, 보안처분에 관한 사항으로서 공개될 경우 그 직무수행을 현저히 곤란하게 하거나 형사피고인의 공정한 재판을 받을 권리를 침해한다고 인정할 만한 상당한 이유가 있는 정보' 역시 공개대상에서 제외된다(법 제9조 제1항 제4호).

형사사법 관련 정보를 공개대상에서 제외한 것은 이러한 활동에서 요구되는 비밀유지의 필요성을 고려할 때 불가피한 측면이 없지 않다.[24] 그러나 범죄의 수사, 공소의 제기 및 유지에 관한 사항 외에 범죄의 예방에 관한 사항, 형의 집행, 교정, 보안처분에 관한 정보를 '직무수행의 현저한 곤란'이나 '형사피고인의 공정한 재판을 받을 권리의 침해'라는 기준에 의해 공개대상에서 배제시킨 것은 이 분야에 관한 한 사실상 정보공개제도를 유명무실화시킬 수 있는 독소적 요인이다. 범위가 지나치게 광범위하고 또 그 제외기준이 불명확하다.

정보공개법 제9조 제1항 제4호의 '진행중인 재판 관련 정보'

"공공기관이 보유·관리하는 모든 정보를 원칙적 공개대상으로 하면서도, 재판의 독립성과 공정성 등 국가의 사법작용이 훼손되는 것을 막기 위하여 제9조 제1항 제4호에서 '진행 중인 재판에 관련된 정보'를 비공개대상정보로 규정하고 있다. 이와 같은 정보공개법의 입법 목적, 정보공개의 원칙, 위 비공개대상정보의 규정 형식과 취지 등을 고려하면, 법원 이외의 공공기관이 위 규정이 정한 '진행 중인 재판에 관련된 정보'에 해당한다는 사유로 정보공개를 거부하기 위하여는 <u>반드시 그 정보가 진행 중인 재판의 소송기록 그 자체에 포함된 내용의 정보일 필요는 없으나, 재판에 관련된 일체의 정보가 그에 해당하는 것은 아니고 진행 중인 재판의 심리 또는 재판 결과에 구체적으로 영</u>

---

22) 성낙인, 정보공개법의 정립과 개정 방향, 2000.7.26. 행정자치부 주최 「정보공개법 개정을 위한 공청회」 발표논문.
23) 대법원 2012. 6. 18. 선고 2011두2361 전원합의체 판결(정보공개청구거부처분취소).
24) 미국의 정보자유법 역시 (a) (7)에서 유사한 규정을 두고 있다.

향을 미칠 위험이 있는 정보에 한정된다고 봄이 상당하다(대법원 2011. 11. 24. 선고 2009두
19021 판결 참조)."25)

수용자자비부담물품 판매수익금 등 관련 회계자료 등의 공개여부

"수용자자비부담물품의 판매수익금과 관련하여 교도소장이 재단법인 교정협회로 송금한 수익금
총액과 교도소장에게 배당된 수익금액 및 사용내역, 교도소직원회 수지에 관한 결산결과와 사업계
획 및 예산서, 수용자 외부병원 이송진료와 관련한 이송진료자 수, 이송진료자의 진료내역별(치료,
검사, 수술) 현황, 이송진료자의 진료비 지급(예산지급, 자비부담) 현황, 이송진료자의 진료비총액
대비 예산지급액, 이송진료자의 병명별 현황, 수용자신문구독현황과 관련한 각 신문별 구독신청자
수 등에 관한 정보는 구 공공기관의정보공개에관한법률(2004. 1. 29. 법률 제7127호로 전문 개정
되기 전의 것) 제7조 제1항 제4호에서 비공개대상으로 규정한 '형의 집행, 교정에 관한 사항으로서
공개될 경우 그 직무수행을 현저히 곤란하게 하는 정보'에 해당하기 어렵다."26)

(5) 공공업무의 특성상 또는 의사결정과정 중에 있어 비공개로 해야 할 정보

감사·감독·검사·시험·규제·입찰계약·기술개발·인사관리·의사결정과정 또는 내부
검토과정에 있는 사항 등으로서 공개될 경우 업무의 공정한 수행이나 연구·개발에 현저
한 지장을 초래한다고 인정할 만한 상당한 이유가 있는 정보는 비공개대상으로 되어 있
다(법 제9조 제1항 제5호). 법은 공개할 경우 업무의 공정한 수행이나 연구·개발에 현저한
지장을 초래할 우려가 있는 업무로서 감사·감독·검사·시험·규제·입찰계약·기술개
발·인사관리와 같이 업무특성상 공개에 적합하지 않는 경우를 열거하는 한편, 전혀 다
른 각도에서 '의사결정과정 또는 내부검토과정에 있는 사항등'과 같이 의사결정과정
(decision making process), 내부검토과정과 같이 행정기관에서 종결되지 아니한 사항을 비
공개사유로 설정했다. 전자의 경우 그 범위가 포괄적으로 설정되어 자칫 과도한 제한을
초래할 우려가 있다. 대법원이 공정한 업무수행에 지장을 초래할 염려가 있는지 여부를
비교적 엄격히 심사, 판단한 것도 바로 그런 맥락에서 이해된다.

판례상 이러한 비공개사유에 해당하여 정보공개가 부정된 사례들은 다음과 같다.

문제은행 출제방식의 치과의사 국가시험 문제지와 정답지 공개 여부

[1] 공공기관의 정보공개에 관한 법률 제9조 제1항 제5호는 시험에 관한 사항으로서 공개될 경우
업무의 공정한 수행에 현저한 지장을 초래한다고 인정할 만한 상당한 이유가 있는 정보는 공개
하지 아니할 수 있도록 하고 있는바, 여기에서 시험정보로서 공개될 경우 업무의 공정한 수행에
현저한 지장을 초래하는지 여부는 <u>같은 법 및 시험정보를 공개하지 아니할 수 있도록 하고 있</u>

---

25) 대법원 2018. 9. 28. 선고 2017두69892 판결(정보공개거부처분취소).
26) 대법원 2004. 12. 9. 선고 2003두12707 판결(정보공개거부처분취소).

는 입법 취지, 당해 시험 및 그에 대한 평가행위의 성격과 내용, 공개의 내용과 공개로 인한 업무의 증가, 공개로 인한 파급효과 등을 종합하여 개별적으로 판단되어야 한다.

[2] 치과의사 국가시험에서 채택하고 있는 문제은행 출제방식이 출제의 시간·비용을 줄이면서도 양질의 문항을 확보할 수 있는 등 많은 장점을 가지고 있는 점, 그 시험문제를 공개할 경우 발생하게 될 결과와 시험업무에 초래될 부작용 등을 감안하면, 위 시험의 문제지와 그 정답지를 공개하는 것은 시험업무의 공정한 수행이나 연구·개발에 현저한 지장을 초래한다고 인정할 만한 상당한 이유가 있는 경우에 해당하므로, 공공기관의 정보공개에 관한 법률 제9조 제1항 제5호에 따라 공개하지 않을 수 있다고 한 사례.[27]

독립유공자 공적심사위원회 회의록의 공개 여부

"독립유공자 등록에 관한 신청당사자의 알권리 보장에는 불가피한 제한이 따를 수밖에 없고 관계 법령에서 제한을 다소나마 해소하기 위해 조치를 마련하고 있는 점, 공적심사위원회의 심사에는 심사위원들의 전문적·주관적 판단이 상당 부분 개입될 수밖에 없는 심사의 본질에 비추어 공개를 염두에 두지 않은 상태에서의 심사가 그렇지 않은 경우보다 더 자유롭고 활발한 토의를 거쳐 객관적이고 공정한 심사 결과에 이를 개연성이 큰 점 등 위 회의록 공개에 의하여 보호되는 알권리의 보장과 비공개에 의하여 보호되는 업무수행의 공정성 등의 이익 등을 비교·교량해 볼 때, 위 회의록은 정보공개법 제9조 제1항 제5호에서 정한 '공개될 경우 업무의 공정한 수행에 현저한 지장을 초래한다고 인정할 만한 상당한 이유가 있는 정보'에 해당함에도 이와 달리 본 원심판결에 비공개 대상정보에 관한 법리를 오해한 위법이 있다."[28]

반면 다음 사례에서 보는 바와 같이 대법원은 이 비공개사유의 인정여부에 대하여 비교적 엄격한 입장을 취해 왔다.

사법시험 2차시험 답안지열람이 사법시험업무의 수행에 현저한 지장을 초래하는지 여부

"사법시험 제2차 시험의 답안지 열람은 시험문항에 대한 채점위원별 채점 결과의 열람과 달리 사법시험업무의 수행에 현저한 지장을 초래한다고 볼 수 없다."[29]

---

27) 대법원 2007. 6. 15. 선고 2006두15936 판결(정보공개거부처분취소).
28) 대법원 2014. 7. 24. 선고 2013두20301 판결(행정정보공개청구거부처분취소): 갑이 친족인 망 을 등에 대한 독립유공자 포상신청을 하였다가 독립유공자서훈 공적심사위원회의 심사를 거쳐 포상에 포함되지 못하였다는 내용의 공적심사 결과를 통지받자 국가보훈처장에게 '망인들에 대한 공적심사위원회의 심의·의결 과정 및 그 내용을 기재한 회의록' 등의 공개를 청구하였는데, 국가보훈처장이 위 회의록은 정보공개법 제9조 제1항 제5호에 따라 공개할 수 없다는 통보를 한 사안이다.
29) 대법원 2003. 3. 14. 선고 2000두6114 판결(답안지열람거부처분취소).

도시공원위원회의 회의관련자료 및 회의록 공개와 업무 공정수행에 현저한 지장 초래 여부

"지방자치단체의 도시공원에 관한 조례에서 규정된 도시공원위원회의 심의사항에 관하여 위 위원회의 심의를 거친 후 시장이나 구청장이 위 사항들에 대한결정을 대외적으로 공표하기 전에 위 위원회의 회의관련자료 및 회의록이 공개된다면 업무의 공정한 수행에 현저한 지장을 초래한다고 할 것이므로, 위 위원회의 심의 후 그 심의사항들에 대한 <u>시장 등의 결정의 대외적 공표행위가 있기 전까지는 위 위원회의 회의관련자료 및 회의록은 공공기관의정보공개에관한법률 제7조 제1항 제5호에서 규정하는 비공개대상정보에 해당한다고 할 것이고,</u> 다만 시장 등의 결정의 대외적 공표행위가 있은 후에는 이를 의사결정과정이나 내부검토과정에 있는 사항이라고 할 수 없고 위 위원회의 회의관련자료 및 회의록을 공개하더라도 업무의 공정한 수행에 지장을 초래할 염려가 없으므로, <u>시장 등의 결정의 대외적 공표행위가 있은 후에는 위 위원회의 회의관련자료 및 회의록은 같은 법 제7조 제2항에 의하여 공개대상이 된다고 할 것"[30]</u>

의사결정과정 또는 내부검토과정에 있는 비공개정보

[1] '공개될 경우 그 직무수행을 현저히 곤란하게 한다고 인정할 만한 상당한 이유가 있는 정보'라 함은 구법 제1조의 정보공개제도의 목적 및 구법 제7조 제1항 제4호의 규정에 의한 비공개대상정보의 입법 취지에 비추어 볼 때 <u>당해 정보가 공개될 경우 범죄의 예방 및 수사 등에 관한 직무의 공정하고 효율적인 수행에 직접적이고 구체적으로 장애를 줄 고도의 개연성이 있고, 그 정도가 현저한 경우를 의미한다</u>고 할 것이며, 여기에 해당하는지 여부는 비공개에 의하여 보호되는 업무수행의 공정성 등의 이익과 공개에 의하여 보호되는 국민의 알권리의 보장과 국정에 대한 국민의 참여 및 국정운영의 투명성 확보 등의 이익을 비교·교량하여 구체적인 사안에 따라 신중하게 판단되어야 한다.

[2] 구법 제8조 제2항은 <u>정보공개청구의 대상이 이미 널리 알려진 사항이라 하더라도 그 공개의 방법만을 제한할 수 있도록 규정하고 있을 뿐 공개 자체를 제한하고 있지는 아니하므로,</u> 공개청구의 대상이 되는 정보가 이미 다른 사람에게 공개하여 널리 알려져 있다거나 인터넷이나 관보 등을 통하여 공개하여 인터넷검색이나 도서관에서의 열람 등을 통하여 쉽게 알 수 있다는 사정만으로는 소의 이익이 없다거나 비공개결정이 정당화될 수는 없다.

[3] 검찰21세기연구기획단의 1993년도 연구결과종합보고서는 검찰의 의사결정과정 또는 내부검토과정에 있는 사항 등으로서 공개될 경우 업무의 공정한 수행이나 연구·개발에 현저한 지장을 초래한다고 인정할 만한 상당한 이유가 있는 정보에 해당한다고 볼 여지가 있다.[31]

국가 수준 학업성취도평가 자료의 공개와 공정한 업무 수행에 현저한 지장 초래여부

[1] 공공기관의 정보공개에 관한 법률 제9조 제1항 제5호에서 규정하는 '<u>공개될 경우 업무의 공정한 수행에 현저한 지장을 초래한다고 인정할 만한 상당한 이유가 있는 경우</u>'란 공개될 경우 업무의 공정한 수행이 객관적으로 현저하게 지장을 받을 것이라는 고도의 개연성이 존재하는 경우를 의미한다.

[2] 알 권리와 학생의 학습권, 부모의 자녀교육권의 성격 등에 비추어 볼 때, <u>학교교육에서의 시험에 관한 정보로서 공개될 경우 업무의 공정한 수행에 현저한 지장을 초래하는지 여부는 공공기</u>

---

30) 대법원 2000. 5. 30. 선고 99추85 판결(공원조례중개정조례안무효).
31) 대법원 2008. 11. 27. 선고 2005두15694 판결(정보공개거부처분취소등).

관의 정보공개에 관한 법률의 목적 및 시험정보를 공개하지 아니할 수 있도록 하고 있는 입법 취지, 당해 시험 및 그에 대한 평가행위의 성격과 내용, 공개의 내용과 공개로 인한 업무의 증가, 공개로 인한 파급효과 등을 종합하여, 비공개에 의하여 보호되는 업무수행의 공정성 등의 이익과 공개에 의하여 보호되는 국민의 알 권리와 학생의 학습권 및 부모의 자녀교육권의 보장, 학교교육에 대한 국민의 참여 및 교육행정의 투명성 확보 등의 이익을 비교·교량하여 구체적인 사안에 따라 신중하게 판단하여야 한다.

[3] '2002년도 및 2003년도 국가 수준 학업성취도평가 자료'는 표본조사 방식으로 이루어졌을 뿐만 아니라 학교식별정보 등도 포함되어 있어서 그 원자료 전부가 그대로 공개될 경우 학업성취도평가 업무의 공정한 수행이 객관적으로 현저하게 지장을 받을 것이라는 고도의 개연성이 존재한다고 볼 여지가 있어 공공기관의 정보공개에 관한 법률 제9조 제1항 제5호에서 정한 비공개대상정보에 해당하는 부분이 있으나, '2002학년도부터 2005학년도까지의 대학수학능력시험 원데이터'는 연구 목적으로 그 정보의 공개를 청구하는 경우, 공개로 인하여 초래될 부작용이 공개로 얻을 수 있는 이익보다 더 클 것이라고 단정하기 어려우므로 그 공개로 대학수학능력시험 업무의 공정한 수행이 객관적으로 현저하게 지장을 받을 것이라는 고도의 개연성이 존재한다고 볼 수 없어 위 조항의 비공개대상정보에 해당하지 않는다.

[4] 기관이 아닌 개인이 타인에 관한 정보의 공개를 청구하는 경우에는 구 공공기관의 개인정보보호에 관한 법률(2007. 5. 17. 법률 제8448호로 개정되기 전의 것)에 의할 것이 아니라, 공공기관의 정보공개에 관한 법률 제9조 제1항 제6호에 따라 개인에 관한 정보의 공개 여부를 판단하여야 한다.[32]

광역시 교육감 산하 위원회 소속 위원의 인적 사항이 비공개대상 정보라 할 수 없다고 판단한 원심을 파기한 사례도 있다.

"피고 산하에는 공무원승진심사위원회 이외에도 여러 종료의 위원회가 존재하고 있고, 그 위원회의 활동 내용에 따라서는 그 소속 위원의 인적 사항이 공개되는 것만으로도 피고 업무의 공정한 수행 등에 현저한 지장을 초래한다고 인정할 만한 사정이 있음을 알 수 있으므로, 원심이 피고가 주장하는 바와 같은 피고 산하 위원회 소속 위원의 인적 사항에 관한 정보 등이 공공기관의정보공개에관한법률 제7조 제1항 제5호에 정한 비공개대상 정보에 해당하는지 여부를 판단하기 위하여는 피고 산하 위원회의 종류 및 그 활동내용, 그 소속 위원의 자격·임기 및 연임 여부, 그 위원의 인적 사항이 공개될 경우에 예상되는 공정한 업무수행에 있어서의 지장 정도 등을 살펴보지 않으면 아니 된다."[33]

(6) 비공개대상 '개인정보'

법은 제9조 제1항 제6호에서 해당 정보에 포함된 이름·주민등록번호 등 개인에 관한 사항으로서 공개될 경우 개인 사생활의 비밀 또는 자유를 침해할 우려가 있다고 인정되는 정보를 공개대상에서 제외시키고 있다. 다만, 다음에 열거된 경우는 예외적으로 공개대상이다.

---

32) 대법원 2010. 2. 25. 선고 2007두9877 판결(정보공개거부처분취소등).
33) 대법원 2003. 5. 16. 선고 2001두4702 판결(정보부분공개결정취소).

가. 법령에서 정하는 바에 따라 열람할 수 있는 정보
나. 공공기관이 공표를 목적으로 작성하거나 취득한 정보로서 사생활의 비밀 또는 자유를 부당하게
   침해하지 아니하는 정보
다. 공공기관이 작성하거나 취득한 정보로서 공개하는 것이 공익이나 개인의 권리 구제를 위하여
   필요하다고 인정되는 정보
라. 직무를 수행한 공무원의 성명·직위
마. 공개하는 것이 공익을 위하여 필요한 경우로서 법령에 따라 국가 또는 지방자치단체가 업무의
   일부를 위탁 또는 위촉한 개인의 성명·직업

비공개대상 개인정보와 관련하여, 먼저, 구법과 달리, 이름이나 주민등록번호 등에 의하여 식별가능한 개인정보라도 무제한 공개대상에서 제외되는 것이 아니라 '공개될 경우 개인의 사생활의 비밀 또는 자유를 침해할 우려가 있다고 인정되는 정보'만이 비공개대상으로 한정된다는 점에 유의할 필요가 있다.

그러나 대법원은 비공개대상 개인정보의 범위를 확대하는 경향을 보인다. 즉, 정보공개법의 개정 연혁, 내용 및 취지와 헌법상 보장되는 사생활의 비밀 및 자유의 내용[34]을 종합해볼 때, 정보공개법 제9조 제1항 제6호 본문에 따라 비공개대상이 되는 정보에는 구 정보공개법상의 '개인식별정보'뿐만 아니라 그 외에 정보의 내용을 구체적으로 살펴 '개인에 관한 사항의 공개로 개인의 내밀한 비밀이 알려지고, 그 결과 인격적·정신적 내면생활에 지장을 초래하거나 자유로운 사생활을 영위할 수 없게 될 위험성이 있는 정보'도 포함된다고 새겨야 한다는 것이다.

> ### 정보공개법 제9조 제1항 제6호 본문 소정의 비공개대상으로서 개인정보의 범위
>
> "구 공공기관의 정보공개에 관한 법률(2004. 1. 29. 법률 제7127호로 전부 개정되기 전의 것, 이하 '구 정보공개법'이라 한다) 제7조 제1항 제6호 본문에서 비공개대상정보의 하나로 규정되어 있었던 '당해 정보에 포함되어 있는 이름·주민등록번호 등에 의하여 특정인을 식별할 수 있는 개인에 관한 정보'를 2004. 1. 29. 법률 제7127호로 전부 개정된 공공기관의 정보공개에 관한 법률 제9조 제1항 제6호 본문에서 '당해 정보에 포함되어 있는 이름·주민등록번호 등 개인에 관한 사항으로서 공개될 경우 개인의 사생활의 비밀 또는 자유를 침해할 우려가 있다고 인정되는 정보'로 개정한 연혁, 내용 및 취지 등에 헌법상 보장되는 사생활의 비밀 및 자유의 내용을 보태어 보면, 정보공개법 제9조 제1항 제6호 본문의 규정에 따라 비공개대상이 되는 정보에는 구 정보공개법상 이름·주민등록번호 등 정보의 형식이나 유형을 기준으로 비공개대상정보에 해당하는지 여부를 판단

---

34) 일반적으로 사생활의 비밀은 국가 또는 제3자가 개인의 사생활영역을 들여다보거나 공개하는 것에 대한 보호를 제공하는 기본권이며, 사생활의 자유는 국가 또는 제3자가 개인의 사생활의 자유로운 형성을 방해하거나 금지하는 것에 대한 보호를 의미한다(헌법재판소 2003. 10. 30. 선고 2002헌마518 결정 등 참조).

하는 '개인식별정보'뿐만 아니라 그 외에 정보의 내용을 구체적으로 살펴 '개인에 관한 사항의 공개로 인하여 개인의 내밀한 내용의 비밀 등이 알려지게 되고, 그 결과 인격적·정신적 내면생활에 지장을 초래하거나 자유로운 사생활을 영위할 수 없게 될 위험성이 있는 정보'도 포함된다고 새겨야 한다. 따라서 불기소처분 기록 중 피의자신문조서 등에 기재된 피의자 등의 인적사항 이외의 진술내용 역시 개인의 사생활의 비밀 또는 자유를 침해할 우려가 인정되는 경우 정보공개법 제9조 제1항 제6호 본문 소정의 비공개대상에 해당한다고 할 것이다."[35]

이 판결에는 "정보공개법 제9조 제1항 제6호 본문 소정의 '해당 정보에 포함되어 있는 이름·주민등록번호 등 개인에 관한 사항으로서 공개될 경우 개인의 사생활의 비밀 또는 자유를 침해할 우려가 있다고 인정되는 정보'의 의미와 범위는, 구 정보공개법 제7조 제1항 제6호 본문 소정의 '해당 정보에 포함되어 있는 이름·주민등록번호 등에 의하여 특정인을 식별할 수 있는 개인에 관한 정보'와 다르지 않다고 새기는 것이 정보공개법의 문언뿐 아니라 그 개정 경위 및 취지, 종래 대법원 판례가 취한 견해, 관련 법령과의 조화로운 해석에 두루 부합하면서 국민의 알권리를 두텁게 보호하는 합리적인 해석"이라는 별개의견이 제시되었다.[36]

생각건대, 별개의견에서 설시하듯 '정보공개법의 개정 경위와 종래 대법원 판례가 취한 견해 등을 종합하면, 정보공개법 개정은 종래 대법원 판례의 취지를 그대로 입법에 반영하여 개인의 사생활의 비밀 또는 자유를 침해할 우려가 있는지 여부를 비공개대상 정보의 해당 여부에 관한 판단기준으로 명확하게 규정한 것일 뿐, 구 정보공개법 제7조 제1항 제6호 본문의 '이름·주민등록번호 등에 의하여 특정인을 식별할 수 있는 개인에 관한 정보'를 정보공개법 제9조 제1항 제6호 본문의 '이름·주민등록번호 등 개인에 관

---

35) 대법원 2012. 6. 18. 선고 2011두2361 전원합의체 판결(정보공개청구거부처분취소): 원심이 제1심판결을 인용하여, 피고가 비공개결정한 정보 중 관련자들의 이름을 제외한 주민등록번호, 직업, 주소(주거 또는 직장주소), 본적, 전과 및 검찰 처분, 상훈·연금, 병역, 교육, 경력, 가족, 재산 및 월수입, 종교, 정당·사회단체가입, 건강상태, 연락처, 전화 등의 개인에 관한 정보는 개인에 관한 사항으로서 그 공개로 인하여 개인의 내밀한 내용의 비밀 등이 알려지게 되고 그 결과 인격적·정신적 내면생활에 지장을 초래하거나 자유로운 사생활을 영위할 수 없게 될 위험성이 있는 정보에 해당한다고 보아 이를 비공개대상정보로, 위 각 정보를 제외한 나머지 개인에 관한 정보는 비공개대상정보에 해당하지 않는다고 판단한 것은 정당하다고 본 사례. 同旨 대법원 2016. 12. 15. 선고 2012두11409, 11416(병합) 판결(심리생리검사 관련 자료 일체 등에 대한 정보공개청구 사건).
36) 위 판결에 대한 전수안, 이인복, 이상훈, 박보영 대법관의 별개의견. 이 별개의견은 피고의 정보비공개결정처분이 위법하다고 본 원심판단을 수긍할 수 있으므로 상고를 기각해야 한다는 다수의견의 결론에는 찬성하나, 불기소처분 기록 중 피의자신문조서 등에 기재된 피의자등의 인적사항 이외의 진술내용이 개인의 사생활의 비밀 또는 자유를 침해할 우려가 인정되는 경우 정보공개법 제9조 제1항 제6호 본문 소정의 비공개대상에 해당한다는 등의 다수의견의 인식과 논리에는 견해를 달리한다.

한 사항'으로 표현을 변경함으로써 비공개대상정보를 더 넓게 확대하고자 한 것이 아니므로' 위 판결의 다수의견은 수긍하기 어렵다.

한편, 개인식별정보 중 예외적 공개대상으로 '공개하는 것이 공익 또는 개인의 권리구제를 위하여 필요하다고 인정되는 정보'에 해당하는지 여부는 특히 빈번히 문제가 되고 있다.

'공개하는 것이 개인의 권리구제를 위하여 필요하다고 인정되는 정보' 해당여부의 판단

[1] 공공기관의 정보공개에 관한 법률 제9조 제1항 제6호 본문에 따른 비공개대상정보에는 성명·주민등록번호 등 '개인식별정보'뿐만 아니라 그 외에 정보의 내용에 따라 '개인에 관한 사항의 공개로 인하여 개인의 내밀한 내용의 비밀 등이 알려지게 되고, 그 결과 인격적·정신적 내면생활에 지장을 초래하거나 자유로운 사생활을 영위할 수 없게 될 위험성이 있는 정보'도 포함된다. 따라서 불기소처분 기록이나 내사기록 중 피의자신문조서 등 조서에 기재된 피의자 등의 인적사항 이외의 진술내용 역시 개인의 사생활의 비밀 또는 자유를 침해할 우려가 인정되는 경우에는 위 비공개대상정보에 해당한다.

[2] 공공기관의 정보공개에 관한 법률 제9조 제1항 제6호 단서 (다)목은 '공공기관이 작성하거나 취득한 정보로서 공개하는 것이 공익이나 개인의 권리 구제를 위하여 필요하다고 인정되는 정보'를 비공개대상정보에서 제외하고 있다. 여기에서 '공개하는 것이 개인의 권리구제를 위하여 필요하다고 인정되는 정보'에 해당하는지는 비공개에 의하여 보호되는 개인의 사생활의 비밀 등의 이익과 공개에 의하여 보호되는 개인의 권리구제 등의 이익을 비교·교량하여 구체적 사안에 따라 신중히 판단하여야 한다.

[3] 공공기관의 정보공개에 관한 법률(이하 '정보공개법'이라고 한다) 제9조 제1항 제4호는 '수사에 관한 사항으로서 공개될 경우 그 직무수행을 현저히 곤란하게 한다고 인정할 만한 상당한 이유가 있는 정보'를 비공개대상정보의 하나로 규정하고 있다. 그 취지는 수사의 방법 및 절차 등이 공개되어 수사기관의 직무수행에 현저한 곤란을 초래할 위험을 막고자 하는 것으로서, 수사기록 중의 의견서, 보고문서, 메모, 법률검토, 내사자료 등(이하 '의견서 등'이라고 한다)이 이에 해당하나, 공개청구대상인 정보가 의견서 등에 해당한다고 하여 곧바로 정보공개법 제9조 제1항 제4호에 규정된 비공개대상정보라고 볼 것은 아니고, 의견서 등의 실질적인 내용을 구체적으로 살펴 수사의 방법 및 절차 등이 공개됨으로써 수사기관의 직무수행을 현저히 곤란하게 한다고 인정할 만한 상당한 이유가 있어야만 위 비공개대상정보에 해당한다. 여기에서 '공개될 경우 그 직무수행을 현저히 곤란하게 한다고 인정할 만한 상당한 이유가 있는 정보'란 당해 정보가 공개될 경우 수사 등에 관한 직무의 공정하고 효율적인 수행에 직접적이고 구체적으로 장애를 줄 고도의 개연성이 있고 그 정도가 현저한 경우를 의미하며, 여기에 해당하는지는 비공개에 의하여 보호되는 업무수행의 공정성 등의 이익과 공개에 의하여 보호되는 국민의 알권리의 보장과 수사절차의 투명성 확보 등의 이익을 비교·교량하여 구체적 사안에 따라 신중히 판단하여야 한다.

[4] 공공기관의 정보공개에 관한 법률은 국민의 알권리를 보장하고 국정에 대한 국민의 참여와 국정 운영의 투명성을 확보함을 목적으로 하고(제1조), 공공기관이 보유·관리하는 정보는 국민의 알권리 보장 등을 위하여 적극적으로 공개하여야 한다는 정보공개의 원칙을 선언하고 있으며(제3조), 모든 국민은 정보의 공개를 청구할 권리를 가진다고 하면서(제5조 제1항) 비공개대상정보에 해당하지 않는 한 공공기관이 보유·관리하는 정보는 공개 대상이 된다고 규정하고 있을 뿐(제9조 제1항) 정보공개 청구권자가 공개를 청구하는 정보와 어떤 관련성을 가질 것을 요구하거나 정보공개청구의 목적에 특별한 제한을 두고 있지 아니하므로 정보공개 청구권자의 권리구

제 가능성 등은 정보의 공개 여부 결정에 아무런 영향을 미치지 못한다.[37]

[1] 【다수의견】정보공개법 제9조 제1항 제6호 본문에 따라 비공개대상이 되는 정보에는 구 공공기관의 정보공개에 관한 법률(2004. 1. 29. 법률 제7127호로 전부 개정되기 전의 것, 이하 같다)의 이름·주민등록번호 등 정보 형식이나 유형을 기준으로 비공개대상정보에 해당하는지를 판단하는 '개인식별정보'뿐만 아니라 그 외에 정보의 내용을 구체적으로 살펴 '개인에 관한 사항의 공개로 개인의 내밀한 내용의 비밀 등이 알려지게 되고, 그 결과 인격적·정신적 내면생활에 지장을 초래하거나 자유로운 사생활을 영위할 수 없게 될 위험성이 있는 정보'도 포함된다고 새겨야 한다. 따라서 불기소처분 기록 중 피의자신문조서 등에 기재된 피의자 등의 인적사항 이외의 진술내용 역시 개인의 사생활의 비밀 또는 자유를 침해할 우려가 인정되는 경우 정보공개법 제9조 제1항 제6호 본문 소정의 비공개대상에 해당한다.
【대법관 전수안, 대법관 이인복, 대법관 이상훈, 대법관 박보영의 별개의견】정보공개법 제9조 제1항 제6호 본문 소정의 '당해 정보에 포함되어 있는 이름·주민등록번호 등 개인에 관한 사항으로서 공개될 경우 개인의 사생활의 비밀 또는 자유를 침해할 우려가 있다고 인정되는 정보'의 의미와 범위는, 구 공공기관의 정보공개에 관한 법률 제7조 제1항 제6호 본문 소정의 '당해 정보에 포함되어 있는 이름·주민등록번호 등에 의하여 특정인을 식별할 수 있는 개인에 관한 정보'와 다르지 않다고 새기는 것이 정보공개법의 문언분 아니라 개정 경위 및 취지, 종래 대법원 판례가 취한 견해, 관련 법령과의 조화로운 해석에 두루 부합하면서 국민의 알권리를 두텁게 보호하는 합리적인 해석이다.
[2] 고소인이, 자신이 고소하였다가 불기소처분된 사건기록의 피의자신문조서, 진술조서 중 피의자 등 개인의 인적사항을 제외한 부분의 정보공개를 청구하였으나 해당 검찰청 검사장이 공공기관의 정보공개에 관한 법률 제9조 제1항 제6호에 해당한다는 이유로 비공개결정을 한 사안에서, 비공개결정한 정보 중 관련자들의 이름을 제외한 주민등록번호, 직업, 주소(주거 또는 직장주소), 본적, 전과 및 검찰 처분, 상훈·연금, 병역, 교육, 경력, 가족, 재산 및 월수입, 종교, 정당·사회단체가입, 건강상태, 연락처 등 개인에 관한 정보는 개인에 관한 사항으로서 공개되면 개인의 내밀한 비밀 등이 알려지게 되고 그 결과 인격적·정신적 내면생활에 지장을 초래하거나 자유로운 사생활을 영위할 수 없게 될 위험성이 있는 정보에 해당한다고 보아 이를 비공개대상정보에 해당한다고 본 원심판단을 수긍한 사례.[38]

생각건대, 비공개 개인정보에 해당하는지 여부는 비공개로 보호되는 개인의 사생활 자유 등의 이익과 공개로 보호되는 개인의 권리구제 등의 이익, 그리고 공개로 증진되는 국정운영의 투명성 확보 그 밖의 공익 증진 등 관계 제이익을 비교·교량하여 구체적 사안에 따라 신중히 판단해야 할 것이다. 대법원은 정보공개법 제9조 제1항 제6호 단서 다. 목의 '공개하는 것이 개인의 권리구제를 위하여 필요하다고 인정되는 정보'에 해당하는지 여부'에 대해서도 동일한 판단기준을 제시하고 있다.

---

37) 대법원 2017. 9. 7. 선고 2017두44558 판결(불기소사건기록등열람등사불허가처분취소).
38) 대법원 2012. 6. 18. 선고 2011두2361 전원합의체 판결(정보공개청구거부처분취소).

> ### 개인식별정보 비공개 원칙과 '개인 권리구제에 필요한 정보'인지 여부의 판단

"'공개하는 것이 개인의 권리구제를 위하여 필요하다고 인정되는 정보'에 해당하는지 여부는 비공개에 의하여 보호되는 개인의 사생활의 비밀 등의 이익과 공개에 의하여 보호되는 개인의 권리구제 등의 이익을 비교·교량하여 구체적 사안에 따라 신중히 판단하여야 한다."39)

"'공개하는 것이 개인의 권리구제를 위하여 필요하다고 인정되는 정보'에 해당하는지 여부는 비공개에 의하여 보호되는 개인의 사생활의 비밀 등의 이익과 공개에 의하여 보호되는 개인의 권리구제 등의 이익을 비교·교량하여 구체적 사안에 따라 개별적으로 판단하여야 할 것인바, 이 사건 정보와 같은 수사기록에 들어 있는 특정인을 식별할 수 있는 개인에 관한 정보로는 통상 관련자들의 이름, 주민등록번호, 주소(주거 또는 근무처 등)·연락처(전화번호 등), 그 외 직업·나이 등이 있을 것인데, 그 중 관련자들의 이름은 수사기록의 공개를 구하는 필요성이나 유용성, 즉 개인의 권리구제라는 관점에서 특별한 사정이 없는 한 원칙적으로 공개되어야 할 것이고, 관련자들의 주민등록번호는 동명이인의 경우와 같이 동일성이 문제되는 등의 특별한 사정이 있는 경우를 제외하고는 개인의 권리구제를 위하여 필요하다고 볼 수는 없으므로 원칙적으로 비공개하여야 할 것이며, 관련자들의 주소·연락처는 공개될 경우 악용될 가능성이나 사생활이 침해될 가능성이 높은 반면, 증거의 확보 등 개인의 권리구제라는 관점에서는 그 공개가 필요하다고 볼 수 있는 경우도 있을 것이므로 개인식별정보는 비공개라는 원칙을 염두에 두고서 구체적 사안에 따라 개인의 권리구제의 필요성과 비교·교량하여 개별적으로 공개 여부를 판단하여야 할 것이고, 그 외 직업, 나이 등의 인적사항은 특별한 경우를 제외하고는 개인의 권리구제를 위하여 필요하다고 볼 수는 없다고 할 것이다."40)

> ### '공개하는 것이 공익을 위하여 필요하다고 인정되는 정보' 해당여부의 판단

[1] '공개하는 것이 공익을 위하여 필요하다고 인정되는 정보'에 해당하는지 여부는 비공개에 의하여 보호되는 개인의 사생활 보호 등의 이익과 공개에 의하여 보호되는 국정운영의 투명성 확보 등의 공익을 비교·교량하여 구체적 사안에 따라 신중히 판단하여야 한다.
[2] 지방자치단체의 업무추진비 세부항목별 집행내역 및 그에 관한 증빙서류에 포함된 개인에 관한 정보는 '공개하는 것이 공익을 위하여 필요하다고 인정되는 정보'에 해당하지 않는다.41)

"이 사건 정보 중 개인의 성명은 원심이 공개를 허용하지 않은 다른 정보들과 마찬가지로 개인의 신상에 관한 것으로서 그 정보가 공개될 경우 해당인의 사생활이 침해될 염려가 있다고 인정되는 반면, 원심이 공개대상으로 삼은 개인의 성명 외의 나머지 거래내역 등의 공개만으로도 오송유치위가 오송분기역 유치와 관련하여 청원군으로부터 지급받은 보조금의 사용내역 등을 확인할 수 있을 것으로 보이므로, 개인의 성명의 비공개에 의하여 보호되는 해당 개인의 사생활 비밀 등의 이익은 국정운영의 투명성 확보 등의 공익보다 더 중하다고 할 것이다."42)

---

39) 대법원 2012. 6. 18. 선고 2011두2361 전원합의체 판결(정보공개청구거부처분취소). 또한 대법원 2009. 10. 29. 선고 2009두14224 판결을 참조.
40) 대법원 2003. 12. 26. 선고 2002두1342 판결(정보비공개처분취소 파기환송).
41) 대법원 2003. 3. 11. 선고 2001두6425 판결(행정정보비공개결정처분취소).
42) 대법원 2009. 10. 29. 선고 2009두14224 판결(행정정보공개거부처분취소). 대법원은 그럼에도 개인의 성명을 공개하지 아니한 부분도 위법하다고 판단한 원심은, 법 제9조 제1항 제6호에서 정한 비공개대상정보에 관한 법리를 오해하여 판결에 영향을 미친 위법이 있다고 하여 파기환송했다.

한편 공공기관이 보유·관리하고 있는 제3자 관련정보의 경우, 제3자의 비공개요청이 있다는 사실만 가지고 비공개사유를 인정할 수는 없다는 것이 대법원의 판례이다.

제3자 관련정보의 비공개요청과 공개여부

"제3자와 관련이 있는 정보라고 하더라도 당해 공공기관이 이를 보유·관리하고 있는 이상 정보 공개법 제9조 제1항 단서 각 호의 비공개사유에 해당하지 아니하면 정보공개의 대상이 되는 정보에 해당한다. 따라서 정보공개법 제11조 제3항, 제21조 제1항의 규정은 공공기관이 보유·관리하고 있는 정보가 제3자와 관련이 있는 경우 그 정보 공개 여부를 결정할 때 공공기관이 제3자와의 관계에서 거쳐야 할 절차를 규정한 것에 불과할 뿐, <u>제3자의 비공개요청이 있다는 사유만으로 정보 공개법상 정보의 비공개사유에 해당한다고 볼 수 없다.</u>"[43]

(7) 영업비밀관련정보

법 제9조 제1항 제7호는 '법인·단체 또는 개인("법인등")의 경영·영업상 비밀에 관한 사항으로서 공개될 경우 법인등의 정당한 이익을 현저히 해할 우려가 있다고 인정되는 정보'를 공개대상에서 제외시키고 있다. 다만, 그런 범주에 해당하는 경우에도 해당 정보가 '사업활동에 의하여 발생하는 위해로부터 사람의 생명·신체 또는 건강을 보호하기 위하여 공개할 필요가 있는 정보'와 '위법·부당한 사업활동으로부터 국민의 재산 또는 생활을 보호하기 위하여 공개할 필요가 있는 정보'에 해당하는 경우에는 예외이다. 이 정보들은 공개대상이 된다.

영업비밀과 정보공개여부에 대한 판단

"정보공개법의 입법 목적 등을 고려하여 보면, 정보공개법 제9조 제1항 제7호에서 정한 '법인 등의 경영·영업상 비밀'은 '타인에게 알려지지 아니함이 유리한 사업활동에 관한 일체의 정보' 또는 '사업활동에 관한 일체의 비밀사항'을 의미하는 것이고, <u>그 공개 여부는 공개를 거부할 만한 정당한 이익이 있는지에 따라 결정되어야 한다. 이러한 정당한 이익이 있는지는 정보공개법의 입법 취지에 비추어 이를 엄격하게 판단하여야 한다.</u>"[44]

[1] 국민의 정보공개청구권은 법률상 보호되는 구체적인 권리이므로, 공공기관에 대하여 정보의 공개를 청구하였다가 공개거부처분을 받은 청구인은 행정소송을 통하여 그 공개거부처분의 취소

---

43) 대법원 2008. 9. 12. 선고 2008두8680 판결(정보공개거부처분취소 (마) 상고기각).
44) 대법원 2018. 4. 12. 선고 2014두5477 판결(정보공개거부처분취소청구의소). 아울러 대법원 2020. 5. 14. 선고 2020두31408, 2020두31415(병합) 판결; 2011. 11. 24. 선고 2009두19021 판결 등을 참조.

를 구할 법률상의 이익이 있고, 공개청구의 대상이 되는 <u>정보가 이미 다른 사람에게 공개되어</u> <u>널리 알려져 있다거나 인터넷 등을 통하여 공개되어 인터넷검색 등을 통하여 쉽게 알 수 있다</u> <u>는 사정만으로는 소의 이익이 없다거나 비공개결정이 정당화될 수 없다.</u>

[2] 공공기관의 정보공개에 관한 법률의 입법 목적 등을 고려하여 보면, 제9조 제1항 제7호에서 정한 '법인 등의 경영·영업상 비밀'은 '타인에게 알려지지 아니함이 유리한 사업활동에 관한 일 체의 정보' 또는 '사업활동에 관한 일체의 비밀사항'을 의미하는 것이고, 그 공개 여부는 공개를 거부할 만한 정당한 이익이 있는지 여부에 따라 결정되어야 하는바, 그 정당한 이익이 있는지 여부는 앞서 본 공공기관의 정보공개에 관한 법률의 입법 취지에 비추어 이를 엄격하게 판단하 여야 할 뿐만 아니라, 국민에 의한 감시의 필요성이 크고 이를 감수하여야 하는 면이 강한 공익 법인에 대하여는 보다 소극적으로 판단하여야 한다.

[3] 방송사의 취재활동을 통하여 확보한 결과물이나 그 과정에 관한 정보 또는 방송프로그램의 기 획·편성·제작 등에 관한 정보는 경쟁관계에 있는 다른 방송사와의 관계나 시청자와의 관계, 방송프로그램의 객관성·형평성·중립성이 보호되어야 한다는 당위성 측면에서 볼 때 '타인에게 알려지지 아니함이 유리한 사업활동에 관한 일체의 정보'에 해당한다고 볼 수 있는바, 개인 또 는 집단의 가치관이나 이해관계에 따라 방송프로그램에 대한 평가가 크게 다를 수밖에 없는 상 황에서, 공공기관의 정보공개에 관한 법률에 의한 정보공개청구의 방법으로 방송사가 가지고 있 는 방송프로그램의 기획·편성·제작 등에 관한 정보 등을 제한 없이 모두 공개하도록 강제하는 것은 방송사로 하여금 정보공개의 결과로서 야기될 수 있는 각종 비난이나 공격에 노출되게 하 여 결과적으로 방송프로그램 기획 등 방송활동을 위축시킴으로써 방송사의 경영·영업상의 이 익을 해하고 나아가 방송의 자유와 독립을 훼손할 우려가 있다. 따라서 방송프로그램의 기획· 편성·제작 등에 관한 정보로서 방송사가 공개하지 아니한 것은, 사업활동에 의하여 발생하는 위해로부터 사람의 생명·신체 또는 건강을 보호하기 위하여 공개할 필요가 있는 정보나 위법· 부당한 사업활동으로부터 국민의 재산 또는 생활을 보호하기 위하여 공개할 필요가 있는 정보 를 제외하고는, 공공기관의 정보공개에 관한 법률 제9조 제1항 제7호에 정한 '법인 등의 경 영·영업상 비밀에 관한 사항'에 해당할 뿐만 아니라 그 공개를 거부할 만한 정당한 이익도 있 다고 보아야 한다.45)

(8) 특정인이해관련정보

법은 공개될 경우 부동산투기, 매점매석 등으로 특정인에게 이익 또는 불이익을 줄 우려가 있다고 인정되는 정보를 비공개대상으로 삼고 있다(법 제9조 제1항 제8호). 이처럼 부동산 투기·매점매석 등으로 특정인에게 이익 또는 불이익을 줄 우려가 있는 정보를

---

45) 대법원 2010. 12. 23. 선고 2008두13101 판결. 한국방송공사(KBS)가 황우석 교수의 논문조작 사 건에 관한 사실관계의 진실 여부를 밝히기 위하여 제작한 '추적 60분' 가제 "새튼은 특허를 노렸 나"인 방송용 60분 분량의 편집원본 테이프 1개에 대하여 정보공개청구를 하였으나, 한국방송공 사가 정보공개청구접수를 받은 날로부터 20일 이내에 공개 여부결정을 하지 않아 비공개결정을 한 것으로 간주된 사안에서, 위 정보는 방송프로그램의 기획·편성·제작 등에 관한 정보로서, 공 공기관의 정보공개에 관한 법률 제9조 제1항 제7호에서 비공개대상정보로 규정하고 있는 '법인 등의 경영·영업상 비밀에 관한 사항으로서 공개될 경우 법인 등의 정당한 이익을 현저히 해할 우려가 있다고 인정되는 정보'에 해당함에도 이와 달리 판단한 원심판결에 법리를 오해한 위법이 있다고 한 사례이다.

비공개사유로 한 것은 이례적이지만 나름 정보공개제도의 남용을 경계한 결과라고 이해할 여지도 있다. 그러나 부동산투기나 매점매석, 특정인에 대한 이익과 불이익이란 개념 모두가 불확정적이고 모호한 개념이서 자칫 확장 해석될 우려도 없지 않다. 하지만 적용례는 거의 없다.

1.4. 정보공개청구와 권리남용

정보공개청구가 권리의 남용에 해당하는 것이 명백한 경우에도 정보공개청구권의 행사를 허용해야 하는지 여부가 분명치 않아 논란의 여지가 있다. 이와 관련하여, 교도소에 복역 중인 청구인이 지방검찰청 검사장에게 자신에 대한 불기소사건 수사기록 중 타인의 개인정보를 제외한 부분의 공개를 청구하였으나 검사장이 구 공공기관의 정보공개에 관한 법률 제9조 제1항 등에 규정된 비공개 대상 정보에 해당한다는 이유로 비공개 결정을 한 사안에서, 대법원은 정보를 취득 또는 활용할 의사가 전혀 없이 정보공개제도를 이용하여 사회통념상 용인될 수 없는 부당한 이득을 얻으려 하거나, 오로지 공공기관의 담당공무원을 괴롭힐 목적으로 정보공개청구를 하는 경우처럼 권리의 남용에 해당하는 것이 명백한 경우에는 정보공개청구권의 행사를 허용하지 아니하는 것이 옳다고 판시했다.[46)

```
┌──────────────────────────────────────┐
│          정보공개청구와 권리남용          │
└──────────────────────────────────────┘
```

"구 공공기관의 정보공개에 관한 법률(2004. 1. 29. 법률 제7127호로 전문 개정되기 전의 것)의 목적, 규정 내용 및 취지에 비추어 보면 정보공개청구의 목적에 특별한 제한이 없으므로, 오로지 상대방을 괴롭힐 목적으로 정보공개를 구하고 있다는 등의 특별한 사정이 없는 한 정보공개의 청구가 신의칙에 반하거나 권리남용에 해당한다고 볼 수 없다."[47)

---

46) 대법원 2014. 12. 24. 선고 2014두9349 판결(정보비공개결정처분취소): 원고가 정보에 접근하는 것을 목적으로 정보공개를 청구한 것이 아니라, 청구가 거부되면 거부처분의 취소를 구하는 소송에서 승소한 뒤 소송비용 확정절차를 통해 자신이 그 소송에서 실제 지출한 소송비용보다 다액을 소송비용으로 지급받아 금전적 이득을 취하거나, 수감 중 변론기일에 출정하여 강제노역을 회피하는 것 등을 목적으로 정보공개를 청구하였다고 볼 여지가 큰 점 등에 비추어 원고의 정보공개청구는 권리를 남용하는 행위로서 허용되지 않는다고 한 사례.
47) 대법원 2006. 8. 24. 선고 2004두2783 판결(정보공개거부처분취소).

1.5. 공개청구 대상 정보의 특정 정도

정보공개 청구시 대상 정보의 특정 정도에 대해 대법원은 사회일반인의 관점에서 청구대상정보의 내용과 범위를 확정할 수 있을 정도로 특정해야 한다고 판시하고 있다.

> ### 공개청구 대상 정보의 특정 정도
>
> [1] 공공기관의 정보공개에 관한 법률 제10조 제1항 제2호는 정보의 공개를 청구하는 자는 정보 공개청구서에 '공개를 청구하는 정보의 내용' 등을 기재할 것을 규정하고 있는바, 청구대상정보를 기재함에 있어서는 <u>사회일반인의 관점에서 청구대상정보의 내용과 범위를 확정할 수 있을 정도로 특정함을 요한다.</u>
> [2] 정보비공개결정의 취소를 구하는 사건에 있어서, 만일 공개를 청구한 정보의 내용 중 너무 포괄적이거나 막연하여서 사회일반인의 관점에서 그 내용과 범위를 확정할 수 있을 정도로 특정되었다고 볼 수 없는 부분이 포함되어 있다면, 이를 심리하는 법원으로서는 마땅히 공공기관의 정보공개에 관한 법률 제20조 제2항의 규정에 따라 공공기관에게 그가 보유·관리하고 있는 공개청구정보를 제출하도록 하여 이를 비공개로 열람·심사하는 등의 방법으로 공개청구정보의 내용과 범위를 특정시켜야 하고, 나아가 위와 같은 방법으로도 특정이 불가능한 경우에는 특정되지 않은 부분과 나머지 부분을 분리할 수 있고 나머지 부분에 대한 비공개결정이 위법한 경우라고 하여도 정보공개의 청구 중 특정되지 않은 부분에 대한 비공개결정의 취소를 구하는 부분은 나머지 부분과 분리하여 이를 기각하여야 한다.
> [3] 공공기관의 정보공개에 관한 법률에 따라 공개를 청구한 정보의 내용이 '대한주택공사의 특정 공공택지에 관한 수용가, 택지조성원가, 분양가, 건설원가 등 및 관련 자료 일체'인 경우, '관련 자료 일체' 부분은 그 내용과 범위가 정보공개청구 대상정보로서 특정되지 않았다고 한 사례.48)

1.6. 제3자에 대한 통지·의견청취

정보공개청구를 받은 공공기관은 공개 대상 정보의 전부 또는 일부가 제3자와 관련이 있다고 인정할 때에는 그 사실을 제3자에게 지체 없이 통지해야 하며, 필요한 경우에는 그의 의견을 들을 수 있다(§11 ③). 이것은 공개청구된 정보를 공개할 경우 본인의 권익이나 사생활의 비밀을 침해할 우려가 있는 경우처럼 공개청구된 정보와 이해관계를 가지는 제3자의 권익을 보호하려는데 취지를 둔 것이다. 그러나 제3자의 권익을 실질적으로 보호하려면 이처럼 공공기관의 임의적 판단에 따라 의견청취를 할 수 있도록 하는데 그칠 것이 아니라 제3자에게 공개여부에 관한 결정을 내리기 전에 의견제출 기회를

---

48) 대법원 2007. 6. 1. 선고 2007두2555 판결(정보비공개결정처분취소). 또한 대법원 2018. 4. 12. 선고 2014두5477 판결(정보공개 거부처분 취소청구의 소).

보장해 주는 것이 필요하다. 정보는 한번 알려지면 돌이킬 수 없게 되는 것이기 때문이
다. 그러한 취지에서 법 제21조제1항은 제11조제3항에 따라 공개 청구된 사실을 통지받
은 제3자는 통지받은 날부터 3일 이내에 해당 공공기관에 공개하지 아니할 것을 요청할
수 있도록 하고 있다.

1.7. 정보 공개의 방법과 절차

법은 제14조에서 제17조까지의 규정을 두어 부분공개, 전자적 공개, 즉시처리 가능
정보의 공개, 비용부담 등에 관한 규정을 두고 있다.

```
보유하다 폐기한 정보와 정보부존재의 증명책임
```

"정보공개제도는 공공기관이 보유·관리하는 정보를 그 상태대로 공개하는 제도로서 공개를 구
하는 정보를 공공기관이 보유·관리하고 있을 상당한 개연성이 있다는 점에 대하여 원칙적으로 공
개청구자에게 증명책임이 있다고 할 것이지만, 공개를 구하는 정보를 공공기관이 한 때 보유·관리
하였으나 후에 그 정보가 담긴 문서등이 폐기되어 존재하지 않게 된 것이라면 그 정보를 더 이상
보유·관리하고 있지 아니하다는 점에 대한 증명책임은 공공기관에게 있다.
    교도소직원회운영지침과 재소자자변물품공급규칙이 폐지되었다 하여 곧바로 교도소장이 그 정보
가 담긴 문서들을 보관·관리하지 않고 있다고 단정할 수는 없다."[49]

```
원본공개의 원칙
```

"공공기관의정보공개에관한법률상 공개청구 대상이 되는 정보란 공공기관이 직무상 작성 또는
취득하여 현재 보유·관리하고 있는 문서에 한정되는 것이기는 하나, 그 문서가 반드시 원본일 필
요는 없다."[50]

한편 법 제14조는 공개청구된 정보가 비공개사유에 해당하는 부분과 공개가 가능한
부분이 혼합되어 있는 경우로서 공개 청구의 취지에 어긋나지 아니하는 범위에서 두 부
분을 분리할 수 있는 때에는 비공개사유에 해당하는 부분을 제외하고 공개해야 한다고
규정하고 있다. 이는 공개대상정보와 비공개정보가 섞여 있는 경우 일종의 '가분리행위
(可分離行爲) 이론'(théorie de l'acte détachable) 또는 '합리적으로 분리가능한 기록 부분'
(reasonably segregable portion of a record)의 공개를 규정한 미국 정보자유법 제552조 (b)

---

49) 대법원 2004. 12. 9. 선고 2003두12707 판결(정보공개거부처분취소).
50) 대법원 2006. 5. 25. 선고 2006두3049 판결(사건기록등사불허가처분취소).

(5 U.S.C. §552(b))와 유사한 견지에서 공개대상정보만을 공개하도록 한 것이다. 그러나 미국의 정보자유법(FOIA)의 예처럼,[51] 공개배제를 정당화하는 이유를 청구인에게 서면으로 소명하도록 하는 것이 바람직하다.

> 대법원은 이를 전제로 부분공개가 가능한데도 공개를 거부한 경우 법원은 거부처분 중 공개가 가능한 정보에 관한 부분만을 취소해야 한다고 판시하고 있다. 실례로, 지방자치단체의 업무추진비 세부항목별 집행내역 및 관련 증빙서류의 공개를 거부한 처분에 대해 제기된 취소소송에서 법원이 행정청의 정보공개거부처분의 위법 여부를 심리한 결과 <u>공개를 거부한 정보에 비공개대상정보에 해당하는 부분과 공개가 가능한 부분이 혼합되어 있고 공개청구의 취지에 어긋나지 아니하는 범위 안에서 두 부분을 분리할 수 있음을 인정할 수 있을 때에는, 위 정보 중 공개가 가능한 부분을 특정하고 판결의 주문에 행정청의 위 거부처분 중 공개가 가능한 정보에 관한 부분만을 취소한다고 표시해야 한다</u>고 판시했다.[52] 또한 대법원은 '행정청이 공개를 거부한 정보 중 법인의 계좌번호, 개인의 주민등록번호, 계좌번호 등에 해당하는 정보를 제외한 나머지 부분의 정보를 공개하는 것이 타당하다고 하면서 판결 주문에서 정보공개거부처분 전부를 취소한 것은 위법하다.'고 판시한 바 있다.[53]

공공기관은 제11조에 따라 정보의 공개를 결정한 경우에는 공개의 일시 및 장소 등을 분명히 밝혀 청구인에게 통지해야 하며(§13 ①), 비공개결정, 즉 정보를 공개하지 않기로 결정한 경우에는 그 사실을 청구인에게 지체 없이 문서로 통지해야 한다. 이 경우 비공개사유와 불복의 방법 및 절차를 구체적으로 밝혀야 한다(§13 ④).

> ### 공개거부처분과 처분이유의 제시
>
> [1] 공공기관의정보공개에관한법률 제1조, 제3조, 제6조는 국민의 알권리를 보장하고 국정에 대한 국민의 참여와 국정운영의 투명성을 확보하기 위하여 공공기관이 보유·관리하는 정보를 모든 국민에게 원칙적으로 공개하도록 하고 있으므로, 국민으로부터 보유·관리하는 정보에 대한 공개를 요구받은 공공기관으로서는 같은 법 제7조 제1항 각 호에서 정하고 있는 비공개사유에 해당하지 않는 한 이를 공개하여야 할 것이고, 만일 이를 거부하는 경우라 할지라도 대상이 된 정보의 내용을 구체적으로 확인·검토하여 <u>어느 부분이 어떠한 법익 또는 기본권과 충돌되어 같은 법 제7조 제1항 몇 호에서 정하고 있는 비공개사유에 해당하는지를 주장·입증하여야만 할 것이며, 그에 이르지 아니한 채 개괄적인 사유만을 들어 공개를 거부하는 것은 허용되지 아니한다.</u>
> [2] 행정처분의 취소를 구하는 항고소송에 있어서, 처분청은 당초 처분의 근거로 삼은 사유와 기본적 사실관계가 동일성이 있다고 인정되는 한도 내에서만 다른 사유를 추가하거나 변경할 수 있고, 여기서 <u>기본적 사실관계의 동일성 유무는 처분사유를 법률적으로 평가하기 이전의 구체적인 사실에 착안하여 그 기초인 사회적 사실관계가 기본적인 점에서 동일한지 여부에 따라 결정되</u>

---

51) 5 USCA §552 (a) (2).
52) 대법원 2003. 3. 11. 선고 2001두6425 판결(행정정보비공개결정처분취소).
53) 대법원 2009. 4. 23. 선고 2009두2702 판결(정보공개거부처분취소).

며 이와 같이 기본적 사실관계와 동일성이 인정되지 않는 별개의 사실을 들어 처분사유로 주장하는 것이 허용되지 않는다고 해석하는 이유는 행정처분의 상대방의 방어권을 보장함으로써 실질적 법치주의를 구현하고 행정처분의 상대방에 대한 신뢰를 보호하고자 함에 그 취지가 있고, 추가 또는 변경된 사유가 당초의 처분시 그 사유를 명기하지 않았을 뿐 처분시에 이미 존재하고 있었고 당사자도 그 사실을 알고 있었다 하여 당초의 처분사유와 동일성이 있는 것이라 할 수 없다.

[3] 당초의 정보공개거부처분사유인 공공기관의정보공개에관한법률 제7조 제1항 제4호 및 제6호의 사유는 새로이 추가된 같은 항 제5호의 사유와 기본적 사실관계의 동일성이 없다고 한 사례.[54)

2. 정보공개 거부 또는 비공개 결정에 대한 불복구제

정보공개에 관한 불복구제절차는 공공기관내 자체심사(자기통제: Selbstkontrolle)와 사법부에 의한 심사(제3자통제: Fremdkontrolle) 두 단계로 나뉜다. 공개여부 결정에 대한 구제절차는 크게 이의신청, 행정심판 및 행정소송의 세 가지 길이 있는데, 이의신청은 자기통제에, 행정심판과 행정소송은 제3자통제에 각각 해당한다.

그중에서도 특히 행정소송은 정보공개에 관한 사법적 불복구제절차이다. 물론 정보공개와 관련된 공공기관의 처분·부작위에 대하여 헌법재판소에 의한 헌법소원 등이 제기될 수도 있다. 그렇지만 행정소송은 통상적인 권리구제절차의 최종단계에 해당한다. 법은 제20조에서 "청구인이 정보공개와 관련한 공공기관의 결정에 대하여 불복이 있거나 정보공개 청구 후 20일이 경과하도록 정보공개 결정이 없는 때에는 행정소송법에서 정하는 바에 따라 행정소송을 제기할 수 있다."고 규정하고 있다(§20 ①). 대법원은 정보공개법의 목적, 규정 내용 및 취지 등에 비추어, 국민의 정보공개청구권은 법률상 보호되는 구체적인 권리이므로, 공공기관에 정보공개를 청구하였다가 공개거부처분을 받은 청구인은 행정소송을 통하여 그 공개거부처분의 취소를 구할 법률상 이익이 있다고 판시한 바 있다.[55)

한편 정보공개청구자가 특정한 것과 같은 정보를 공공기관이 보유·관리하고 있지 않은 경우, 정보공개청구자는 원칙적으로 해당 정보에 대한 공개거부처분에 대하여 취소를 구할 법률상 이익이 없으며, 그 정보를 더 이상 보유·관리하고 있지 않다는 데 대한 증명책임은 공공기관에게 있다는 것이 대법원의 판례이다.

"공공기관의 정보공개에 관한 법률(이하 '정보공개법'이라고 한다)에서 말하는 공개대상 정보는

---

54) 대법원 2003. 12. 11. 선고 2001두8827 판결(정보공개청구거부처분취소).
55) 대법원 2003. 3. 11. 선고 2001두6425 판결(행정정보비공개결정처분취소).

정보 그 자체가 아닌 정보공개법 제2조 제1호에서 예시하고 있는 매체 등에 기록된 사항을 의미하고, 공개대상 정보는 원칙적으로 공개를 청구하는 자가 정보공개법 제10조 제1항 제2호에 따라 작성한 정보공개청구서의 기재내용에 의하여 특정되며, 만일 공개청구자가 특정한 바와 같은 정보를 공공기관이 보유·관리하고 있지 않은 경우라면 특별한 사정이 없는 한 해당 정보에 대한 공개거부처분에 대하여는 취소를 구할 법률상 이익이 없다. 이와 관련하여 공개청구자는 그가 공개를 구하는 정보를 공공기관이 보유·관리하고 있을 상당한 개연성이 있다는 점에 대하여 입증할 책임이 있으나, 공개를 구하는 정보를 공공기관이 한때 보유·관리하였으나 후에 그 정보가 담긴 문서들이 폐기되어 존재하지 않게 된 것이라면 그 정보를 더 이상 보유·관리하고 있지 않다는 점에 대한 증명책임은 공공기관에 있다."[56]

행정소송이 제기된 경우 재판장은 필요하다고 인정되는 때에는 당사자를 참여시키지 아니하고 제출된 공개청구정보를 비공개로 열람·심사할 수 있다(§20 ②). "행정소송의 대상이 제9조제1항제2호에 따른 정보중 국가안전보장·국방 또는 외교관계에 관한 정보의 비공개 또는 부분공개 결정처분인 경우에 공공기관이 그 정보에 대한 비밀지정의 절차, 비밀의 등급·종류 및 성질과 이를 비밀로 취급하게 된 실질적인 이유 및 공개를 하지 아니 하는 사유 등을 입증하는 때에는 해당 정보를 제출하지 아니하게 할 수 있다(§20 ③).

공개청구하는 정보를 공공기관이 보유·관리하고 있을 상당한 개연성이 있다는 점에 대해서는 원칙적으로 공개청구자에게 증명책임이 있지만, 정보를 공공기관이 한 때 보유·관리하였으나 후에 그 정보가 담긴 문서등이 폐기되어 존재하지 않게 되었다면 그 정보를 더 이상 보유·관리하고 있지 않다는 사실의 증명책임은 공공기관에 있다는 것이 대법원 판례이다.[57]

현행 행정소송법에 따른 행정소송제도가 국민의 권리보호를 실효적으로 보장하기에 여러 가지 결함을 지닌 제도라는 인식이 팽배해왔음을 고려할 때 법이 이에 대한 아무런 대안을 마련하지 않은 것도 역시 심각한 문제점이다. 여기서 행정소송제도의 문제점을 일일이 상론할 수는 없으나 그중 가장 중요한 결함 두 가지만을 지적한다면 가구제 절차가 불비하다는 점과 행정상 이행소송이 인정되지 않고 있다는 점을 들 수 있다.

전자는 정보공개소송의 특수성에 비추어 특히 절실히 요구되는 제도인데 행정소송법은 이에 관한 효과적인 제도보장을 하지 못하고 있다. 현행법상 취소소송에 관하여 인정되고 있는 집행정지제도는 그 요건이 너무 엄격할 뿐만 아니라 비공개결정의 취소를 구하는 소송에 있어 집행정지결정이 있어도 비공개결정의 효력이나 집행, 절차의 속행

---

56) 대법원 2013. 1. 24. 선고 2010두18918 판결(정보공개거부처분취소).
57) 앞의 판례.

을 정지한다는 것이 별반 의미를 가질 수 없고 이를 통해서 정보공개청구에 대한 적극적인 가처분과 같은 효과를 기대할 수 없다. 후자에 관해서는 정보공개소송은 결국 이행소송의 형태로 제기되고 또 허용되어야 그 본래적 목적을 달성할 수 있는 것인데 이러한 형태의 소송이 허용되지 않는 것은 문제이다. 결국 현행법상 허용되는 비공개결정(또는 법 제9조제4항의 규정에 따라 의제된 비공개결정)에 대한 취소소송은 설령 그것이 인용된다 하더라도 그 효과는 행정소송법 제30조제2항과 제34조에 따른 간접강제에 의해서만 뒷받침될 수 있을 뿐이다. 우선 비공개결정에 대한 취소소송의 인용판결이 확정되는데 걸리는 시간(상고기간)과 행정소송법 제34조제1항에 따른 수소법원이 정하는 '상당한 기간'이 경과한 뒤에야 그러한 간접강제의 효력이 나타날 터인데 이때에는 정보공개가 이미 무의미해질 경우가 적지 않을 것이다. 또 정보보유기관이 새로운 이유를 들어 정보공개를 거부할 수 있으므로 그러한 경우 정보공개소송을 통한 정보공개에 관한 권리구제는 더욱 더 지연될 가능성이 있다. 이러한 요인들은 결국 정보공개 권리구제에서 요구되는 신속성을 저해하여 정보공개소송이 오히려 정보공개에 관한 불복구제수단이기 보다는 정보공개를 지연시키거나 시민의 정보공개 요구를 사보타지 하는 방편으로 악용될 우려를 낳게 된다.[58]

따라서 정보공개에 관한 불복절차 중 정보공개소송은 현행 행정소송법에 맡길 것이 아니라 정보공개법의 차원에서 정보공개의 특수성을 고려한 특별한 규율을 행하고 그 밖의 사항에 관해서만 행정쟁송법의 보충적 적용을 인정하는데 그쳐야 할 것이다.

법은 제21조에서 제3자의 이의신청권과 행정심판제기권, 그리고 일종의 '역(逆)정보소송'(Reverse FOIA Suit) 내지 '정보보전소송'에 해당하는 행정소송을 제기할 수 있는 절차적 가능성을 열어 놓았다. 즉, 제11조제3항에 따라 공개청구된 사실을 통지받은 제3자는 통지받은 날부터 3일 이내에 해당 공공기관에 대하여 자신과 관련된 정보를 공개하지 아니할 것을 요청할 수 있고(§21 ①), 비공개요청에도 불구하고 공공기관이 공개결정을 할 때에는 공개결정이유와 공개실시일을 명시하여 지체 없이 문서로 통지해야 하며, 제3자는 해당 공공기관에 문서로 이의신청을 하거나 행정심판 또는 행정소송을 제기할 수 있다. 이 경우 이의신청은 통지를 받은 날부터 7일 이내에 해야 한다(§21 ②). 공공기관은 제2항에 따른 공개결정일과 공개실시일의 사이에 최소한 30일의 간격을 두어야 한다(§21 ③).

한편 공공기관이 청구정보를 증거 등으로 법원에 제출하여 법원을 통하여 그 사본을 청구인에게 교부 또는 송달되게 하여 결과적으로 청구인에게 정보를 공개하는 셈이

---

58) 또한 바로 그런 이유에서 정보공개에 관한 가처분제도의 도입이 검토될 필요가 있는 것이기도 하다.

되었다고 하더라도, 이러한 우회적인 방법은 정보공개법이 예정하고 있지 아니한 방법으로서 정보공개법에 따른 공개라고 볼 수는 없으므로, 해당 정보의 비공개결정의 취소를 구할 소의 이익은 소멸되지 않는다는 것이 대법원의 판례이다.[59]

정보공개법이 비밀유지법이 되어서도 안 되지만 비밀침해법이어서도 아니 된다. 정보공개의 취지에 비추어 보다 우월적인 법익을 보호하기 위하여 최소한의 불가피한 범위 내에서 비공개사유들이 시인되는 것이라면, 그러한 법익의 우월성이 인정되는 비공개정보에 대한 접근이 허용되어서는 아니 된다. 정보공개법은 부수적으로 개인정보보호법과 함께 보호가치 있는 정보의 보호를 위한 법, 나아가 정보의 취득·보유·유통 등에 관한 통일적 법질서를 구축하기 위한 제도적 토대 기능도 있다. 가령 국가 안보에 관한 중대한 정보가 정보공개라는 명분 아래 우리 경쟁국이나 적대관계에 있는 단체에게 유출되는 것을 방치할 수는 없을 것이고 비공개로 해야 할 기업의 영업비밀이나 개인의 프라이버시 관련 정보가 경쟁기업이나 상업적 이해관계를 지닌 단체·개인에게 함부로 유출되는 것을 내버려 둘 수도 없다.

역(逆)정보소송 내지 정보보전소송은 1970년대 중반 이래 미국에서 심각하게 대두된 문제였던 정부기관이 보유하는 기업비밀이나 영업관련정보의 보호를 위한 하나의 대안으로 인정되었던 것이다. 따라서 정보공개법은 보호가치 있는 비밀이나 정보 보호를 위한 효과적인 방법을 마련하는 데도 노력을 아끼지 말아야 한다. 그러나 법은 제21조제2항에서 제3자의 행정소송제기권을 규정하면서도 관련 규율을 구체화하지 않고 행정소송법에 맡겨 버림으로써 행정소송제도의 결함과 문제점도 그대로 승계되는 결과가 되었다.

3. 정보공개법과 공공기관

그렇다면 정보공개와 관련하여 공공기관은 어떻게 대비하고 대응해야 할까. 정보공개법은 몇 가지 측면에서 공공기관의 책무를 구체화하여 규정하고 있다.

3.1. 공공기관의 책무

3.1.1. 권리 존중 운영, 법령 정비 및 조직문화 형성

공공기관은 무엇보다도 정보의 공개를 청구하는 국민의 권리가 존중될 수 있도록

---

59) 대법원 2016. 12. 15. 선고 2012두11409, 11416(병합) 판결(심리생리검사 관련 자료 일체 등에 대한 정보공개청구 사건); 2004. 3. 26. 선고 2002두6583 판결.

이 법을 운영하고, 소관 관계법령을 정비하며 정보를 투명하고 적극적으로 공개하는 조직문화 형성에 노력할 책무를 진다(§6 ①).

3.1.2. 정보관리관리체계 정비와 정보공개시스템 구축 등

정보의 적절한 보존 및 신속한 검색과 국민에게 유용한 정보의 분석 및 공개 등이 이루어질 수 있으려면 효과적인 정보관리체계와 이를 위한 인력 확보 및 배치가 무엇보다도 중요하다. 법령상 정보공개제도가 아무리 잘 돼 있다 하더라도 충실하고 효율적인 정보관리체계가 마련되어 있지 않으면 공염불로 흐를 수밖에 없다. 정보공개 전담부서와 인력의 구비, 정보통신망을 통한 정보공개시스템의 구축도, 예산·조직·인력 등 현실적 여건에 제약이 따르기는 하지만, 정보공개제도가 실효를 거두기 위해서는 반드시 필요한 조건들이다. 이에 법은 공공기관은 정보관리체계를 정비하고, 정보공개 업무를 주관하는 부서 및 담당하는 인력을 적정하게 두어야 하며, 정보통신망을 활용한 정보공개시스템 등을 구축하도록 노력하여야 한다는 규정을 두었다(§6 ②).

행정안전부장관은 공공기관의 정보공개에 관한 업무를 종합적·체계적·효율적으로 지원하기 위하여 통합정보공개시스템을 구축·운영하여야 하며(§6 ③), 공공기관(국회·법원·헌법재판소·중앙선거관리위원회는 제외)이 정보공개시스템을 구축하지 아니한 경우에는 행정안전부장관이 구축·운영하는 통합정보공개시스템을 통하여 정보공개 청구 등을 처리하여야 한다(§6 ④).

법은 또한 공공기관에게 소속 공무원 또는 임직원 전체를 대상으로 국회규칙·대법원규칙·헌법재판소규칙·중앙선거관리위원회규칙 및 대통령령으로 정하는 바에 따라 이 법 및 정보공개 제도 운영에 관한 교육을 실시할 의무를 부과하고 있다(§6 ⑤).

이러한 제도적 기반 구축에 관한 요구를 특히 2020년 12월 22일의 개정법률에서 공공기관의 의무로 강화하여 구체화한 것은 지극히 타당한 발전으로 평가할 수 있다.

3.1.3. 정보의 사전적 공개 등

법은 청구에 의한 정보공개와는 별도로 공공기관에게 적극적인 정보 공개 책무를 부과하고 있다. 즉, 공공기관은 다음 어느 하나에 해당하는 정보에 대해서는 공개의 구체적 범위, 주기, 시기 및 방법 등을 미리 정하여 정보통신망 등을 통하여 알리고, 이에 따라 정기적으로 공개하여야 한다(§7 ① 본문). 이는 종래 '행정정보의 공표'로 다루어졌던 것을 2020년 12월 22일의 개정법률에서 '사전적 공개'로 변경한 것이다. 제9조제1항 각 호의 어느 하나에 해당하는 정보, 즉 비공개대상 정보는 예외이다(§7 ① 단서).

1. 국민생활에 매우 큰 영향을 미치는 정책에 관한 정보
2. 국가의 시책으로 시행하는 공사(工事) 등 대규모 예산이 투입되는 사업에 관한 정보
3. 예산집행의 내용과 사업평가 결과 등 행정감시를 위하여 필요한 정보
4. 그 밖에 공공기관의 장이 정하는 정보

공공기관은 위와 같은 사항 외에도 국민이 알아야 할 필요가 있는 정보를 국민에게 공개하도록 적극적으로 노력하여야 한다(§7 ②).

3.1.4. 정보목록의 작성·비치 등

정보공개제도가 실제로 작동하기 위해서는 무엇보다도 국민이 정보의 소재, 즉 어느 공공기관이 어떤 정보들을 보유·관리하고 있는지를 쉽게 알 수 있도록 하는 것이 중요하다. 법은 그런 견지에서 제8조에 정보목록의 작성·비치 등을 의무화하는 규정을 두었다. 이에 따르면 공공기관은 당해기관이 보유·관리하는 정보에 대하여 국민이 쉽게 알 수 있도록 정보목록을 작성·비치하고, 그 목록을 정보통신망을 활용한 정보공개시스템 등을 통하여 공개하여야 한다(§8 ① 본문). 다만, 정보목록중 제9조제1항의 규정에 의하여 공개하지 아니할 수 있는 정보가 포함되어 있는 경우에는 당해 부분을 갖추어 두지 아니하거나 공개하지 아니할 수 있다(§8 ① 단서).

그리고 공공기관은 정보의 공개에 관한 사무를 신속하고 원활하게 수행하기 위하여 정보공개장소를 확보하고 공개에 필요한 시설을 갖추어야 한다(§8 ②).

이와 같이 법은 정보목록의 작성·비치의무와 정보통신망을 활용한 정보공개시스템 등을 통한 공개의무, 공개장소·시설의 확보의무를 규정하고 있으나, 그 이상으로 공공기관에게 정보를 새로이 수집·취득하거나 작성하여 제공할 '정보조달의무'(Informati-onsbeschaffungspflicht)까지 부과하고 있지는 않다.[60]

따라서 정보청구권의 대상이 되는 것은 공공기관이 그 일반적·법적 권한에 의거하여 또는 그 소관사무를 수행하는 과정에서 취득·보유하고 있는 정보에 한한다. 그러나 미국의 연방환경청(Environmental Protection Agency: EPA)에게 정상조업시 발생하는 오염물질배출에 관한 정보를 조사하여 일반공중이 접근할 수 있는 데이터뱅크로 관리하도록 규정하고 있는 미국의 '비상대책기획 및 지역사회의 알 권리에 관한 법률'(Emergency

---

60) 정보조달의무는 2006년 1월 1일부터 시행된 독일의 정보자유법(Gesetz zur Regelung des Zugan gs zu Informationen des Bundes vom 5. September 2005: Informationsfreiheitsgesetz, BGBl. I S. 2722)에서도 마찬가지로 인정되지 않는다. Rossi, Matthias, Informationsfreiheitsgesetz, Hand kommnentar, Nomos, Berlin 2006, §2 Rn. 15ff.

Planning and Community Right－to－Know Act: EPCRA)[61] 정도까지는 이르지 못한다 해도, 적어도 공공기관이 손쉽게 중앙전산망에 접근하여 근소한 비용으로 검색·취득할 수 있는 정보에 관하여는 정보청구권을 인정하는 것이 바람직하다.

3.2. 정보공개 청구를 받았을 때 공공기관의 대응

공공기관은 정보공개 청구를 받았을 때 '정보공개 여부'를 결정하고 그 결정을 신청인에게 통지하여야 한다.

3.2.1. 정보공개 여부의 결정

정보공개의 청구를 받으면 공공기관은 그 청구를 받은 날부터 10일 이내에 공개 여부를 결정하되(§11 ①), 부득이한 사유로 그 기간 이내에 공개 여부를 결정할 수 없을 때에는 그 기간이 끝나는 날의 다음 날부터 기산(起算)하여 10일의 범위에서 공개 여부 결정기간을 연장할 수 있다(§11 ② 제1문). 이 경우 공공기관은 연장된 사실과 연장 사유를 청구인에게 지체 없이 문서로 통지하여야 한다(§11 ② 제2문).

공공기관은 다른 공공기관이 보유·관리하는 정보의 공개 청구를 받았을 때에는 지체 없이 이를 소관 기관으로 이송하여야 하며, 이송한 후에는 지체 없이 소관 기관 및 이송 사유 등을 분명히 밝혀 청구인에게 문서로 통지하여야 한다(§11 ④).

공공기관은 정보공개 청구가 다음 각 호의 어느 하나에 해당하는 경우로서 「민원 처리에 관한 법률」에 따른 민원으로 처리할 수 있는 경우에는 민원으로 처리할 수 있다 (§11 ⑤).

1. 공개 청구된 정보가 공공기관이 보유·관리하지 아니하는 정보인 경우
2. 공개 청구의 내용이 진정·질의 등으로 이 법에 따른 정보공개 청구로 보기 어려운 경우

3.2.2. 제3자에 대한 통지·의견청취

공공기관은 공개 청구된 공개 대상 정보의 전부 또는 일부가 제3자와 관련이 있다고 인정할 때에는 그 사실을 제3자에게 지체 없이 통지하여야 하며, 필요한 경우에는 그의 의견을 들을 수 있다(§11 ③). 이것은 공개청구된 정보를 공개할 경우 본인의 권익이

---

61) 42 USCA §11023 j: 이에 관하여는 Eifert, Umweltinformation als Regelungsinstrment, DÖV 1994, 550ff.를 참조.

나 사생활의 비밀을 침해할 우려가 있는 경우처럼 공개청구된 정보와 이해관계를 가지는 제3자의 권익을 보호하려는데 취지를 둔 것이다. 그러나 제3자의 권익을 실질적으로 보호하려면 이처럼 공공기관의 임의적 판단에 따라 의견청취를 할 수 있도록 하는데 그칠 것이 아니라 제3자에게 공개여부에 관한 결정을 내리기 전에 의견제출 기회를 보장해 주는 것이 필요하다. 정보는 한번 알려지면 돌이킬 수 없게 되는 것이기 때문이다. 그런 취지에서 법 제21조제1항은 제11조제3항에 따라 공개청구된 사실을 통지받은 제3자는 통지받은 날부터 3일 이내에 해당 공공기관에 공개하지 아니할 것을 요청할 수 있도록 하고 있다.

비공개요청에도 불구하고 공공기관이 공개결정을 할 때에는 공개결정이유와 공개실시일을 명시하여 지체없이 문서로 통지하여야 하며, 제3자는 해당 공공기관에 문서로 이의신청을 하거나 행정심판 또는 행정소송을 제기할 수 있다. 이 경우 이의신청은 통지를 받은 날부터 7일 이내에 하여야 한다(§21 ②). 공공기관은 제2항에 따른 공개결정일과 공개실시일의 사이에 최소한 30일의 간격을 두어야 한다(§21 ③).

3.2.3. 정보공개심의회의 심의

2020년 12월 22일 정보공개법 개정법률(법률 제17690호 2021. 12. 23. 시행)은 <u>정보공개심의회의 설치 대상을 준정부기관, 지방공사·지방공단까지 확대하였다.</u> 법은 제12조에서 국가기관, 지방자치단체, 「공공기관의 운영에 관한 법률」 제5조에 따른 공기업 및 준정부기관, 「지방공기업법」에 따른 지방공사 및 지방공단("국가기관등")은 제11조에 따른 정보공개 여부 등을 심의하기 위하여 정보공개심의회를 설치·운영하도록 규정하고 있다(§12 ① 제1문).[62]

심의회는 위원장 1명을 포함하여 5명 이상 7명 이하의 위원으로 구성하며(§12 ②), 심의회의 위원은 소속 공무원, 임직원 또는 외부 전문가로 지명하거나 위촉하되, 그 중 3분의 2는 해당 국가기관등의 업무 또는 정보공개의 업무에 관한 지식을 가진 외부 전문가로 위촉하여야 한다(§12 ③ 본문). 다만, 제9조제1항제2호 및 제4호에 해당하는 업무, 즉 국가안보·범죄수사 업무를 주로 하는 국가기관은 그 국가기관의 장이 외부 전문가의 위촉 비율을 따로 정하되, 최소한 3분의 1 이상은 외부 전문가로 위촉하여야 한다(§12 ③ 단서). 심의회의 위원장은 위원 중에서 국가기관등의 장이 지명하거나 위촉한다(§12

---

[62] 이 경우 국가기관등의 규모와 업무성격, 지리적 여건, 청구인의 편의 등을 고려하여 소속 상급기관(지방공사·지방공단의 경우에는 해당 지방공사·지방공단을 설립한 지방자치단체를 말한다)에서 협의를 거쳐 심의회를 통합하여 설치·운영할 수 있다(§12 ① 제2문).

④). 정보누설등의 금지 및 벌칙적용시 공무원의제 조항(§23 ④·⑤)은 심의회의 위원에 대하여 이를 준용한다(§12 ⑤).

법은 제12조에서 정보공개심의회의 기능을 '정보공개여부에 대한 심의'라고만 규정할 뿐, 그 설치기관과의 관계에서 위원회가 어떤 지위를 갖는지 누구에게 책임을 지는지가 분명치 않다. 가령 '정보공개여부에 심의'의 결과가 어떻게 다루어질지, 그 법적 효력에 관하여도 아무런 규정이 없다.

정보공개여부에 대한 결정권을 정보공개를 청구 받은 공공기관에게 부여한 제11조 제1항에 비추어 볼 때 심의회는 단순한 자문기관의 지위를 넘지 못하는 것으로 보인다. 정보공개여부에 관한 결정을 함에 있어 심의회의 심의는, 반드시 이를 거쳐야 한다는 명문의 규정이 없는 한, 필요적 심의절차라고 보기 어렵기 때문에, 그 결정권을 가진 공공기관은 심의회의 심의를 거치지 않고도 정보공개여부에 관한 결정을 할 수 있다고 해석할 여지를 배제할 수 없다.

3.2.4. 정보공개 여부 결정의 통지

공공기관은 제11조에 따라 정보의 공개를 결정한 경우에는 공개의 일시 및 장소 등을 분명히 밝혀 청구인에게 통지하여야 한다(§13 ①). 정보의 비공개 결정을 한 경우에는 그 사실을 청구인에게 지체 없이 문서로 통지하여야 한다. 이 경우 제9조제1항 각 호 중 어느 규정에 해당하는 비공개 대상 정보인지를 포함한 비공개 이유와 불복(不服)의 방법 및 절차를 구체적으로 밝혀야 한다(§13 ⑤).

정보공개결정 및 비공개결정의 법적 성질은 행정심판법 및 행정소송법, 행정절차법상 '처분'에 해당한다. 물론 그 처분성을 명시한 규정은 없고, 위 조항들이 행정심판과 행정소송을 행정심판법과 행정소송법이 정하는 바에 따라 청구·제기할 수 있다고만 규정하고 있어 다툼의 대상이 된 결정이 행정심판법과 행정소송법이 정한 '처분'의 개념요건을 충족시켜야 한다는 해석도 가능하기 때문에, 처분성 여하를 둘러싸고 논란의 여지가 있었다. 그러나 '청구인이 정보공개와 관련하여 공공기관의 처분 또는 부작위로 인하여 법률상 이익의 침해를 받은 때'에는 행정심판법과 행정소송법이 정하는 바에 따라 각각 행정심판과 행정소송을 청구·제기할 수 있도록 한 제17조제1항 및 제18조제1항에 비추어 볼 때, 법은 이들을 행정쟁송법상 '처분'에 해당하는 것으로 간주한 것이라고 풀이해야 할 것이다. 이렇게 보지 않는다면 행정심판청구권과 행정소송 제기권을 인정한 이들 규정이 사실상 무의미하게 되어 버리고 말 것이기 때문이다. 대법원도 그러한 견지에서 공개거부처분의 처분성을 의문시하지 않고 있고 또 그 공개거부처분을 받은 청구인에게 취소소송을 구할 법률상 이익을 인정하고 있다.

> "국민의 정보공개청구권은 법률상 보호되는 구체적인 권리이므로, 공공기관에 대하여 정보의 공
> 개를 청구하였다가 공개거부처분을 받은 청구인은 행정소송을 통하여 그 공개거부처분의 취소를 구
> 할 법률상의 이익이 있다."[63]

행정절차법에 대한 관계에서 정보공개법은 일종의 특별법적 지위를 가지는 것이기 때문에, 정보공개결정 및 비공개결정에 관한 한, 정보공개법이 우선적으로 적용되고 그 한도에서 행정절차법의 규정은 적용이 배제된다고 보아야 할 것이다.

3.2.5. 반복 청구 등의 처리

공공기관은 제11조에도 불구하고 제10조제1항 및 제2항에 따른 정보공개 청구가 다음 각 호의 어느 하나에 해당하는 경우에는 정보공개 청구 대상 정보의 성격, 종전 청구와의 내용적 유사성·관련성, 종전 청구와 동일한 답변을 할 수밖에 없는 사정 등을 종합적으로 고려하여 해당 청구를 종결 처리할 수 있다. 이 경우 종결 처리 사실을 청구인에게 알려야 한다(§11의2 ①).

> 1. 정보공개를 청구하여 정보공개 여부에 대한 결정의 통지를 받은 자가 정당한 사유 없이 해당 정보의 공개를 다시 청구하는 경우
> 2. 정보공개 청구가 제11조제5항에 따라 민원으로 처리되었으나 다시 같은 청구를 하는 경우

공공기관은 제11조에도 불구하고 제10조제1항 및 제2항에 따른 정보공개 청구가 다음 각 호의 어느 하나에 해당하는 경우에는 다음 각 호의 구분에 따라 안내하고, 해당 청구를 종결 처리할 수 있다(§11의2 ②).

> 1. 제7조제1항에 따른 정보 등 공개를 목적으로 작성되어 이미 정보통신망 등을 통하여 공개된 정보를 청구하는 경우: 해당 정보의 소재(所在)를 안내
> 2. 다른 법령이나 사회통념상 청구인의 여건 등에 비추어 수령할 수 없는 방법으로 정보공개 청구를 하는 경우: 수령이 가능한 방법으로 청구하도록 안내

한편 의사결정 과정 또는 내부검토 과정을 이유로 비공개할 경우, 공공기관은 비공개 결정 통지를 할 때 의사결정 과정 또는 내부검토 과정의 단계 및 종료 예정일을 함께 안내하고, 의사결정 과정 및 내부검토 과정이 종료되면 청구인에게 이를 통지하여야 한다(§9 ① 제5호 단서). 이것은 2020년 12월 22일의 법개정(법률 제17690호)으로 추가된 내용이다.

---

63) 대법원 2003. 3. 11. 선고 2001두6425 판결(행정정보비공개결정처분취소).

3.2.6. 정보공개의 방법

(1) 공개방법

법은 정보의 '공개'를 "공공기관이 이 법에 따라 정보를 열람하게 하거나 그 사본·복제물을 제공하는 것 또는 「전자정부법」 제2조제10호에 따른 정보통신망(이하 "정보통신망"이라 한다)을 통하여 정보를 제공하는 것 등을 말한다."고 정의하고 있다(§2 제2호). 이러한 '공개'의 개념은 현대 정보통신기술의 발전수준을 감안하여 최대한 확장된 것이라 할 수 있다. 개인용컴퓨터, 휴대용단말기, 그 밖의 다양한 유무선장치 등을 사용하여 정보통신망에 접속하고 이를 통해 공공데이터베이스에 접근하여 정보공개를 청구할 수 있게 된 이상, 이러한 요구에 응하여 정보를 공개하는 경우도 당연히 정보의 '공개'에 포함된다고 볼 수 있다.

정보공개법이 규정한 정보의 개념에 관한 정의에 비추어 볼 때 정보공개의 구체적 방법, 즉 어떠한 방법으로 정보를 공개할 것인지는 당해 공공기관의 재량에 맡겨져 있는 것으로 보인다. 정보공개청구권에 대응하는 공공기관의 정보공개는 기속행위인데 비하여, 당해 공공기관이 열람, 사본 또는 복제물의 제공 중 어느 하나를 택할 수 있는 선택재량이 인정되고 있다.

한편 법은 정보공개의 실시에 관하여 '정보의 공개를 결정한 경우에는 통지서에서 지정한 일시·장소에서 공개하여야 한다'는 규정을 두고 있지는 않지만, 제13조제1항의 해석상 그와 같은 결과를 인정할 수 있을 것이다.

(2) 원본공개의 원칙: 사본등의 공개

정보공개는 당연히 원본공개가 원칙이다. 법은 제8조의2에서 "공공기관 중 중앙행정기관 및 대통령령으로 정하는 기관은 전자적 형태로 보유·관리하는 정보 중 공개대상으로 분류된 정보를 국민의 정보공개 청구가 없더라도 정보통신망을 활용한 정보공개시스템 등을 통하여 공개하여야 한다."고 규정한다. '공개대상 정보의 원문공개'라는 표제와는 달리 '전자적 형태로 보유·관리하는 공개대상 정보'를 '청구가 없더라도' '정보통신망을 활용한 정보공개시스템 등을 통해' 공개하여야 한다는 취지로 읽히지만 '정보공개제도는 공공기관이 보유·관리하는 정보를 그 상태대로 공개하는 제도'라는 대법원 판례[64]에 비추어, 전자적 형태의 정보는 그 상태대로 '정보통신망을 활용한 정보공개시스템 등을 통해' 공개할 것을 요구하는 취지로 볼 수 있다.

---

64) 대법원 2004. 12. 9. 선고 2003두12707 판결(정보공개거부처분취소).

오히려 "공공기관은 제1항에 따라 정보를 공개하는 경우에 그 정보의 원본이 더럽혀지거나 파손될 우려가 있거나 그 밖에 상당한 이유가 있다고 인정할 때에는 그 정보의 사본·복제물을 공개할 수 있다."고 규정한 법 제13조제4항이 원본공개 원칙을 전제로 하고 있음을 잘 보여주고 있다. 이와 관련하여 가령 직접 열람을 청구할 경우 이를 거부하고 사본이나 복제물만을 제공할 수 있는지가 문제될 수 있다.

법 제13조제4항을 반대해석하면 '그 정보의 원본이 더럽혀지거나 파손될 우려가 있거나 그 밖에 상당한 이유가 있다고 인정될 때'에만 사본의 공개가 허용되고 원칙적으로 원본을 공개하여야 한다는 결론이 나온다. 당해 정보가 오손 또는 파손될 우려가 있는 경우에는 그 사본의 공개가 불가피하겠지만, 정보의 공개는 원본 공개를 원칙으로 하며 또 그것이 정보공개법의 취지에 부합되는 해석이라 할 것이다. 무엇보다도 왜곡되지 않은 정확한 정보를 공개하는 것이 정보공개제도의 본연의 요청이기 때문이다. 그러한 맥락에서 볼 때 법이 '그 밖에 상당한 이유가 있다고 인정될 때'까지 사본의 공개를 허용한 것은 공공기관에게 지나치게 폭넓은 판단의 여지를 부여한 것이라는 점에서 문제가 있다.

이렇게 볼 때 법 제13조 제3항의 규정은 이를 '공공기관은 제1항의 규정에 의하여 정보를 공개함에 있어, 당해 정보가 오손 또는 파손 등의 우려가 있는 경우나 청구인이 명시적으로 수락한 경우를 제외하고는 원본을 공개해야 한다'는 방식으로 고치거나 '공공기관은 제1항의 규정에 의하여 정보를 공개함에 있어, 특별한 사정이 없는 한 청구인이 요구한 방법에 따라 정보를 공개하되, 당해 정보가 오손 또는 파손 등의 우려가 있는 경우에는 사본 등을 공개할 수 있다'는 내용으로 규정하는 것이 바람직하다.

다만, 같은 조 제2항에서 '청구인이 사본 또는 복제물의 교부를 원하는 경우에는 이를 교부하여야 한다'고 규정하고 있어 원본공개의 원칙을 전제로 한 것으로 해석할 여지가 있는 것도 사실이다. 이 조항을 반대해석하면 '원본 공개를 원칙으로 하되, 청구인이 원할 경우 사본이나 복제물을 교부한다'거나 '청구인이 원하지 않을 경우 원본을 공개한다'는 취지로 해석할 수 있기 때문이다.

반면, 공공기관이 직무상 작성 또는 취득하여 현재 보유·관리하고 있는 문서인 이상, 그것이 정본인지 부본인지 여부를 가리지 아니 하고 그 상태대로 정보공개의 대상이 되며, 이는 원본공개의 원칙과 상치되지 아니 한다. 여기서 말하는 원본공개란 정본의 공개를 의미하는 것이 아니라, '정보공개제도는 공공기관이 보유·관리하는 정보를 그 상태대로 공개하는 제도'라고 판시한 다음 대법원 판례에서 확인할 수 있는 바와 같이, '보유·관리하는 정보를 그 상태대로 공개하는 것'을 말한다.

"정보공개제도는 공공기관이 보유·관리하는 정보를 그 상태대로 공개하는 제도로서 공개를 구하는 정보를 공공기관이 보유·관리하고 있을 상당한 개연성이 있다는 점에 대하여 <u>원칙적으로 공개청구자에게 증명책임이 있다</u>고 할 것이지만, 공개를 구하는 정보를 공공기관이 한 때 보유·관리하였으나 후에 그 정보가 담긴 문서등이 폐기되어 존재하지 않게 된 것이라면 그 <u>정보를 더 이상 보유·관리하고 있지 아니하다는 점에 대한 증명책임은 공공기관에게 있다.</u>
　　교도소직원회운영지침과 재소자자변물품공급규칙이 폐지되었다 하여 곧바로 교도소장이 그 정보가 담긴 문서들을 보관·관리하지 않고 있다고 단정할 수는 없다."[65]

한편 대법원은 정보공개법상 공개청구의 대상이 되는 정보란 공공기관이 직무상 작성 또는 취득하여 현재 보유·관리하고 있는 문서에 한정되는 것이기는 하나, <u>그 문서가 반드시 원본일 필요는 없다</u>고 판시한 바 있으나, 이는 위에서 말한 원본공개의 원칙을 부정하는 것이 아니라 오히려 '공공기관이 보유·관리하는 정보를 그 상태대로 공개해야 한다는 취지'를 확인시켜 준 것으로서 오히려 위에서 말하는 원본공개의 원칙을 뒷받침하는 판례라고 볼 수 있다.

　　"공공기관의 정보공개에 관한 법률상 <u>공개청구의 대상이 되는 정보란 공공기관이 직무상 작성 또는 취득하여 현재 보유·관리하고 있는 문서에 한정되는 것이기는 하나, 그 문서가 반드시 원본일 필요는 없다.</u> 원심이 인정한 사실관계와 기록에 의하면, 이 사건의 원고는 자신이 고소하였던 강간사건의 수사 결과 피고소인이 구속 구공판되었다는 통지만 받았을 뿐 공소장의 내용을 통지받지 못하였다는 이유로 피고에 대하여 공소사실의 내용을 알려달라고 청구하고 있음을 인정할 수 있는 바, 이러한 경우 자신이 보유·관리하는 공판카드에 공소장 부본을 편철하여 두고 있는 피고로서는 공소장 원본이 법원에 제출되었다는 이유를 들어서 스스로가 위 법률이 말하는 보유·관리를 하지 않고 있다고 주장할 수는 없다. 특히, 고소사건이 법원에 공소제기된 후 아직 사건기록이 법원에 제출되기 전까지의 기간 동안에는 고소인이 법원에 등사신청을 하더라도 법원으로서는 사건기록이 없는 탓에 등사신청인이 과연 고소인인지 여부를 확인할 수 없어서 등사를 해 줄 수 없으므로, 이런 경우에는 고소인이 검찰에 대하여 등사신청을 하여야 할 현실적인 필요성도 있다. 원심이 같은 취지로 피고의 주장을 배척한 것은 정당하고, 거기에 상고이유에서 주장하는 바와 같은 위 법률에 관한 법리를 오해한 위법이 있다고 할 수 없다."[66]

(3) 부분공개

법 제14조는 공개청구된 정보가 제9조제1항에 따른 비공개사유에 해당하는 부분과 공개가 가능한 부분이 혼합되어 있는 경우에는 공개청구의 취지에 어긋나지 아니하는 범위 안에서 두 부분을 분리할 수 있는 경우에는 비공개대상 부분을 제외하고 공개하여야 한다고 규정하고 있다. 이는 공개대상정보와 비공개정보가 섞여 있는 경우 일종의 '가분리행위(可分離行爲) 이론'(théorie de l'acte détachable) 또는 합리적으로 분리가능한 부

---

65) 대법원 2004. 12. 9. 선고 2003두12707 판결(정보공개거부처분취소).
66) 대법원 2006. 5. 25. 선고 2006두3049 판결(사건기록등사불허가처분취소).

분(reasonably segregable portion of a record)에 대한 공개를 규정한 미국 정보자유법 (b)와 유사한 견지에서 공개대상정보만을 공개하도록 한 것이다. 그러나 미국의 정보자유법 (FOIA)의 예처럼[67], 공개배제를 정당화하는 이유를 청구인에게 서면으로 소명하도록 하는 것이 바람직하다.

> 대법원은 이를 전제로 부분공개가 가능한데도 공개를 거부한 경우 법원은 거부처분 중 공개가 가능한 정보에 관한 부분만을 취소해야 한다고 판시하고 있다. 실례로, 지방자치단체의 업무추진비 세부항목별 집행내역 및 관련 증빙서류의 공개를 거부한 처분에 대해 제기된 취소소송에서 법원이 행정청의 정보공개거부처분의 위법 여부를 심리한 결과 공개를 거부한 정보에 비공개대상정보에 해당하는 부분과 공개가 가능한 부분이 혼합되어 있고 공개청구의 취지에 어긋나지 아니하는 범위 안에서 두 부분을 분리할 수 있음을 인정할 수 있을 때에는, 위 정보 중 공개가 가능한 부분을 특정하고 판결의 주문에 행정청의 위 거부처분 중 공개가 가능한 정보에 관한 부분만을 취소한다고 표시하여야 한다고 판시하였다:
> "법원이 행정기관의 정보공개거부처분의 위법 여부를 심리한 결과 공개를 거부한 정보에 비공개대상 정보에 해당하는 부분과 공개가 가능한 부분이 혼합되어 있고 공개청구의 취지에 어긋나지 아니하는 범위 안에서 두 부분을 분리할 수 있음을 인정할 수 있을 때에는 청구취지의 변경이 없더라도 공개가 가능한 정보에 관한 부분만의 일부취소를 명할 수 있다 할 것이고, 공개청구의 취지에 어긋나지 아니하는 범위 안에서 비공개대상 정보에 해당하는 부분과 공개가 가능한 부분을 분리할 수 있다고 함은, 이 두 부분이 물리적으로 분리가능한 경우를 의미하는 것이 아니고 당해 정보의 공개방법 및 절차에 비추어 당해 정보에서 비공개대상 정보에 관련된 기술 등을 제외 내지 삭제하고 그 나머지 정보만을 공개하는 것이 가능하고 나머지 부분의 정보만으로도 공개의 가치가 있는 경우를 의미한다고 해석하여야 한다."[68]
> 대법원은 최근에도 '행정청이 공개를 거부한 정보 중 법인의 계좌번호, 개인의 주민등록번호, 계좌번호 등에 해당하는 정보를 제외한 나머지 부분의 정보를 공개하는 것이 타당하다고 하면서 판결 주문에서 정보공개거부처분 전부를 취소한 것은 위법하다.'고 판시한 바 있다.[69]

(4) 전자적 공개

개인용 컴퓨터등으로 정보통신망을 통해 공공데이터베이스에 접근하여 정보를 획득하는 행위나 정보통신망을 통한 정보공개는 널리 허용되어야 하며 이를 법적으로 뒷받침해 줄 필요가 있다. 이러한 견지에서 2004년의 개정법은 정보의 전자적 공개에 관한 규정을 신설하였다.

> 구법에서는 '정보'의 개념정의와 관련하여 컴퓨터등에 의해 처리되는 매체에 기록된 사항의 공개 여하에 법이 아무런 규정을 두지 않고 있어 立法的 不備로 비판을 받았다. 미국에서는 1990년 미국변호사협회(ABA: Section of Administrative Law and Regulatory Practice)가 전자형태를

---

67) 5 USCA §552 (a) (2).
68) 대법원 2003. 3. 11. 선고 2001두6425 판결(행정정보비공개결정처분취소). 同旨 대법원 2004. 12. 9. 선고 2003두12707 판결(정보공개거부처분취소).
69) 대법원 2009. 4. 23. 선고 2009두2702 판결(정보공개거부처분취소).

띤 정보공개에 관한 절차 및 정책에 대한 권고안을 제출하였다. 이 권고안은 연방정부기관들에게 정보가 전자적 형태로 유지되어 있다고 해서 정보자유법에 의한 접근이 축소되지 않도록 보장하기 위한 절차와 정책(procedures and policies to ensure that access to information under the Freedom of Information Act not be diminished by virtue of the fact that the information is maintained in electronic form)을 채택해야 한다고 권고하였다. 즉, 연방정부기관들이 그 내용이나 성질을 불문하고 전자적 형태를 지닌 정보와 컴퓨터프로그램을 정보자유법의 "기록"개념에 포함시켜 공개대상으로 하고 청구된 포맷으로 전자정보를 공개하도록 하되, 이들이 이를 따르지 않을 경우에는 의회가 입법을 통하여 그러한 의무를 명시해야 한다는 것이었다.[70] 이러한 과정을 거쳐 후 미국에서는 1996년 정보자유법을 전면 개정하여 이를 전자정보자유법(EFOIA)으로 부르고 있다.[71]

법은 제15조 제1항에서 공공기관은 전자적 형태로 보유·관리하는 정보에 대하여 청구인이 전자적 형태로 공개하여 줄 것을 요청하는 경우에는 당해 정보의 성질상 현저히 곤란한 경우를 제외하고는 청구인의 요청에 응하여야 한다고 못 박고(§15 ①), 전자적 형태로 보유·관리하지 아니하는 정보에 대하여 청구인이 전자적 형태로 공개하여 줄 것을 요청한 경우에는 정상적인 업무수행에 현저한 지장을 초래하거나 당해 정보의 성질이 훼손될 우려가 없는 한 그 정보를 전자적 형태로 변환하여 공개할 수 있도록 허용하고 있다(§15 ②).

이와 같이 정보공개 청구인이 정보공개방법도 아울러 지정하여 정보공개를 청구할 수 있도록 하면서 전자적 형태의 정보를 전자적으로 공개하여 줄 것을 요청한 경우에는 공공기관은 원칙적으로 요청에 응할 의무가 있고, 나아가 비전자적 형태의 정보에 관해

---

70) American Bar Association, Section of Administrative Law and Regulatory Practice, Report to the House of Delegates, Recommendation, 1990; ABA Resolution adopted by the House of Delegates, August 12－13, 1991(Report No.109C). 이에 관하여는 Robert Vaughn, Public Information Law & Policy, Spring, 1995, Part 1 of 5, 184 이하를 참조. 한편 시민공익소송단(Public Citizen Litigation Group)의 Patti Goldman은 정보자유법은 충분히 탄력적인 내용을 가지고 있기 때문에 전자정보에 대한 접근을 보장하기 위하여 정보자유법을 개정할 필요는 없다는 취지의 보고서를 제출한 바 있다. 한편 전자정보공개의 원칙에 관하여는 Executive Office of the President, Office of Management and Budget, Review Draft Electronic FOIA Principle－(Memorandum for Interested Parties from Bruche McConnell, Government Information Working Group, Information Policy Committee, Information Infrastructure Task Force), November 18, 1994을 참조.

71) 1996년의 전자정보공개법(http://www.fas.org/irp/congress/1996_rpt/s104272.htm)은 1991년 11월 미국 상원의원 Patrick Leahy와 Hank Brown에 의해 처음 제안되어 수차의 청문회를 거쳐 1996년 5월 15일 최종적으로 의결되었고 같은 해 10월 2일 공포되었다(Public Law 104－231). 이에 관하여는 성낙인, "미국의 전자정보자유법(EFOIA)과 운용현황", 미국헌법연구 제9호, 미국헌법학회, 제9호, 1998, 112－139; 명승환, "미국의 전자정보공개법 제정과정의 교훈"(http://chunma.yeungnam.ac.kr/~j9516053/dc3.html) 등을 참조.

서도 전자적 형태로 공개하여 줄 것을 요청하면 재량판단에 따라 전자적 형태로 변환하여 공개할 수 있도록 한 법의 취지는 정보의 효율적 활용을 도모하고 청구인의 편의를 제고함으로써 구 정보공개법의 목적인 국민의 알 권리를 충실하게 보장하려는 것이므로, 청구인에게는 특정한 공개방법을 지정하여 정보공개를 청구할 수 있는 법령상 신청권이 인정된다고 볼 수 있다. 만일 공공기관이 공개청구의 대상이 된 정보를 공개는 하되, 청구인이 신청한 공개방법 이외의 방법으로 공개하기로 하는 결정을 하였다면, 이는 정보공개청구 중 정보공개방법에 관한 부분에 대하여 일부 거부처분을 한 것이고, 청구인은 그에 대하여 항고소송으로 다툴 수 있다는 것이 대법원의 판례이다.[72]

그 밖에 정보의 전자적 형태의 공개 등에 관하여 필요한 사항은 이를 국회규칙·대법원규칙·헌법재판소규칙·중앙선거관리위원회규칙 및 대통령령으로 정하도록 위임하고 있다(§15 ③).

한편, 청구된 정보가 디지털화되어 유형적 문서의 형태를 띠지 않을 경우, 청구인이 행정전산망에 직접 접근하여 원하는 정보를 열람, 복사할 수 있도록 허용할 것인지가 문제된다. 청구된 정보가 디지털화되어 유형적 문서의 형태를 띠지 않을 경우, 청구인에게 출력된 자료를 제공하는 데에는 아무런 문제가 없다. 그러나 청구인에게 행정전산망이나 행정의 정보통신시스템에 접속할 수 있는 권한을 부여하는 것은 설사 극히 단기간이라도 정보공개법에 의한 정보공개의 범위를 넘어선다고 보아야 할 것이다. 입법론적으로도 그와 같은 직접 접속 및 열람을 허용하는 문제는 그럴 경우 당해 기관이나 제3자의 보다 우월한 이해관계와 충돌할 우려가 있기 때문에 신중을 기해 판단해야 할 것이다.[73]

(5) 즉시처리 가능한 정보의 공개

법은 제16조에서 다음 각호의 어느 하나에 해당하는 정보로서 즉시 또는 구술처리가 가능한 정보에 대하여는 제11조의 규정에 의한 절차를 거치지 아니하고 공개하도록 강제하고 있다. 이는 정보공개제도의 취지에 비추어 공개대상정보의 특성을 감안하여 일종의 신속처리절차(fast track)를 도입한 것이라고 이해된다.

1. 법령 등에 의하여 공개를 목적으로 작성된 정보
2. 일반국민에게 알리기 위하여 작성된 각종 홍보자료
3. 공개하기로 결정된 정보로서 공개에 오랜 시간이 걸리지 아니하는 정보
4. 그 밖에 공공기관의 장이 정하는 정보

---

72) 대법원 2016. 11. 10. 선고 2016두44674 판결.
73) 그러한 취지에서 독일의 환경정보법은 행정전산망에 대한 직접 접근을 허용하지 않는 것으로 이해되고 있다(Turiaux, Das neue Umweltinformationsgesetz, NJW 1994, 2322).

(6) 대량정보공개의 특칙

법은 제13조 제3항에서 "공개 대상 정보의 양이 너무 많아 정상적인 업무수행에 현저한 지장을 초래할 우려가 있는 경우에는 해당 정보를 일정 기간별로 나누어 제공하거나 사본·복제물의 교부 또는 열람과 병행하여 제공할 수 있다."고 규정하고 있다. 이는 동시다발적이고 대량적인 정보공개의 청구로 행정이 마비될 우려가 있다는 점을 고려하여 특칙을 둔 것이라고 이해된다.

'공개 대상 정보의 양이 너무 많아 정상적인 업무수행에 현저한 지장을 초래할 우려가 있는 경우'인지 여부에 대해서는 정보공개법이 천명한 정보공개의 원칙에 비추어 엄격히 판단해야 할 것이다. 또 그 요건이 충족되었다고 판단되어 해당 정보를 일정 기간별로 나누어 제공하거나 사본·복제물의 교부 또는 열람과 병행하여 제공하는 경우에도, '정보의 공개를 청구하는 국민의 권리가 존중될 수 있도록 이 법을 운영하도록' 한 제6조 제1항의 정신을 감안하여 청구인의 정보공개청구를 사실상 무용하게 만드는 결과가 되지 않게끔 가능한 한 제한을 최소화하면서 최대한으로 정보를 공개하는 방향으로 재량을 합리적으로 행사하여야 할 것이다. 이에 관하여는 명문의 규정은 없지만 공공기관별로 정보공개지침(guideline)을 작성하여 정보공개청구의 기준을 설정하되, 그 기준이 기관별로 들쭉날쭉해지는 것을 막기 위하여 총괄기관인 행정안전부에서 일반적인 지침을 작성·제시해 주는 것이 바람직할 것이다.

IV. 공공기관과 개인정보보호법

공공기관은 그 업무상 대규모·대량의 개인정보를 취급하는 경우가 많다. 개인정보를 취급하는 대상이 많고 그런 업무를 수행하는 빈도가 높아질수록 법적 리스크도 그만큼 커지게 된다. 특히 2000년대 들어서는 프라이버시나 개인정보에 대한 개인적·사회적 감수성이 전례 없이 고조되어 왔고 최근에는 국가발전의 명운을 걸고 IoT, 빅데이터, AI를 기반으로 한 제4차 산업혁명과 디지털전환(Digital Transformation)을 추진하는 한편, 코로나바이러스 팬데믹을 극복하는 과정에서 급속히 발전한 '언택트'(untact) 경제와 관련하여 개인정보 보호 문제가 더욱 첨예하게 대두되기에 이르렀다.

오늘날 프라이버시나 개인정보의 보호에 만전을 기하지 못하면, 그로 인한 법적 책임이나 사회적 비난과 압력 모든 면에서, 공공기관의 성공적인 임무수행 자체가 어려워진 상황이다. 공공기관이 개인정보보호 문제에 대하여 확고한 정책을 수립하여 대처해야 하는 이유가 바로 거기에 있다. 이에 공공기관의 직원은 물론 임원, 리더십이 갖추어야 할 개인정보보호에 관한 법적 소양을 쌓는데 필수적인 학습과 토론의 문을 열어보기로 한다.

1. 지능정보사회와 개인정보보호

1.1. 개설

1791년 영국 철학자 제러미 벤담(Jeremy Bentham)이 제안한 '판옵티콘'(Panopticon)의 설계는 지능정보사회 정보감옥의 표상이 되었다. 이미 오래 전에 올더스 헉슬리가 보았던 '위대한 신세계'의 '빅브라더'는 이제 보이지 않는 다수의 무법자들이 되어 사회 전체와 그 속에서 살아가는 개개인의 생활 모두를 동시에 유비쿼터스로 들여다보며 통제할 수 있게 되었다.

지능정보사회가 이미 '명백하고 현존하는 위험'으로 다가와 삶을 위협하고 있는 상황이다. 위험이 증대되고 그 위험 예방 및 제거의 기술적 · 정책적 곤란성이 커지면 커질수록 국가정책 차원에서의 대응도 절실해졌다.

그와 같은 상황에서 개인정보의 보호는 지능정보사회가 수반하는 시민에 대한 영향과 위협에 대처하기 위해 시민에게 보장되어야 할 일종의 권리장전(Bill of Rights)의 의미를 가지게 되었다. 정보통신기술의 비약적 발전, 인터넷의 확산, 방송통신융합, 스마트융복합화의 진전 등으로 말미암아 개인정보 · 프라이버시 침해에 대한 대응책 마련을 더 이상 미룰 수 없는 상황이 되었다. 전례 없이 증가된 개인정보와 프라이버시 침해 위험이 자칫 사회적 퇴보를 초래할 우려마저 제기되는 실정이다. 강력한 정보권을 법적으로 보장 또는 개선하는 것이 정보사회가 가져오는 진보와 변화에 대처하는 필수불가결한 요소라고 지적된 이유도 바로 거기에 있다.[74] 물론 Posner가 적절히 지적하였듯이, 프라이버시는 사적으로는 훌륭한 가치일지 모르지만 간혹 사회적으로는 악이 될 수도 있고, 정보의 은폐와 왜곡을 가능케 함으로써 사회적 비용을 초래할 수도 있다.[75] 또 Gary Marx의 지적처럼 극단적인 프라이버시의 보호가 오히려 유해할 수도 있고, 무제한적인

---

74) Thomas B. Riley, The Information Society: The Role of Information in the Emerging Global E-Government, E-Governance and E-Democracy Environments, 2003(http://www.electronicgov.net/pubs/ research_papers/tracking03/IntlTrackingReporttApr03no3.pdf), 8.

75) Posner, Richard A. Overcoming Law, 1995, 531, 536; The Economics of Justice, 1981, 231.

프라이버시가 무제한적인 선이 되는 경우도 거의 없지만,76) Alan Westin의 말처럼 프라이버시가 현대국가에서의 자유의 심장부에 위치하고 있다는 것도 부인할 수 없는 사실이다. 즉, 개인정보의 보호는 민주적 거버넌스의 중심 요소이자 인본주의적 가치를 대표한다.77)

1.2. 개인정보보호의 헌법적 근거와 개인정보보호법

정보주체의 개인정보에 대한 자주통제권의 적극적 발현형태로서 개인정보 열람·정정청구권을 보장하는 것은 헌법이 기본권보장을 위해 준비한 권리장전의 핵심적 요구이다. 그런 뜻에서 정보사회에서 실존인격의 존엄과 자유민주체제의 근간이 총체적으로 훼손될 가능성을 사전에 차단하기 위해 절대적으로 필요한 최소한의 헌법적 보장장치이자 가장 핵심적 기본권 중 하나로 개인정보자기결정권을 확립시키고자 하는 이론적 시도도 그런 의미에서 충분한 정당성을 가진다.78)

> **검사/수사관서 요청에 따라 이용자 통신자료 제공한 전기통신사업자의 책임**

[1] 헌법 제10조의 인간의 존엄과 가치, 행복추구권과 헌법 제17조의 사생활의 비밀과 자유에서 도출되는 개인정보자기결정권은 자신에 관한 정보가 언제 누구에게 어느 범위까지 알려지고 또 이용되도록 할 것인지를 정보주체가 스스로 결정할 수 있는 권리이다.개인정보자기결정권의 보호대상이 되는 개인정보는 개인의 신체, 신념, 사회적 지위, 신분 등과 같이 인격주체성을 특징 짓는 사항으로서 개인의 동일성을 식별할 수 있게 하는 일체의 정보를 의미하며, 반드시 개인의 내밀한 영역에 속하는 정보에 국한되지 않고 공적 생활에서 형성되었거나 이미 공개된 개인정보까지도 포함한다.
또 헌법 제21조에서 보장하고 있는 표현의 자유는 개인이 인간으로서의 존엄과 가치를 유지하고 국민주권을 실현하는 데 필수불가결한 자유로서, 자신의 신원을 누구에게도 밝히지 않은 채 익명 또는 가명으로 자신의 사상이나 견해를 표명하고 전파할 익명표현의 자유도 보호영역에 포함된다.
한편 헌법상 기본권의 행사는 국가공동체 내에서 타인과의 공동생활을 가능하게 하고 다른 헌

---

76) Gary T. Marx, "Privacy and Technology", 1999(http://web.mit.edu/gtmarx/www/privantt. html), 6.

77) Paul Schwartz, Privacy and Participation: Personal Information and Public Sector Regulation in the United States, 80 Iowa L. Rev. 553 (1995); Spiros Simitis, Reviewing Privacy in an Information Society, 135 U. Pa. L. Rev. 707 (1987); Alan Westin, Privacy and Freedom 23 – 26 (1967) 등을 참조.

78) 이인호, "정보사회와 개인정보자기결정권", 「중앙법학」 창간호, 중앙법학회, 1999, 62 – 67; 김종철, "헌법적기본권으로서의 개인정보통제권의 재구성을 위한 시론." 「인터넷법률」 제4호, 2001, 법무부, 23 – 44 등.

법적 가치나 국가의 법질서를 위태롭게 하지 않는 범위 내에서 이루어져야 하므로, 개인정보자
기결정권이나 익명표현의 자유도 국가안전보장·질서유지 또는 공공복리를 위하여 필요한 경우
에는 헌법 제37조 제2항에 따라 법률로써 제한될 수 있다.

[2] 검사 또는 수사관서의 장이 수사를 위하여 구 전기통신사업법(2010.3.22. 법률 제10166호로
전부 개정되기 전의 것) 제54조 제3항, 제4항에 의하여 전기통신사업자에게 통신자료의 제공을
요청하고, 이에 전기통신사업자가 위 규정에서 정한 형식적·절차적 요건을 심사하여 검사 또는
수사관서의 장에게 이용자의 통신자료를 제공하였다면, 검사 또는 수사관서의 장이 통신자료의
제공 요청 권한을 남용하여 정보주체 또는 제3자의 이익을 부당하게 침해하는 것임이 객관적으
로 명백한 경우와 같은 특별한 사정이 없는 한, 이로 인하여 이용자의 개인정보자기결정권이나
익명표현의 자유 등이 위법하게 침해된 것이라고 볼 수 없다.79)

개인의 정보자기결정권을 핵심으로 하는 개인정보의 보호가 헌법적 요구라면 이를
구현하는 것은 당연한 입법권자의 책무이며, 만일 입법권자가 이를 제대로 보장하지 않
는다면 위헌적 입법부작위라는 헌법적 책임을 면하기 어려울 것이다. 1994년 초 제정된
「공공기관의 개인정보보호에 관한 법률」은 바로 그와 같은 헌법상 입법의무를 이행한
결과라고 볼 수 있었다.80)

그러나 이후 예상을 넘는 속도와 양상으로 정보사회가 진전됨에 따라 개인정보 문
제가 다시금 사회적·정책적 현안으로 대두되었다. 정보사회의 고도화와 개인정보의 경
제적 가치 증대로 사회 모든 영역에 걸쳐 개인정보의 수집과 이용이 보편화되고 있음에
도 불구하고, 국가사회 전반을 규율하는 개인정보 보호원칙과 개인정보 처리기준이 마
련되지 않아 개인정보 보호의 사각지대가 발생하였기 때문이다. 더욱이 개인정보의 유
출·오용·남용 등 개인정보 침해 사례 등 국민의 프라이버시 침해는 물론 명의도용, 전
화사기 등 정신적·금전적 피해를 초래하는 일이 빈발하였다. 특히 2000년대 들어 정부
가 전자정부 구축작업을 강력하게 추진해 감에 따라 전자정부에 있어 개인정보 침해가
능성에 대한 우려가 가중되기 시작했고 그 과정에서 개인정보 보호 문제의 중요성이 더
욱 더 심각하게 부각되었다.

전자정부법은 '전자정부의 원칙'의 하나로 개인정보 및 사생활의 보호를 포함시킨
제4조 제1항 제4호, 당사자 의사에 반한 개인정보 사용을 금지한 같은 조 제4항, 개인정
보가 포함된 행정정보 공동이용시 정보주체 사전동의를 요구한 제42조 제1항, 공동이용
한 행정정보 중 본인에 관한 행정정보에 대한 정보주체의 열람청구권을 인정한 제43조

---

79) 대법원 2016. 3. 10. 선고 2012다105482 판결(손해배상(기)).

80) 현실적으로 이 법률의 제정은, 물론 전술한 정보사회종합대책의 법령정비안의 내용으로 계획되었
던 것이지만, 무엇보다도 공공기관이 보유한 개인정보의 남용가능성이 제14대 국회의원선거운동
과정에서 불거져 비판여론이 빗발쳤던 것을 배경으로 하고 있다. 이에 관해서는 홍준형, 情報公開
請求權과 情報公開法, 「법과 사회」 제6호, 98 이하를 참조.

제1항 등에서 개인정보를 보호해 왔으나 개인정보의 포괄적 안전판 마련에 대한 사회적 요구를 충족시킬 수는 없었다.

이러한 배경에서 공공부문과 민간부문을 망라하여 국제 수준에 부합하는 개인정보 처리원칙 등을 수립하고 개인정보 침해로 인한 피해 구제를 강화한 공백 없는 포괄적 개인정보보호법의 제정이 절실히 요청되었다. 개인정보보호법은 10년 이상의 논의와 수년간의 입법과정을 거쳐 2011년 3월 11일 국회 본회의를 통과함으로써 마침내 제정을 보게 되었다. 이로써 종래 공공부문에서 개인정보를 보호해 왔던 「공공기관의 개인정보보호에 관한 법률」은 폐지되었다.

개인정보의 보호와 이를 구현하기 위한 입법적 실천은 지능정보사회와 전자정부의 마그나카르타를 정초하는 의미를 가진다는 점에서 크게 환영할 만한 일이다. 새로 제정된 「개인정보보호법」은 종전의 「공공기관의 개인정보보호에 관한 법률」이나 「정보통신망 이용촉진 및 정보보호 등에 관한 법률」에 비해 정보주체의 권리 보장 강화, 집단분쟁 조정 및 개인정보단체소송 제도 도입, 추진체계 강화 등 주목할 만한 제도개선을 가져온 입법적 성과로서 우리나라 개인정보 보호 수준을 획기적으로 높일 수 있는 제도 기반을 구축한 것으로 평가된다.

「개인정보보호법」은 몇 차례 중요한 개정을 겪었다. 주민등록번호 수집 법정주의 도입(2013년 8월 6일), 주민등록번호 암호화조치 의무화(2014년 3월 24일) 및 법정주의 강화(2016년 3월 29일) 등 일련의 법개정으로 주민등록번호에 대한 규제가 속속 강화되었다. 가장 중요한 영향을 미친 것은 개인정보 유출에 대한 피해구제를 강화하기 위하여 징벌적 손해배상제도와 법정손해배상제도를 도입한 2015년 7월 24일 법개정(법률 제13423호)과 4차 산업혁명의 핵심 자원인 데이터의 이용 활성화를 위한 2020년 2월 4일의 법개정(법률 제16930호)이었다.

특히 2020년의 법개정은 정보주체의 동의 없이 과학적 연구, 통계작성, 공익적 기록보존 등의 목적으로 가명정보를 이용할 수 있는 근거를 마련하되, 개인정보처리자의 책임성 강화 등 개인정보를 안전하게 보호하기 위한 제도적 장치를 마련하는 한편, 개인정보의 오용·남용 및 유출 등을 감독할 감독기구를 개인정보 보호위원회로 일원화하고 기존의 「정보통신망 이용촉진 및 정보보호 등에 관한 법률」상 개인정보 보호 관련 규정들을 통합, 정보통신서비스 제공자 등의 개인정보 처리에 관한 특례 등을 규정하는 등(제6장 신설) 개인정보보호 법제의 일대 전환을 가져왔다.

2. 개인정보보호법에 의한 개인정보의 보호

2.1. 의의

구 「공공기관의 개인정보보호에 관한 법률」을 대치하여 제정된 「개인정보보호법」은 정보의 자유와 알 권리의 보호를 위한 가장 주목되는 입법적 성과이다. 이 법률은 '개인정보의 처리 및 보호에 관한 사항을 정함으로써 개인의 자유와 권리를 보호하고, 나아가 개인의 존엄과 가치를 구현함'을 목적으로 천명하고 있다. 「개인정보보호법」은 개인정보에 관한 일반법이다.

종래에는 개인정보의 보호에 관하여 「정보통신망 이용촉진 및 정보보호 등에 관한 법률」, 「신용정보의 이용 및 보호에 관한 법률」 등 다른 법률에 특별한 규정이 있는 경우를 제외하고는 이 법에서 정하는 바에 따르도록 하고 있었으나(구 법 §6), 2020년 2월 4일 개정법률은 "개인정보 보호에 관하여는 다른 법률에 특별한 규정이 있는 경우를 제외하고는 이 법에서 정하는 바에 따른다."고 규정하여 그 통합법적 지위를 강화하였다.

2.2. 적용범위

개인정보보호법의 보호대상은 '개인정보'이다. '개인정보'란 '살아 있는 개인에 관한 정보'로서 다음 각 목의 어느 하나에 해당하는 정보를 말한다(§2 i).

가. 성명, 주민등록번호 및 영상 등을 통하여 <u>개인을 알아볼 수 있는 정보</u>
나. 해당 정보만으로는 특정 개인을 알아볼 수 없더라도 <u>다른 정보와 쉽게 결합하여 알아볼 수 있는 정보</u>. 이 경우 쉽게 결합할 수 있는지 여부는 다른 정보의 입수 가능성 등 개인을 알아보는 데 소요되는 시간, 비용, 기술 등을 합리적으로 고려하여야 한다.
다. 가목 또는 나목을 제1호의2에 따라 <u>가명처리함으로써 원래의 상태로 복원하기 위한 추가 정보의 사용·결합 없이는 특정 개인을 알아볼 수 없는 정보("가명정보")</u>

개인정보보호법은 그 인적 적용범위를 공공·민간 부문을 묻지 아니 하고 개인정보처리자 일반으로 확장하고 있다. 즉, 공공기관뿐만 아니라 법인, 단체 및 개인 등 개인정보를 처리하는 자는 모두 이 법을 준수하도록 하고, 전자적으로 처리되는 개인정보 외에 수기(手記) 문서까지 개인정보의 보호범위에 포함시키고 있다. 그동안 개인정보 보호 관련 법률 적용을 받지 않았던 사각지대를 해소하여 국가사회 전반의 개인정보 보호수준을 제고하려는 취지이다.

이 법의 주된 수범자는 '개인정보처리자'이다. 개인정보처리자란 개인정보파일을 운용하기 위하여 스스로 또는 다른 사람을 통하여 개인정보를 처리하는 공공기관, 법인, 단체 및 개인 등을 말한다(§2 v). 여기서 개인정보의 '처리'란 개인정보의 수집, 생성, 기록, 저장, 보유, 가공, 편집, 검색, 출력, 정정(訂正), 복구, 이용, 제공, 공개, 파기(破棄), 그 밖에 이와 유사한 행위를 말하며(§2 ii), '개인정보파일'이란 개인정보를 쉽게 검색할 수 있도록 일정한 규칙에 따라 체계적으로 배열하거나 구성한 개인정보의 집합물(集合物)을 말한다(§2 iv). 그리고 '공공기관'이란 다음과 같은 기관들을 말한다(§2 vi).

> 가. 국회, 법원, 헌법재판소, 중앙선거관리위원회의 행정사무를 처리하는 기관, 중앙행정기관(대통령 소속 기관과 국무총리 소속 기관을 포함한다) 및 그 소속 기관, 지방자치단체
> 나. 그 밖의 국가기관 및 공공단체 중 대통령령으로 정하는 기관

한편 법은 보칙에서 일정한 사항에 관하여 법의 적용을 배제하는 조항을 두고 있다. 이에 따르면, 첫째, 다음 어느 하나의 개인정보에 관하여는 제3장부터 제7장까지의 조항, 즉, 제3장 개인정보의 처리, 제4장 개인정보의 안전한 관리, 제5장 정보주체의 권리보장, 제6장 개인정보 분쟁조정위원회, 제7장 개인정보 단체소송에 관한 조항들을 적용하지 아니 한다(§58 ①).

> 1. 공공기관이 처리하는 개인정보 중 「통계법」에 따라 수집되는 개인정보
> 2. 국가안전보장과 관련된 정보 분석을 목적으로 수집 또는 제공 요청되는 개인정보
> 3. 공중위생 등 공공의 안전과 안녕을 위하여 긴급히 필요한 경우로서 일시적으로 처리되는 개인정보
> 4. 언론, 종교단체, 정당이 각각 취재·보도, 선교, 선거 입후보자 추천 등 고유 목적을 달성하기 위하여 수집·이용하는 개인정보

개인정보처리자는 위 각 호에 따라 개인정보를 처리하는 경우에도 그 목적을 위하여 필요한 범위에서 최소한의 기간에 최소한의 개인정보만을 처리하여야 하며, 개인정보의 안전한 관리를 위하여 필요한 기술적·관리적 및 물리적 보호조치, 개인정보의 처리에 관한 고충처리, 그 밖에 개인정보의 적절한 처리를 위하여 필요한 조치를 마련하여야 한다(§58 ④).

둘째, 법 제25조제1항 각 호에 따라 공개된 장소에 영상정보처리기기를 설치·운영하여 처리되는 개인정보에 대하여는 제15조·제22조·제27조제1항 및 제2항, 제34조 및 제37조의 적용이 배제된다(§58 ②).

셋째, 개인정보처리자가 동창회, 동호회 등 친목 도모를 위한 단체를 운영하기 위하여 개인정보를 처리하는 경우에는 제15조·제30조, 제31조를 적용하지 아니 한다(§58 ③).

끝으로 시간·비용·기술 등을 합리적으로 고려할 때 다른 정보를 사용하여도 더

이상 개인을 알아볼 수 없는 정보는 법 적용이 제외고 있다(§58의2). 이 조항은 2020년 2월 4일 개정법률에서 신설된 것으로, 향후 적용과정에서 해석상 논란의 여지를 남기고 있다.

2.3. 개인정보 보호의 원칙

개인정보보호법은 제3조에서 개인정보 보호의 원칙을 천명하고 있다.[81] OECD 개인정보보호 8원칙을 참조하여 만들어진 이 원칙들은 개인정보 보호에 관한 일반법적 지위에서 모든 분야에서의 개인정보 보호를 향도하는 효력을 가진다는 점에서 각별한 의미가 있다.

OECD 개인정보보호 8원칙

정보통신기술의 비약적 발전에 따라 개인정보 보호를 위한 국제적 통일규범 형성을 위한 노력이 전개되었고 그 과정에서 나온 OECD의 개인정보보호 8원칙은 가장 선도적이고 두드러진 성과였다.[82] OECD 위원회는 1980년 9월에 "프라이버시보호와 개인정보의 국가간 유통에 관한 가이드라인(Guidelines on the Protection of Privacy and Transborder Flows of Personal Information)"을 채택하여 개인정보의 보호와 유통에 관한 국제적 기준을 제시하였다.[83] 이 OECD 지침은 '개인정보 보호'와 '정보의 자유로운 유통'이라는 서로 상충하는 목표를 조화시키려는 의도,[84] 즉, 회원국들간 전자상거래 촉진을 위해 개인정보의 보호가 선행되어야 하지만, 과도한 개인정보보호가 회원국의 경제발전에 역기능으로 작용하지 않도록 해야 한다는 취지에서 제정되었다.[85] OECD가 제시한 가이드라인의 8개 원칙은 다음과 같다:[86]

① 수집제한의 원칙(Collection limitation principle): 개인정보는 정보주체가 인식 또는 동의를 거쳐 합법적인 방법으로 수집되어야 한다.

---

81) 이 조항은 구 「공공기관의 개인정보보호에 관한 법률」의 제3조의2(2007년 5월 17일 개정법률에서 신설된 조항)에 비해, 다음에 보는 OECD 개인정보보호 8원칙의 내용을 더 충실히 반영하여 확대하였다.

82) 현대호, 인터넷상의 정보보호에 관한 법제연구, 한국법제연구원, 2000, pp.29.

83) http://www.it.ojp.gov/documents/OECD_FIPs.pdf. 2010년 이 지침의 30주년이 되는 해이다. 그간의 성과에 관해서는 http://www.oecd.org/document/35/0,3343,en_2649_34255_44488739_1_1_1_1,00.html을 참조.

84) Wacks, Raymond. Personal Information, Clarendon Press, 1989. p.207.

85) Marc Retenberg, The Privacy Law Sourcebook 2002, United States Law, International Law, International Law, and Recent Developments, Electronic Privacy Information Center, 2002, p.325.

86) 이에 관해서는 홍준형 외, "개인정보보호법제 정비를 위한 기본법 제정방안 연구", 한국전산원, 2004. 10. 29., 66 이하를 참조.

② 데이터 품질의 원칙(Data quality principle): 수집되는 개인정보는 그 사용목적을 위해 필요한 만큼 정확한 것이어야 한다.

③ 목적 구체화의 원칙(Purpose specification principle): 개인정보의 수집 목적은 사전에 구체적으로 정해져 있어야 한다.

④ 이용제한의 원칙(Use limitation principle): 정보주체의 동의가 있거나 합법적인 근거가 있는 경우를 제외하고 다른 목적으로 이용되거나 공개되어서는 안 된다.

⑤ 안전성 확보의 원칙(Security safeguards principle): 개인정보는 침해의 위험으로부터 합리적인 보안장치에 의해 보호되어야 한다.

⑥ 공개의 원칙(Openness principle): 모집된 개인정보의 존재 및 관리에 관한 정책은 일반적으로 공개되어야 하고 그 관리자의 신상 또한 즉시 확인 및 공개되어야 한다.

⑦ 개인 참여의 원칙(Individual participation principle): 정보주체는 ⓐ 데이터관리자(data controller)로부터 직접 또는 그 밖의 다른 방법으로 그가 자신에 관한 데이터를 갖고 있는지를 확인할 수 있는 권리, ⓑ 자신에 관한 데이터를, 상당한 시간 안에 과도하지 않은 비용으로 합리적인 방법에 따라 그리고 자신이 용이하게 알 수 있는 형태로, 전달받을 수 있는 권리, ⓒ 위와 같은 권리에 따른 요구가 거부되는 경우 그 이유를 제시 받을 수 있는 권리, 그리고 그와 같은 거부결정에 이의를 제기하여 다툴 수 있는 권리, ⓓ 자신에 관한 데이터에 이의를 제기할 수 있는 권리, 그리고 그러한 이의제기가 성공할 경우 자신에 관한 데이터를 삭제·정정·보완·수정할 수 있는 권리가 부여되어야 한다.

⑧ 책임의 원칙(Accountability principle): 정보관리자는 위에서 설명된 원칙들에 영향을 주는 조치 들에 수반되는 책임을 져야 한다.

EU 개인정보보호 지침

개인정보보호에 관한 국제 규범과 관련하여 EU 데이터보호 지침(E.U. Data Protection Directive: 95/46/EC)이 주목된다.[87] EU 지침은 OECD 가이드라인과는 달리, 적용범위를 기본적으로 자동화된 수단에 의한 개인정보의 처리에 한정하고 민감한 개인정보의 수집을 원칙적으로 금지하며, 독립적 개인정보보호기구를 설립하여 개인정보처리를 관리·감독하도록 하고 개인정보의 제3국 이전에 엄격한 제한을 가하는 등 차이를 보이지만, OECD 가이드라인의 개인정보보호 8원칙의 내용을 대부분 수용하고 있다. 특히 EU 지침은 제25조에서 회원국 외 제3국이 동 지침에서 정한 적절한 개인정보보호 수준을 갖추지 못한 경우에는 개인정보를 해당 국가에 이전하지 못하도록 하고 있어 '프라이버시 라운드(Privacy Round)'라 불리며 사실상 무역장벽과 같은 영향을 미치고 있다. 1995년 EU 지침이 등장한 후, 각국은 이 지침에 부합하는 수준의 개인정보보호 대책을 마련하여 EU로부터 개인정보를 이전해도 무방한 국가로 승인을 받고자 노력하였다. 일례로 미국은 EU와의 협의를 통해 EU와 미국 간 정보교류 협약, 즉 '세이프하버협약'(안전 피난처 협약: Safe Harbor Principles)을 체결하여[88] 미국의 인터넷 기업 등이 유럽연합(EU) 시민의 개인정보를 미국으로 전송할 수 있게 하였다. 2015년 10월 6일 유럽사법재판소(ECJ)는 이 (Safe Harbor Privacy Principles)을 무효화하였고[89] 이후 EU와 미국 간 협상 결과 '세이프하버협약'을 대체한 프라이버

---

87) 회원국들의 지침 이행현황에 대해서는 Status of implementation of Directive 95/46 on the Protection of Individuals with regard to the Processing of Personal Data(http://ec.europa.eu/justice/policies/privacy/law/ implementation_en.htm)를 참조.

88) 세이프하버원칙에 대해서는 황종성외, 전자정부시대 개인정보보호법제 정립방안 연구(정부혁신지방분권위원회·한국전산원), 2004.12.31., 56, 64-65를 참조.

89) 2000/520/EC: Commission Decision of 26 July 2000 pursuant to Directive 95/46/EC of the

시 쉴드(Privacy Shield) 협약을 체결하였다. EU 개인정보보호지침의 주요내용은 아래와 같다:[90]

EU 개인정보보호 지침의 개요

적용범위	• 물적 범위 : 자동처리되는 개인정보 및 구조화된 파일링 시스템에 포함되는 개인정보 • 인적 범위 : 자연인의 개인정보
적용제외영역	• 국가안보, 공공의 안전 및 방위를 위한 개인정보 처리 • 형사법 영역에서의 개인정보 처리 • 서신왕래와 같은 지극히 개인적이고 사적인 목적의 개인정보 처리 • 언론보도, 문학, 예술적 표현을 위한 개인정보 처리
정보처리자 의 의무	• 공정하고 적법한 개인정보의 처리 • 정보처리목적은 명확하고 합법적이어야 하며 정보의 수집시 결정되어야 하고 수집과 더불어 처리목적이 명시되어야 함 • 처리되고 있는 정보와 처리목적과의 적절성과 관련성, 비례성 유지 • 개인정보의 정확성과 최신성 확보 • 기술적, 조직적 보안조치 확보 • 감독기구에 정보처리에 대하여 고지
정보주체의 권리	• 정보처리의 전반적인 사항에 대하여 통지받을 권리 • 정보처리에 대하여 협의할 권리 • 자신의 개인정보에 대해 수정을 요구할 권리 • 특정 상황에서의 개인정보 처리에 대하여 반대할 권리
제3국 정보 이전 금지	• 적절한 보호수준을 갖추지 않은 제3국으로의 개인정보 이전 금지; 단, 보호대상자가 정보이전에 동의한 경우, 정보대상자의 중대한 이익의 보호를 위해 필요한 전송인 경우 등 일정한 경우 예외 인정
독립기구의 설치	• 각 회원국이 책택한 규정의 적용에 대한 감시를 책임지며, 조사권, 개입권, 소송권 등 권한을 가진 독립적인 개인정보보호기구의 설치

European Parliament and of the Council on the adequacy of the protection provided by the safe harbour privacy principles and related frequently asked questions issued by the US Department of Commerce (notified under document number C(2000) 2441), accessed 1 November 2015. 이에 관해서는 Vera Jourova, "Commissioner Jourová's remarks on Safe Harbour EU Court of Justice judgement before the Committee on Civil Liberties, Justice and Home Affairs (LIBE)", 26 October 2015를 참조.

90) 홍준형 외, "개인정보보호법제 정비를 위한 기본법 제정방안 연구", 한국전산원, 2004. 10. 29., 68 이하; 방동희·김현경, 개인정보보호의 법적쟁점과 해결과제, 정보화정책 이슈 04-정책-11 (한국전산원), 2004. 8, 19 이하; http://eur-lex.europa.eu/LexUriServ/LexUriServ.do?uri=CELEX: 31995L0046:en:HTML 등을 참조.

2.3.1. 처리목적 명확성 및 수집·이용 제한의 원칙

개인정보처리자는 개인정보의 처리 목적을 명확하게 하여야 하고 그 목적에 필요한 범위 내에서 최소한의 개인정보만을 적법하고 정당하게 수집하여야 한다(§3 ①). 또한 개인정보처리자는 개인정보의 처리 목적에 필요한 범위에서 적합하게 개인정보를 처리하여야 하며, 그 목적 외의 용도로 활용해서는 아니 된다(§3 ②).

이는 OECD 8원칙 중 '목적 구체화' 원칙(Purpose specification principle), '수집제한' 원칙(Collection limitation principle) 및 '이용제한'의 원칙(Use limitation principle)의 내용을 반영한 것이다.

2.3.2. 정확성·완전성·최신성 보장의 원칙

개인정보처리자는 개인정보의 처리 목적에 필요한 범위에서 개인정보의 정확성, 완전성 및 최신성이 보장되도록 하여야 한다(§3 ③). 이는 OECD 8원칙 중 '데이터 품질' 원칙(Data quality principle)의 내용을 반영한 것이다.

2.3.3. 안전성 원칙

개인정보처리자는 개인정보의 처리 방법 및 종류 등에 따라 정보주체의 권리가 침해받을 가능성과 그 위험 정도를 고려하여 개인정보를 안전하게 관리하여야 한다(§3 ④). 이는 OECD 8원칙 중 '안전성 확보'의 원칙(Security safeguards principle)의 내용을 반영한 것이다.

2.3.4. 공개 및 정보주체 권리보장의 원칙

개인정보처리자는 개인정보 처리방침 등 개인정보의 처리에 관한 사항을 공개하여야 하며, 열람청구권 등 정보주체의 권리를 보장하여야 한다(§3 ⑤). 이는 OECD 8원칙 중 '공개'의 원칙(Openness principle)과 '개인 참여'의 원칙(Individual participation principle)의 내용을 반영한 것이다. 특히 '개인 참여'의 원칙은, 정보주체에게 ① 데이터관리자(data controller)로부터 직접 또는 그 밖의 다른 방법으로 그가 자신에 관한 데이터를 갖고 있는지를 확인할 수 있는 권리, ② 자신에 관한 데이터를, 상당한 시간 안에 과도하지 않은 비용으로 합리적인 방법에 따라 그리고 자신이 용이하게 알 수 있는 형태로, 전달받을 수 있는 권리, ③ 위와 같은 권리에 따른 요구가 거부되는 경우 그 이유를 제시받을 수 있는 권리, 그리고 그와 같은 거부결정에 이의를 제기하여 다툴 수 있는 권리,

④ 자신에 관한 데이터에 이의를 제기할 수 있는 권리, 그리고 그러한 이의제기가 성공할 경우 자신에 관한 데이터를 삭제·정정·보완·수정할 수 있는 권리가 인정되어야 한다는 내용으로 되어 있는데, 그 내용이 충실히 반영되어야 할 것이다.

2.3.5. 사생활 침해 최소화의 원칙

개인정보처리자는 정보주체의 사생활 침해를 최소화하는 방법으로 개인정보를 처리하여야 한다(§3 ⑥). 개인정보를 처리함에 있어 정보주체의 사생활 침해가 초래될 경우 가능한 한 그 침해를 최소화하는 방법을 택해야 한다는 것은 개인정보 보호의 관점에서 볼 때 극히 당연한 요구라 할 수 있다. 법이 이러한 사생활 침해 최소화를 개인정보 보호의 원칙으로 명시한 것은 OECD 8원칙보다 진일보한 내용이다. 법은 나아가 '개인정보처리자는 개인정보의 익명처리가 가능한 경우에는 익명에 의하여 처리될 수 있도록 하여야 한다'고 규정하고 있는데(§3 ⑦) 이 역시 같은 맥락에서 비롯된 원칙이라고 볼 수 있다.

2.3.6. 책임의 원칙

개인정보처리자는 이 법 및 관계 법령에서 규정하고 있는 책임과 의무를 준수하고 실천함으로써 정보주체의 신뢰를 얻기 위하여 노력하여야 한다(§3 ⑧). 이는 OECD 8원칙 중 '책임'의 원칙(Accountability principle)의 내용을 좀 더 구체화하여 반영한 것이다.

3. 정보주체의 권리와 국가등의 책무

3.1. 정보주체의 권리

3.1.1. 개설

법은 제4조에서 정보주체의 권리를 명시하고 있다. '정보주체'의 개념은 제2조에서 정의되어 있는데, '처리되는 정보에 의하여 알아볼 수 있는 사람으로서 그 정보의 주체가 되는 사람'을 말한다(§2 iii). 법 제4조에 따르면, 정보주체는 자신의 개인정보 처리와 관련하여 다음과 같은 권리를 가진다.

1. 개인정보의 처리에 관한 정보를 제공받을 권리
2. 개인정보의 처리에 관한 동의 여부, 동의 범위 등을 선택하고 결정할 권리
3. 개인정보의 처리 여부를 확인하고 개인정보에 대하여 열람(사본의 발급을 포함한다. 이하 같다)을 요구할 권리
4. 개인정보의 처리 정지, 정정·삭제 및 파기를 요구할 권리

5. 개인정보의 처리로 인하여 발생한 피해를 신속하고 공정한 절차에 따라 구제받을 권리

이들 권리는 '정보주체의 권리보장'에 관한 제5장(§§35~39)에서 구체화되고 있다.

법은 정보주체의 권리를 종전에 비해 대폭 강화하여 보장하고 있다. 법 제35조부터 제39조까지 다섯 개 조항을 두어 정보주체에게 개인정보의 열람청구권, 정정·삭제 청구권, 처리정지 요구권 등을 부여하고, 그 권리행사 방법 등을 규정하고 있다. 이는 정보주체의 권리를 명확히 규정함으로써 정보주체가 용이하게 개인정보에 대한 자기통제권을 실현할 수 있도록 하기 위한 것이다.

이와 같이 개인정보보호법이 정보주체의 권리를 확충하여 보장한 것은 주목할 만한 점이다. 개인정보에 대한 정보주체의 액세스를 통해 자기결정권을 행사할 수 있도록 함으로써 정보주체가 개인정보의 유통에 법적 영향력을 행사할 수 있게 되기 때문이다. 개인정보보호법이 보장하고 있는 정보주체의 권리를 좀 더 상세히 살펴보면 다음과 같다.

3.1.2. 개인정보의 열람

(1) 정보주체의 개인정보 열람청구권

법은 정보주체에게 개인정보의 열람청구권을 부여하고 있다. 정보주체는 개인정보처리자가 처리하는 자신의 개인정보에 대한 열람을 해당 개인정보처리자에게 요구할 수 있다(§35 ①).

제1항에도 불구하고 정보주체가 자신의 개인정보에 대한 열람을 공공기관에 요구하고자 할 때에는 공공기관에 직접 열람을 요구하거나 대통령령이 정하는 바에 따라 보호위원회를 통하여 열람을 요구할 수 있다(§35 ②).

개인정보처리자는 제1항 및 제2항에 따른 열람을 요구받았을 때에는 대통령령으로 정하는 기간 내에 정보주체가 해당 개인정보를 열람할 수 있도록 하여야 한다(§35 ③ 전단). 이 경우 해당 기간 내에 열람할 수 없는 정당한 사유가 있을 때에는 정보주체에게 그 사유를 알리고 열람을 연기할 수 있고, 그 사유가 소멸하면 지체 없이 열람하게 하여야 한다(§35 ③ 후단).

(2) 개인정보의 열람제한

법은 정보주체의 개인정보열람청구권을 보장하면서도 그 열람 제한 또는 거절 사유를 열거하고 있다. 이에 따르면, 개인정보처리자는 다음 중 어느 하나에 해당하는 경우에는 정보주체에게 그 사유를 알리고 열람을 제한하거나 거절할 수 있다(§35 ④).

1. 법률에 따라 열람이 금지되거나 제한되는 경우
2. 다른 사람의 생명·신체를 해할 우려가 있거나 다른 사람의 재산과 그 밖의 이익을 부당하게 침해할 우려가 있는 경우
3. 공공기관이 다음 각 목의 어느 하나에 해당하는 업무를 수행할 때 중대한 지장을 초래하는 경우
    가. 조세의 부과·징수 또는 환급에 관한 업무
    나. 「초·중등교육법」 및 「고등교육법」에 따른 각급 학교, 「평생교육법」에 따른 평생교육시설, 그 밖의 다른 법률에 따라 설치된 고등교육기관에서의 성적 평가 또는 입학자 선발에 관한 업무
    다. 학력·기능 및 채용에 관한 시험, 자격 심사에 관한 업무
    라. 보상금·급부금 산정 등에 대하여 진행 중인 평가 또는 판단에 관한 업무
    마. 다른 법률에 따라 진행 중인 감사 및 조사에 관한 업무

위와 같은 열람 요구, 열람 제한, 통지 등의 방법 및 절차에 관하여 필요한 사항은 대통령령으로 정한다(§35 ⑤).

3.1.3. 개인정보의 정정·삭제

법 제35조에 따라 자신의 개인정보를 열람한 정보주체는 개인정보처리자에게 그 개인정보의 정정 또는 삭제를 요구할 수 있는 권리를 가진다(§36 ① 본문). 다만, 다른 법령에 그 개인정보가 수집 대상으로 명시되어 있는 경우에는 그 삭제를 요구할 수 없다(§36 ① 단서). 개인정보처리자는 정보주체의 요구가 그러한 경우에 해당될 때에는 지체 없이 그 내용을 정보주체에게 알려야 한다(§36 ④).

개인정보처리자가 정보주체로부터 개인정보의 정정 또는 삭제 요구를 받았을 때에는 그에 관하여 다른 법령에 특별한 절차가 규정되어 있는 경우를 제외하고는 지체 없이 그 개인정보를 조사하여 정보주체의 요구에 따라 정정·삭제 등 필요한 조치를 한 후 그 결과를 정보주체에게 알려야 한다(§36 ②).

개인정보처리자가 개인정보를 삭제할 때에는 복구 또는 재생되지 아니하도록 조치하여야 하며(§36 ③), 조사를 할 때 필요하면 해당 정보주체에게 정정·삭제 요구사항의 확인에 필요한 증거자료를 제출하게 할 수 있다(§36 ⑤).

제1항·제2항 및 제4항에 따른 정정 또는 삭제 요구, 통지 방법 및 절차 등에 필요한 사항은 대통령령으로 정한다(§36 ⑥).

3.1.4. 개인정보의 처리정지 등

법은 정보주체의 권리 목록에 개인정보 처리정지 요구권을 추가함으로써 정보주체의 권리보장을 진일보시켰다. 이에 따라 정보주체는 개인정보처리자에 대하여 자신의 개인정보 처리의 정지를 요구할 수 있다(§37 ① 후단). 이 경우 공공기관에 대하여는 제

32조에 따라 등록 대상이 되는 개인정보파일 중 자신의 개인정보에 대한 처리의 정지를 요구할 수 있다(§37 ① 후단).

개인정보처리자는 그러한 처리 정지 요구를 받았을 때에는 지체 없이 정보주체의 요구에 따라 개인정보 처리의 전부를 정지하거나 일부를 정지하여야 한다(§37 ② 본문). 다만, 다음 어느 하나에 해당하는 경우에는 정보주체의 처리정지 요구를 거절할 수 있다(§37 ② 단서).

1. 법률에 특별한 규정이 있거나 법령상 의무를 준수하기 위하여 불가피한 경우
2. 다른 사람의 생명·신체를 해할 우려가 있거나 다른 사람의 재산과 그 밖의 이익을 부당하게 침해할 우려가 있는 경우
3. 공공기관이 개인정보를 처리하지 아니하면 다른 법률에서 정하는 소관 업무를 수행할 수 없는 경우
4. 개인정보를 처리하지 아니하면 정보주체와 약정한 서비스를 제공하지 못하는 등 계약의 이행이 곤란한 경우로서 정보주체가 그 계약의 해지 의사를 명확하게 밝히지 아니한 경우

개인정보처리자는 제2항 단서에 따라 처리정지 요구를 거절하였을 때에는 정보주체에게 지체 없이 그 사유를 알려야 한다(§37 ③).

개인정보처리자는 정보주체의 요구에 따라 처리가 정지된 개인정보에 대하여 지체 없이 해당 개인정보의 파기 등 필요한 조치를 하여야 한다(§37 ④).

위와 같은 처리정지의 요구, 처리정지의 거절, 통지 등의 방법 및 절차에 필요한 사항은 대통령령으로 정하도록 위임되어 있다(§37 ⑤).

3.1.5. 권리행사의 방법 및 절차

정보주체는 법 제35조에 따른 열람, 제36조에 따른 정정·삭제, 제37조에 따른 처리정지, 제39조의7에 따른 동의 철회 등의 요구(이하 "열람등요구"라 한다)를 문서 등 대통령령으로 정하는 방법·절차에 따라 대리인에게 하게 할 수 있다(§38 ①). 만 14세 미만 아동의 법정대리인은 개인정보처리자에게 그 아동의 개인정보 열람등요구를 할 수 있다(§38 ②).

법은 개인정보처리자가 열람등의 요구를 하는 자에게 대통령령으로 정하는 바에 따라 수수료와 우송료(사본의 우송을 청구하는 경우에 한한다)를 청구할 수 있도록 하는 한편(§38 ③), 정보주체가 열람등요구를 할 수 있는 구체적인 방법과 절차를 마련하고, 이를 정보주체가 알 수 있도록 공개하여야 한다고 규정하고 있다(§38 ④).

개인정보처리자는 정보주체가 열람등요구에 대한 거절 등 조치에 대하여 불복이 있는 경우 이의를 제기할 수 있도록 필요한 절차를 마련하고 안내하여야 한다(§38 ⑤).

3.1.6. 손해배상책임

(1) 입증책임의 전환

정보주체는 개인정보처리자가 이 법을 위반한 행위로 손해를 입으면 개인정보처리자에게 손해배상을 청구할 수 있다(§39 ① 전단). 이 경우 그 개인정보처리자는 고의 또는 과실이 없음을 입증하지 아니하면 책임을 면할 수 없다(§39 ① 후단).

(2) 징벌적 손해배상

2015년 7월 24일 법개정(법률 제13423호)으로 개인정보 유출에 대한 피해구제를 강화하기 위하여 징벌적 손해배상제도가 도입되었다. 이에 따르면, 개인정보처리자의 고의 또는 중대한 과실로 인하여 개인정보가 분실·도난·유출·위조·변조 또는 훼손된 경우로서 정보주체에게 손해가 발생한 때에는 법원은 그 손해액의 3배를 넘지 아니하는 범위에서 손해배상액을 정할 수 있고(§39 ③ 본문), 다만, 개인정보처리자가 고의 또는 중대한 과실이 없음을 증명한 경우에는 그러하지 아니하다(§39 ③ 단서).

법원은 징벌적 손해배상액을 정할 때에는 다음 각 호의 사항을 고려하여야 한다(§39④).

1. 고의 또는 손해 발생의 우려를 인식한 정도
2. 위반행위로 인하여 입은 피해 규모
3. 위법행위로 인하여 개인정보처리자가 취득한 경제적 이익
4. 위반행위에 따른 벌금 및 과징금
5. 위반행위의 기간·횟수 등
6. 개인정보처리자의 재산상태
7. 개인정보처리자가 정보주체의 개인정보 분실·도난·유출 후 해당 개인정보를 회수하기 위하여 노력한 정도
8. 개인정보처리자가 정보주체의 피해구제를 위하여 노력한 정도

(3) 법정손해배상제

법정손해배상제는 2015년 7월 24일 법개정으로 도입된 또 다른 피해구제강화방안이다.[91] 이에 따르면, 제39조제1항에도 불구하고 정보주체는 개인정보처리자의 고의 또는 과실로 인하여 개인정보가 분실·도난·유출·위조·변조 또는 훼손된 경우에는 300만원 이하의 범위에서 상당한 금액을 손해액으로 하여 배상을 청구할 수 있다(§39의2 ① 제1

---

91) 이에 관해서는 최경진, "새로 도입된 법정손해배상에 관한 비판적 검토: 개인정보보호 관련법에서의 법정손해배상을 중심으로", 성균관법학 Vol.27 No.2(2015), 성균관대학교 법학연구소, 175-208; 이동진, "개정 정보통신망법 제32조의2의 법정손해배상: 해석론과 입법론", 서울대학교 법학 55권4호 (2014), 서울대학교 법학연구소, pp.365-420 등을 참조.

문). 이 경우 해당 개인정보처리자는 고의 또는 과실이 없음을 입증하지 아니하면 책임을 면할 수 없다(§39의2 ① 제2문).

법원은 제1항에 따른 청구가 있는 경우에 변론 전체의 취지와 증거조사의 결과를 고려하여 제1항의 범위에서 상당한 손해액을 인정할 수 있다(§39의2 ②).

제39조에 따라 손해배상을 청구한 정보주체는 사실심 변론이 종결 전까지 그 청구를 제1항에 따른 청구로 변경할 수 있다(§39의2 ③).

3.2. 국가·지방자치단체의 책무

법은 제5조에서 국가와 지방자치단체에게 개인정보보호의 책무를 부과하고 있다. 이에 따르면, 국가와 지방자치단체는 첫째, 개인정보의 목적 외 수집, 오용·남용 및 무분별한 감시·추적 등에 따른 폐해를 방지하여 인간의 존엄과 개인의 사생활 보호를 도모하기 위한 시책을 강구하여야 하며(§5 ①), 둘째, 제4조에 따른 정보주체의 권리를 보호하기 위하여 법령의 개선 등 필요한 시책을 마련하여야 한다(§5 ②). 셋째, 개인정보의 처리에 관한 불합리한 사회적 관행을 개선하기 위하여 개인정보처리자의 자율적인 개인정보 보호활동을 존중하고 촉진·지원하여야 한다(§5 ③). 끝으로 개인정보의 처리에 관한 법령 또는 조례를 제정하거나 개정하는 경우에는 이 법의 목적에 부합되도록 하여야 한다(§5 ④).

3.3. 개인정보보호기구 및 개인정보 보호정책의 수립·추진 등

3.3.1. 개인정보보호기구

(1) 개인정보보호위원회의 설치

법은 제7조와 제8조에서 개인정보 보호정책의 추진체계로서 '개인정보보호위원회'라는 심의·의결기능을 가지는 합의제기관을 설치하도록 하고 있다. 개인정보보호위원회를 어디에 설치할 것인지, 독립성을 어떻게 보장할 것인지 등 추진체계를 둘러싼 이견이 그동안 개인정보보호법의 입법을 지연시킨 가장 중요한 요인이었다. 특히 국회 입법과정에서 재연된 이 논란은 개인정보 보호에 관한 사항을 심의·의결하기 위하여 대통령 소속으로 개인정보 보호위원회를 두도록 함으로써 타결되었다. 이에 따라 개인정보 보호 기본계획, 법령 및 제도 개선 등 개인정보에 관한 주요 사항을 심의·의결하기 위하여 대통령 소속으로 개인정보 보호위원회가 설치되었으나, 2020년 2월 4일의 법개정으로 그 소속이 대통령에서 국무총리 소속으로 변경되었다.

개인정보보호위원회는 「정부조직법」에 따른 중앙행정기관의 지위를 가지고 기존에 행정안전부와 방송통신위원회가 관장했던 개인정보 관련 사무를 이관 받아 개인정보 보호 컨트롤타워로서 기능이 강화되었다(§§7, 7의8, 부칙 제9조).

보호위원회의 독립성은 제한적으로 보장되고 있다. 종래에는 '보호위원회는 그 권한에 속하는 업무를 독립하여 수행한다'는 명문의 조항(구 법 §7 ①)을 두고 있었으나, 2020년 2월 4일의 개정법률은 제7조 제2항에서 보호위원회를 정부조직법 제2조에 따른 중앙행정기관으로 보되, 다음 사항에 대해서는 국무총리의 행정감독권에 관한 정부조직법 제18조의 적용을 배제함으로써 그 독립성을 명시적으로 보장하고 있다.[92]

1. 제7조의8제3호 및 제4호의 사무: 정보주체의 권리침해에 대한 조사 및 이에 따른 처분에 관한 사항 및 개인정보의 처리와 관련한 고충처리·권리구제 및 개인정보에 관한 분쟁의 조정
2. 제7조의9제1항의 심의·의결 사항 중 제1호에 해당하는 사항: 제8조의2에 따른 개인정보 침해요인 평가에 관한 사항

보호위원회는 상임위원 2명(위원장 1명, 부위원장 1명)을 포함한 9명의 위원으로 구성하며(§7의2 ①), 상임위원은 정무직 공무원으로 임명한다(§7의2 ③). 위원장, 부위원장, 제7조의13에 따른 사무처의 장은 정부조직법 제10조에도 불구하고 정부위원이 된다(§7의2 ④).

보호위원회의 위원장은 보호위원회를 대표하고, 보호위원회의 회의를 주재하며, 소관 사무를 총괄한다(§7의3 ①). 위원장이 부득이한 사유로 직무를 수행할 수 없을 때에는 부위원장이 그 직무를 대행하고, 위원장·부위원장이 모두 부득이한 사유로 직무를 수행할 수 없을 때에는 위원회가 미리 정하는 위원이 위원장의 직무를 대행한다(§7의3 ②).

2020년 2월 4일의 개정법률은 특히 위원장의 지위를 강화하였다. 이에 따라 위원장은 국회에 출석하여 보호위원회의 소관 사무에 관하여 의견을 진술할 수 있고, 국회에서 요구하면 출석하여 보고하거나 답변하여야 한다(§7의3 ③).

위원장은 국무회의에 출석하여 발언할 수 있고, 그 소관 사무에 관하여 국무총리에게 의안 제출을 건의할 수 있다(§7의3 ④).

보호위원회의 위원은 개인정보 보호에 관한 경력과 전문지식이 풍부한 다음 각 호

---

92) 제18조(국무총리의 행정감독권) ① 국무총리는 대통령의 명을 받아 각 중앙행정기관의 장을 지휘·감독한다.
② 국무총리는 중앙행정기관의 장의 명령이나 처분이 위법 또는 부당하다고 인정될 경우에는 대통령의 승인을 받아 이를 중지 또는 취소할 수 있다.

의 사람 중에서 위원장과 부위원장은 국무총리의 제청으로, 그 외 위원 중 2명은 위원장의 제청으로, 2명은 대통령이 소속되거나 소속되었던 정당의 교섭단체 추천으로, 3명은 그 외의 교섭단체 추천으로 대통령이 임명 또는 위촉한다(§7의2 ②).

1. 개인정보 보호 업무를 담당하는 3급 이상 공무원(고위공무원단에 속하는 공무원을 포함한다)의 직에 있거나 있었던 사람
2. 판사·검사·변호사의 직에 10년 이상 있거나 있었던 사람
3. 공공기관 또는 단체(개인정보처리자로 구성된 단체를 포함한다)에 3년 이상 임원으로 재직하였거나 이들 기관 또는 단체로부터 추천받은 사람으로서 개인정보 보호 업무를 3년 이상 담당하였던 사람
4. 개인정보 관련 분야에 전문지식이 있고 「고등교육법」 제2조제1호에 따른 학교에서 부교수 이상 으로 5년 이상 재직하고 있거나 재직하였던 사람

위원의 임기는 3년으로 하되, 한 차례만 연임할 수 있다(§7의4 ①). 법은 제7조의5에서 제7조의7에서 위원의 신분보장과 겸직금지, 결격사유 등을 규정하고 있다.

보호위원회의 회의는 위원장이 필요하다고 인정하거나 재적위원 4분의 1 이상의 요구가 있는 경우에 위원장이 소집한다(§7의10 ①). 위원장 또는 2명 이상의 위원은 보호위원회에 의안을 제의할 수 있으며(§7의10 ②), 보호위원회의 회의는 재적위원 과반수의 출석으로 개의하고, 출석위원 과반수의 찬성으로 의결한다(§7의10 ③). 법은 이해충돌의 방지하기 위하여 제7조의11에서 위원의 제척·기피·회피에 관한 사항을 규율하는 한편, 제7조의12에서는 소위원회, 제7조의13에서는 사무처에 관한 조항을 두고 있다. 개인정보보호법에 규정된 것 외에 보호위원회의 조직에 관한 사항은 대통령령으로 정하도록 위임되어 있다(§7의13 후단). 또한 개인정보보호법과 다른 법령에 규정된 것 외에 보호위원회의 운영 등에 필요한 사항은 보호위원회의 규칙으로 정한다(§7의14).

(2) 개인정보보호위원회의 기능

보호위원회의 소관사무는 다음과 같다(§7의8).

1. 개인정보의 보호와 관련된 법령의 개선에 관한 사항
2. 개인정보 보호와 관련된 정책·제도·계획 수립·집행에 관한 사항
3. 정보주체의 권리침해에 대한 조사 및 이에 따른 처분에 관한 사항
4. 개인정보의 처리와 관련한 고충처리·권리구제 및 개인정보에 관한 분쟁의 조정
5. 개인정보 보호를 위한 국제기구 및 외국의 개인정보 보호기구와의 교류·협력
6. 개인정보 보호에 관한 법령·정책·제도·실태 등의 조사·연구, 교육 및 홍보에 관한 사항
7. 개인정보 보호에 관한 기술개발의 지원·보급 및 전문인력의 양성에 관한 사항
8. 이 법 및 다른 법령에 따라 보호위원회의 사무로 규정된 사항

보호위원회는 다음과 같은 사항을 심의·의결한다(§7의9 ①).

1. 제8조의2에 따른 개인정보 침해요인 평가에 관한 사항
2. 제9조에 따른 기본계획 및 제10조에 따른 시행계획에 관한 사항
3. 개인정보 보호와 관련된 정책, 제도 및 법령의 개선에 관한 사항
4. 개인정보의 처리에 관한 공공기관 간의 의견조정에 관한 사항
5. 개인정보 보호에 관한 법령의 해석·운용에 관한 사항
6. 제18조제2항제5호에 따른 개인정보의 이용·제공에 관한 사항
7. 제33조제3항에 따른 영향평가 결과에 관한 사항
8. 제28조의6, 제34조의2, 제39조의15에 따른 과징금 부과에 관한 사항
9. 제61조에 따른 의견제시 및 개선권고에 관한 사항
10. 제64조에 따른 시정조치 등에 관한 사항
11. 제65조에 따른 고발 및 징계권고에 관한 사항
12. 제66조에 따른 처리 결과의 공표에 관한 사항
13. 제75조에 따른 과태료 부과에 관한 사항
14. 소관 법령 및 보호위원회 규칙의 제정·개정 및 폐지에 관한 사항
15. 개인정보 보호와 관련하여 보호위원회의 위원장 또는 위원 2명 이상이 회의에 부치는 사항
16. 그 밖에 이 법 또는 다른 법령에 따라 보호위원회가 심의·의결하는 사항

보호위원회는 위에 열거된 사항을 심의·의결하기 위하여 필요한 경우 다음 각 호의 조치를 할 수 있다(§7의9 ②).

1. 관계 공무원, 개인정보 보호에 관한 전문 지식이 있는 사람이나 시민사회단체 및 관련 사업자로부터의 의견 청취
2. 관계 기관 등에 대한 자료제출이나 사실조회 요구

제2항제2호에 따른 요구를 받은 관계 기관 등은 특별한 사정이 없으면 이에 따라야 한다(§7의9 ③).

보호위원회는 개인정보 보호와 관련된 정책, 제도 및 법령의 개선에 관한 사항을 심의·의결한 경우에는 관계 기관에 그 개선을 권고할 수 있고(§7의9 ④), 권고 내용의 이행 여부를 점검할 수 있다(§7의9 ⑤).

3.3.2. 개인정보 침해요인 평가

중앙행정기관의 장은 소관 법령의 제정 또는 개정을 통하여 개인정보 처리를 수반하는 정책이나 제도를 도입·변경하는 경우에는 보호위원회에 개인정보 침해요인 평가를 요청하여야 한다(§8의2 ①). 보호위원회가 제1항에 따른 요청을 받은 때에는 해당 법령의 개인정보 침해요인을 분석·검토하여 그 법령의 소관기관의 장에게 그 개선을 위하여 필요한 사항을 권고할 수 있다(§8의2 ②). 개인정보 침해요인 평가의 절차와 방법에 관하여 필요한 사항은 대통령령으로 정한다(§8의2 ③).

3.3.3. 개인정보 보호 기본계획의 수립·시행 등

법은 제9조에서 개인정보의 보호와 정보주체의 권익 보장을 위하여 보호위원회가 3년마다 개인정보 보호 기본계획을 관계 중앙행정기관의 장과 협의하여 수립하도록 규정하고 있다(§9 ①). 이는 종래 행정안전부장관 소관사항이었던 것을 보호위원회로 변경, 보호위원회의 기능을 강화시킨 법개정의 결과이다. 기본계획에는 다음 각 호의 사항이 포함되어야 한다(§9 ②).

1. 개인정보 보호의 기본목표와 추진방향
2. 개인정보 보호와 관련된 제도 및 법령의 개선
3. 개인정보 침해 방지를 위한 대책
4. 개인정보 보호 자율규제의 활성화
5. 개인정보 보호 교육·홍보의 활성화
6. 개인정보 보호를 위한 전문인력의 양성
7. 그 밖에 개인정보 보호를 위하여 필요한 사항

국회, 법원, 헌법재판소, 중앙선거관리위원회는 해당 기관(그 소속 기관을 포함한다)의 개인정보 보호를 위한 기본계획을 수립·시행할 수 있다(§9 ③).

이러한 기본계획에 따라 중앙행정기관의 장은 매년 개인정보 보호를 위한 시행계획을 작성하여 보호위원회에 제출하고, 보호위원회의 심의·의결을 거쳐 시행하여야 한다(§10 ①). 시행계획의 수립·시행에 필요한 사항은 대통령령으로 정한다(§10 ②).

보호위원회는 기본계획을 효율적으로 수립·추진하기 위하여 개인정보처리자, 관계 중앙행정기관의 장, 지방자치단체의 장 및 관계 기관·단체 등에 개인정보처리자의 법규 준수 현황과 개인정보 관리 실태 등에 관한 자료의 제출이나 의견의 진술 등을 요구할 수 있다(§11 ①). 이 역시 종래 행정안전부장관의 권한으로 되어 있던 것을 보호위원회 소관으로 이전한 법개정의 결과이다. 행정안전부장관은 개인정보 보호 정책 추진, 성과 평가 등을 위하여 필요한 경우 개인정보처리자, 관계 중앙행정기관의 장, 지방자치단체의 장 및 관계 기관·단체 등을 대상으로 개인정보관리 수준 및 실태파악 등을 위한 조사를 실시할 수 있다(§11 ②).

중앙행정기관의 장은 시행계획을 효율적으로 수립·추진하기 위하여 소관 분야의 개인정보처리자에게 위 제1항에 따른 자료제출 등을 요구할 수 있다(§11 ③). 자료제출 등을 요구받은 자는 특별한 사정이 없으면 이에 따라야 하며(§11 ④), 자료제출 등의 범위와 방법 등 필요한 사항은 대통령령으로 정한다(§11 ⑤).

3.3.4. 개인정보 보호지침

법은 제12조에서 행정안전부장관으로 하여금 개인정보 보호지침을 제정하여 확산시킬 수 있도록 하였다. 즉, 행정안전부장관은 개인정보의 처리에 관한 기준, 개인정보 침해의 유형 및 예방조치 등에 관한 표준 개인정보 보호지침을 정하여 개인정보처리자에게 그 준수를 권장할 수 있다(§12 ①).

중앙행정기관의 장은 표준지침에 따라 소관 분야의 개인정보 처리와 관련한 개인정보 보호지침을 정하여 개인정보처리자에게 그 준수를 권장할 수 있다(§12 ②).

국회, 법원, 헌법재판소 및 중앙선거관리위원회는 해당 기관(그 소속 기관을 포함한다)의 개인정보 보호지침을 정하여 시행할 수 있다(§12 ③).

3.3.5. 자율규제의 촉진 및 지원

법은 개인정보보호를 위한 자율규제를 촉진하고 지원하기 위하여 행정안전부장관에게 개인정보처리자의 자율적인 개인정보 보호활동을 촉진하고 지원하기 위하여 다음에 열거된 바에 따라 필요한 시책을 마련하도록 의무를 부과하고 있다(§13).

1. 개인정보 보호에 관한 교육·홍보
2. 개인정보 보호와 관련된 기관·단체의 육성 및 지원
3. 개인정보 보호 인증마크의 도입·시행 지원
4. 개인정보처리자의 자율적인 규약의 제정·시행 지원
5. 그 밖에 개인정보처리자의 자율적 개인정보 보호활동을 지원하기 위하여 필요한 사항

3.5.6. 국제협력

법은 국제협력을 촉진하려는 취지에서 정부에게 국제적 환경에서의 개인정보 보호 수준을 향상시키기 위하여 필요한 시책과(§14 ①), 개인정보 국외 이전으로 인하여 정보주체의 권리가 침해되지 아니하도록 관련 시책을 마련하여야 할 책무를 부여하였다(§14 ②).

4. 개인정보의 처리

4.1. 개설

법은 개인정보의 수집, 이용, 제공, 파기에 이르는 각 단계별로 개인정보처리자가

준수하여야 할 처리기준을 구체적으로 규정하여 개인정보가 그 처리과정에서부터 잘 보호될 수 있도록 배려하고 있다. 이에 따라 개인정보를 수집, 이용하거나 제3자에게 제공할 경우에는 정보주체의 동의 등을 얻어야 하고, 개인정보의 수집·이용 목적의 달성 등으로 불필요하게 된 때에는 지체 없이 개인정보를 파기하도록 되어 있다.

이와 관련하여 2020년 2월 4일의 개정법률은 개인정보를 '가명처리'할 수 있도록 허용하였다. '가명처리'란 개인정보의 일부를 삭제하거나 일부 또는 전부를 대체하는 등의 방법으로 추가 정보가 없이는 특정개인을 알아볼 수 없도록 처리하는 것을 말한다(§2 제1호의2). 법은 제3장에서 가명정보의 처리 및 안전성확보 조치, 특정개인 식별목적 가명정보 처리의 금지 등에 관한 규정(§§28의 2~6)을 두고 있다.

개인정보처리에 대한 법적 규율의 내용을 살펴보면 다음과 같다.

4.2. 개인정보의 수집·이용, 제공 등

(1) 개인정보의 수집·이용

개인정보처리자는 다음 각 호의 어느 하나에 해당하는 경우에는 개인정보를 수집할 수 있으며 그 수집 목적의 범위에서 이용할 수 있다(§15 ①).

1. 정보주체의 동의를 받은 경우
2. 법률에 특별한 규정이 있거나 법령상 의무를 준수하기 위하여 불가피한 경우
3. 공공기관이 법령 등에서 정하는 소관 업무의 수행을 위하여 불가피한 경우
4. 정보주체와의 계약의 체결 및 이행을 위하여 불가피하게 필요한 경우
5. 정보주체 또는 그 법정대리인이 의사표시를 할 수 없는 상태에 있거나 주소불명 등으로 사전 동의를 받을 수 없는 경우로서 명백히 정보주체 또는 제3자의 급박한 생명, 신체, 재산의 이익을 위하여 필요하다고 인정되는 경우
6. 개인정보처리자의 정당한 이익을 달성하기 위하여 필요한 경우로서 명백하게 정보주체의 권리보다 우선하는 경우. 이 경우 개인정보처리자의 정당한 이익과 상당한 관련이 있고 합리적인 범위를 초과하지 아니하는 경우에 한한다.

개인정보처리자는 제1항제1호에 따른 동의를 받을 때에는 다음 각 호의 사항을 정보주체에게 알려야 한다(§15 ② 전단). 다음 각 호의 어느 하나의 사항을 변경하는 경우에도 이를 알리고 동의를 받아야 한다(§15 ② 후단).

1. 개인정보의 수집·이용 목적
2. 수집하려는 개인정보의 항목
3. 개인정보의 보유 및 이용 기간
4. 동의를 거부할 권리가 있다는 사실 및 동의 거부에 따른 불이익이 있는 경우에는 그 불이익의 내용

개인정보처리자는 당초 수집 목적과 합리적으로 관련된 범위 내에서 정보주체에게 불이익이 발생하는지 여부, 암호화 등 안전성 확보에 필요한 조치를 하였는지 여부 등을 고려하여 대통령령으로 정하는 바에 따라 정보주체의 동의 없이 개인정보를 이용하거나 제공할 수 있다(§15 ③).

개인정보의 추가적인 이용 또는 제공의 기준은 시행령 제14조의2에서 구체화되어 있다. 이에 따르면, 개인정보처리자가 정보주체의 동의 없이 개인정보를 이용 또는 제공하려는 경우에는 당초 수집 목적과 관련성이 있는지 여부, 개인정보를 수집한 정황 또는 처리 관행에 비추어 볼 때 개인정보의 추가적인 이용 또는 제공에 대한 예측 가능성이 있는지 여부, 정보주체의 이익을 부당하게 침해하는지 여부, 가명처리 또는 암호화 등 안전성 확보에 필요한 조치를 하였는지 여부를 고려해야 하며, 개인정보처리자는 이들 고려사항에 대한 판단 기준을 개인정보 처리방침에 미리 공개하고 개인정보 보호책임자가 해당 기준에 따라 개인정보의 추가적인 이용 또는 제공을 하고 있는지 여부를 점검해야 한다.

(2) 개인정보의 수집 제한

법은 개인정보의 수집을 비례원칙의 한 요소인 필요최소한의 원칙에 의해 제한하고 있다. 즉, 개인정보처리자는 제15조제1항 각 호의 어느 하나에 해당하여 개인정보를 수집하는 경우에는 그 목적에 필요한 최소한의 개인정보를 수집하여야 한다(§16 ① 전단). 이 경우 최소한의 개인정보 수집이라는 입증책임은 개인정보처리자가 부담한다(§16 ① 후단). 개인정보처리자는 정보주체의 동의를 받아 개인정보를 수집하는 경우 필요한 최소한의 정보 외의 개인정보 수집에는 동의하지 아니할 수 있다는 사실을 구체적으로 알리고 개인정보를 수집하여야 한다(§16 ②).

개인정보처리자는 정보주체가 필요한 최소한의 정보 외의 개인정보 수집에 동의하지 아니한다는 이유로 정보주체에게 재화 또는 서비스의 제공을 거부하여서는 아니 된다(§16 ③).

(3) 개인정보의 제공

개인정보처리자는 다음 각 호의 어느 하나에 해당되는 경우에는 정보주체의 개인정보를 제3자에게 제공(공유를 포함한다. 이하 같다)할 수 있다(§17 ①).

1. 정보주체의 동의를 받은 경우
2. 제15조제1항제2호 · 제3호 및 제5호에 따라 개인정보를 수집한 목적 범위에서 개인정보를 제공하는 경우

개인정보처리자는 제1항제1호에 따른 동의를 받을 때에는 다음 각 호의 사항을 정보주체에게 알려야 한다(§17 ② 전단). 다음 각 호의 어느 하나의 사항을 변경하는 경우에도 이를 알리고 동의를 받아야 한다(§17 ② 후단).

1. 개인정보를 제공받는 자
2. 개인정보를 제공받는 자의 개인정보 이용 목적
3. 제공하는 개인정보의 항목
4. 개인정보를 제공받는 자의 개인정보 보유 및 이용 기간
5. 동의를 거부할 권리가 있다는 사실 및 동의 거부에 따른 불이익이 있는 경우에는 그 불이익의 내용

개인정보처리자가 개인정보를 국외의 제3자에게 제공할 때에는 위 제2항 각 호에 따른 사항을 정보주체에게 알리고 동의를 받아야 하며, 이 법을 위반하는 내용으로 개인정보의 국외 이전에 관한 계약을 체결해서는 아니 된다(§17 ③).

개인정보처리자는 당초 수집 목적과 합리적으로 관련된 범위 내에서 정보주체에게 불이익이 발생하는지 여부, 암호화 등 안전성 확보에 필요한 조치를 하였는지 여부 등을 고려하여 정보주체의 동의 없이 개인정보를 제공할 수 있다(§17 ④). 그 경우 개인정보의 추가적인 이용 또는 제공의 기준은 시행령 제14조의2에 이미 법 제15조 제3항에 관해 본 바와 같은 내용으로 구체화되어 있다.

(4) 개인정보의 이용·제공 제한

개인정보처리자는 개인정보를 제15조제1항 및 제39조의3제1항 및 제2항에 따른 범위를 초과하여 이용하거나 제17조제1항 및 제3항에 따른 범위를 초과하여 제3자에게 제공해서는 아니 된다(§18 ①).

제1항에도 불구하고 개인정보처리자는 다음 각 호의 어느 하나에 해당하는 경우에는 정보주체 또는 제3자의 이익을 부당하게 침해할 우려가 있을 때를 제외하고는 개인정보를 목적 외의 용도로 이용하거나 이를 제3자에게 제공할 수 있다(§18 ② 전단). 다만, 이용자(「정보통신망 이용촉진 및 정보보호 등에 관한 법률」 제2조제1항제4호에 해당하는 자를 말한다. 이하 같다)의 개인정보를 처리하는 정보통신서비스 제공자(「정보통신망 이용촉진 및 정보보호 등에 관한 법률」 제2조제1항제3호에 해당하는 자를 말한다. 이하 같다)의 경우 제1호·제2호의 경우로 한정하고, 제5호부터 제9호까지의 경우는 공공기관의 경우로 한정한다(§18 ② 후단).

1. 정보주체로부터 별도의 동의를 받은 경우
2. 다른 법률에 특별한 규정이 있는 경우

3. 정보주체 또는 그 법정대리인이 의사표시를 할 수 없는 상태에 있거나 주소불명 등으로 사전 동의를 받을 수 없는 경우로서 명백히 정보주체 또는 제3자의 급박한 생명, 신체, 재산의 이익을 위하여 필요하다고 인정되는 경우
4. 삭제
5. 개인정보를 목적 외의 용도로 이용하거나 이를 제3자에게 제공하지 아니하면 다른 법률에서 정하는 소관 업무를 수행할 수 없는 경우로서 보호위원회의 심의·의결을 거친 경우
6. 조약, 그 밖의 국제협정의 이행을 위하여 외국정부 또는 국제기구에 제공하기 위하여 필요한 경우
7. 범죄의 수사와 공소의 제기 및 유지를 위하여 필요한 경우
8. 법원의 재판업무 수행을 위하여 필요한 경우
9. 형(刑) 및 감호, 보호처분의 집행을 위하여 필요한 경우

개인정보처리자는 제2항제1호에 따른 동의를 받을 때에는 다음 각 호의 사항을 정보주체에게 알려야 한다(§18 ③ 전단). 다음 각 호의 어느 하나의 사항을 변경하는 경우에도 이를 알리고 동의를 받아야 한다(§18 ③ 후단).

1. 개인정보를 제공받는 자
2. 개인정보의 이용 목적(제공 시에는 제공받는 자의 이용 목적을 말한다)
3. 이용 또는 제공하는 개인정보의 항목
4. 개인정보의 보유 및 이용 기간(제공 시에는 제공받는 자의 보유 및 이용 기간을 말한다)
5. 동의를 거부할 권리가 있다는 사실 및 동의 거부에 따른 불이익이 있는 경우에는 그 불이익의 내용

공공기관은 제2항제2호부터 제6호까지, 제8호 및 제9호에 따라 개인정보를 목적 외의 용도로 이용하거나 이를 제3자에게 제공하는 경우에는 그 이용 또는 제공의 법적 근거, 목적 및 범위 등에 관하여 필요한 사항을 보호위원회가 고시로 정하는 바에 따라 관보 또는 인터넷 홈페이지 등에 게재하여야 한다(§18 ④).

개인정보처리자는 제2항 각 호의 어느 하나의 경우에 해당하여 개인정보를 목적 외의 용도로 제3자에게 제공하는 경우에는 개인정보를 제공받는 자에게 이용 목적, 이용 방법, 그 밖에 필요한 사항에 대하여 제한을 하거나, 개인정보의 안전성 확보를 위하여 필요한 조치를 마련하도록 요청하여야 한다(§18 ⑤ 전단). 이 경우 요청을 받은 자는 개인정보의 안전성 확보를 위하여 필요한 조치를 하여야 한다(§18 ⑤ 후단).

(5) 개인정보를 제공받은 자의 이용·제공 제한

개인정보처리자로부터 개인정보를 제공받은 자는 다음 각 호의 어느 하나에 해당하는 경우를 제외하고는 개인정보를 제공받은 목적 외의 용도로 이용하거나 이를 제3자에게 제공해서는 아니 된다(§19).

1. 정보주체로부터 별도의 동의를 받은 경우

2. 다른 법률에 특별한 규정이 있는 경우

판례

　　구「공공기관의 개인정보보호에 관한 법률」제11조는 '개인정보의 처리를 행하는 공공기관의 직원이나 직원이었던 자 또는 공공기관으로부터 개인정보의 처리업무를 위탁받아 그 업무에 종사하거나 종사하였던 자는 직무상 알게 된 개인정보를 누설 또는 권한 없이 처리하거나 타인의 이용에 제공하는 등 부당한 목적을 위하여 사용하여서는 아니 된다'고 규정하여 개인정보취급자의 의무를 강화한 바 있었다(§11).

　　그러나 판례는 이 조항을 엄격하게 제한적으로 해석하였다: 「법 제11조는 "개인정보의 처리를 행하는 공공기관의 직원이나 직원이었던 자 또는 공공기관으로부터 개인정보의 처리업무를 위탁받아 그 업무에 종사하거나 종사하였던 자는 직무상 알게 된 개인정보를 누설 또는 권한 없이 처리하거나 타인의 이용에 제공하는 등 부당한 목적을 위하여 사용하여서는 아니 된다."고 규정하고 있고, 법 제23조 제2항은 "제11조의 규정을 위반하여 개인정보를 누설 또는 권한 없이 처리하거나 타인의 이용에 제공하는 등 부당한 목적으로 사용한 자는 3년 이하의 징역 또는 1,000만 원 이하의 벌금에 처한다."고 규정하고 있는바, 문리해석상 법 제11조의 '개인정보의 처리를 행하는'이라는 문언과 '공공기관의'라는 문언이 함께 '직원이나 직원이었던 자'를 수식하는 것으로 해석하여야 할 것이고, 한편 법 제11조는 개인정보의 처리를 행하는 공공기관의 직원 등이 직무상 알게 된 개인정보를 누설하는 등의 행위를 하는 것을 금지하고 있을 뿐 그러한 자로부터 개인정보를 건네받은 타인이 그 개인정보를 이용하는 행위를 금지하는 것은 아니므로, 결국 법 제23조 제2항은 개인정보의 처리를 행하는 직원 등이 개인정보를 누설하거나 타인에게 이를 이용하게 하는 행위를 처벌할 뿐이고, <u>개인정보를 건네받은 타인이 이를 이용하는 행위는 위 규정조항에 해당되지 않는다</u>고 볼 것이다.」[93]

(6) 정보주체 이외로부터 수집한 개인정보의 수집출처 등 고지

　　개인정보처리자가 정보주체 이외로부터 수집한 개인정보를 처리하는 때에는 정보주체의 요구가 있으면 즉시 다음 각 호의 모든 사항을 정보주체에게 알려야 한다(§20 ①).

1. 개인정보의 수집 출처
2. 개인정보의 처리 목적
3. 제37조에 따른 개인정보 처리의 정지를 요구할 권리가 있다는 사실

　　제1항에도 불구하고 처리하는 개인정보의 종류·규모, 종업원 수 및 매출액 규모 등을 고려하여 대통령령으로 정하는 기준에 해당하는 개인정보처리자가 제17조제1항제1호에 따라 정보주체 이외로부터 개인정보를 수집하여 처리하는 때에는 제1항 각 호의 모든 사항을 정보주체에게 알려야 한다(§20 ② 본문). 다만, 개인정보처리자가 수집한 정보에 연락처 등 정보주체에게 알릴 수 있는 개인정보가 포함되지 아니한 경우에는 그러하

---

93) 대법원 2006. 12. 7. 선고 2006도6966 판결(공직선거법 위반·공공기관의 개인정보보호에 관한 법률 위반).

지 아니하다(§20 ② 단서).

그러나 위 제1항과 제2항 본문은 다음 각 호의 어느 하나에 해당하는 경우에는 적용하지 아니한다. 다만, 이 법에 따른 정보주체의 권리보다 명백히 우선하는 경우에 한한다(§20 ④).

1. 고지를 요구하는 대상이 되는 개인정보가 제32조제2항 각 호의 어느 하나에 해당하는 개인정보 파일에 포함되어 있는 경우
2. 고지로 인하여 다른 사람의 생명·신체를 해할 우려가 있거나 다른 사람의 재산과 그 밖의 이익을 부당하게 침해할 우려가 있는 경우

(7) 개인정보의 파기

기간 경과, 처리 목적 달성 등 개인정보를 더 이상 보유해야 할 이유가 없게 된 경우에도 계속 개인정보를 보유하게 됨에 따라 개인정보의 오·남용이나 침해가 발생하는 경우가 적지 않다. 이러한 문제점에 대한 우려를 불식시킬 수 있으려면 개인정보처리자에게 파기의무를 부과하거나 정보주체에게 파기를 요구할 수 있는 권리를 부여하는 방안이 필요하다. 법은 여기서 일단 개인정보처리자에게 파기의무를 부과하는 방법을 택했다. 정보주체에게 제35조에 따른 자신의 개인정보 열람청구권과 제36조에 따른 개인정보 정정·삭제 요구권을 인정하고 있기 때문에[94] 양자는 서로 상응하는 의미를 가진다고 볼 수 있을 것이다.

개인정보처리자는 보유기간의 경과, 개인정보의 처리 목적 달성 등 그 개인정보가 불필요하게 되었을 때에는, 다른 법령에 따라 보존해야 하는 경우를 제외하고는, 지체 없이 그 개인정보를 파기하여야 한다(§21 ①). 개인정보처리자가 개인정보를 파기할 때에는 복구 또는 재생되지 아니하도록 조치하여야 한다(§21 ②).

개인정보처리자가 제1항 단서에 따라 개인정보를 파기하지 아니하고 보존해야 하는 경우에는 해당 개인정보 또는 개인정보파일을 다른 개인정보와 분리해서 저장·관리하여야 한다(§21 ③).

개인정보의 파기방법 및 절차 등에 필요한 사항은 대통령령으로 정한다(§21 ④).

(8) 동의를 받는 방법

개인정보처리자는 이 법에 따른 개인정보의 처리에 대하여 정보주체(제5항에 따른

---

94) 개인정보 삭제요구권에도 예외가 있다. 즉, 다른 법령에 그 개인정보가 수집 대상으로 명시되어 있는 경우에는 그 삭제를 요구할 수 없다(§36 ① 단서).

법정대리인을 포함한다. 이하 이 조에서 같다)의 동의를 받을 때에는 각각의 동의 사항을 구분하여 정보주체가 이를 명확하게 인지할 수 있도록 알리고 각각 동의를 받아야 한다(§22 ①).

개인정보처리자는 제1항의 동의를 서면(「전자문서 및 전자거래 기본법」 제2조제1호에 따른 전자문서를 포함한다)으로 받을 때에는 개인정보의 수집·이용 목적, 수집·이용하려는 개인정보의 항목 등 대통령령으로 정하는 중요한 내용을 보호위원회가 고시로 정하는 방법에 따라 명확히 표시하여 알아보기 쉽게 하여야 한다(§22 ②).

개인정보처리자는 제15조제1항제1호, 제17조제1항제1호, 제23조제1항제1호 및 제24조제1항제1호에 따라 개인정보의 처리에 대하여 정보주체의 동의를 받을 때에는 정보주체와의 계약 체결 등을 위하여 정보주체의 동의 없이 처리할 수 있는 개인정보와 정보주체의 동의가 필요한 개인정보를 구분하여야 한다(§22 ③ 제1문). 이 경우 동의 없이 처리할 수 있는 개인정보라는 입증책임은 개인정보처리자가 부담한다(§22 ③ 제2문).

개인정보처리자는 정보주체에게 재화나 서비스를 홍보하거나 판매를 권유하기 위하여 개인정보의 처리에 대한 동의를 받으려는 때에는 정보주체가 이를 명확하게 인지할 수 있도록 알리고 동의를 받아야 한다(§22 ④).

개인정보처리자는 정보주체가 제2항에 따라 선택적으로 동의할 수 있는 사항을 동의하지 아니하거나 제3항 및 제18조제2항제1호에 따른 동의를 하지 아니한다는 이유로 정보주체에게 재화 또는 서비스의 제공을 거부하여서는 아니 된다(§22 ⑤).

개인정보처리자는 만 14세 미만 아동의 개인정보를 처리하기 위하여 이 법에 따른 동의를 받아야 할 때에는 그 법정대리인의 동의를 받아야 한다(§22 ⑥ 제1문). 이 경우 법정대리인의 동의를 받기 위하여 필요한 최소한의 정보는 법정대리인의 동의 없이 해당 아동으로부터 직접 수집할 수 있다(§22 ⑥ 제2문).

제1항부터 제5항까지에서 규정한 사항 외에 정보주체의 동의를 받는 세부적인 방법 및 제5항에 따른 최소한의 정보의 내용에 관하여 필요한 사항은 개인정보의 수집매체 등을 고려하여 대통령령으로 정하도록 위임되어 있다(§22 ⑦).

4.3. 가명정보의 처리에 관한 특례

(1) 개설

개인정보보호법은 제3장을 신설하여 '가명정보'의 처리에 관한 특례를 규정하고 있다. 여기서 '가명정보'란 가명처리된 정보, 즉 개인정보의 일부를 삭제하거나 일부 또는 전부를 대체하는 등의 방법으로 추가 정보가 없이는 특정개인을 알아볼 수 없도록 처리하여(§2 제1호의2) 원래의 상태로 복원하기 위한 추가 정보의 사용·결합 없이는 특정 개인을 알아볼 수 없는 정보를 말한다. 한편 "처리"란 개인정보의 수집, 생성, 연계, 연동, 기록, 저장, 보유, 가공, 편집, 검색, 출력, 정정(訂正), 복구, 이용, 제공, 공개, 파기(破棄), 그 밖에 이와 유사한 행위를 말한다(§2 제2호). '가명정보의 처리'란 이와 같이 가명처리된 개인정보, 즉 '가명정보'를 다시 '처리'하는 것을 말하는 것으로 이해된다. 그렇다면 개인정보를 가명처리하여 가명정보로 만드는 것 자체는 여기서 말하는 '가명정보의 처리'에 포함되지 않는 것인지 의문이 있을 수 있다. 그러나 '가명정보의 처리'는 이러한 '가명정보의 작성'을 전제로 하는 것이어서 이를 법적 규율의 대상에서 제외시키는 것은 법취지에 잘 들어맞지 않는다. 법이 '처리'의 개념에 개인정보의 수집과 생성을 포함시키고 있다는 점도 가명정보의 '작성'을 그 '처리'에 포함시킬 이유가 된다. 따라서 일종의 동어반복이 될 수도 있겠지만 '가명정보의 처리'는 이미 '가명처리'된 가명정보뿐만 아니라 개인정보를 가명처리하여 '가명정보'로 만드는 것까지 포함하는 개념으로 이해해야 할 것이다. 법은 가명정보의 처리 및 안전성확보 조치, 처리제한에 관한 특례를 규정하고 있다(§§28의 2~6).

(2) 가명정보의 처리와 결합제한

법은 제28조의2 및 제28조의3을 신설하여 통계작성, 과학적 연구, 공익적 기록보존 등을 위하여 정보주체의 동의 없이 가명정보를 처리할 수 있도록 하되, 서로 다른 개인정보처리자 간의 가명정보의 결합은 개인정보보호위원회 또는 관계 중앙행정기관의 장이 지정하는 전문기관이 수행하도록 하였다.

이에 따르면 개인정보처리자는 통계작성, 과학적 연구, 공익적 기록보존 등을 위하여 정보주체의 동의 없이 가명정보를 처리할 수 있으나(§28의2 ①), 그 가명정보를 제3자에게 제공하는 경우에는 특정 개인을 알아보기 위하여 사용될 수 있는 정보를 포함해서는 아니 된다(§28의2 ②).

반면, 통계작성, 과학적 연구, 공익적 기록보존 등을 위한 경우라도 서로 다른 개인정보처리자 간의 가명정보의 결합은 제28조의2에도 불구하고 보호위원회 또는 관계 중앙행정기관의 장이 지정하는 전문기관이 수행하도록 제한된다(§28의3 ①).

결합을 수행한 기관 외부로 결합된 정보를 반출하려는 개인정보처리자는 가명정보 또는 제58조의2에 해당하는 정보로 처리한 뒤 전문기관의 장의 승인을 받아야 한다(§28의3 ②). 결합 절차와 방법, 전문기관의 지정과 지정 취소 기준·절차, 관리·감독, 제2항에 따른 반출 및 승인 기준·절차 등 필요한 사항은 대통령령으로 정한다((§28의3 ③).

(3) 가명정보 처리의 안전성 확보

법은 개인정보처리자가 가명정보를 처리하는 경우 해당 정보가 분실·도난·유출·위조·변조 또는 훼손되지 않도록 안전성 확보에 필요한 기술적·관리적 및 물리적 조치를 하도록 하였다. 즉, 개인정보처리자는 가명정보를 처리하는 경우에는 원래의 상태로 복원하기 위한 추가 정보를 별도로 분리하여 보관·관리하는 등 해당 정보가 분실·도난·유출·위조·변조 또는 훼손되지 않도록 대통령령으로 정하는 바에 따라 안전성 확보에 필요한 기술적·관리적 및 물리적 조치를 하여야 한다(§28의4 ①).

개인정보처리자가 가명정보를 처리하고자 하는 경우에는 가명정보의 처리 목적, 제3자 제공 시 제공받는 자 등 가명정보의 처리 내용을 관리하기 위하여 대통령령으로 정하는 사항에 대한 관련 기록을 작성하여 보관하여야 한다(§28의4 ②).

(4) 가명정보 처리시 금지사항 및 과징금 부과

법은 누구든지 특정개인을 알아보기 위한 목적으로 가명정보를 처리하지 못하도록 금지하고, 이를 위반한 개인정보처리자에 대해 과징금을 부과하도록 하고 있다.

먼저, 누구든지 특정 개인을 알아보기 위한 목적으로 가명정보를 처리해서는 아니 되며(§28의5 ①), 개인정보처리자는 가명정보를 처리하는 과정에서 특정 개인을 알아볼 수 있는 정보가 생성된 경우에는 즉시 해당 정보의 처리를 중지하고, 지체 없이 회수·파기하여야 한다(§28의5 ②).

개인정보처리자가 제28조의5제1항을 위반하여 특정 개인을 알아보기 위한 목적으로 정보를 처리한 경우, 보호위원회는 전체 매출액의 100분의 3 이하에 해당하는 금액을 과징금으로 부과할 수 있으며, 다만, 매출액이 없거나 매출액의 산정이 곤란한 경우로서 대통령령으로 정하는 경우에는 4억원 또는 자본금의 100분의 3 중 큰 금액 이하로 과징금을 부과할 수 있다(§28의6 ①). 과징금의 부과·징수 등에 필요한 사항은 제34조의2제3항부터 제5항까지의 규정을 준용한다(§28의5 ②).

가명정보에 대해서는 제20조, 제21조, 제27조, 제34조제1항, 제35조부터 제37조까지, 제39조의3, 제39조의4, 제39조의6부터 제39조의8까지의 규정의 적용이 배제된다(§28의7).

4.4. 개인정보의 처리 제한

(1) 개설

법은 개인정보의 처리 제한에 관하여 민감정보의 처리 제한, 고유식별정보의 처리제한 강화, 영상정보처리기기의 설치·운영 제한 등을 규정하고 있다.

(2) 민감정보의 처리 제한

개인정보중에서도 특히 그 처리를 제한해야 할 필요성이 큰 경우가 민감정보라 할 수 있다. 그러한 견지에서 법은 민감정보의 처리를 비교적 엄격하게 제한하고 있다. 즉, 개인정보처리자는 사상·신념, 노동조합·정당의 가입·탈퇴, 정치적 견해, 건강, 성생활 등에 관한 정보, 그 밖에 정보주체의 사생활을 현저히 침해할 우려가 있는 개인정보로서 대통령령으로 정하는 정보, 즉 "민감정보"를 처리해서는 아니 된다(§23 ① 본문). 2020년 8월 4일의 개정시행령은 제18조제3호 및 제4호를 신설하여 민감정보의 범위를 개인의 신체적, 생리적, 행동적 특징에 관한 정보로서 특정 개인을 알아볼 목적으로 일정한 기술적 수단을 통해 생성한 정보와 인종이나 민족에 관한 정보를 포함하는 것으로 확대하였다.

민감정보의 처리금지에는 다음과 같은 예외가 인정된다(§23 ① 단서).

1. 정보주체에게 제15조제2항 각 호 또는 제17조제2항 각 호의 사항을 알리고 다른 개인정보의 처리에 대한 동의와 별도로 동의를 받은 경우
2. 법령에서 민감정보의 처리를 요구하거나 허용하는 경우

개인정보처리자가 위와 같이 민감정보를 처리하는 경우에는 그 민감정보가 분실·도난·유출·위조·변조 또는 훼손되지 아니하도록 제29조에 따른 안전성 확보에 필요한 조치를 하여야 한다(§23 ②).

(3) 고유식별정보의 처리제한 강화

그동안 주민등록번호의 오·남용과 그로 인한 피해사례가 끊이지 않았다. 그 원인으로 주민등록번호의 오·남용을 가능케 한 소프트웨어나 해킹 등뿐만 아니라 주민등록번호 같은 고유식별정보를 무분별하게 널리 사용해 온 기존의 관행 등이 지목되었다. 이에 법은 주민등록번호의 광범위한 사용 관행을 제한함으로써 주민등록번호 오·남용을 방지하고, 고유식별정보에 대한 보호를 한층 강화하기 위하여 주민등록번호 등 고유식별정보의 처리제한을 대폭 강화하였다. 이에 따라 주민등록번호 등 법령에 의하여 개인을 고유하게 구별하기 위해 부여된 고유식별정보는 원칙적으로 처리가 금지되며, 별도의 동의를 얻거나 법령에 의한 경우 등에 한하여 제한적으로 예외가 인정되게 되었다. 한편, 대통령령으로 정하는 개인정보처리자에게 홈페이지 회원가입 등 일정한 경우 주민등록번호 외의 방법을 반드시 제공하도록 의무화하고 있다.

고유식별정보의 처리 제한의 내용을 좀 더 살펴보면 다음과 같다.

개인정보처리자는 다음 각 호의 경우를 제외하고는 법령에 따라 개인을 고유하게

구별하기 위하여 부여된 식별정보로서 대통령령으로 정하는 정보, 즉 "고유식별정보"를 처리할 수 없다(§24 ①).

1. 정보주체에게 제15조제2항 각 호 또는 제17조제2항 각 호의 사항을 알리고 다른 개인정보의 처리에 대한 동의와 별도로 동의를 받은 경우
2. 법령에서 구체적으로 고유식별정보의 처리를 요구하거나 허용하는 경우

개인정보처리자가 제1항 각 호에 따라 고유식별정보를 처리하는 경우에는 그 고유식별정보가 분실·도난·유출·위조·변조 또는 훼손되지 아니하도록 대통령령으로 정하는 바에 따라 암호화 등 안전성 확보에 필요한 조치를 하여야 한다(§24 ③).

보호위원회는 처리하는 개인정보의 종류·규모, 종업원 수 및 매출액 규모 등을 고려하여 대통령령으로 정하는 기준에 해당하는 개인정보처리자가 제3항에 따라 안전성 확보에 필요한 조치를 하였는지에 관하여 대통령령으로 정하는 바에 따라 정기적으로 조사하여야 하며(§24 ④), 이 조사를 대통령령으로 정하는 전문기관으로 하여금 수행하게 할 수 있다(§24 ⑤).

(4) 주민등록번호 처리의 제한

개인정보보호법 제정 당시 법령에 근거가 있거나 정보주체 본인의 동의가 있는 경우에만 제한적으로 주민등록번호 등 고유식별정보의 처리를 허용하는 한편, 그 안전성 확보에 필요한 조치를 이행하도록 하였지만, 그 후에도 대량의 주민등록번호 유출 및 악용 사고가 빈번하게 발생하였다. 그러나 이러한 유출 사고가 발생한 대기업 등에 대해서 민형사상 책임이 제대로 부과되지 않아 국민의 불안 가중 및 유출로 인한 2차 피해의 확산이 우려되었다. 이에 모든 개인정보처리자에 대하여 원칙적으로 주민등록번호의 처리를 금지하고, 주민등록번호가 분실·도난·유출·변조·훼손된 경우 5억원 이하의 과징금을 부과·징수할 수 있도록 하며, 개인정보 관련 법규 위반행위가 있다고 인정될 만한 상당한 이유가 있을 때에는 대표자 또는 책임 있는 임원을 징계할 것을 권고할 수 있도록 하여 주민등록번호 유출사고를 방지하는 한편, 기업이 주민등록번호 등 개인정보 보호를 위한 책임을 다하도록 하기 위해 2013년 8월 6일 법개정이 단행되었다(법률 제11990호). 이후에도 몇 차례 더 주민등록번호의 사용을 보다 엄격히 관리·통제하기 위해 주민등록번호 수집 근거 법령의 범위를 제한적 열거 방식으로 한정하는 법률개정이 이루어졌다. 주민등록번호 처리의 제한에 관한 제24조의2의 내용을 살펴보면 다음과 같다.

개인정보처리자는 법 제24조제1항에도 불구하고 다음 각 호 어느 하나에 해당하는 경우를 제외하고는 주민등록번호를 처리할 수 없다(§24의2 ①).

1. 법률·대통령령·국회규칙·대법원규칙·헌법재판소규칙·중앙선거관리위원회규칙 및 감사원규칙에서 구체적으로 주민등록번호의 처리를 요구하거나 허용한 경우
2. 정보주체 또는 제3자의 급박한 생명, 신체, 재산의 이익을 위하여 명백히 필요하다고 인정되는 경우
3. 제1호 및 제2호에 준하여 주민등록번호 처리가 불가피한 경우로서 보호위원회가 고시로 정하는 경우

개인정보처리자는 제24조제3항에도 불구하고 주민등록번호가 분실·도난·유출·위조·변조 또는 훼손되지 아니하도록 암호화 조치를 통하여 안전하게 보관하여야 하며, 이 경우 암호화 적용 대상 및 대상별 적용 시기 등에 관하여 필요한 사항은 개인정보의 처리 규모와 유출 시 영향 등을 고려하여 대통령령으로 정한다(§24의2 ②).

개인정보처리자는 제1항 각 호에 따라 주민등록번호를 처리하는 경우에도 정보주체가 인터넷 홈페이지를 통하여 회원으로 가입하는 단계에서는 주민등록번호를 사용하지 아니하고도 회원으로 가입할 수 있는 방법을 제공하여야 하며(§24의2 ③), 보호위원회는 개인정보처리자가 그런 방법을 제공할 수 있도록 관계 법령의 정비, 계획의 수립, 필요한 시설 및 시스템의 구축 등 제반 조치를 마련·지원할 수 있다(§24의2 ④).

(5) 영상정보처리기기의 설치·운영 제한

그동안 CCTV 등 영상정보처리기기[95]의 무분별한 설치·사용에 따른 개인의 프라이버시 침해 등 많은 부작용과 이에 따른 우려와 논란이 끊임없이 제기되었다. 이러한 배경에서 법은 영상정보처리기기의 설치·운영 근거를 구체화함으로써 폐쇄회로 텔레비전 등 영상정보처리기기의 무분별한 설치를 방지하여 개인영상정보 보호를 강화하고자 하였다. 이에 따라 영상정보처리기기 운영자는 일반적으로 공개된 장소에 범죄예방 등 특정 목적으로만 영상정보처리기기를 설치할 수 있게 되었다.

먼저, 법은 영상정보처리기기의 설치·운영을 제한하고 있다. 누구든지 다음 각 호의 경우를 제외하고는 공개된 장소에 영상정보처리기기를 설치·운영해서는 아니 된다(§25 ①).

1. 법령에서 구체적으로 허용하고 있는 경우
2. 범죄의 예방 및 수사를 위하여 필요한 경우
3. 시설안전 및 화재 예방을 위하여 필요한 경우
4. 교통단속을 위하여 필요한 경우
5. 교통정보의 수집·분석 및 제공을 위하여 필요한 경우

---

95) "영상정보처리기기"란 일정한 공간에 지속적으로 설치되어 사람 또는 사물의 영상 등을 촬영하거나 이를 유·무선망을 통하여 전송하는 장치로서 대통령령으로 정하는 장치를 말한다(§2 vii).

둘째, 누구든지 불특정 다수가 이용하는 목욕실, 화장실, 발한실(發汗室), 탈의실 등 개인의 사생활을 현저히 침해할 우려가 있는 장소의 내부를 볼 수 있도록 영상정보처리기기를 설치·운영해서는 아니 된다(§25 ② 본문). 다만, 교도소, 정신보건 시설 등 법령에 근거하여 사람을 구금하거나 보호하는 시설로서 대통령령으로 정하는 시설은 예외이다(§25 ② 단서).

셋째, 법은 제1항 각 호에 따라 영상정보처리기기를 설치·운영하려는 공공기관의 장과 제2항 단서에 따라 영상정보처리기기를 설치·운영하려는 자에게 공청회·설명회의 개최 등 대통령령으로 정하는 절차를 거쳐 관계 전문가 및 이해관계인의 의견을 수렴할 의무를 부과하고 있다(§25 ③).

넷째, 법은 제1항 각 호에 따라 영상정보처리기기를 설치·운영하는 자(영상정보처리기기운영자)에게 그 안전성 등을 확보하기 위한 각종 의무를 부과하고 있다. 즉, 영상정보처리기기운영자는 정보주체가 쉽게 인식할 수 있도록 다음 각 호의 사항이 포함된 안내판을 설치하는 등 필요한 조치를 하여야 하며, 다만, 「군사기지 및 군사시설 보호법」 제2조제2호에 따른 군사시설, 「통합방위법」 제2조제13호에 따른 국가중요시설, 그 밖에 대통령령으로 정하는 시설에 대하여는 그러하지 아니하다(§25 ④).

1. 설치 목적 및 장소
2. 촬영 범위 및 시간
3. 관리책임자 성명 및 연락처
4. 그 밖에 대통령령으로 정하는 사항

영상정보처리기기운영자는 영상정보처리기기의 설치 목적과 다른 목적으로 영상정보처리기기를 임의로 조작하거나 다른 곳을 비춰서는 아니 되며, 녹음기능은 사용할 수 없다(§25 ⑤). 그 밖에도 영상정보처리기기운영자는 개인정보가 분실·도난·유출·위조·변조 또는 훼손되지 아니하도록 제29조에 따라 안전성 확보에 필요한 조치를 하여야 하며(§25 ⑥), 대통령령으로 정하는 바에 따라 영상정보처리기기 운영·관리 방침을 마련하여야 한다(§25 ⑦ 전단).[96]

다섯째, 영상정보처리기기운영자는 영상정보처리기기의 설치·운영에 관한 사무를 위탁할 수 있다(§25 ⑧ 전단). 다만, 공공기관이 영상정보처리기기 설치·운영에 관한 사무를 위탁하는 경우에는 대통령령으로 정하는 절차 및 요건에 따라야 한다(§25 ⑧ 후단).

---

96) 그 경우 제30조에 따른 개인정보 처리방침을 정하지 아니할 수 있다(§25 ⑦ 후단).

(6) 업무위탁에 따른 개인정보의 처리 제한

개인정보처리자가 제3자에게 개인정보의 처리 업무를 위탁하는 경우에는 다음 각 호의 내용이 포함된 문서에 의하여야 한다(§26 ①).

> 1. 위탁업무 수행 목적 외 개인정보의 처리 금지에 관한 사항
> 2. 개인정보의 기술적·관리적 보호조치에 관한 사항
> 3. 그 밖에 개인정보의 안전한 관리를 위하여 대통령령으로 정한 사항

이 경우 개인정보의 처리 업무를 위탁하는 개인정보처리자(이하 "위탁자"라 한다)는 위탁하는 업무의 내용과 개인정보 처리 업무를 위탁받아 처리하는 자(이하 "수탁자"라 한다)를 정보주체가 언제든지 쉽게 확인할 수 있도록 대통령령으로 정하는 방법에 따라 공개하여야 한다(§26 ②).

위탁자가 재화 또는 서비스를 홍보하거나 판매를 권유하는 업무를 위탁하는 경우에는 대통령령으로 정하는 방법에 따라 위탁하는 업무의 내용과 수탁자를 정보주체에게 알려야 한다(§26 ③ 전단). 위탁하는 업무의 내용이나 수탁자가 변경된 경우에도 또한 같다(§26 ③ 후단).

위탁자는 업무 위탁으로 인하여 정보주체의 개인정보가 분실·도난·유출·위조·변조 또는 훼손되지 아니하도록 수탁자를 교육하고, 처리 현황 점검 등 대통령령으로 정하는 바에 따라 수탁자가 개인정보를 안전하게 처리하는지를 감독하여야 한다(§26 ④).

수탁자는 개인정보처리자로부터 위탁받은 해당 업무 범위를 초과하여 개인정보를 이용하거나 제3자에게 제공해서는 아니 된다(§26 ⑤).

수탁자가 위탁받은 업무와 관련하여 개인정보를 처리하는 과정에서 이 법을 위반하여 발생한 손해배상책임에 대하여는 수탁자를 개인정보처리자의 소속 직원으로 본다(§26 ⑥).

수탁자에 관하여는 제15조부터 제25조까지, 제27조부터 제31조까지, 제33조부터 제38조까지 및 제59조를 준용한다(§26 ⑦).

(7) 영업양도 등에 따른 개인정보의 이전 제한

법은 영업양도 등에 따른 개인정보의 이전을 제한하는 규정을 두고 있다. 이에 따르면, 개인정보처리자는 영업의 전부 또는 일부의 양도·합병 등으로 개인정보를 다른 사람에게 이전하는 경우에는 미리 다음 각 호의 사항을 대통령령으로 정하는 방법에 따라 해당 정보주체에게 알려야 한다(§27 ①).

1. 개인정보를 이전하려는 사실
2. 개인정보를 이전받는 자(이하 "영업양수자등"이라 한다)의 성명(법인의 경우에는 법인의 명칭을 말한다), 주소, 전화번호 및 그 밖의 연락처
3. 정보주체가 개인정보의 이전을 원하지 아니하는 경우 조치할 수 있는 방법 및 절차

영업양수자등은 개인정보를 이전받았을 때에는 지체 없이 그 사실을 대통령령으로 정하는 방법에 따라 정보주체에게 알려야 한다(§27 ② 전단). 다만, 개인정보처리자가 제1항에 따라 그 이전 사실을 이미 알린 경우에는 그러하지 아니하다(§27 ② 후단).

영업양수자등은 영업의 양도·합병 등으로 개인정보를 이전받은 경우에는 이전 당시의 본래 목적으로만 개인정보를 이용하거나 제3자에게 제공할 수 있다(§27 ③ 전단). 이 경우 영업양수자등은 개인정보처리자로 본다(§27 ③ 전단).

(8) 개인정보취급자에 대한 감독

법은 개인정보취급자에 대한 감독에 관한 규정을 두고 있다. 즉, 개인정보처리자는 개인정보를 처리함에 있어 개인정보가 안전하게 관리될 수 있도록 임직원, 파견근로자, 시간제근로자 등 개인정보처리자의 지휘·감독을 받아 개인정보를 처리하는 자("개인정보취급자")에 대하여 적절한 관리·감독을 행하여야 한다(§28 ①). 개인정보처리자는 개인정보의 적정한 취급을 보장하기 위하여 개인정보취급자에게 정기적으로 필요한 교육을 실시하여야 한다(§28 ②).

5. 개인정보의 안전한 관리

5.1. 개설

법은 개인정보의 안전성 확보의 긴절함을 감안하여 개인정보의 안전한 관리를 위한 규정을 크게 강화하고 있다.

5.2. 개인정보처리자의 안전조치의무

법은 개인정보처리자에게 개인정보가 분실·도난·유출·변조 또는 훼손되지 아니하도록 내부 관리계획 수립, 접속기록 보관 등 대통령령으로 정하는 바에 따라 안전성 확보에 필요한 기술적·관리적 및 물리적 조치를 하도록 의무를 부과하였다(§29 ①).

5.3. 개인정보 처리방침의 수립·공개

법은 개인정보처리자로 하여금 개인정보 처리방침을 수립하도록 의무화하고 이를 공개하도록 하였다. 즉, 개인정보처리자는 다음과 같은 사항이 포함된 개인정보의 처리방침("개인정보 처리방침")을 정해야 하며, 이 경우 공공기관은 법 제32조에 따라 등록대상이 되는 개인정보파일에 대하여 개인정보 처리방침을 정하도록 되어 있다(§30 ①).

1. 개인정보의 처리 목적
2. 개인정보의 처리 및 보유 기간
3. 개인정보의 제3자 제공에 관한 사항(해당되는 경우에만 정한다)
3의2. 개인정보의 파기절차 및 파기방법(제21조제1항 단서에 따라 개인정보를 보존하여야 하는 경우에는 그 보존근거와 보존하는 개인정보 항목을 포함한다)
4. 개인정보처리의 위탁에 관한 사항(해당되는 경우에만 정한다)
5. 정보주체와 법정대리인의 권리·의무 및 그 행사방법에 관한 사항
6. 제31조에 따른 개인정보 보호책임자의 성명 또는 개인정보 보호업무 및 관련 고충사항을 처리하는 부서의 명칭과 전화번호 등 연락처
7. 인터넷 접속정보파일 등 개인정보를 자동으로 수집하는 장치의 설치·운영 및 그 거부에 관한 사항(해당하는 경우에만 정한다)
8. 그 밖에 개인정보의 처리에 관하여 대통령령으로 정한 사항

개인정보처리자가 개인정보 처리방침을 수립하거나 변경하는 경우에는 정보주체가 쉽게 확인할 수 있도록 대통령령으로 정하는 방법에 따라 공개하여야 한다(§30 ②).

개인정보처리방침의 내용과 개인정보처리자와 정보주체 간에 체결한 계약의 내용이 다른 경우에는 정보주체에게 유리한 것을 적용한다(§30 ③).

보호위원회는 개인정보 처리방침의 작성지침을 정하여 개인정보처리자에게 그 준수를 권장할 수 있다(§30 ④).

5.4. 개인정보 보호책임자의 지정

법은 개인정보처리자에게 개인정보의 처리에 관한 업무를 총괄해서 책임질 개인정보 보호책임자를 지정하도록 의무를 부과하고 있다(§31 ①). 개인정보 보호책임자가 수행하는 업무는 다음과 같다(§31 ②).

1. 개인정보 보호 계획의 수립 및 시행
2. 개인정보 처리 실태 및 관행의 정기적인 조사 및 개선
3. 개인정보 처리와 관련한 불만의 처리 및 피해 구제
4. 개인정보 유출 및 오·남용 방지를 위한 내부통제시스템의 구축
5. 개인정보 보호 교육 계획의 수립 및 시행

6. 개인정보파일의 보호 및 관리·감독
7. 그 밖에 개인정보의 적절한 처리를 위하여 대통령령으로 정한 업무

개인정보 보호책임자는 제2항 각 호의 업무를 수행함에 있어서 필요한 경우 개인정보의 처리 현황, 처리 체계 등에 대하여 수시로 조사하거나 관계 당사자로부터 보고를 받을 수 있다(§31 ③).

개인정보 보호책임자는 개인정보 보호와 관련하여 이 법 및 다른 관계 법령의 위반 사실을 알게 된 경우에는 즉시 개선조치를 해야 하며, 필요하면 소속 기관 또는 단체의 장에게 개선조치를 보고하여야 한다(§31 ④).

개인정보처리자는 개인정보 보호책임자가 제2항 각 호의 업무를 수행함에 있어서 정당한 이유 없이 불이익을 주거나 받게 하여서는 아니 된다(§31 ⑤).

개인정보 보호책임자의 지정요건, 업무, 자격요건, 그 밖에 필요한 사항은 대통령령으로 정한다(§31 ⑥).

5.5. 개인정보파일의 등록 및 공개

공공기관의 장이 개인정보파일을 운용하는 경우에는 다음 사항을 보호위원회에 등록하여야 한다. 등록한 사항이 변경된 경우에도 또한 같다(§32 ①).

1. 개인정보파일의 명칭
2. 개인정보파일의 운영 근거 및 목적
3. 개인정보파일에 기록되는 개인정보의 항목
4. 개인정보의 처리방법
5. 개인정보의 보유기간
6. 개인정보를 통상적 또는 반복적으로 제공하는 경우에는 그 제공받는 자
7. 그 밖에 대통령령으로 정하는 사항

다음 중 어느 하나에 해당하는 개인정보파일에 대하여는 제1항을 적용하지 아니한다(§32 ②).

1. 국가 안전, 외교상 비밀, 그 밖에 국가의 중대한 이익에 관한 사항을 기록한 개인정보파일
2. 범죄의 수사, 공소의 제기 및 유지, 형 및 감호의 집행, 교정처분, 보호처분, 보안관찰처분과 출입국관리에 관한 사항을 기록한 개인정보파일
3. 「조세범처벌법」에 따른 범칙행위 조사 및 「관세법」에 따른 범칙행위 조사에 관한 사항을 기록한 개인정보파일
4. 공공기관의 내부적 업무처리만을 위하여 사용되는 개인정보파일
5. 다른 법령에 의하여 비밀로 분류된 개인정보파일

보호위원회는 필요하면 개인정보파일의 등록사항과 그 내용을 검토하여 해당 공공기관의 장에게 개선을 권고할 수 있다(§32 ③).

보호위원회는 개인정보파일의 등록 현황을 누구든지 쉽게 열람할 수 있도록 공개하여야 하며(§32 ④), 그 등록과 공개의 방법, 범위 및 절차에 관하여 필요한 사항은 대통령령으로 정한다(§32 ⑤).

국회, 법원, 헌법재판소, 중앙선거관리위원회(그 소속 기관을 포함한다)의 개인정보파일 등록 및 공개에 관하여는 국회규칙, 대법원규칙, 헌법재판소규칙 및 중앙선거관리위원회규칙으로 정한다(§32 ⑥).

5.6. 개인정보 보호 인증

법은 제32조의2에서 보호위원회로 하여금 개인정보처리자의 개인정보 처리 및 보호와 관련한 일련의 조치가 이 법에 부합하는지 등에 관하여 인증할 수 있도록 하고 있다(§32의2 ①). 인증의 유효기간은 3년이며(§32의2 ②), 인증을 받은 자는 대통령령으로 정하는 바에 따라 인증의 내용을 표시하거나 홍보할 수 있다(§32의2 ⑤). 보호위원회는 대통령령으로 정하는 전문기관으로 하여금 법 제32조의2 제1항에 따른 인증, 제3항에 따른 인증 취소, 제4항에 따른 사후관리 및 제7항에 따른 인증 심사원 관리 업무를 수행하게 할 수 있다(§32의2 ⑤).

5.7. 개인정보 영향평가

개인정보 영향평가제도는 "정부기관이 수행하는 각종정보화 사업이 개인의 정보보호에 끼치는 잠재적 혹은 실질적인 영향을 평가하고 이런 영향을 감소할 수 있는 방식을 평가하는 것"을 말한다.[97] 그중 프라이버시 영향평가제도는 새로 도입되는 정보정책과 컴퓨터 시스템, 새로운 정보수집 프로그램 등이 개인의 정보보호에 얼마나 영향을 끼치는가를 평가하여 정부기관에 의한 개인의 프라이버시 침해 가능성을 최소화 및 예방하는 것을 의미한다. 개인정보 침해로 인한 피해는 원상회복 등 사후 권리구제가 어려우므로 영향평가를 실시하여 미리 위험요인을 분석하고 이를 조기에 제거할 수 있도록 함

---

97) Privacy and E-Government: Privacy Impact Assessments and Privacy Commissioners – Two Mechanisms for Protecting Privacy to Promote Citizen Trust Online, in Global Internet Policy Initiative, 2003.5, p.3.

으로서 개인정보 유출 및 오·남용 등의 피해를 효과적으로 예방할 수 있다. 이러한 배경에서 법은 제33조에서 개인정보 영향평가제도를 도입하였다. 법은 개인정보처리자는 개인정보파일의 구축·확대 등이 개인정보 보호에 영향을 미칠 우려가 크다고 판단될 경우 자율적으로 영향평가를 수행할 수 있도록 하는 한편, 공공기관은 정보주체의 권리침해 우려가 큰 일정한 사유에 해당될 때에는 반드시 영향평가를 수행하도록 의무화하고 있다.

개인정보보호법이 도입한 영향평가제도는 캐나다와 미국 등의 입법례를 참조한 것이다. 캐나다는 최초로 프라이버시 영향평가제도를 도입한 나라이다.[98] 캐나다는 프라이버시와 관련된 내용이 포함된 모든 연방정부기관의 프로그램과 서비스에 대해 정보영향평가를 의무화 하고 있다.[99] 캐나다 프라이버시 영향평가의 특징은 프로그램의 설계와 개선과정에서 프라이버시와 관련된 문제를 확인하고 해결하기 위한 일관된 분석틀(framework)을 제공하는 데 있다. 캐나다에서 프라이버시 영향평가 제도를 도입하게 된 배경은 다음과 같다. ① 정부기관은 당해 기관이 제공하는 프로그램 및 서비스의 구상, 분석, 고안, 개발, 시행 및 사후 검토에 이르기까지 전 과정에 걸쳐 개인정보의 수집, 이용 및 공개 등과 관련하여 프라이버시법 및 프라이버시 보호 원칙을 준수하고 있음을 명백히 밝힐 책임이 있다. ② 정부기관은 또한 개인정보의 수집이유, 이용 및 공개방법 등에 관하여 일반 국민과 지속적으로 의견을 교환해야 하며, 신규 프로그램 및 서비스를 제공하는 경우에는 동 프로그램 및 서비스가 프라이버시에 미치는 영향 및 그 해결방안에 대해 설명할 책임이 있다. ③ 따라서, 프라이버시 영향평가 정책 및 지침을 발표 및 시행함으로써 정부의 프로그램이나 서비스의 구상에서부터 시행에 이르기까지 모든 단계에 걸쳐 프라이버시가 보호되도록 하고, 프라이버시 문제에 대한 프로그램 관리자 및 기타 관계자의 책임을 명확히 하고, 프라이버시에 대한 이해를 바탕으로 철저한 검증을 거쳐 정책이나 시스템 등을 도입할 수 있도록 정책결정자에 대하여 필요한 정보를 제공하고, 사업추진 후에 프라이버시 보호를 이유로 사업을 중단하거나 변경하는 위험을 감소시키고, 정부기관이 이용하는 개인정보와 관련된 업무절차 및 흐름을 문서화하여 일반 국민과의 대화를 위한 기초 자료로 활용하고, 프라이버시위원회 및 일반 국민에 대하여 프라이버시 침해 가능성이 있는 신규 또는 변경된 프로그램 및 서비스 계획에 대한 정보를 제공하여 프라이버시 보호에 관한 인식을 고취시킬 필요가 있다는 것이다.[100]

미국은 각종 전자정부 사업을 추진하는 과정에서 당해 사업이 프라이버시에 미치는 영향을 사전에 조사함으로써 전자정부사업에 따른 국가기관에 의한 프라이버시 침해를 최소화하고자 2002년 전자정부법에서 프라이버시영향평가제도(PIA: Privacy Impact Assessment)를 법제화 하였다.[101] 미국의 프라이버시영향평가는 ① 신원확인이 가능한 정보를 수집, 유지, 관리 또는 유포하기 위해

98) Privacy and E-Government: Privacy Impact Assessments and Privacy Commissioners - Two Mechanisms for Protecting Privacy to Promote Citizen Trust Online, in Global Internet Policy Initiative, 2003.5, p.7.

99) 캐나다 프라이버시 영향평가제도의 배경과 내용은 http://www.tbs-sct.gc.ca/pubs_pol/cio-pubs/pia-pefr/ paip-pefr1_e.asp#preface를 참조

100) http://www.tbs-sct.gc.ca/pubs_pol/ciopubs/pia-pefr/paip-pefr1_e.asp#preface, 재인용 구병문, 프라이버시 영향평가제도의 국내법적 도입방안-공공부문을 중심으로, 제3회 개인정보보호 정책 포럼 자료, 2004.6, p.7-8.

101) 구병문, 캐나다 및 미국의 프라이버시 영향평가제도 분석과 국내전자정부 법제로의 도입방향 검토, 정보화정책 10권 3호, 2003, pp.213-214.

정보기술을 개발하거나 조달하는 경우, ② 정보기술을 이용하여 수집, 유지, 관리 또는 유포될 정보를 새로이 수집하는 경우, ③ 연방정부기관, 그 대행기관 또는 직원을 제외한 10인 이상의 자에 대하여 신원확인에 관한 문제가 제기되거나 신원에 관한 보고의무가 부과되는 경우에 특정 개인에 대하여 물리적 또는 온라인 접속을 허용하는 신원확인이 가능한 여하한 정보 등을 새로이 수집하는 경우에 적용된다. 위와 같은 대상에 대해 평가대상이 되는 정보체계의 규모, 당해 체계에서 신원확인을 가능하게 하는 정보의 민감성, 당해 정보의 무단공개로 초래되는 위험에 관하여 평가하게 되는데, 평가 결과는 가능한 범위에서 공개토록 되어 있다. 다만 공개하는 경우에도 보안상 이유로 또는 프라이버시 영향 평가에 포함되어 있는 민감한 정보나 개인정보를 보호하기 위하여 공개에 관한 사항을 변경하거나 공개자체를 배제할 수 있도록 하였다.[102]

공공기관의 장은 대통령령으로 정하는 기준에 해당하는 개인정보파일의 운용으로 인하여 정보주체의 개인정보 침해가 우려되는 경우에는 그 위험요인의 분석과 개선 사항 도출을 위한 평가("영향평가")를 하고 그 결과를 보호위원회에 제출하여야 한다(§33 ① 전단). 이 경우 공공기관의 장은 영향평가를 보호위원회가 지정하는 기관("평가기관") 중에서 의뢰하여야 한다(§33 ① 후단).

영향평가를 하는 경우에는 다음 각 호의 사항을 고려하여야 한다(§33 ②).

1. 처리하는 개인정보의 수
2. 개인정보의 제3자 제공 여부
3. 정보주체의 권리를 해할 가능성 및 그 위험 정도
4. 그 밖에 대통령령으로 정한 사항

보호위원회는 제출받은 영향평가 결과에 대하여 보호위원회의 심의·의결을 거쳐 의견을 제시할 수 있다(§33 ③).

공공기관의 장은 영향평가를 한 개인정보파일을 제32조제1항에 따라 등록할 때에는 영향평가 결과를 함께 첨부하여야 한다(§33 ④).

보호위원회는 영향평가의 활성화를 위하여 관계 전문가의 육성, 영향평가 기준의 개발·보급 등 필요한 조치를 마련하여야 한다(§33 ⑤).

평가기관의 지정기준 및 지정취소, 평가기준, 영향평가의 방법·절차 등에 관하여 필요한 사항은 대통령령으로 정한다(§33 ⑥). 국회, 법원, 헌법재판소, 중앙선거관리위원회(그 소속 기관을 포함한다)의 영향평가에 관한 사항은 국회규칙, 대법원규칙, 헌법재판소규칙 및 중앙선거관리위원회규칙으로 정하는 바에 따른다(§33 ⑦).

법은 공공기관 외의 개인정보처리자에 대해서도 개인정보파일 운용으로 인하여 정

---

102) 이에 관해서는 홍준형 외, "개인정보보호법제 정비를 위한 기본법 제정방안 연구", 한국전산원, 2004. 10. 29., 114 이하를 참조.

보주체의 개인정보 침해가 우려되는 경우에는 영향평가를 하기 위하여 적극 노력하여야 한다고 촉구하는 규정을 두고 있다(§33 ⑧).

5.8. 개인정보 유출사실의 통지·신고

개인정보 유출로 인한 피해의 확산 방지를 위해서는 그 사실을 미리 신속하게 통지하여 이에 대한 인식과 경계심을 공유하고 대책을 강구할 수 있도록 하는 것이 무엇보다도 중요하다. 이러한 견지에서 법은 개인정보처리자가 개인정보 유출 사실을 인지하였을 경우에는 지체 없이 해당 정보주체에게 관련 사실을 통지하고, 일정 규모 이상의 개인정보가 유출된 때에는 전문기관에 신고하도록 하는 한편, 피해의 최소화를 위해 필요한 조치를 하도록 하였다.

개인정보처리자는 개인정보가 유출되었음을 알게 되었을 때에는 지체 없이 해당 정보주체에게 다음 각 호의 사실을 알려야 한다(§34 ①).

1. 유출된 개인정보의 항목
2. 유출된 시점과 그 경위
3. 유출로 인하여 발생할 수 있는 피해를 최소화하기 위하여 정보주체가 할 수 있는 방법 등에 관한 정보
4. 개인정보처리자의 대응조치 및 피해 구제절차
5. 정보주체에게 피해가 발생한 경우 신고 등을 접수할 수 있는 담당부서 및 연락처

개인정보처리자는 개인정보가 유출된 경우 그 피해를 최소화하기 위한 대책을 마련하고 필요한 조치를 하여야 한다(§33 ②).

개인정보처리자는 대통령령으로 정한 규모 이상의 개인정보가 유출된 경우에는 제1항에 따른 통지 및 제2항에 따른 조치 결과를 지체 없이 보호위원회 또는 대통령령이 정하는 전문기관에 신고하여야 한다(§33 ③ 전단). 이 경우 보호위원회 또는 대통령령이 정하는 전문기관은 피해 확산방지, 피해 복구 등을 위한 기술을 지원할 수 있다(§33 ③ 후단).

개인정보 유출사실 통지의 시기, 방법 및 절차 등에 관하여 필요한 사항은 대통령령으로 정하도록 위임되어 있다(§33 ④).

보호위원회는 개인정보처리자가 처리하는 주민등록번호가 분실·도난·유출·위조·변조 또는 훼손된 경우에는 5억원 이하의 과징금을 부과·징수할 수 있다(§34의2 ① 제1문). 다만, 주민등록번호가 분실·도난·유출·위조·변조 또는 훼손되지 아니하도록 개인정보처리자가 제24조제3항에 따른 안전성 확보에 필요한 조치를 다한 경우에는 그러

하지 아니하다(§34의2 ① 제2문). 과징금을 부과하는 경우에는 다음 사항을 고려하여야 한다(§34의2 ②).

1. 제24조제3항에 따른 안전성 확보에 필요한 조치 이행 노력 정도
2. 분실·도난·유출·위조·변조 또는 훼손된 주민등록번호의 정도
3. 피해확산 방지를 위한 후속조치 이행 여부

5.9. 정보통신서비스 제공자 등의 개인정보 처리 등 특례

5.9.1. 개설

2020년 2월 4일의 개정법률은 제6장을 신설하여 정보통신서비스 제공자 등의 개인정보 처리에 관한 특례 등을 규정하고 있다. 이것은 기존의 「정보통신망 이용촉진 및 정보보호 등에 관한 법률」상 개인정보 보호 관련 규정들을 개인정보보호법에 통합하여 규정하면서 그 특례를 인정한 것이다. 특례조항은 다음과 같다.

개인정보의 수집·이용 동의 등에 대한 특례(§39의3)
개인정보 유출등의 통지·신고에 대한 특례(§39의4)
개인정보의 보호조치에 대한 특례(§39의5)
개인정보의 파기에 대한 특례(§39의6)
이용자의 권리 등에 대한 특례(§39의7)
개인정보 이용내역의 통지(§39의8)
손해배상의 보장(§39의9)
노출된 개인정보의 삭제·차단(§39의10)
국내대리인의 지정(§39의11)
국외 이전 개인정보의 보호(§39의12)
상호주의(§39의13)
방송사업자등에 대한 특례(§39의14)
과징금의 부과 등에 대한 특례(§39의15)

위 특례조항들중 특히 유의할 부분을 살펴보면 다음과 같다.

5.9.2. 개인정보의 수집·이용 동의 등에 대한 특례

정보통신서비스 제공자는 제15조제1항에도 불구하고 이용자의 개인정보를 이용하려고 수집하는 경우에는 다음 각 호의 모든 사항을 이용자에게 알리고 동의를 받아야 한다(§39의3 ① 제1문). 다음 각 호의 어느 하나의 사항을 변경하려는 경우에도 또한 같다(§39의3 ① 제2문).

1. 개인정보의 수집·이용 목적
2. 수집하는 개인정보의 항목
3. 개인정보의 보유·이용 기간

정보통신서비스 제공자는 다음 각 호의 어느 하나에 해당하는 경우에는 제1항에 따른 동의 없이 이용자의 개인정보를 수집·이용할 수 있다(§39의3 ②).

1. 정보통신서비스(「정보통신망 이용촉진 및 정보보호 등에 관한 법률」 제2조제1항제2호에 따른 정보 통신서비스를 말한다. 이하 같다)의 제공에 관한 계약을 이행하기 위하여 필요한 개인정보로서 경제적·기술적인 사유로 통상적인 동의를 받는 것이 뚜렷하게 곤란한 경우
2. 정보통신서비스의 제공에 따른 요금정산을 위하여 필요한 경우
3. 다른 법률에 특별한 규정이 있는 경우

정보통신서비스 제공자는 이용자가 필요한 최소한의 개인정보 이외의 개인정보를 제공하지 아니한다는 이유로 그 서비스의 제공을 거부해서는 아니 된다(§39의3 ③ 제1문). 이 경우 필요한 최소한의 개인정보는 해당 서비스의 본질적 기능을 수행하기 위하여 반드시 필요한 정보를 말한다(§39의3 ③ 제2문).

5.9.3. 아동보호를 위한 정보통신서비스 제공자의 의무

법은 아동보호 강화의 취지에서 정보통신서비스 제공자의 의무를 명확히 하고 있다. 이에 따르면 첫째, 정보통신서비스 제공자는 만 14세 미만의 아동으로부터 개인정보 수집·이용·제공 등의 동의를 받으려면 그 법정대리인의 동의를 받아야 하고, 대통령령으로 정하는 바에 따라 법정대리인이 동의하였는지를 확인하여야 한다(§39의3 ④). 둘째, 정보통신서비스 제공자는 만 14세 미만의 아동에게 개인정보 처리와 관련한 사항의 고지 등을 하는 때에는 이해하기 쉬운 양식과 명확하고 알기 쉬운 언어를 사용하여야 한다(§39의3 ⑤). 셋째, 보호위원회는 개인정보 처리에 따른 위험성 및 결과, 이용자의 권리 등을 명확하게 인지하지 못할 수 있는 만 14세 미만의 아동의 개인정보 보호 시책을 마련하여야 한다(§39의3 ⑥).

5.9.4. 개인정보 유출등의 통지·신고에 대한 특례

법은 개인정보 유출등의 통지·신고제도와 관련 정보통신서비스 제공자에 대한 특례를 다음과 같이 인정하고 있다.

즉, 법 제34조제1항 및 제3항에도 불구하고 정보통신서비스 제공자와 그로부터 제17조제1항에 따라 이용자의 개인정보를 제공받은 자("정보통신서비스 제공자등")는 개인정

보의 분실·도난·유출("유출등") 사실을 안 때에는 지체 없이 다음 각 호의 사항을 해당 이용자에게 알리고 보호위원회 또는 대통령령으로 정하는 전문기관에 신고하여야 하며, 정당한 사유 없이 그 사실을 안 때부터 24시간을 경과하여 통지·신고해서는 아니 된다 (§39의4 ① 본문). 다만, 이용자의 연락처를 알 수 없는 등 정당한 사유가 있는 경우에는 대통령령으로 정하는 바에 따라 통지를 갈음하는 조치를 취할 수 있다(§39의4 ① 단서).

1. 유출등이 된 개인정보 항목
2. 유출등이 발생한 시점
3. 이용자가 취할 수 있는 조치
4. 정보통신서비스 제공자등의 대응 조치
5. 이용자가 상담 등을 접수할 수 있는 부서 및 연락처

신고를 받은 대통령령으로 정하는 전문기관은 지체 없이 그 사실을 보호위원회에 알려야 하고(§39의4 ②), 정보통신서비스 제공자등은 제1항에 따른 정당한 사유를 보호위원회에 소명하여야 한다(§39의4 ③).

5.9.5. 개인정보 보호조치에 대한 특례

법은 개인정보 처리의 위험을 최소화하려는 취지에서 정보통신서비스 제공자등이 이용자의 개인정보를 처리하는 자를 최소한으로 제한하도록 의무화하고 있다(§39의5).

5.9.6. 개인정보 이용자 보호

(1) 개인정보 파기에 대한 특례

정보통신서비스 제공자등은 정보통신서비스를 1년의 기간 동안 이용하지 아니하는 이용자의 개인정보를 보호하기 위하여 대통령령으로 정하는 바에 따라 개인정보의 파기 등 필요한 조치를 취하여야 한다(§39의6 ① 본문). 다만, 그 기간에 대하여 다른 법령 또는 이용자의 요청에 따라 달리 정한 경우에는 그에 따른다(§39의6 ① 단서).

정보통신서비스 제공자등은 제1항의 기간 만료 30일 전까지 개인정보가 파기되는 사실, 기간 만료일 및 파기되는 개인정보의 항목 등 대통령령으로 정하는 사항을 전자우편 등 대통령령으로 정하는 방법으로 이용자에게 알려야 한다(§39의6 ②).

(2) 이용자의 권리 등에 대한 특례

이용자는 정보통신서비스 제공자등에 대하여 언제든지 개인정보 수집·이용·제공 등의 동의를 철회할 수 있다(§39의7 ①).

정보통신서비스 제공자등은 제1항에 따른 동의의 철회, 제35조에 따른 개인정보의

열람, 제36조에 따른 정정을 요구하는 방법을 개인정보의 수집방법보다 쉽게 하여야 한다(§39의7 ②).

정보통신서비스 제공자등은 제1항에 따라 동의를 철회하면 지체 없이 수집된 개인정보를 복구·재생할 수 없도록 파기하는 등 필요한 조치를 하여야 한다(§39의7 ③).

(3) 개인정보 이용내역의 통지

정보통신서비스 제공자 등으로서 대통령령으로 정하는 기준에 해당하는 자는 제23조, 제39조의3에 따라 수집한 이용자의 개인정보의 이용내역(제17조에 따른 제공을 포함한다)을 주기적으로 이용자에게 통지하여야 한다(§39의8 ① 본문). 다만, 연락처 등 이용자에게 통지할 수 있는 개인정보를 수집하지 아니한 경우에는 그러하지 아니한다(§39의8 ① 단서).

이용자에게 통지하여야 하는 정보의 종류, 통지주기 및 방법, 그 밖에 이용내역 통지에 필요한 사항은 대통령령으로 정한다(§39의8 ②).

(4) 노출된 개인정보의 삭제·차단

정보통신서비스 제공자등은 주민등록번호, 계좌정보, 신용카드정보 등 이용자의 개인정보가 정보통신망을 통하여 공중에 노출되지 아니하도록 하여야 한다(§39의10 ①).

제1항에도 불구하고 공중에 노출된 개인정보에 대하여 보호위원회 또는 대통령령으로 지정한 전문기관의 요청이 있는 경우 정보통신서비스 제공자등은 삭제·차단 등 필요한 조치를 취하여야 한다(§39의10 ②).

5.9.7. 손해배상의 보장

정보통신서비스 제공자등은 자신들이 개인정보 취급과정에서 지게 될 배상책임의 리스크가 과중해져 감당하기 어렵게 되거나 그로 인해 손해배상에 소극적으로 나올 우려가 있다. 이 점을 감안하여 법은 미리 손해배상 보장을 위한 재정적 조치를 취하도록 의무화하고 있다. 이에 따르면, 정보통신서비스 제공자등은 제39조 및 제39조의2에 따른 손해배상책임의 이행을 위하여 보험 또는 공제에 가입하거나 준비금을 적립하는 등 필요한 조치를 하여야 한다(§39의9 ①). 가입 대상 개인정보처리자의 범위, 기준 등에 필요한 사항은 대통령령으로 정한다(§39의9 ②).

5.9.8. 국외 이전 개인정보의 보호

이미 오래 전부터 화두로 떠오른 개인정보의 국외이전 문제와 관련하여 법은 정보통신서비스 제공자등은 이용자의 개인정보에 관하여 이 법을 위반하는 사항을 내용으로 하는 국제계약을 체결하지 못하도록 금지하는 조항을 두고 있다(§39의12 ①).

제17조제3항에도 불구하고 정보통신서비스 제공자등은 이용자의 개인정보를 국외에 제공(조회되는 경우를 포함한다)·처리위탁·보관(이하 이 조에서 "이전"이라 한다)하려면 이용자의 동의를 받아야 한다(§39의12 ② 본문). 다만, 제3항 각 호의 사항 모두를 제30조제2항에 따라 공개하거나 전자우편 등 대통령령으로 정하는 방법에 따라 이용자에게 알린 경우에는 개인정보 처리위탁·보관에 따른 동의절차를 거치지 아니할 수 있다(§39의12 ② 단서).

정보통신서비스 제공자등은 제2항 본문에 따른 동의를 받으려면 미리 다음 각 호의 사항 모두를 이용자에게 고지하여야 한다(§39의12 ③).

1. 이전되는 개인정보 항목
2. 개인정보가 이전되는 국가, 이전일시 및 이전방법
3. 개인정보를 이전받는 자의 성명(법인인 경우에는 그 명칭 및 정보관리책임자의 연락처를 말한다)
4. 개인정보를 이전받는 자의 개인정보 이용목적 및 보유·이용 기간

정보통신서비스 제공자등은 제2항 본문에 따른 동의를 받아 개인정보를 국외로 이전하는 경우 대통령령으로 정하는 바에 따라 보호조치를 하여야 한다(§39의12 ④).

이용자의 개인정보를 이전받는 자가 해당 개인정보를 제3국으로 이전하는 경우에 관하여는 제1항부터 제4항까지의 규정을 준용한다(§39의12 ⑤).[103]

법은 제39조의12에도 불구하고 개인정보의 국외 이전을 제한하는 국가의 정보통신서비스 제공자등에 대하여는 해당 국가의 수준에 상응하는 제한을 할 수 있다고 규정하여 상호주의를 명문화하였다(§39의13 본문). 다만, 조약 또는 그 밖의 국제협정의 이행에 필요한 경우에는 예외를 인정한다(§39의13 단서).

---

103) 이 경우 "정보통신서비스 제공자등"은 "개인정보를 이전받는 자"로, "개인정보를 이전받는 자"는 "제3국에서 개인정보를 이전받는 자"로 본다.

6. 개인정보보호에 관한 금지·제도개선, 시정조치 등

6.1. 개설

개인정보보호법은 그 밖에도 공공부문에서의 개인보호정책의 추진·관리를 위해 금지행위, 비밀유지, 제도개선 등에 관한 사항들을 규율하고 있다. 이를 간략히 살펴보면 다음과 같다.

6.2. 금지행위

개인정보를 처리하거나 처리하였던 자는 다음 각 호의 어느 하나에 해당하는 행위를 해서는 아니 된다(§59).

1. 거짓이나 그 밖의 부정한 수단이나 방법으로 개인정보를 취득하거나 처리에 관한 동의를 받는 행위
2. 업무상 알게 된 개인정보를 누설하거나 권한 없이 다른 사람이 이용하도록 제공하는 행위
3. 정당한 권한 없이 또는 허용된 권한을 초과하여 다른 사람의 개인정보를 훼손, 멸실, 변경, 위조 또는 유출하는 행위

6.3. 비밀유지 등

다음 각 호의 업무에 종사하거나 종사하였던 자는 직무상 알게 된 비밀을 다른 사람에게 누설하거나 직무상 목적 외의 용도로 이용해서는 아니 된다(§60 본문). 다만, 다른 법률에 특별한 규정이 있는 경우에는 그러하지 아니하다(§60 단서).

1. 제7조의8 및 제7조의9에 따른 보호위원회의 업무
1의2. 제32조의2에 따른 개인정보 보호 인증 업무
2. 제33조에 따른 영향평가 업무
3. 제40조에 따른 분쟁조정위원회의 분쟁조정 업무

6.4. 의견제시 및 개선권고

법은 개인정보 보호에 관한 제도개선을 위하여 보호위원회에 개인정보 보호에 영향을 미치는 내용이 포함된 법령이나 조례에 대하여 필요하다고 인정하면 심의·의결을 거쳐 관계기관에 의견을 제시할 수 있는 권한을 부여하고 있다(§61 ①).

아울러 보호위원회는 개인정보 보호를 위하여 필요하다고 인정하면 개인정보처리자에게 개인정보 처리 실태의 개선을 권고할 수 있고, 이 경우 권고를 받은 개인정보처리자는 이를 이행하기 위하여 성실하게 노력하여야 하며, 그 조치 결과를 보호위원회에 알려야 한다(§61 ②).

이러한 권고권은 관계 중앙행정기관의 장에게도 주어지고 있으며(§61 ③), 중앙행정기관, 지방자치단체, 국회, 법원, 헌법재판소, 중앙선거관리위원회은 그 소속 기관 및 소관 공공기관에 대하여 개인정보 보호에 관한 의견을 제시하거나 지도·점검을 할 수 있다(§61 ④).

6.5. 개인정보침해사실의 신고 등

개인정보 침해사실을 신고하고 상담할 수 있는 창구를 마련하여 정보주체의 신속한 권리구제와 고충처리를 가능케 하려는 취지로 법은 개인정보 침해 신고와 개인정보 침해신고센터의 설치·운영에 관한 규정을 두고 있다. 즉, 법 제62조에 따르면, 개인정보처리자가 개인정보를 처리할 때 개인정보에 관한 권리 또는 이익을 침해받은 사람은 보호위원회에 그 침해 사실을 신고할 수 있다(§62 ①). 보호위원회는 이 같은 신고의 접수·처리 등에 관한 업무를 효율적으로 수행하기 위하여 대통령령으로 정하는 바에 따라 전문기관을 지정할 수 있고, 그 경우 전문기관은 개인정보침해 신고센터를 설치·운영하여야 한다(§62 ②). 신고센터는 다음과 같은 업무를 수행한다(§62 ③).

1. 개인정보 처리와 관련한 신고의 접수·상담
2. 사실의 조사·확인 및 관계자의 의견 청취
3. 제1호 및 제2호에 따른 업무에 딸린 업무

보호위원회는 제3항제2호의 사실 조사·확인 등의 업무를 효율적으로 하기 위하여 필요하면 「국가공무원법」 제32조의4에 따라 소속 공무원을 제2항에 따른 전문기관에 파견할 수 있다(§62 ④).

6.6. 자료제출 요구 및 검사

보호위원회는 법 제63조에 따라 개인정보처리자에게 다음 중 어느 하나에 해당하는 경우에는 관계 물품·서류 등 자료를 제출하게 할 수 있다(§63 ①).

1. 이 법을 위반하는 사항을 발견하거나 혐의가 있음을 알게 된 경우
2. 이 법 위반에 대한 신고를 받거나 민원이 접수된 경우
3. 그 밖에 정보주체의 개인정보 보호를 위하여 필요한 경우로서 대통령령으로 정하는 경우

보호위원회는 개인정보처리자가 그와 같은 자료를 제출하지 아니하거나 이 법을 위반한 사실이 있다고 인정되면 소속 공무원으로 하여금 개인정보처리자 및 해당 법 위반사실과 관련한 관계인의 사무소나 사업장에 출입하여 업무 상황, 장부 또는 서류 등을 검사하게 할 수 있다(§63 ② 전단). 이 경우 검사를 하는 공무원은 그 권한을 나타내는 증표를 지니고 관계인에게 내보여야 한다(§63 ② 후단). 관계 중앙행정기관의 장도 소관법률에 따라 개인정보처리자 및 해당 법 위반사실과 관련한 관계인에 대하여 그와 같은 자료제출을 요구하거나 위와 같은 검사를 할 수 있도록 규정되어 있다(§63 ③).

보호위원회는 이 법을 위반하는 사항을 발견하거나 혐의가 있음을 알게 된 경우에는 관계 중앙행정기관의 장(해당 중앙행정기관의 장의 지휘·감독을 받아 검사권한을 수행하는 법인이 있는 경우 그 법인을 말한다)에게 구체적인 범위를 정하여 개인정보처리자에 대한 검사를 요구할 수 있으며, 필요 시 보호위원회의 소속 공무원이 해당 검사에 공동으로 참여하도록 요청할 수 있다. 이 경우 그 요구를 받은 관계 중앙행정기관의 장은 특별한 사정이 없으면 이에 따라야 한다(§63 ④).

보호위원회는 관계 중앙행정기관의 장(해당 중앙행정기관의 장의 지휘·감독을 받아 검사권한을 수행하는 법인이 있는 경우 그 법인을 말한다)에게 제4항에 따른 검사 결과와 관련하여 개인정보처리자에 대한 시정조치를 요청하거나, 처분 등에 대한 의견을 제시할 수 있다(§63 ⑤).

보호위원회는 개인정보 침해사고의 예방과 효과적인 대응을 위하여 관계 중앙행정기관의 장과 합동으로 개인정보 보호실태를 점검할 수 있다(§63 ⑦).

보호위원회와 관계 중앙행정기관의 장은 제1항 및 제2항에 따라 제출받거나 수집한 서류·자료 등을 이 법에 따른 경우를 제외하고는 제3자에게 제공하거나 일반에 공개해서는 아니 된다(§63 ⑧).

보호위원회와 관계 중앙행정기관의 장은 정보통신망을 통하여 자료의 제출 등을 받은 경우나 수집한 자료 등을 전자화한 경우에는 개인정보·영업비밀 등이 유출되지 아니하도록 제도적·기술적 보완조치를 하여야 한다(§63 ⑨).

6.7. 시정조치등

보호위원회는 개인정보가 침해되었다고 판단할 상당한 근거가 있고 이를 방치할 경우 회복하기 어려운 피해가 발생할 우려가 있다고 인정되면 이 법을 위반한 자(중앙행정기관, 지방자치단체, 국회, 법원, 헌법재판소, 중앙선거관리위원회는 제외한다)에 대하여 다음 어느 하나에 해당하는 조치를 명할 수 있다(§64 ①).

1. 개인정보 침해행위의 중지
2. 개인정보 처리의 일시적인 정지
3. 그 밖에 개인정보의 보호 및 침해 방지를 위하여 필요한 조치

법은 위와 같은 시정조치등을 할 수 있는 권한을 보호위원회 외에도 관계 중앙행정기관의 장, 지방자치단체, 국회, 법원, 헌법재판소, 중앙선거관리위원회에게도 부여하는 한편 보호위원회에게 이들 기관에 대한 조치 발동 권고권을 주고 있다.

먼저, 관계 중앙행정기관의 장은 개인정보가 침해되었다고 판단할 상당한 근거가 있고 이를 방치할 경우 회복하기 어려운 피해가 발생할 우려가 있다고 인정되면 소관법률에 따라 개인정보처리자에 대하여 위와 같은 조치를 명할 수 있다(§64 ②).

지방자치단체, 국회, 법원, 헌법재판소, 중앙선거관리위원회도 그 소속 기관 및 소관 공공기관이 이 법을 위반하였을 때에는 위와 같은 조치를 명할 수 있다(§64 ③).

보호위원회는 중앙행정기관, 지방자치단체, 국회, 법원, 헌법재판소, 중앙선거관리위원회가 이 법을 위반하였을 때에는 해당 기관의 장에게 위와 같은 조치를 하도록 권고할 수 있다(§64 ④ 전단). 이 경우 권고를 받은 기관은 특별한 사유가 없으면 이를 존중하여야 한다(§64 ④ 후단).

6.8. 고발 및 징계권고

보호위원회는 개인정보처리자에게 이 법 등 개인정보 보호와 관련된 법규의 위반에 따른 범죄혐의가 있다고 인정될 만한 상당한 이유가 있을 때에는 관할 수사기관에 그 내용을 고발할 수 있다(§65 ①).

보호위원회는 이 법 등 개인정보 보호와 관련된 법규의 위반행위가 있다고 인정될 만한 상당한 이유가 있을 때에는 책임이 있는 자를 징계할 것을 그 소속 기관·단체 등의 장에게 권고할 수 있다(§65 ② 전단). 이 경우 권고를 받은 사람은 이를 존중하여야 하며 그 결과를 보호위원회에 통보하여야 한다(§65 ② 후단).

관계 중앙행정기관의 장은 소관법률에 따라 개인정보처리자에 대하여 제1항에 따른 고발을 하거나 소속 기관·단체 등의 장에게 제2항에 따른 징계권고를 할 수 있다(§65 ③ 전단). 이 경우 제2항에 따른 권고를 받은 사람은 이를 존중하여야 하며 그 결과를 관계 중앙행정기관의 장에게 통보하여야 한다(§65 ③ 후단).

6.9. 결과의 공표

보호위원회는 제61조에 따른 개선권고, 제64조에 따른 시정조치 명령, 제65조에 따른 고발 또는 징계권고 및 제75조에 따른 과태료 부과의 내용 및 결과에 대하여 공표할 수 있다(§66 ①). 관계 중앙행정기관의 장도 소관법률에 따라 그와 동일한 공표를 할 수 있다(§66 ②). 공표의 방법, 기준 및 절차 등은 대통령령으로 정한다(§66 ③).

7. 벌칙

그 밖에도 법은 제9장에 처벌규정을 두어 개인정보보호법의 실효성을 뒷받침하고 있다. 법은 우선, 공공기관의 개인정보 처리업무를 방해할 목적으로 공공기관에서 처리하고 있는 개인정보를 변경하거나 말소하여 공공기관의 업무 수행의 중단·마비 등 심각한 지장을 초래한 자는 10년 이하의 징역 또는 1억원 이하의 벌금에 처하도록 하는 한편(§70),[104] 제71조 내지 제73조에 그보다 완화된 벌칙을 각각 정해 두고 있다.

예: 다음 중 어느 하나에 해당하는 자는 5년 이하의 징역 또는 5천만원 이하의 벌금에 처한다(§71).
1. 제17조제1항제2호에 해당하지 아니함에도 같은 항 제1호를 위반하여 정보주체의 동의를 받지 아니하고 개인정보를 제3자에게 제공한 자 및 그 사정을 알고 개인정보를 제공받은 자
2. 제18조제1항·제2항(제39조의14에 따라 준용되는 경우를 포함한다), 제19조, 제26조제5항, 제27조제3항 또는 제28조의2를 위반하여 개인정보를 이용하거나 제3자에게 제공한 자 및 그 사정을 알면서도 영리 또는 부정한 목적으로 개인정보를 제공받은 자
3. 제23조제1항을 위반하여 민감정보를 처리한 자
4. 제24조제1항을 위반하여 고유식별정보를 처리한 자
4의2. 제28조의3을 위반하여 가명정보를 처리하거나 제3자에게 제공한 자 및 그 사정을 알면서도 영리 또는 부정한 목적으로 가명정보를 제공받은 자
4의3. 제28조의5제1항을 위반하여 특정 개인을 알아보기 위한 목적으로 가명정보를 처리한 자

---

104) 일례로 경찰공무원이 갑을 위증죄로 고소하면서 수사과정에서 취득한 갑과 을 사이의 통화내역을 첨부하여 제출한 행위는, 공공기관의 개인정보보호에 관한 법률 위반죄에 해당한다고 한 판례가 있다. 대법원 2008. 10. 23. 선고 2008도5526 판결(공공기관의 개인정보보호에 관한 법률 위반).

4의4. 제36조제2항(제27조에 따라 정보통신서비스 제공자등으로부터 개인정보를 이전받은 자와 제39조의14에 따라 준용되는 경우를 포함한다)을 위반하여 정정·삭제 등 필요한 조치(제38조 제2항에 따른 열람등요구에 따른 필요한 조치를 포함한다)를 하지 아니하고 개인정보를 이용하 거나 이를 제3자에게 제공한 정보통신서비스 제공자등

4의5. 제39조의3제1항(제39조의14에 따라 준용되는 경우를 포함한다)을 위반하여 이용자의 동의 를 받지 아니하고 개인정보를 수집한 자

4의6. 제39조의3제4항(제39조의14에 따라 준용되는 경우를 포함한다)을 위반하여 법정대리인의 동의를 받지 아니하거나 법정대리인이 동의하였는지를 확인하지 아니하고 만 14세 미만인 아동 의 개인정보를 수집한 자

5. 제59조제2호를 위반하여 업무상 알게 된 개인정보를 누설하거나 권한 없이 다른 사람이 이용 하도록 제공한 자 및 그 사정을 알면서도 영리 또는 부정한 목적으로 개인정보를 제공받은 자

6. 제59조제3호를 위반하여 다른 사람의 개인정보를 훼손, 멸실, 변경, 위조 또는 유출한 자

법은 제74조에 양벌규정을 두어 법인의 대표자나 법인 또는 개인의 대리인, 사용인, 그 밖의 종업원이 그 법인 또는 개인의 업무에 관하여 제70조에 해당하는 위반행위를 하면 그 행위자를 벌하는 외에 그 법인 또는 개인을 7천만원 이하의 벌금에 처하되, 다만, 법인 또는 개인이 그 위반행위를 방지하기 위하여 해당 업무에 관하여 상당한 주의 와 감독을 게을리 하지 아니한 경우에는 예외를 인정하였다(§74 ①). 이 양벌조항의 취지 는 제71조부터 제73조까지의 어느 하나에 해당하는 위반행위에 대해서도 마찬가지로 관 철되고 있다. 즉, 법인의 대표자나 법인 또는 개인의 대리인, 사용인, 그 밖의 종업원이 그 법인 또는 개인의 업무에 관하여 제71조부터 제73조까지의 어느 하나에 해당하는 위 반행위를 하면 그 행위자를 벌하는 외에 그 법인 또는 개인에게도 해당 조문의 벌금형 을 과(科)하며, 다만, 법인 또는 개인이 그 위반행위를 방지하기 위하여 해당 업무에 관 하여 상당한 주의와 감독을 게을리 하지 아니한 경우에는 그러하지 아니하다(§74 ②).

법은 제70조부터 제73조까지의 어느 하나에 해당하는 죄를 지은 자가 해당 위반행 위와 관련하여 취득한 금품이나 그 밖의 이익을 몰수할 수 있고, 이를 몰수할 수 없을 때에는 그 가액을 추징할 수 있도록 하였다. 이 경우 몰수 또는 추징은 다른 벌칙에 부 가하여 과할 수 있다(§74의2).

법은 제75조에서 일정한 법위반행위에 대하여 과태료를 부과하도록 하고 있다. 가 령 제15조제1항을 위반하여 개인정보를 수집한 자, 제22조제6항을 위반하여 법정대리인 의 동의를 받지 아니한 자, 제25조제2항을 위반하여 영상정보처리기기를 설치·운영한 자에게 5천만원 이하의 과태료를 부과하도록 하고 있다(§75 ①). 법 제75조 제1항부터 제3항까지의 규정에 따른 과태료는 대통령령으로 정하는 바에 따라 보호위원회와 관계 중앙행정기관의 장이 부과·징수한다. 이 경우 관계 중앙행정기관의 장은 소관 분야의 개인정보처리자에게 과태료를 부과·징수한다(§75 ⑤).

한편, 법은 개인정보보호법에 의한 벌칙 적용과 관련하여 보호위원회의 위원 중 공무원이 아닌 위원 및 공무원이 아닌 직원은 「형법」이나 그 밖의 법률에 따른 벌칙을 적용할 때에는 공무원으로 보며, 보호위원회 또는 관계 중앙행정기관의 장의 권한을 위탁한 업무에 종사하는 관계기관의 임직원은 「형법」 제129조부터 제132조까지를 적용할 때에는 공무원으로 본다는 공무원의제조항을 두고 있다(§69).

8. 개인정보의 침해와 권리구제

8.1. 개설

「개인정보보호법」은 개인정보에 관한 일반법으로서, 공공·민간 부문을 가리지 아니 하고 개인정보처리자 일반을 대상으로 하여 적용된다. 즉, 공공기관뿐만 아니라 비영리단체 등 업무상 개인정보파일을 운용하기 위하여 개인정보를 처리하는 자는 모두 이 법에 따른 개인정보 보호규정을 준수하여야 한다. 이러한 입법취지가 개인정보 보호의 사각지대 해소에 있다는 점은 이미 지적한 바와 같다. 이와 같이 「개인정보보호법」이 공공·민간 부문에 모두 적용되지만, 엄연히 공·사법 구별이 이루어지고 있기 때문에 개인정보 침해에 대한 권리구제방법도 그 법영역이 어디인지에 따라 달라질 수밖에 없다. 즉, 개인정보처리자가 공공기관인지 그 밖의 법인, 단체 및 개인 등인지에 따라 행정소송법에 의한 행정소송 또는 민사소송법에 의한 민사소송으로 권리구제/분쟁해결 방법을 달리 하게 된다.

한편, 법은 개인정보처리자의 개인정보의 수집·이용·제공 등에 대한 준법정신과 경각심을 높이고, 동일·유사 개인정보 소송에 따른 사회적 비용을 절감하려는 취지에서 개인정보 단체소송제도를 도입하였다. 개인정보 단체소송은 그 상대방, 즉 개인정보처리자가 공공기관인 경우에는 행정소송으로, 그렇지 아니 한 경우에는 민사소송으로 제기될 수 있다.

끝으로, 개인정보 관련 분쟁은 종종 다수의 개인이 관련되는 경우가 많고 공공기관이나 대기업 등 개인이 감당하기 어려운 상대방과의 관계에서 벌어지는 경우가 빈번하다. 그와 같은 상황에서 개인이 직접 법원에 소송을 제기하여 분쟁을 해결할 수 있는 길도 있고 또 그러한 분쟁해결방법도 널리 허용되어야 할 것이다. 하지만, 소송은 종종 많은 비용과 시간을 소요하는 경우가 많고 더욱이 개인정보 관련 분쟁의 특성상 형식적이고 다소 경직된 법원의 재판절차보다는 당사자간 협상이나 조정 등의 방법이 유연하고 실용적인 분쟁해결을 가져오는 경우가 많기 때문에 ADR, 즉 대체적 분쟁해결의 길을 열어주는 것이 필요하다. 이러한 견지에서 법은 제6장에서 개인정보 분쟁조정위원회와 분쟁조정절차에 대한 규정을 두고 있다. 이는 종래 「정보통신망 이용촉진 및 정보보호 등에 관한 법률」에 따른 개인정보분쟁조정제도와 비교할 때 기존의 분쟁조정제도의 틀을 그대로 승계한 것이지만,[105] 당사자가 수락한 조정안에 재판상 화해와 동일한 효력을 부여하고(§47 ⑤), 개인정보 피해 사례들이 대부분 대량·소액 사건인 점을 고려하여 집단분쟁조정절차를 도입하는 등(§49) 진일보한 제도 개선이라고 평가된다. 개인정보 분쟁조정절차는 당사자의 법적 지위 여하를 불문하고 공공·민간 부문에 모두 적용된다.

먼저 개인정보 분쟁조정제도를 살펴본 후, 개인정보 단체소송, 그리고 개인정보 침해에 대한 행정쟁송·국가배상 등의 문제를 검토해 보기로 한다.

8.2. 개인정보 분쟁조정

8.2.1. 개인정보 분쟁조정위원회

(1) 개인정보 분쟁조정위원회의 설치 및 구성

법은 개인정보에 관한 분쟁의 조정(調停)을 위하여 개인정보 분쟁조정위원회(이하 "분쟁조정위원회"라 한다)를 설치하도록 하고 있다(§40 ①).

분쟁조정위원회는 위원장 1명을 포함한 20명 이내의 위원으로 구성하며, 위원은 당연직위원과 위촉위원으로 구성한다(§40 ②). 위원은 다음 각 호의 어느 하나에 해당하는 사람 중에서 보호위원회 위원장이 위촉하고, 대통령령으로 정하는 국가기관 소속 공무원은 당연직위원이 된다(§40 ③).

1. 개인정보 보호업무를 관장하는 중앙행정기관의 고위공무원단에 속하는 공무원 또는 이에 상당하는 공공부문 및 관련 단체의 직에 재직하고 있거나 재직하였던 사람으로서 개인정보 보호업무의 경험이 있는 사람
2. 대학이나 공인된 연구기관에서 부교수 이상 또는 이에 상당하는 직에 재직하고 있거나 재직하였던 사람
3. 판사·검사 또는 변호사로 재직하고 있거나 재직하였던 사람
4. 개인정보 보호와 관련된 시민사회단체 또는 소비자단체로부터 추천을 받은 사람
5. 개인정보처리자로 구성된 사업자단체의 임원으로 재직하고 있거나 재직하였던 사람

---

105) 부칙 제3조는 개인정보 분쟁조정위원회에 관한 경과조치로, 이 법 시행 당시 종전의 「정보통신망 이용촉진 및 정보보호 등에 관한 법률」에 따른 개인정보 분쟁조정위원회의 행위나 개인정보 분쟁조정위원회에 대한 행위는 그에 해당하는 이 법에 따른 개인정보 분쟁조정위원회의 행위나 개인정보 분쟁조정위원회에 대한 행위로 본다고 규정하고 있다.

위원장은 위원 중에서 공무원이 아닌 사람으로 보호위원회 위원장이 위촉한다(§40 ④). 위원장과 위촉위원의 임기는 2년으로 하되, 1차에 한하여 연임할 수 있다(§40 ⑤ 본문). 다만, 제3항제1호에 따라 임명된 공무원인 위원은 그 직에 재직하는 동안 재임한다(§40 ⑤ 단서).

분쟁조정위원회는 분쟁조정 업무를 효율적으로 수행하기 위하여 필요하면 대통령령으로 정하는 바에 따라 조정사건의 분야별로 5명 이내의 위원으로 구성되는 조정부를 둘 수 있다(§40 ⑥ 전단). 이 경우 조정부가 분쟁조정위원회에서 위임받아 의결한 사항은 분쟁조정위원회에서 의결한 것으로 본다(§40 ⑥ 후단).

분쟁조정위원회 또는 조정부는 재적위원 과반수의 출석으로 개의하며 출석위원 과반수의 찬성으로 의결한다(§40 ⑦).

보호위원회는 분쟁조정 접수, 사실 확인 등 분쟁조정에 필요한 사무를 처리할 수 있다(§40 ⑧). 그 밖에 분쟁조정위원회 운영에 필요한 사항은 대통령령으로 정하도록 위임되어 있다(§40 ⑨).

(2) 위원의 신분보장

위원은 자격정지 이상의 형을 선고받거나 심신상의 장애로 직무를 수행할 수 없는 경우를 제외하고는 그의 의사에 반하여 면직되거나 해촉되지 아니한다(§41).

(3) 위원의 제척 · 기피 · 회피

분쟁조정위원회의 위원은 다음 각 호의 어느 하나에 해당하는 경우에는 제43조제1항에 따라 분쟁조정위원회에 신청된 분쟁조정사건(이하 이 조에서 "사건"이라 한다)의 심의 · 의결에서 제척(除斥)된다(§42 ①).

1. 위원 또는 그 배우자나 배우자였던 자가 그 사건의 당사자가 되거나 그 사건에 관하여 공동의 권리자 또는 의무자의 관계에 있는 경우
2. 위원이 그 사건의 당사자와 친족이거나 친족이었던 경우
3. 위원이 그 사건에 관하여 증언, 감정, 법률자문을 한 경우
4. 위원이 그 사건에 관하여 당사자의 대리인으로서 관여하거나 관여하였던 경우

당사자는 위원에게 공정한 심의 · 의결을 기대하기 어려운 사정이 있으면 위원장에게 기피신청을 할 수 있다(§42 ② 전단). 이 경우 위원장은 기피신청에 대하여 분쟁조정위원회의 의결을 거치지 아니하고 결정한다(§42 ② 후단).

위원이 제1항 또는 제2항의 사유에 해당하는 경우에는 스스로 그 사건의 심의 · 의결에서 회피할 수 있다(§42 ③).

8.2.2. 분쟁조정의 절차

(1) 조정의 신청 등

개인정보와 관련한 분쟁의 조정을 원하는 자는 분쟁조정위원회에 분쟁조정을 신청할 수 있다(§43 ①).

분쟁조정위원회는 당사자 일방으로부터 분쟁조정 신청을 받았을 때에는 그 신청내용을 상대방에게 알려야 한다(§43 ②). 공공기관이 분쟁조정의 통지를 받은 경우에는 특별한 사유가 없으면 분쟁조정에 응하여야 한다(§43 ③).

(2) 처리기간

분쟁조정위원회는 제43조제1항에 따른 분쟁조정 신청을 받은 날부터 60일 이내에 이를 심사하여 조정안을 작성하여야 한다(§44 ① 본문). 다만, 부득이한 사정이 있는 경우에는 분쟁조정위원회의 의결로 처리기간을 연장할 수 있고(§44 ① 단서), 처리기간을 연장한 경우 분쟁조정위원회는 기간연장의 사유와 그 밖의 기간 연장에 관한 사항을 신청인에게 알려야 한다(§44 ②).

(3) 자료의 요청 등

분쟁조정위원회는 분쟁조정 신청을 받았을 때에는 해당 분쟁의 조정을 위하여 필요한 자료를 분쟁당사자에게 요청할 수 있다(§45 ① 전단). 이 경우 분쟁당사자는 정당한 사유가 없으면 요청에 따라야 한다(§45 ① 후단).

분쟁조정위원회는 필요하다고 인정하면 분쟁당사자나 참고인을 위원회에 출석하도록 하여 그 의견을 들을 수 있다(§45 ②).

(4) 조정 전 합의 권고

분쟁조정위원회는 분쟁조정 신청을 받았을 때에는 당사자에게 그 내용을 제시하고 조정 전 합의를 권고할 수 있다(§46).

(5) 분쟁의 조정

분쟁조정위원회는 다음 어느 하나의 사항을 포함하여 조정안을 작성할 수 있다(§47①).

1. 조사 대상 침해행위의 중지
2. 원상회복, 손해배상, 그 밖에 필요한 구제조치
3. 같거나 비슷한 침해의 재발을 방지하기 위하여 필요한 조치

분쟁조정위원회는 위에 따라 조정안을 작성하면 지체 없이 각 당사자에게 제시하여야 하며(§47 ②), 조정안을 제시받은 당사자가 제시받은 날로부터 15일 이내에 수락 여부를 알리지 아니하면 조정을 거부한 것으로 본다(§47 ③).

당사자가 조정내용을 수락한 경우 분쟁조정위원회는 조정서를 작성하고, 분쟁조정위원회의 위원장과 각 당사자가 기명날인하여야 한다(§47 ④). 이와 같이 당사자가 수락함으로써 합의된 조정의 내용은 재판상 화해와 동일한 효력을 갖는다(§47 ⑤). 이와 같이 조정결정에 확정판결과 동일한 효력을 부여함으로써 소송에 비해 간이 분쟁조정절차로 분쟁을 신속하게 종식시킬 수 있는 길이 열리게 된 것은 사실이다. 반면 조정을 수락하면 그 내용이 확정판결과 같은 효력을 가지게 되기 때문에 당사자로 하여금 상대적으로 조정 수락을 주저하게 만드는 요인으로 작용할 여지도 없지 않다.

(6) 조정의 거부 및 중지

분쟁조정위원회는 분쟁의 성질상 분쟁조정위원회에서 조정하는 것이 적합하지 아니하다고 인정하거나 부정한 목적으로 조정이 신청되었다고 인정하는 경우에는 그 조정을 거부할 수 있다(§48 ① 전단). 이 경우 조정거부의 사유 등을 신청인에게 알려야 한다(§48 ① 후단).

분쟁조정위원회는 신청된 조정사건에 대한 처리절차를 진행하던 중에 한 쪽 당사자가 소를 제기하면 그 조정의 처리를 중지하고 이를 당사자에게 알려야 한다(§48 ②).

8.2.3. 집단분쟁조정

법은 개인정보에 대한 피해가 대부분 대량·소액 사건인 점을 고려하여 집단분쟁조정제도를 도입하였다. 이에 따라 국가 및 지방자치단체, 개인정보 보호단체 및 기관, 정보주체, 개인정보처리자는 정보주체의 피해 또는 권리침해가 다수의 정보주체에게 같거나 비슷한 유형으로 발생하는 경우로서 대통령령으로 정하는 사건에 대하여는 분쟁조정위원회에 일괄적인 분쟁조정("집단분쟁조정")을 의뢰 또는 신청할 수 있다(§49 ①).

집단분쟁조정을 의뢰받거나 신청 받은 분쟁조정위원회는 그 의결로써 집단분쟁조정의 절차를 개시할 수 있다(§49 ②). 이 경우 분쟁조정위원회는 대통령령으로 정하는 기간 동안 그 절차의 개시를 공고하여야 하며(§49 ② 후단), 집단분쟁조정의 당사자가 아닌 정보주체 또는 개인정보처리자로부터 그 분쟁조정의 당사자에 추가로 포함될 수 있도록 하는 신청을 받을 수 있다(§49 ③).

분쟁조정위원회는 그 의결로써 집단분쟁조정의 당사자 중에서 공동의 이익을 대표하기에 가장 적합한 1인 또는 수인을 대표당사자로 선임할 수 있다(§49 ④).

분쟁조정위원회는 개인정보처리자가 분쟁조정위원회의 집단분쟁조정의 내용을 수락한 경우에는 집단분쟁조정의 당사자가 아닌 자로서 피해를 입은 정보주체에 대한 보상계획서를 작성하여 분쟁조정위원회에 제출하도록 권고할 수 있다(§49 ⑤).

제48조제2항에도 불구하고 분쟁조정위원회는 집단분쟁조정의 당사자인 다수의 정보주체 중 일부의 정보주체가 법원에 소를 제기한 경우에는 그 절차를 중지하지 아니하고, 소를 제기한 일부의 정보주체를 그 절차에서 제외한다(§49 ⑥).

집단분쟁조정의 기간은 제2항에 따른 공고가 종료된 날의 다음 날부터 60일 이내로 하되, 부득이한 사정이 있는 경우에는 분쟁조정위원회의 의결로 처리기간을 연장할 수 있다(§49 ⑦).

집단분쟁조정의 절차 등에 관하여 필요한 사항은 대통령령으로 위임되어 있다(§49⑧).

8.2.4. 조정방법 등

법은 제43조부터 제49조까지의 규정에서 정한 것 외에 분쟁의 조정방법, 조정절차 및 조정업무의 처리 등에 필요한 사항은 이를 대통령령으로 정하도록 위임하고 있다(§50 ①). 또한 분쟁조정위원회의 운영 및 분쟁조정 절차에 관하여 이 법에서 규정하지 아니한 사항에 대하여는 「민사조정법」을 준용하도록 하였다(§50 ②).

8.3. 개인정보 단체소송

8.3.1. 단체소송의 도입

단체소송의 도입은 개인정보보호법이 가져온 또 하나의 혁신적 변화이다. 개인정보보호법은 유럽식 단체소송(Verbandsklage) 제도를 도입하여 일정한 자격요건을 갖춘 단체에 한하여 개인정보 단체소송 제기권을 부여하고 청구범위도 권리침해행위의 금지·중지에 한정하고 있다.[106] 단체소송 도입의 취지는 앞서 지적한 바와 같이 개인정보처리자의 준법정신과 경각심을 높이고, 동일·유사 개인정보 소송에 따른 사회적 비용을 절감하는 데 있다. 무엇보다도 단체소송을 통해 개인정보를 침해당해도 조직화되어 있지 못해 제대로 소송을 통한 권익구제를 받을 수 없었던 다수의 개인 피해자들이 큰 도움을 받을 수 있을 것이다. 그러나 단체소송은 자칫 남발의 소지가 없지 않고 단체소송이 남

---

106) 행정안전부, 개인정보 보호법령 및 지침·고시 해설, 2011. 12, 339.

발되는 것은 사회 전체의 입장에서도 결코 소망스러운 일이라고 할 수 없다. 그런 이유에서 개인정보 단체소송을 허용하더라도 그 남용방지책을 함께 강구할 필요가 있다. 그런 이유에서 법은 단체소송 남발을 막기 위해 단체소송 전에 반드시 집단분쟁조정제도를 거치도록 하고 단체소송의 대상을 권리침해행위의 중단·정지 청구소송으로 제한하고 있다.

단체소송과 집단소송의 차이

구 분	단체소송(Verbandsklage)	집단소송(Class Action)
청구권자	일정 요건을 구비한 소비자단체 등(단체가 소송수행)	이해관계가 밀접한 다수의 피해자집단(대표당사자가 소송수행)
소송목적	위법행위의 금지·중지	금전적 피해구제(손해배상청구)
기대효과	피해의 확산방지 및 예방	피해의 사후적 구제
판결의 효과	다른 단체에게도 판결의 효력이 미침	모든 피해자에게 판결의 효과가 미침(단, 제외 신청을 한 사람은 제외)

행정안전부, 개인정보 보호법령 및 지침·고시 해설, 2011. 12, 340

8.3.2. 단체소송의 제기권자 등

단체소송제도를 도입하면서 법은 제51조에서 단체소송을 제기할 수 있는 단체의 범위를 제한하고 있다. 즉, 다음 중 어느 하나에 해당하는 단체는 개인정보처리자가 제49조에 따른 집단분쟁 조정을 거부하거나 집단분쟁조정의 결과를 수락하지 아니한 경우 법원에 권리침해 행위의 금지·중지를 구하는 소송을 제기할 수 있다(§51).

1. 「소비자기본법」 제29조에 따라 공정거래위원회에 등록한 소비자단체로서 다음 각 목의 요건을 모두 갖춘 단체
   가. 정관에 따라 상시적으로 정보주체의 권익증진을 주된 목적으로 하는 단체일 것
   나. 단체의 정회원수가 1천명 이상일 것
   다. 「소비자기본법」제29조에 따른 등록 후 3년이 경과하였을 것
2. 「비영리민간단체 지원법」 제2조에 따른 비영리민간단체로서 다음 각 목의 요건을 모두 갖춘 단체
   가. 법률상 또는 사실상 동일한 침해를 입은 100명 이상의 정보주체로부터 단체소송의 제기를 요청 받을 것
   나. 정관에 개인정보 보호를 단체의 목적으로 명시한 후 최근 3년 이상 이를 위한 활동실적이 있을 것
   다. 단체의 상시 구성원수가 5천명 이상일 것
   라. 중앙행정기관에 등록되어 있을 것

소비자단체의 경우 정회원수가 1천명 이상이어야 하고, 비영리민간단체의 경우 단체의 상시 구성원수가 5천명 이상이어야 하는 등 자격요건이 매우 엄격하게 한정되어 있어 대형 소비자단체나 비영리민간단체 말고는 단체소송을 제기할 여지가 없으리라고 전망된다. 제도 도입에 따른 부작용을 우려한 결과라고 생각되지만, 개인정보 피해의 다수인관련성 등을 고려하여 모처럼 단체소송을 도입하는 마당에 오히려 제도의 이용률이라는 측면도 고려했어야 하지 않았을까 하는 의문이 든다.

8.3.3. 전속관할

단체소송의 소는 피고의 주된 사무소 또는 영업소가 있는 곳, 주된 사무소나 영업소가 없는 경우에는 주된 업무담당자의 주소가 있는 곳의 지방법원 본원 합의부의 관할에 전속하도록 되어 있다(§52 ①). 외국사업자의 경우 대한민국에 있는 이들의 주된 사무소·영업소 또는 업무담당자의 주소에 따라 관할을 정한다(§52 ②).

8.3.4. 소송대리인의 선임

법은 단체소송의 원활한 수행을 위하여 소송대리인의 선임을 의무화하고 있다. 단체소송의 원고는 변호사를 소송대리인으로 선임하여야 한다(§53). 이로써 개인정보보호를 위한 단체소송에서 이른바 '본인소송'은 배제되는 결과가 되었다.

8.3.5. 소송허가신청

단체소송을 제기하는 단체는 소장과 함께 다음 사항을 기재한 소송허가신청서를 법원에 제출하여야 한다(§54 ①).

1. 원고 및 그 소송대리인
2. 피고
3. 정보주체의 침해된 권리의 내용

소송허가신청서에는 다음과 같은 자료를 첨부하여야 한다(§54 ②).

1. 소제기단체가 제1조 각 호의 어느 하나에 해당하는 요건을 갖추고 있음을 소명하는 자료
2. 개인정보처리자가 조정을 거부하였거나 조정결과를 수락하지 아니하였음을 증명하는 서류

8.3.6. 소송허가요건 등

법원은 다음 요건을 모두 갖춘 경우에 한하여 결정으로 단체소송을 허가한다(§55 ①).

1. 개인정보처리자가 분쟁조정위원회의 조정을 거부하거나 조정결과를 수락하지 아니하였을 것
2. 제54조에 따른 소송허가신청서의 기재사항에 흠결이 없을 것

단체소송을 허가하거나 불허가하는 결정에 대하여는 즉시 항고할 수 있다(§53 ②).

8.3.7. 확정판결의 효력

법은 원고의 청구를 기각하는 판결이 확정된 경우 이와 동일한 사안에 관하여는 제51조에 따른 다른 단체는 단체소송을 제기할 수 없도록 함으로써(§56 본문), 무용무익하게 여러 단체들이 소송을 반복하여 제기하여 분쟁을 확산·장기화시킬 여지를 배제하고자 하였다. 그러나 동일한 사안이라 하더라도 판결 확정 후 신빙성 있는 새로운 증거가 나타나는 등 중대한 사정변경이 있다면 다른 단체의 단체소송 제기권을 배제하는 것이 온당치 않다는 견지에서 예외를 인정할 필요가 있다. 그런 이유로 법은 다음과 같은 예외사유를 인정하고 있다(§56 단서).

1. 판결이 확정된 후 그 사안과 관련하여 국가·지방자치단체 또는 국가·지방자치단체가 설립한 기관에 의하여 새로운 증거가 나타난 경우
2. 기각판결이 원고의 고의로 인한 것임이 밝혀진 경우

8.3.8. 「민사소송법」의 적용 등

단체소송에 관하여 특별한 규정이 없는 경우에는 민사소송법이 보충적으로 적용된다(§57 ①). 법 제55조에 따른 단체소송의 허가결정이 있는 경우에는 「민사집행법」 제4편의 규정에 따른 보전처분을 할 수 있다(§57 ②). 단체소송의 절차에 관하여 필요한 사항은 대법원규칙으로 정하도록 위임되어 있다(§57 ③).

8.4. 행정쟁송·국가배상

8.4.1. 개설

공공기관에 의한 개인정보의 침해에 대해서는 일반적으로 행정심판·행정소송과 국가배상·손실보상으로 대표되는 행정구제수단을 통하여 권리구제를 받을 수 있다. 그러나 공공기관에 의한 개인정보의 침해는 그 양상이 극히 다양하고 은밀하게 이루어지는 경우가 많기 때문에 기술적으로나 법적으로 포착하기가 쉽지 않다. 따라서 이들 통상적인 행정구제수단 외에 다양한 비공식적 구제수단을 활용할 수 있도록 하는 것이 바람직

하다. 특히 국민권익위원회에 의한 고충처리, 감사원법(제43조 이하)에 의한 감사원 심사청구 등과 같은 현행법제도는 물론 정보보호의 특수성을 충분히 살릴 수 있는 정보보호 옴부즈만 같은 제도의 도입 등 입법적 해결책이 필요하다. 여기서는 공공기관에 의한 개인정보 침해에 대한 구제수단으로 행정쟁송과 국가배상을 검토해 보기로 한다.

8.4.2. 행정쟁송에 의한 구제

개인정보보호법상 각종 보호규범들을 위반한 행정청의 조치가 행해졌거나 행해질 경우 그로 인해 법률상 이익을 침해받거나 침해받을 우려가 있는 사인(私人)은 일반 행정쟁송법에 의해 주어진 쟁송수단을 통해 권리구제를 받을 수 있음은 물론이다. 특히 문제가 되는 것은 개인정보보호법이 제35조-제37조에서 정보주체에게 보장한 개인정보 열람, 정정·삭제, 처리정지 등의 요구를 할 경우, 이를 어떤 쟁송수단을 통해 행사할 수 있느냐 하는 것이다. 주지하는 바와 같이 이들 권리를 행사했음에도 불구하고 당해 행정청이 열람이나 정정신청 등을 거부하거나 부작위로 응답하지 아니하는 경우 행정심판법에 의한 행정심판이나 행정소송법에 의한 행정소송을 제기할 수 있는지 여부가 문제될 것이다.

특히 행정심판의 경우 그 대상이 처분 또는 부작위에 국한되어 있기 때문에 그러한 거부나 부작위가 행정심판법상 처분 또는 부작위에 해당하는 경우에만 행정심판이 허용되므로, 처분성 또는 부작위 해당 여부가 중요한 쟁점으로 제기될 수 있다. 정보주체가 개인정보보호법 제35조-제37조에 따라 개인정보의 열람, 정정·삭제 요구, 처리정지 등을 요구한 경우 이를 거부하거나 아무런 응답을 하지 아니 한 경우, 행정심판법상 처분 또는 부작위에 해당하는지 여부가 문제될 수 있다. 법이 명시적으로 그와 같은 정보주체의 권리를 보장하고 있는 이상 이를 시인하지 않을 수 없을 것이다. 이렇게 볼 때, 그러한 처분에 대하여 행정심판법에 의한 행정심판을 제기할 수 있다는 것은 의문의 여지가 없다. 고려될 수 있는 행정심판유형은 주로 의무이행심판이나 거부처분에 대한 취소심판이 될 것이다. 그러나 개인정보보호와 관련 권리구제의 긴급성이 요구되는 경우가 많음에도 불구하고 효과적인 가구제수단이 마련되어 있지 않은 것이 문제이다. 거부나 부작위의 집행정지란 무의미하므로 집행정지의 여지가 없기 때문이다.

마찬가지로 행정소송법상 열람·정정 등의 거부에 대한 취소소송이나 부작위에 대한 부작위법확인소송을 제기할 수 있을 것이고, 가구제의 경우 행정심판의 경우와 마찬가지로 거부나 부작위의 집행정지란 의미가 없기 때문에 가처분의 가능성여부가 문제될 것이다. 적극적 처분에 대한 취소소송 이외의 경우 이를 긍정하는 취지의 판례가 있으나,107) 열람·정정 등 신청의 거부나 부작위에 대한 소송에 있어 가처분을 인정할지는 확실하지 않다.

그 밖의 경우, 개인정보의 안전성확보, 개인정보의 이용·제공의 제한 등과 같은 개인정보보호법의 각종 보호법규 또는 금지규정을 위반한 행정청의 조치에 대하여는 행정심판법이나 행정소송법상 처분성을 인정하기 어려운 경우가 많기 때문에 상대적으로 비처분적 행정조치에 대한 권리구제수단인 공법상 당사자소송과 같은 소송유형을 이용해야 할 경우가 많을 것이다.

8.4.3. 국가배상에 의한 구제

행정청이 직무집행에 당하여 개인정보보호법에 위반하여 사인(私人)에게 손해를 입힌 경우에는 국가배상법이 정하는 바에 의하여 손해배상을 청구할 수 있다. 그 위법성의 연원으로는 제3조 개인정보 보호 원칙, 제18조 개인정보의 이용·제공 제한, 제29조 개인정보처리자의 안전조치의무 등을 꼽을 수 있을 것이다. 특히 제18조 제2항은 일정한 범주의 사유를 열거하면서 그에 해당하는 경우에는 정보주체 또는 제3자의 이익을 부당하게 침해할 우려가 있을 때를 제외하고는 개인정보를 목적 외의 용도로 이용하거나 이를 제3자에게 제공할 수 있다고 규정하고 있는데, 이 규정의 해석·적용을 둘러싸고 분쟁이 생길 여지가 있다. 그 위법성이 인정될 경우 국가배상법상의 손해배상책임이 인정될 가능성이 클 것으로 생각된다.

┌───┐
│ **구 국군보안사령부의 민간인 사찰이 불법행위를 구성한다고 한 사례** │
└───┘

"헌법 제10조 및 제17조의 규정은 개인의 사생활 활동이 타인으로부터 침해되거나 사생활이 함부로 공개되지 아니할 소극적인 권리는 물론, 오늘날 고도로 정보화된 현대사회에서 자신에 대한 정보를 자율적으로 통제할 수 있는 적극적인 권리까지도 보장하려는 데에 그 취지가 있는 것으로 해석되는바, 구 국군보안사령부가 군과 관련된 첩보 수집, 특정한 군사법원 관할 범죄의 수사 등 법령에 규정된 직무범위를 벗어나 민간인들을 대상으로 평소의 동향을 감시, 파악할 목적으로 지속적으로 개인의 집회·결사에 관한 활동이나 사생활에 관한 정보를 미행, 망원 활용, 탐문채집 등의 방법으로 비밀리에 수집, 관리하였다면, 이는 헌법에 의하여 보장된 기본권을 침해한 것으로서 불법행위를 구성한다고 하지 않을 수 없다."[108]

---

107) 서울특별시의회의 의장·부의장의 당선결정을 가처분으로 정지하여 그 직권행사를 저지한 경우(서울고법 1958. 9. 20. 선고 4191행신60 결정); 전입학자에 대한 등교거부처분을 가처분으로 정지시켜 학생들의 등교를 계속할 수 있도록 한 사례(서울고법 1964. 11. 9. 선고 64부90 결정).
108) 대법원 1998. 7. 24. 선고 96다42789 판결(손해배상(기) (마)상고기각).

"형법 제126조가 검찰, 경찰 기타 범죄 수사에 관한 직무를 행하는 자 또는 이를 감독하거나 보조하는 자가 그 직무를 행함에 당하여 지득한 피의사실을 공판청구 전에 공표하는 것을 범죄로 규정하고 있는 점, 헌법 제27조 제4항이 형사피고인에 대하여 무죄추정 원칙을 규정하고 있는 점과 아울러 직접 수사를 담당한 수사기관이나 수사담당 공무원의 발표에 대하여는 국민들이 그 공표된 사실이 진실한 것으로 강하게 신뢰하리라는 점등을 고려한다면 직접 수사를 담당한 수사기관이나 수사담당 공무원이 피의사실을 공표하는 경우에는 공표하는 사실이 의심의 여지없이 확실히 진실이라고 믿을 만한 객관적이고 타당한 확증과 근거가 있는 경우가 아니라면 그러한 상당한 이유가 있다고 할 수 없다."[109]

9. 개인정보의 보호를 위한 그 밖의 법제

9.1. 전자정부법

9.1.1. 전자정부와 개인정보

전자정부란 '정보기술을 활용하여 행정기관 및 공공기관의 업무를 전자화하여 행정기관등의 상호 간의 행정업무 및 국민에 대한 행정업무를 효율적으로 수행하는 정부'를 말한다(전자정부법 §2 i). 개인정보는 이러한 전자정부와 긴장관계에 설 개연성이 가장 높은 문제영역의 하나이다. 전자정부에 있어 개인정보 문제는 언제라도 핫이슈가 될 수 있는 잠재적인 위험요인이다. 전자정부의 핵심적 성공요인이 정보기술 기반의 행정업무 효율화에 있고 그중에서도 특히 정보의 공동이용에 있다면 정보의 공동이용이 부딪히는 가장 중요한 제약요인이 바로 개인정보 보호 문제이기 때문이다. 그런 의미에서 효과적인 개인정보의 보호가 또한 전자정부 성공의 요체이기도 하다.

그와 같은 인식에서 전자정부법[110]은 일찍부터 개인정보 보호를 위한 조항들을 두었다.[111] '전자정부의 원칙'의 하나로 개인정보 및 사생활의 보호를 포함시킨 제4조 제1

109) 대법원 1998. 7. 14. 선고 96다17257 판결(손해배상(기) (타)상고기각).
110) "행정업무의 전자적 처리를 위한 기본원칙, 절차 및 추진방법 등을 규정함으로써 전자정부를 효율적으로 구현하고, 행정의 생산성, 투명성 및 민주성을 높여 국민의 삶의 질을 향상시키는 것"을 목적으로 제정된 전자정부법은 2008년 2월 정부조직의 개편에 따라 분산되었던 전자정부 관련기능을 통합하여 체계적으로 규정하고, 정보기술의 혁신 및 융합 등 정보사회의 새로운 흐름을 반영하여 효율적으로 전자정부를 구현·발전시킴으로써 대국민 전자정부서비스를 보다 효율적으로 제공하며 행정의 생산성을 향상시키기 위한 제도적인 기반을 마련한다는 취지에서 2010. 2. 4. 전부개정되었다(2010. 5. 5).
111) 전자정부법의 효시이자 현행 전자정부법의 전신인 「전자정부 구현을 위한 행정업무등의 전자화 촉진에 관한 법률」(법률 제6439호)도 제12조에서 '개인정보보호의 원칙'이란 표제하에 '행정기

항 제4호, "행정기관등이 보유·관리하는 개인정보는 법령에서 정하는 경우를 제외하고
는 당사자의 의사에 반하여 사용되어서는 아니 된다."고 규정한 같은 조 제4항, 개인정
보가 포함된 행정정보의 공동이용시 정보주체의 사전동의를 받도록 한 제42조 제1항,
공동이용한 행정정보 중 본인에 관한 행정정보에 대한 정보주체의 열람청구권을 인정한
제43조 제1항 등이 그러한 예이다.

9.1.2. 전자정부의 원칙으로서 개인정보 보호

전자정부법은 제4조에서 행정기관등이 전자정부의 구현·운영 및 발전을 추진할 때
우선적으로 고려하고 필요한 대책을 강구해야 할 '전자정부의 원칙'을 다음과 같이 천명
하였다.

1. 대민서비스의 전자화 및 국민편익의 증진
2. 행정업무의 혁신 및 생산성·효율성의 향상
3. 정보시스템의 안전성·신뢰성의 확보
4. 개인정보 및 사생활의 보호
5. 행정정보의 공개 및 공동이용의 확대
6. 중복투자의 방지 및 상호운용성 증진

이 중 제4조 제1항 제4호에서 개인정보 및 사생활의 보호를 '전자정부의 원칙'의 하
나로 부각시킨 점은 전자정부법이 개인정보 보호에 대하여 가지는 관심과 의지를 엿볼
수 있게 해 주는 점이다. 전자정부법은 이에 머무르지 않고 같은 조 제4항에서 '행정기
관등이 보유·관리하는 개인정보는 법령에서 정하는 경우를 제외하고는 당사자의 의사
에 반하여 사용되어서는 아니 된다.'고 규정함으로써 전자정부에 있어 개인정보의 사용
을 제한하고 있다.

9.1.3. 행정정보의 공동이용과 개인정보 보호

행정정보의 공동이용은 전자정보의 가장 핵심적인 성공요인(critical success factor)이
지만 개인정보에 대한 관계에서는 가장 큰 위협요인이기도 하다. 그 점을 인식하여 전자
정부법은 제42조 제1항에서 이용기관이 공동이용센터를 통하여 개인정보가 포함된 행정
정보를 공동이용할 때에는 정보주체의 사전동의를 받도록 하고, 제43조 제1항에서는 공

관이 보유·관리하는 개인정보는 법령이 정하는 경우를 제외하고는 당사자의 의사에 반하여 사
용되어서는 아니 된다.'고 규정하고 있었다. 이 법률은 행정업무의 전자적 처리를 위한 기본원
칙·절차 및 추진방법 등을 규정함으로써 전자정부의 구현을 위한 사업을 촉진시키기 위하여
2001년 3월 28일 제정되어 같은 해 7월 1일부터 시행되었다.

동이용센터를 통하여 공동이용한 행정정보 중 본인에 관한 행정정보에 대한 정보주체의 열람청구권을 인정하였다.

(1) 정보주체의 사전동의

이용기관이 공동이용센터를 통하여 개인정보가 포함된 행정정보를 공동이용할 때에는 「개인정보 보호법」 제2조제3호의 정보주체가 다음 사항을 알 수 있도록 정보주체의 사전동의를 받아야 한다(§42 ① 제1문). 이 경우 「개인정보 보호법」 제18조제2항제1호·제19조제1호·제23조제1호 및 제24조제1항제1호에 따른 동의를 받은 것으로 본다(§42 ① 제2문).

1. 공동이용의 목적
2. 공동이용 대상 행정정보 및 이용범위
3. 공동이용 대상 이용기관의 명칭

제1항에도 불구하고 이용기관이 다음 각 호의 어느 하나에 해당하는 경우로서 정보주체의 사전동의를 받을 수 없거나 동의를 받는 것이 부적절하다고 인정되면 이용기관은 그 행정정보를 공동이용한 후 국회규칙, 대법원규칙, 헌법재판소규칙, 중앙선거관리위원회규칙 및 대통령령으로 정하는 바에 따라 제1항 각 호의 사항을 정보주체가 알 수 있도록 하여야 한다(§42 ② 본문). 다만, 제3호에 해당하여 이용기관이 범죄수사를 위하여 행정정보를 공동이용한 경우에는 그 사건에 관하여 공소를 제기한 날 또는 입건이나 공소제기를 하지 아니하는 처분(기소중지 결정은 제외한다)을 한 날 이후에 알 수 있도록 하여야 한다(§42 ② 단서).

1. 정보주체의 생명 또는 신체를 보호하기 위하여 긴급하게 공동이용할 필요가 있는 경우
2. 법령에 따라 정보주체에게 의무를 부과하거나 권리·이익을 취소·철회하는 업무를 수행하기 위하여 공동이용이 불가피한 경우
3. 법령을 위반한 정보주체에 대한 조사 또는 처벌 등 제재와 관련된 업무를 수행하기 위하여 공동 이용이 불가피한 경우
4. 그 밖에 법령에서 정하는 업무를 수행함에 있어서 정보주체의 사전동의를 받는 것이 그 업무 또는 정보의 성질에 비추어 현저히 부적합하다고 인정되는 경우로서 대통령령으로 정하는 경우

행정안전부장관은 제2항에 따라 정보주체의 사전동의 없이 공동이용할 수 있는 업무와 행정정보의 구체적인 범위를 대통령령으로 정하는 바에 따라 공개하여야 한다(§42③).

(2) 정보주체의 열람청구권

정보주체는 공동이용센터를 통하여 공동이용한 행정정보 중 본인에 관한 행정정보

에 대하여 다음 사항의 열람을 행정안전부장관 또는 해당 이용기관의 장에게 신청할 수 있다(§43 ①).

1. 이용기관
2. 공동이용의 목적
3. 공동이용한 행정정보의 종류
4. 공동이용한 시기
5. 해당 행정정보를 공동이용할 수 있는 법적 근거

행정안전부장관 및 이용기관의 장은 정보주체의 신청을 받았을 때에는 정당한 사유가 없으면 신청한 날부터 10일 이내에 그 정보주체에게 위 제1항 각 호의 사항을 통보하여야 하며(§43 ② 제1문), 10일 이내에 통보할 수 없는 정당한 사유가 있을 때에는 그 사유가 소멸하였을 때에 지체 없이 통보하여야 한다(§43 ② 제2문).

제2항의 경우 이용기관이 범죄수사를 위하여 행정정보를 공동이용한 경우에는 그 사건에 관하여 공소를 제기한 날 또는 입건이나 공소제기를 하지 아니하는 처분(기소중지 결정은 제외한다)을 한 날부터 30일 이내에 그 정보주체에게 통보하여야 한다(§43 ③).

정보주체는 이용기관이 제2항에 따른 통보를 하지 아니하면 이용기관이 공동이용한 행정정보 중 본인에 관한 제1항 각 호의 사항에 대한 열람을 행정안전부장관에게 직접 신청할 수 있다(§43 ④).

이와 같은 정보 열람 절차 등에 관하여 필요한 사항은 대통령령으로 정한다 (§43 ⑤).

행정안전부장관은 대통령령으로 정하는 바에 따라 공동이용센터를 통하여 공동이용한 행정정보의 명칭, 공동이용 횟수 등의 기록을 유지·관리하고 공개하여야 한다 (§43 ⑥).

9.1.4. 전자정부서비스 개발·제공시 개인정보 활용의 금지

전자정부법은 제21조 제1항에서 전자정부서비스 이용 활성화를 위한 민간 참여 및 활용의 문호를 개방하는 한편, 제2항에서는 행정기관등의 장이 개인 및 기업, 단체 등이 전자정부서비스에서 제공하는 일부 기술이나 공공성이 큰 행정정보 등을 활용하여 새로운 서비스를 개발·제공할 수 있도록 필요한 지원을 할 수 있도록 하였다. 그러나 같은 항에서 '행정정보'에서 개인정보를 제외시킴으로써 개인정보에 관한 한 행정기관등에 의한 활용보다는 보호에 중점을 두고 있음을 분명히 하고 있다.

9.2. 통신비밀보호법

프라이버시 보호와 관련하여 제정된 통신비밀보호법도 개인정보보호를 위한 중요한 법적 수단이 되고 있다. 통신비밀보호법은 제3조에서 "누구든지 이 법과 형사소송법 또는 군사법원법의 규정에 의하지 아니하고는 우편물의 검열·전기통신의 감청[112] 또는 통신사실확인자료의 제공을 하거나 공개되지 아니한 타인간의 대화를 녹음 또는 청취하지 못한다."고 규정하는 한편, 제5조 이하에서 통신제한조치(우편물의 검열과 전기통신의 감청)를 그 목적에 따라 범죄수사를 위한 경우와 국가안보를 위한 경우로 나누어 절차를 차별화한다. 전자의 경우에는 지방법원 판사의 허가를, 후자의 경우(통신의 일방 또는 쌍방당사자가 내국인인 때)에는 고등법원 수석부장판사의 허가를 받도록 하고 있다.

특히 후자의 경우를 살펴보면, 법 제7조 제1항에 따라 대통령령이 정하는 정보수사기관의 장은 국가안전보장에 상당한 위험이 예상되는 경우 또는 「국민보호와 공공안전을 위한 테러방지법」 제2조제6호의 대테러활동에 필요한 경우에 한하여 그 위해를 방지하기 위하여 이에 관한 정보수집이 특히 필요한 때에는 다음 각호의 구분에 따라 통신제한조치를 할 수 있다.

먼저, 통신의 일방 또는 쌍방당사자가 내국인인 때에는 고등법원 수석판사의 허가를 받아야 한다(§7 ① 제1호 본문). 다만, 군용전기통신법 제2조의 규정에 의한 군용전기통신(작전수행을 위한 전기통신에 한한다)에 대하여는 그러하지 아니하다(§7 ① 제1호 단서).

다음으로, 대한민국에 적대하는 국가, 반국가활동의 혐의가 있는 외국의 기관·단체와 외국인, 대한민국의 통치권이 사실상 미치지 아니하는 한반도내의 집단이나 외국에 소재하는 그 산하단체의 구성원의 통신인 때 및 제1항제1호 단서의 경우에는 판사의 허가 없이 서면으로 대통령의 승인을 받아 통신제한조치를 취할 수 있다(§7 ① 제2호).

한편 법은 긴급통신제한조치를 허용하고 있다. 즉, 검사, 사법경찰관 또는 정보수사기관의 장은 국가안보를 위협하는 음모행위, 직접적인 사망이나 심각한 상해의 위험을 야기할 수 있는 범죄 또는 조직범죄등 중대한 범죄의 계획이나 실행 등 긴박한 상황에 있고 제5조제1항 또는 제7조제1항제1호의 규정에 의한 요건을 구비한 자에 대하여 제6조 또는 제7조제1항 및 제3항의 규정에 의한 절차를 거칠 수 없는 긴급한 사유가 있는 때에는 법원의 허가없이 통신제한조치를 할 수 있다(§8 ①).

---

112) "감청"(監聽)이란 '전기통신에 대하여 당사자의 동의없이 전자장치·기계장치등을 사용하여 통신의 음향·문언·부호·영상을 청취·공독(共讀)하여 그 내용을 지득 또는 채록하거나 전기통신의 송·수신을 방해하는 것'을 말한다(통신비밀보호법 §2 vii).

그 밖에도 법은 불법검열에 의한 우편물의 내용과 불법감청에 의한 전기통신내용의 증거사용을 금하고 있고(§4), 통신제한조치등으로 취득한 내용의 비공개·누설금지(§11), 통신제한조치로 취득한 자료의 사용제한(§12)[113] 등에 관한 규정을 두고 있다. 또한 범죄수사를 위한 통신사실 확인자료제공의 절차(§13), 국회의 통제(§15) 등에 관한 규정을 두고 있다.

이 법이 국가안보목적의 도청에 관한 약간의 쟁점을 제외하고 비교적 어려움 없이 여야합의로 제정된 데에는 1992년 대통령선거당시 물의를 빚은 '부산복집사건'이란 수치스러운 배경이 있다. 그러나 '통신 및 대화의 비밀과 자유에 대한 제한의 대상을 한정하고 이를 엄격한 법적 절차를 거치도록 함으로써 통신비밀을 보호하고 통신의 자유를 신장하기 위하여' 통신비밀보호법이 제정된 것 자체는 역시 정보기관이나 수사기관에 의한 '안보남용'에 제동을 가할 수 있는 법적 근거가 마련되었다는 점에서 긍정적인 평가를 받을 수 있다. 이로써 종래 수사기관이 정권안보를 목적으로 전기통신의 감청이나 우편물의 검열 등을 통해 자행해 왔던 인권침해의 관행에 법적 통제를 가할 수 있게 되었다.

> **판례: 불법 감청 등에 관여하지 않은 언론기관의 보도에 의한 통신비밀 공개행위의 정당행위 여부**

불법 감청·녹음 등에 관여하지 아니한 언론기관이 그 통신 또는 대화의 내용이 불법 감청·녹음 등에 의하여 수집된 것이라는 사정을 알면서도 그것이 공적인 관심사항에 해당한다고 판단하여 이를 보도하여 공개하는 행위가 형법 제20조의 정당행위로서 위법성이 조각된다고 하려면, 적어도 다음과 같은 요건을 충족할 것이 요구된다.

첫째, 그 보도의 목적이 불법 감청·녹음 등의 범죄가 저질러졌다는 사실 자체를 고발하기 위한 것으로 그 과정에서 불가피하게 통신 또는 대화의 내용을 공개할 수밖에 없는 경우이거나, 불법 감청·녹음 등에 의하여 수집된 통신 또는 대화의 내용이 이를 공개하지 아니하면 공중의 생명·신체·재산 기타 공익에 대한 중대한 침해가 발생할 가능성이 현저한 경우 등과 같이 비상한 공적 관심의 대상이 되는 경우에 해당하여야 한다. 국가기관 등이 불법 감청·녹음 등과 같은 범죄를 저질렀다면 그러한 사실을 취재하고 보도하는 것은 언론기관 본연의 사명이라 할 것이고, 통신비밀보호법 자체에 의하더라도 '국가안보를 위협하는 음모행위, 직접적인 사망이나 심각한 상해의 위험을 야기할 수 있는 범죄 또는 조직범죄 등 중대한 범죄의 계획이나 실행 등 긴박한 상황'에 있는 때에는 예외적으로 법원의 허가 없이 긴급통신제한조치를 할 수 있도록 허용하고 있으므로(제8조), 이러한 예외적인 상황 아래에서는 개인 간의 통신 또는 대화의 내용을 공개하는 것이 허용된다.

둘째, 언론기관이 불법 감청·녹음 등의 결과물을 취득함에 있어 위법한 방법을 사용하거나 적극적·주도적으로 관여하여서는 아니 된다.

---

113) 이에 따르면 제9조의 규정에 의한 통신제한조치의 집행으로 인하여 취득된 우편물 또는 그 내용과 전기통신의 내용은 다음의 경우 외에는 사용할 수 없도록 되어 있다.
1. 통신제한조치의 목적이 된 제5조제1항의 규정된 범죄나 이와 관련되는 범죄를 수사·소추하거나 그 범죄를 예방하기 위하여 사용하는 경우
2. 제1호의 범죄로 인한 징계절차에 사용하는 경우
3. 통신의 당사자가 제기하는 손해배상소송에서 사용하는 경우
4. 기타 다른 법률의 규정에 의하여 사용하는 경우

셋째, 그 보도가 불법 감청·녹음 등의 사실을 고발하거나 비상한 공적 관심사항을 알리기 위한 목적을 달성하는 데 필요한 부분에 한정되는 등 통신비밀의 침해를 최소화하는 방법으로 이루어져야 한다.

넷째, 언론이 그 내용을 보도함으로써 얻어지는 이익 및 가치가 통신비밀의 보호에 의하여 달성되는 이익 및 가치를 초과하여야 한다. 여기서 그 이익의 비교·형량은, 불법 감청·녹음된 타인간의 통신 또는 대화가 이루어진 경위와 목적, 통신 또는 대화의 내용, 통신 또는 대화 당사자의 지위 내지 공적 인물로서의 성격, 불법 감청·녹음 등의 주체와 그러한 행위의 동기 및 경위, 언론기관이 그 불법 감청·녹음 등의 결과물을 취득하게 된 경위와 보도의 목적, 보도의 내용 및 그 보도로 인하여 침해되는 이익 등 제반 사정을 종합적으로 고려하여 정하여야 한다.[114]

V. 공공기관과 환경법

공공기관은 대기환경보전법이나 물환경보전법 등에 따른 환경규제의 대상이 될 수도 있지만 환경거버넌스의 틀 안에서 정부 못지 않게 중요한 역할을 수행하는 환경정책의 주체 또는 참여자가 될 수 있다. 무엇보다도 공공기관은 대규모 사업장을 통해 업무를 수행하거나 환경과 생태계에 크고 작은 영향을 끼치는 사업을 수행하는 경우가 많다. 그런 업무나 사업을 수행하는 분야가 많아질수록, 또 그 빈도가 높아질수록 법적 리스크도 그만큼 커지게 된다. 최근에는 기업의 ESG(환경·사회·지배구조: Environmental, Social, and Governance) 경영이 화두로 떠오름에 따라 공기업(공공기관) 역시 그 압력을 피해나갈 수 없게 되었고 오히려 공공성을 존재이유로 하는 공공기관이 앞장서서 ESG를 추진해 나가야 하는 상황에 처하게 되었다. 특히 코로나바이러스 팬데믹을 극복하는 과정에서 제창된 한국판 뉴딜의 양대 핵심부문으로서 '그린뉴딜'(Green New Deal)과 '탄소중립'을 국가목표로 삼아 추진하고 있는데, 여기서 공공기관에게도 막중한 사명과 역할이 부여되고 있다. 공공기관 역시 ESG를 소홀히 해서는 그 기관의 존재이유나 미션을 달성할

---

114) 대법원 2011. 3. 17. 선고 2006도8839 전원합의체 판결(통신비밀보호법위반(나) 상고기각). 이것은 방송사 기자인 피고인이 이 사건 도청자료를 공개한 행위는 위와 같은 요건을 갖추지 못하여 형법 제20조 소정의 정당행위에 해당하지 않는다고 한 사례이다. 위 다수의견에 대해서는 불법 감청·녹음 등에 관여하지 않은 언론기관이 이를 보도하여 공개하는 경우에 있어서, "그 보도를 통하여 공개되는 통신비밀의 내용이 중대한 공공의 이익과 관련되어 공중의 정당한 관심과 여론의 형성을 요구할 만한 중요성을 갖고 있고, 언론기관이 범죄행위나 선량한 풍속 기타 사회질서에 반하는 위법한 방법에 의하여 통신비밀을 취득한 경우에 해당하지 않으며, 보도의 방법에서도 공적 관심사항의 범위에 한정함으로써 그 상당성을 잃지 않는 등 그 내용을 보도하여 얻어지는 이익 및 가치가 통신비밀의 보호에 의하여 달성되는 이익 및 가치를 초과한다고 평가할 수 있는 경우에는" 형법 제20조의 정당행위로서 이를 처벌의 대상으로 삼을 수 없다고 보아야 하므로 피고인의 대화내용 공개행위는 정당행위에 해당한다는 취지의 반대의견(대법관 박시환, 대법관 김지형, 대법관 이홍훈, 대법관 전수안, 대법관 이인복)이 있다.

수 없는 시대가 된 것이다.

환경과 생태계 보호와 관련하여 선도적 책임을 다하지 못한다면 엄청난 사회적 비난과 윤리적 책임으로부터 헤어 나올 수 없을 뿐만 아니라 당장 환경법적 책임이나 제재라는 법적 리스크로부터 자유로울 수 없다. 공공기관이 독자적인 환경정책을 수립, 실천해야 함은 물론 환경법 순응 문제에 대해서도 전향적 자세로 임해야 하는 이유가 바로 거기에 있다. 이에 공공기관의 직원은 물론 임원, 리더십이 갖추어야 할 환경법 소양을 쌓는데 필요한 학습과 토론의 기회를 제공하고자 한다.

1. 환경법의 전개

1.1. 환경법의 발전과 환경법 체계

한국환경법의 발전과정에서 첫 번째 변곡점은 환경권을 기본권으로 신설한 1980년 헌법에 의해 주어졌다. 이를 계기로 한국의 환경입법도 발전되기 시작하였다. 환경권이 헌법상 기본권으로서 제창된 데에는 제2차 대전 이후 급속한 과학기술혁신에 따른 산업발전, 특히 1960년대의 고도성장정책 하에서 생산력증대를 추구하는 과정에서 초래된 광범위한 환경오염과 생태계파괴의 역사적 경험이 배경을 이루고 있다. 종래의 공해중심적 사고방식만으로는 환경문제를 해결할 수 없다는 반성을 토대로 전통적인 법이론이나 법제도의 구각을 벗어난 새로운 접근방법이 요구됨에 따라 환경권이 헌법상 확립되기 시작했다. 한국헌법은 이러한 인식의 전환을 비교적 이른 시기인 1980년에 관철시켰다. 1980년 헌법은 제33조에서 이러한 환경권사상을 수용하여 환경권을 기본권의 하나로 명시적으로 보장하였다. 현행헌법 역시 그 연장선상에서 "모든 국민은 건강하고 쾌적한 환경에서 생활할 권리를 가지며, 국가와 국민은 환경보전을 위하여 노력하여야 한다."고 규정하고(§35 ①), 다만 그 내용과 행사에 관한 사항은 법률에 유보하고 있다(§35 ②). 사실 환경권을 헌법에서 직접 기본권으로 명문화한 입법례는 그리 많지 않다. 그런 뜻에서 환경권의 명시적 보장은 한국헌법의 특색을 이루는 요소이며, 이는 독일의 경우 기본법에 환경권조항을 신설하기는커녕 환경보호를 국가목표(Staatsziel)의 하나로 규정하려는 시도조차 학계의 완강한 저항으로 지연되어 오다가 통일 이후 1994년의 기본법개정을 통해서야 관철될 수 있었다는 사실과 현저히 대조된다.

두 번째 변곡점은 이른바 1990년대 환경법의 대분화를 가져온 '환경6법'이라 일컬어진 일련의 환경입법을 통해 주어졌다. 1986년의 환경보전법을 위시한 일련의 법개정과 폐기물관리법의 제정이 이루어진 것을 필두로 1990년 환경청이 환경처로 승격되고 같은 해 7월 임시국회에서 환경정책기본법, 대기환경보전법, 수질환경보전법, 소음진동규제법, 유해화학물질관리법, 환경오염피해분쟁조정법이 제정됨으로써 한국환경법의 기본틀이 갖춰지기 시작한 것이다. 이를 계기로 환경법은 '환경입법 대약진의 시대'를 맞이한다. 뒤에서 보는 바와 같이 환경법의 수와 양이 모두 지속적으로 증가일로를 걷기 시작했고 환경입법은 일종의 '성장산업'이라는 비유가 나올 정도로 끊임없이 진군을 거듭하였다.115) 이는 무엇보다도 개발·성장 위주의 경제발전 과정에서 환경과 생태계의 상황이 악화되고 새로운 환경문제들이 속출한데 따른 불가피한 결과였지만, 환경정책 모든 분야에서 입법적 처방이 요구되었기 때문이다. 그 결과 환경부는 단기간에 소관 법령이 가장 크게 늘어난 부처로 손꼽히기 시작했고 환경부의 주된 임무 중 하나가 환경입법이 되었다고 해도 과언이 아닌 상황이 되었다.

한국 환경법의 역사를 정관해 보면, 정치발전, 특히 민주화와 환경정책·환경법의 발전이 평행하게 가는 것 같지는 않다. 군사정부나 권위주의 정권에서 환경법이 진전을 보인 예들이 그 점을 잘 보여준다. 주지하듯 환경권의 헌법적 정착은 전두환 정부에서 성사되었고 앞서 본 1990년의 환경법 대분화는 노태우 정부에서 단행되었다. 환경책임법과 환경책임보험을 합친 환경오염피해구제법이나 환경규제 통합법, 자원순환기본법 등 환경법혁신의 산물들은 다른 나라에서 수십 년에 걸쳐 만든 것을 이른바 '국정 농단'이 자행된 박근혜 정부에서 나온 것이다. 환경정책은 정치적 조건과 요인들에 의해 영향을 많이 받을 수밖에 없다. 하지만 한국 민주화를 진전시킨 김대중 정부와 노무현 정부 시절 환경정책과 법의 성적표는 그리 좋지 않았다는 것이 중론이다. 김대중 정부는 외환위기를 극복하느라 환경을 돌 볼 겨를이 없었고, 노무현 정부 때도 대통령 자신이 인권변호사 출신임에도 환경 분야에 적지 않은 퇴보가 있었다는 질책을 받았다. 이러한 사실은 환경정책과 환경법은 정치변동과는 그다지 관련이 없지 않은가라는 의문을 넘어서 '환경법은 권위주의 정권에서 번창한다'는 역사의 아이러니를 말해 주는 것일까?

반면 정부조직 수준에서 보면 한국 환경법의 역사는 곧 환경부의 역사와 궤를 같이 한다. 김영삼 정부에서 환경처가 환경부로 변하면서 독자적인 부령 제정권을 갖게 되었지만, 국무총리의 행정 통할권을 통해 환경정책을 조정, 총괄하는 기능은 적어도 공식적으로는 상실하게 되었다. 그럼에도 불구하고 당시 환경처에서 환경부로 '승격'

---

115) 이에 관해서는 Hong, Joon Hyung, Die Umweltproblematik und der Stand der Umweltge‐setzgebung in Korea, Vortrag an der Tagung von KAS "Die Umweltproblematik in Ostasien", 1997을 참조.

되었다며 자축을 하였다. 사실 환경부의 권한은 명목보다는 실질 면에서 기대에 미치지 못하는 경우가 많다. 환경부의 정부조직내 위상은 특히 경제관계부처에 비하면 열세를 면치 못한다. 일반적으로 행정각부가 소관법률의 시행령이나 시행규칙을 제·개정할 때 넘어야 할 세 가지 관문으로 기획재정부(예산), 법제처(법제), 행정안전부(조직)를 든다. 환경정책은 환경부의 독자적·배타적 권한이지만, 기획재정부, 법제처, 행정안전부의 동의나 양해 없이는 관철하기 어렵다. 환경부의 현실적 위상과 영향력이 제약을 받지 않을 수 없다.

그럼에도 환경부는 소관법률이 단기간에 가장 급속하게 늘어난 부처로 손꼽힌다. 정부조직은 본래 법을 집행하기 위한 조직이므로 소관법률이 늘면 조직과 인력, 예산이 함께 늘어날 수밖에 없는 구조이다. 정부 각부처가 소관법률을 늘리는데 주력하고 있는 것도 바로 그런 이유에서이다. 정치학이나 행정학에서는 정부조직 내에서 한 조직의 위상과 영향력의 크기는 그 수장이 최고통치자인 대통령과 (정치적으로) 얼마나 가까운지 그리고 국정의제에 얼마나 많이 반영되는지에 따라 달라진다고 본다. 하지만 객관적 지표로서 소관법률의 다과야말로 실질적으로 정부조직내 위상과 영향력의 크기를 가늠하는 척도가 된다. 그런 측면에서 환경부가 그 정부조직내 위상의 열세에도 불구하고 실질적인 잠재력을 지속적으로 키워온 것은 주목할 만한 일이다.

현행 환경법의 체계는 헌법전문, 헌법 제10조, 제35조 및 제37조 등 환경헌법적 규정들과 이를 바탕으로 하여 제정된 환경정책기본법과 각종 분야별 환경관계법들로 구성되고 있다. 1991년 2월부터 시행된 환경정책기본법[116]은 환경권에 관한 헌법이념에 근거하여 환경보전에 관한 국민의 권리·의무 및 국가의 책무를 명확히 하고, 환경보전시책의 기본이념과 방향을 정하며 환경분야별 개별법에 공통된 사항을 규정하고 있다.

2000년대 들어 두 가지 주목할 만한 환경입법의 판도 변화가 이루어졌다. 첫째는 지속가능발전 이념의 법제화였고, 둘째는 기후변화에 대한 입법적 대응이었다. 전자, 즉 2007년 8월 3일 제정되어 2008년 2월 4일부터 시행된 「지속가능발전기본법」(법률 제8612호)은 그동안 환경정책기본법을 토대로 형성, 발전되어 왔던 환경법의 최고규범으로서 위상을 가진 법이었으나, 후자, 즉 2010년 1월 13일 당초 기후변화대책법으로부터 시작되었으나 이명박 대통령의 저탄소 녹색성장 드라이브에 따라 제정된 녹색성장기본법에 따라 기본법으로서의 위상을 박탈당하고 말았다. 2010년 4월 시행된 녹색성장기본법은

---

116) 환경정책기본법의 제정배경에 관해서는 전병성, 앞의 글, 88 이하를 참조.

부칙 제4조에서 "지속가능발전 기본법"을 "지속가능발전법"으로 개명하고 지속가능발전위원회를 대통령 소속에서 환경부장관 소속으로 바꿈으로써 지속가능발전법을 조직체계상 또는 사실상 아우르는 최고법의 위상을 확보하게 되었다. 그러나 이러한 입법조치가 바람직한 것이었는지, 그리고 법체계상 문제가 없는지, 나아가 양법의 관계나 녹색성장위원회와 지속가능발전위위회의 관계 등을 둘러싸고 논란이 제기되었고 아직도 그 불확실성이 완전히 해소되지는 못하고 있다.

한국환경법은 일련의 혁신적 입법으로 새로운 변화를 겪었다. 화학물질 관리 체계를 재편한 「화학물질의 등록 및 평가 등에 관한 법률」(2013.5.22 제정)과 「화학물질관리법」(2013.6.4., 전부개정)을 필두로 환경피해구제의 새로운 접근을 구현한 「환경오염피해 배상책임 및 구제에 관한 법률」(2014.12.31 제정), 통합허가제라는 환경규제시스템 혁신을 가져온 「환경오염시설의 통합관리에 관한 법률」(2015.12.22 제정), 그리고 폐기물관리와 자원재활용, 신재생에너지 등을 자원순환체계로 통합한 「자원순환기본법」(2016.5.29 제정)이 제정, 시행되었다. 2017년 「유전자원의 접근·이용 및 이익 공유에 관한 법률」(2017.1.17 제정)이 제정되었다. 환경부 주도로 추진된 이 일련의 환경입법은 획기적인 입법 혁신의 성과로 주목을 끌었다.

최근에는 미세먼지 문제가 환경정책의 급박한 현안으로 대두됨에 따라 일련의 대책 법률들이 잇달아 제정 또는 개정되었다. 2018년 「미세먼지 저감 및 관리에 관한 특별법」 제정, 2019년 「재난 및 안전관리기본법」 개정, 「대기관리권역의 대기환경개선에 관한 특별법」 제정, 「실내공기질 관리법」 개정, 「대기환경보전법」 개정, 「미세먼지 저감 및 관리에 관한 특별법」 개정, 「액화석유가스의 안전관리 및 사업법」 개정, 「항만대기특별법」 제정, 「학교보건법」 개정 등 이른바 '미세먼지 8법'이 만들어졌다.

분야별 환경관계법은 아래 표에서 보는 바와 같다.

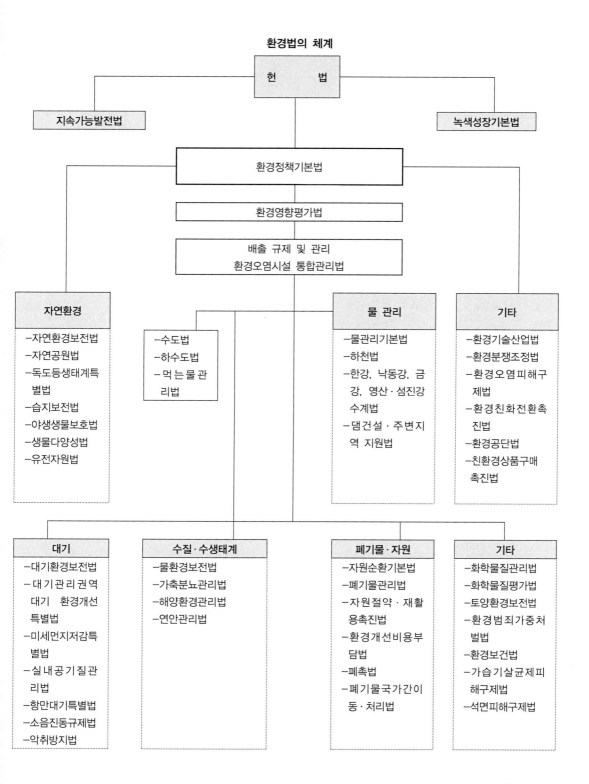

환경법의 체계

헌 법

지속가능발전법

녹색성장기본법

환경정책기본법

환경영향평가법

배출 규제 및 관리
환경오염시설 통합관리법

자연환경
- 자연환경보전법
- 자연공원법
- 독도등생태계특
  별법
- 습지보전법
- 야생생물보호법
- 생물다양성법
- 유전자원법

- 수도법
- 하수도법
- 먹 는 물 관 리법

물 관리
- 물관리기본법
- 하천법
- 한강, 낙동강, 금
  강, 영산·섬진강
  수계법
- 댐건설·주변지
  역 지원법

기타
- 환경기술산업법
- 환경분쟁조정법
- 환경오염피해구
  제법
- 환경친화전환촉
  진법
- 환경공단법
- 친환경상품구매
  촉진법

대기
- 대기환경보전법
- 대 기 관 리 권 역
  대기 환경개선
  특별법
- 미세먼지저감특
  별법
- 실 내 공 기 질 관
  리법
- 항만대기특별법
- 소음진동규제법
- 악취방지법

수질·수생태계
- 물환경보전법
- 가축분뇨관리법
- 해양환경관리법
- 연안관리법

폐기물·자원
- 자원순환기본법
- 폐기물관리법
- 자원절약·재활
  용촉진법
- 환경개선비용부
  담법
- 폐촉법
- 폐기물국가간이
  동·처리법

기타
- 화학물질관리법
- 화학물질평가법
- 토양환경보전법
- 환경범죄가중처
  벌법
- 환경보건법
- 가습기살균제피
  해구제법
- 석면피해구제법

앞에서 본 환경법 외에도 다음 표에서 보듯 타부처 소관 환경관련법령들이 있다. 이들 역시 환경법의 중요한 구성부분을 이룬다. 타부처 소관 환경관계법은 다음 표에서 보듯 50여 개를 상회하고, 관련부처도 15개 이상에 달한다. 이처럼 환경관련 법령들이 산재되어 중복·상호모순 우려가 있고 경계영역에서 법적 규율의 사각지대가 생길 수 있다.

타부처 소관 환경관련법령

부 문 별	법 령 명
대기오염	도로교통법, 자동차관리법, 원자력안전법, 원자력손해배상법, 에너지이용합리화법, 집단에너지사업법, 「대체에너지개발 및 이용·보급촉진법」, 「석유 및 석유대체연료 사업법」, 건설기계관리법, 「오존층보호를 위한 특정물질 제조·규제 등에 관한 법률」, 「항만지역 등 대기질 개선에 관한 특별법」
수질·수자원	공유수면관리·매립법, 골재채취법, 소하천정비법, 온천법, 「해양환경관리법」, 연안관리법, 「해양생태계의 보전 및 관리에 관한 법률」
소 음	도로교통법, 학교보건법, 「집회 및 시위에 관한 법률」
국토·토양	국토기본법, 「국토계획 및 이용에 관한 법률」, 건축법, 「도시공원 및 녹지 등에 관한 법률」, 도시개발법, 「도시 및 주거환경 정비법」, 수도권정비계획법, 「광산피해의 방지 및 복구에 관한 법률」
일 반	「산업집적활성화 및 공장설립에 관한 법률」, 「공익사업을 위한 토지등의 취득 및 보상에 관한 법률」, 「사회간접자본시설에 대한 민간투자법」, 「산업입지 및 개발에 관한 법률」, 택지개발촉진법, 고속철도건설촉진법, 수도권신공항건설촉진법, 신항만건설촉진법, 제주특별자치도 설치 및 국제자유도시 조성을 위한 특별법, 「국제회의산업 육성에 관한 법률」, 「동·서·남해안권발전 특별법」, 「주한미군 공여구역주변지역 등 지원 특별법」, 「주한미군기지 이전에 따른 평택시 등의 지원 등에 관한 법률」
농 업	농약관리법, 농어촌발전특별조치법, 농어촌정비법, 농어촌도로정비법, 농지법, 농어업재해대책법, 식물방역법
축 산	축산법, 낙농진흥법, 초지법
수산항만	수산업법, 어촌·어항법, 항만법
산 림	산림기본법, 산림보호법, 산지관리법, 사방사업법
기 타	「기업활동 규제완화에 관한 특별조치법」, 문화재보호법, 광산보안법, 관광진흥법, 과학기술진흥법, 광업법, 내수면어업법, 자연재해대책법, 경범죄처벌법, 대외무역법 등

1.2. 환경법의 국제적 차원: 국제환경법의 전개

환경문제가 국제적 차원의 관심을 획득하고 있음은 주지의 사실이다. 1972년 스톡홀름에서 개최된 유엔 인간환경회의의 「인간환경선언」(Declaration on the Human

Environment), 「람사르 협약」(Ramsar Convention),[117] 1992년 6월 브라질의 리우데자네이루에서 세계 각국의 정상·환경전문가들이 대거 참여한 가운데 개최된 「환경과 개발에 관한 유엔회의」(UNCED)에서 채택된 27개 항의 「환경과 개발에 관한 리우선언」(The Rio Declaration on Environment and Development), 「21세기를 위한 세부실천강령」(Agenda 21), 「기후변화협약」, 「생물다양성협약」, 「산림원칙협약」 등을 필두로 전개되어 왔다. 그중 특히 주목되는 것은 기후변화(기후위기)에 대처하기 위한 글로벌 거버넌스 동향이다. 1992년 온실효과로 기후가 변화하고 이로 말미암아 자연생태계와 인류생활에 악영향이 초래되고 있다는 사실을 인식하여 온실가스 배출 억제를 위해 체결된 「기후변화협약」, ('기후변화에 관한 국제연합 기본협약': United Nations Framework Convention on Climate Change), 1997년 일본 교토에서 개최된 제3차 유엔기후변화협약(UNFCCC) 당사국총회(COP3)에서 채택된 선진국들의 수량적 온실가스 감축의무를 규정한 「교토의정서」(Kyoto Protocol),[118] 그리고 협상실패 등 우여곡절 끝에 2012년 초부터 Post–2020 체제를 위한 신기후협상을 거쳐 2015년 제21차 당사국총회(COP21, 파리)에서 채택된 「파리협약」(Paris Agreement)이 2020년부터 모든 국가가 참여하는 신기후체제의 근간으로 자리잡는 일련의 과정이 전개되었다. 이와 같은 지구적 차원에서 환경문제의 해결을 위한 노력과 이를 뒷받침하기 위한 글로벌 환경법규범의 형성은 앞으로도 계속 확대·강화될 것이다.

환경보호를 위한 국제적 노력은 법적인 측면에서도 국내법에 중대한 변화를 가져오고 있다. 즉 한국이 이들 환경관련조약에 가입함에 따라 국제조약이 국내법적 효력을 미치게 되고 이로써 환경법의 법원이 추가되는 결과가 되기 때문이다. 가령 오존층보호를 위한 비엔나협약과 오존층파괴물질에 관한 몬트리올의정서의 가입 결과 요구된 국내법적 시행규범으로 제정된 「오존층보호를 위한 특정물질의 제조규제등에 관한 법률」이나

---

117) 자연자원과 서식지 보전 및 현명한 이용에 관한 최초의 국제협약으로서 습지 자원 보전 및 이용의 기본방향을 제시한 이 협약의 정식명칭은 "물새 서식지로서 국제적으로 중요한 습지에 관한 협약"(The Convention on Wetlands of International Importance Especially as Waterfowl Habitat)이다.

118) 교토의정서는 기후변화의 주범으로 지목된 6가지 온실가스(이산화탄소, 메탄, 이산화질소, 수소불화탄소, 과불화탄소, 육불화항)를 정의하고, 부속서 1 국가들에게 제1차 공약기간(2008–2012년) 동안 온실가스 배출량을 1990년 수준 대비 평균 5.2% 감축하는 의무를 부과하는 한편, 비부속서 1 국가에게는 유엔기후변화협약에서와 마찬가지로 온실가스 감축과 기후변화 적용에 관한 보고, 계획 수립, 이행 등 일반적 조치를 요구하였다. 그 밖에도 교토의정서는 '신축성 메커니즘(Flexibility Mechanism)'으로 불리는 청정개발체제(CDM: Clean Development Mechanism), 배출권거래제(ETS: Emission Trading Scheme) 및 공동이행제도(JI: Joint Implementation)를 도입, 온실가스를 비용효과적으로 감축하고 개도국의 지속가능한 발전을 지원할 수 있는 계기를 마련하였다(http://www.mofa.go.kr/www/wpge/m_20150/contents.do).

유해폐기물의 국가간 이동 및 그 처리의 통제에 관한 바젤협약의 시행을 위하여 제정된 「폐기물의 국가간 이동 및 그 처리에 관한 법률」이 그러한 대표적 사례들이다. 특히 교토의정서를 이행하기 위한 경제적 수단 세 가지(배출권거래제, 청정개발체제, 공동이행제도) 중 주된 수단으로 「저탄소 녹색성장 기본법」 제46조 및 「온실가스 배출권의 할당 및 거래에 관한 법률」(2013.3.23.)에 따라 2015년부터 온실가스 배출권거래제(ETS: Emission Trading System)가 시행되고 있다.

2. 환경법의 목적

환경법의 목적은 첫째, 모든 국민에게 '건강하고 쾌적한 환경'을 보장함으로써 인간다운 생활을 영위할 수 있도록 해 주며(환경권의 보장), 둘째, 생활환경 및 자연환경(환경자원·동식물계 등)을 침해 및 훼손으로부터 보호하고(환경의 보호), 끝으로 발생한 환경침해로 인한 피해와 불이익을 제거·전보하고 환경분쟁을 해결(환경오염피해의 제거·구제 및 환경분쟁의 해결)하는 데 있다.

이 세 가지 목적은 결국 환경의 지속가능한 이용의 보장(Gewährleistung nachhaltigen Nutzens der Umwelt), 즉 지속가능한 발전(sustainable development)을 가능케 하는 환경적 조건을 실현하는 것을 지향하는 것으로 이해된다.[119]

여기서는 우선 환경권과 국가의 환경보호 임무를 살펴보기로 한다.

2.1. 환경권

2.1.1. 환경권의 헌법적 확립

환경권이 헌법상 기본권으로서 제창된 데에는[120] 제2차 대전 이후 급속한 과학기술 혁신에 따른 산업발전, 특히 1960년대의 고도성장정책 하에서 생산력증대를 추구하는 과정에서 초래된 광범위한 환경오염과 생태계파괴의 역사적 경험이 배경을 이루고 있다. 종래의 공해중심적 사고방식만으로는 환경문제를 해결할 수 없다는 반성을 토대로 전통적인 법이론이나 법제도의 구각을 벗어난 새로운 접근방법이 요구됨에 따라 환경권이 헌법상 확립되기 시작했다. 한국헌법은 이러한 인식의 전환을 비교적 이른 시기인

---

119) Storm: in Kimmnich/von Lersner/Storm, Handwörterbuch des Umweltrechts (HdUR), Bd.II, 2.Aufl., 1994, 2334.
120) 환경권에 관한 상세한 문헌으로는 김도창, 「일반행정법론(하)」, 1992, 517 각주 2를 참조.

1980년에 관철시켰다. 1980년 헌법은 제33조에서 이러한 환경권사상을 수용하여 환경권을 기본권의 하나로 명시적으로 보장하였다. 현행헌법 역시 그 연장선상에서 "모든 국민은 건강하고 쾌적한 환경에서 생활할 권리를 가지며, 국가과 국민은 환경보전을 위하여 노력하여야 한다."고 규정하고(§35 ①), 다만 그 내용과 행사에 관한 사항은 법률에 유보하고 있다(§35 ②). 사실 환경권을 헌법에서 직접 기본권으로 명문화한 입법례는 그리 많지 않다. 그런 뜻에서 환경권의 명시적 보장은 한국헌법의 특색을 이루는 요소이며, 이는 독일의 경우 기본법에 환경권조항을 신설하기는커녕 환경보호를 국가목표(Staatsziel)의 하나로 규정하려는 시도조차 학계의 완강한 저항으로 지연되어 오다가 통일 이후 1994년의 기본법개정을 통해서야 관철될 수 있었다는 사실과 현저히 대조된다.

환경권은, 그 개념, 법적 성질 및 효력을 둘러싸고 학설이 분분하지만, 일반적으로 '건강하고 쾌적한 환경에서 생활할 권리'라고 이해되고 있다.[121] 즉 건강하고 안전하며 쾌적한 생활을 유지하는 조건으로서 양호한 환경을 향수할 권리이다.

그 법적 성질에 관하여는 자유권적 성격뿐만 아니라 인간의 존엄과 가치·행복추구권으로부터 도출되는 생존권 또는 사회적 기본권으로서의 성격을 갖는 종합적 기본권으로 보는 것이 지배적인 견해이다.[122] 다만, 환경권의 효력에 관해서는 크게 환경권을 국민 개개인이 직접 법원에 청구할 수 있는 구체적인 법적 권리로 보려는 입장(구체적 권리설)과 환경권은 환경에 대한 침해가 있을 때 그 배제를 직접 청구할 수 있는 구체적 권리로서의 측면(자유권적 침해배제청구권[123])과 건강하고 쾌적한 환경에서 생활환경의 조성·유지에 대한 추상적 권리로서의 측면이라는 양면성을 지닌다고 보는 입장(추상적 권리설·양면적 권리설[124])이 대립한다.[125]

---

121) 한편 자연환경을 기본권의 객체 또는 법적 규율의 대상으로 하는 데에는 일정한 한계가 있다는 견해(허영, 「한국헌법론」, 423)도 있다.

122) "환경권은 많은 기본권의 실효성확보를 위해서 그 보장이 불가피한 일종의 '기본권의 전제조건의 보호'로서의 의미를 가지는 한편 특히 경제생활에 관한 기본권의 헌법적 한계로서의 의미도 함께 가지고 있기 때문에, 법적 성격도 이를 '자유권'·'사회권'·'인격권' 등 획일적으로 말할 수는 없을 것"이라고 하면서 '제도적 보장'의 성질도 아울러 내포하고 있는 것이라고 하는 견해도 있다(허영, 앞의 책, 426-427).

123) 이강혁, 앞의 글, 686은 '환경권은 헌법에 기본권으로 규정되어 있기 때문에 최소한 배제청구권(Abwehrrecht)의 효력은 갖는 것으로 봄이 타당하다'고 한다.

124) 이 견해는 김도창 교수(「일반행정법론(하)」, 519)처럼 오히려 구체적 권리·추상적 권리의 양면적 권리설이라고 지칭하는 것이 적절할 것이다.

125) 한편 "우리나라의 다수학자들이 주장하는 바와 같이 환경권을 「생존권」·「생활권」 혹은 「사회적 기본권」의 일종으로 성격짓는 이상 환경권은 별수 없이 프로그램적 내지 추상적 권리로 해석할 수밖에 없는 것이 아닌가 생각되며 그 실효성은 어디까지나 입법·행정적 조치와 관련하여 논할

생각건대 헌법이 종합적 기본권(Gesamtgrundrecht)으로서 환경권을 명시적으로 인정하는 이상(§35 ①), 환경권은 그 자유권적 기본권의 측면에서는 물론 생존권적 측면에서도 소구가능한 권리(구체적 권리)의 성질을 가진다고 보아야 할 것이다. 다만 그 내용과 행사에 관한 사항을 법률에 유보하고 있는 헌법 제35조 제2항은 제1항의 전제 위에서 그리고 그 범위 내에서 입법적 형성의 여지를 인정하지 않을 수 없다. 환언하면 '건강하고 쾌적한 환경에서 생활할 권리'는 헌법 제35조 제1항으로부터 직접적 효력을 갖는 권리로서 도출되며 헌법 제35조 제2항에 의해 부여된 입법권자의 입법형성권은 제1항의 헌법적 결정을 구체화하고 또 그것에 위배되지 않는 범위 내에서만 인정된다고 본다. 이러한 해석은 같은 조항에서 부과된 국가의 환경보호를 위하여 노력해야 할 의무를 통해서도 지지된다.[126]

2.1.2. 환경권의 내용

환경권이 헌법상 보장되어 있을지라도 그 내용과 행사에 관한 사항이 법률에 유보되어 있는 이상(§35 ②), 입법권자에 따라 그 내용과 효과, 행사방법 등이 구체화되지 않으면 실현되기 어렵다. 물론 환경권의 내용과 행사에 관한 사항이 법률로 정하도록 한 헌법 제35조 제2항의 규정은 이를 단지 입법권자에게 입법형성의 재량을 부여하는데 그치는 것이 아니라 헌법 제35조 제1항에 의한 **환경권 및 국가의 환경보호의무를 구체화해야 할 입법의무**를 부과하는 것으로 해석해야 할 것이다.

환경정책기본법은 헌법 제35조에 터잡아 제6조에서 '모든 국민은 건강하고 쾌적한 환경에서 생활할 권리를 가지며 국가 및 지방자치단체의 환경보전시책에 협력하고 환경보전을 위하여 노력하여야 한다'고 규정한다. 이와 관련하여 헌법 제35조 제2항에 따른 법률유보 요구가 충족된 것으로 볼 수 있는지 여부가 문제된다. 이에 관한 판례나 학설상의 논의는 거의 찾아볼 수 없다. 이 조항이 헌법 제35조 제2항이 규정하는 바와 같은 '환경권의 내용과 행사에 관한 사항'을 규정한 것이라고 볼 수 있을 만큼 구체적인 규율

수밖에 없는 그야말로 지도이념적 권리로 이해하는 것이 현실적이며 냉정한 태도가 아닌가 생각되는 것"이라고 하면서 "요컨대 한마디로 말해서 환경권이론의 배경에는 법원의 기능에 대한 약간 지나친 기대가 가로놓여 있는 것 간이 생각되거니와 …… 입법·행정의 대응부족의 현실에서 남은 것은 사법에 의한 구제라고 하는 발상도 이해되지 않는 것은 아니지만 우리나라와 같은 상황에서는 너무나도 비현실적이며 성급한 주장이 아닌가 생각된다"는 견해(서원우, 「고시연구」, 1984/5, 99)가 표명되기도 하였다.

126) 同旨 김춘환, "공권적 환경권이론", 「공법연구」 제29집 제2호(2000), 349-367, 354. 아울러 홍성방, "환경기본권 - 한국헌법 제35조에 대한 해석론적·입법론적 소고 - ", 「환경법연구」 제22권(2000), 473-490을 참조.

을 내용으로 하고 있지 않아 이 조항만으로 환경권의 내용과 행사가 입법권자에 의해 구체화되었다고 볼 것인지는 의문이다. 환경정책기본법 제6조에도 불구하고 헌법 제35조가 규정하는 환경권의 내용과 행사는 그 밖의 각 개별 법률에 의해 구체화될 수 있고 또 구체화되어야 한다고 해석된다.

헌법 제35조 제1항은 환경권을 건강하고 쾌적한 환경에서 생활할 '모든 국민'의 권리로 규정하고 있으나, 환경권의 주체는 대한민국 국적을 가지고 있는지 여부를 묻지 아니하고 대한민국 헌법의 관할에 속하는 모든 자연인이라고 해석된다. 헌법 제35조 제1항이 건강하고 쾌적한 환경에서 살 수 있는 인간의 권리뿐만 아니라 나무나 동물 등 자연물(도롱뇽이나 검은머리물떼새 등)을 포함한 생태계 자체의 권리를 아울러 보장하는 것인지는 의문이다. 이러한 의미에서 한국헌법이 보장하고 있는 환경권은 인간중심적 성격을 지니며, 또 환경보전을 위해 노력할 국가와 국민의 의무를 수반한다는 특징을 지닌다. 헌법은 '건강하고 쾌적한 환경에서 살 권리'로서 환경권을 보장한 후, 그 내용과 행사를 법률로 정하도록 유보하고 있다. 따라서 환경권의 내용은 이 '건강하고 쾌적한 환경에서 살 권리'에 대한 헌법해석을 통해 결정되는 것이며 또 입법권자가 그 내용과 행사를 법률로 구체화하는 것도 어디까지나 그러한 헌법해석을 전제로 하고 또 그 취지에 부합되는 경우에만 가능하다.

환경권의 대상이 되는 '환경'의 의미는 환경정책기본법이 구체화하고 있다. 이에 따르면 환경이란 자연환경과 생활환경을 말하는데, 여기서 "자연환경"이란 지하·지표(해양을 포함) 및 지상의 모든 생물과 이들을 둘러싸고 있는 비생물적인 것을 포함한 자연의 상태(생태계를 포함)를 말하며, "생활환경"이란 대기, 물, 폐기물, 소음·진동, 악취, 일조 등 사람의 일상생활과 관계되는 환경을 말한다(환경정책기본법 §3 i−iii).

환경권은 이러한 의미의 환경을 건강하고 쾌적하게 조성·유지해 달라고 요구할 수 있는 **적극적·이행청구권적 측면**과 그러한 환경에 대한 침해가 있을 때 그 배제를 직접 청구할 수 있는 **소극적·방어권적 측면**을 가지는 권리라고 할 수 있다. 이 중 후자의 측면은 법률에 의한 구체화가 없더라도 이를 직접 소송상 행사할 수 있다. 다시 말해 건강하고 쾌적한 환경에서 살 수 있는 권리가 침해된 경우에는 헌법직접적 권리보호청구권이 성립한다. 환경오염으로 인하여 생명이나 건강이 침해된 경우, 일반적으로는 민법상 불법행위책임으로 보호될 수 있으나, 그렇지 못한 경우에는 헌법 제35조 제1항의 규정을 근거로 직접 법원에 보호를 요구할 수 있다고 보아야 할 것이다. 왜냐하면 환경오염으로 인해 그러한 생명이나 건강이 침해되었는데도 관계법률에 그 침해를 배제할 수 있는 권리에 대한 근거규정이 없다고 해서 보호받을 수 없다고 한다면 이는 헌법 제35조

제1항에 정면으로 반하는 결과가 되기 때문이다. 또한 불법행위법 등 관계법률에 의해 이를 소송상 행사하는 경우에도 그 궁극적인 근거는 어디까지나 헌법 제35조 제1항의 규정에서 찾아야 하며 그렇게 해야만 헌법정신에 부합하는 결과가 될 것이다. 반면 전자의 경우에는 헌법 제35조 제2항의 규정과 관련하여 직접 국가에 대하여 건강하고 쾌적한 환경을 조성·유지해 달라고 청구할 수 있는 권리 또는 법원에서 그 이행을 소구하는 권리가 헌법직접적으로 도출된다고 보는 데에는 이론적·현실적 무리가 따른다. 물론 후술하는 국가의 환경보호의무에 상응하여 최소한의 '건강하고 쾌적한 환경'을 조성·유지해 달라고 요구할 수 있는 적극적·이행청구권적 권리를 인정할 여지가 없는 것은 아니다. 다만, 무엇이 '최소한의 건강하고 쾌적한 환경의 조성·유지'인지가 불분명하기 때문에 이를 구체화하는 법률이 없는 이상, 법원의 사법적극적 판례형성을 기대할 수밖에 없다.

2.1.3. 환경권에 대한 판례

환경권에 대한 판례의 태도는 소극적이다. 우리 대법원의 주류적 견해는 환경권의 법적 성질에 있어 재산권적 이해를 벗어나지 못하고 있다고 지적된다.[127]

판례는 당초 소극적인 태도에서 출발하였다. 실례로 대법원은 1995년 5월 23일자 결정[128]에서 "헌법 제35조 제1항은 환경권을 기본권의 하나로 승인하고 있으므로, 사법의 해석과 적용에 있어서도 이러한 기본권이 충분히 보장되도록 배려하여야 하나, 헌법상의 기본권으로서의 환경권에 관한 위 규정만으로는 그 보호대상인 환경의 내용과 범위, 권리의 주체가 되는 권리자의 범위 등이 명확하지 못하여 이 규정이 개개의 국민에게 직접으로 구체적인 사법상의 권리를 부여한 것이라고 보기는 어렵고, 사법적 권리인 환경권을 인정하면 그 상대방의 활동의 자유와 권리를 불가피하게 제약할 수밖에 없으므로, 사법상의 권리로서의 환경권이 인정되려면 그에 관한 명문의 법률규정이 있거나 관계법령의 규정취지나 조리에 비추어 권리의 주체, 대상, 내용, 행사방법 등이 구체적으로 정립될 수 있어야 하며" "관할행정청으로부터 도시공원법상의 근린공원내의 개인소유 토지상에 골프연습장을 설치할 수 있다는 인가처분을 받은 데 하자가 있다는 점만으로 바로 그 근린공원 인근 주민들에게 토지소유자에 대하여 골프연습장건설의 금지를 구할 사법상의 권리가 생기는 것이라고는 할 수 없다"고 판시함으로써 법률에 의해 내용이 구체화되지 않는 한 헌법 제35조 제1항에 의한 환경권을 직접 소구할 수 없다는 태도를 분명히 한 바 있다.[129] 이후에도 대법원은 기존의 판례를

---

127) 이흥훈. "환경오염피해 구제와 법원의 역할 — 환경권의 해석에 있어 —"(2016. 5. 28. 제126회 한국환경법학회 학술대회 기조연설),「환경법연구」제38권 2호, 6.
128) 대법원 1995. 5. 23.자 94마2218 결정(공작물설치금지가처분).

고수하였다.[130]

그러나 이후 판례에 미약하나마 변화가 나타나기 시작했다. 먼저 하급심판례 가운데 환경권이 일정한 범위 안에서 사법상 구체적 권리성을 시인하는 듯한 판례들이 나타나기 시작하였다.[131]

한편 대법원은 1996년 7월 12일자 판결[132]에서 '주민들이 쾌적한 환경에서 살 수 있도록 하여야 할 지방자치단체의 책무'를 확인한 후 그 관할 구역에 공장을 설치하려는 자가 있는 경우 "이와 같이 쾌적한 환경에서 생활할 권리를 가지는 주민들에게 위해를 가할 우려가 있다고 판단되면 당연히 공업배치및공장설립에관한법률 제9조의 규정에 따라 공장입지의 변경의 권고를 할 수 있고, 이에 불응하는 자에게 공장입지의 변경 또는 공장설립계획의 조정을 명할 수 있으며, 한편 레미콘공장 설립을 하면 환경에 현저한 위해를 가할 우려가 있고 그러한 사정이 있음에도 불구하고 공장설립을 허가하는 것이 같은 법 제8조와 이 규정에 따른 통상산업부 고시에 위반된다면, 설사 관할 지방자치단체가 토지거래허가시에 이러한 사정을 간과하고 토지거래허가를 하였다고 하더라도 <u>쾌적한 환경에서 생활할 주민들의 권리라는 한 차원 높은 가치</u>를 보호하기 위한 조정명령을 신뢰보호의 원칙을 들어 위법하다고 할 수도 없다"고 판시함으로써 **환경권의 법률에 의한 구체화 여부와는 상관없이 환경권의 법적 효력을 시인하는 듯한 뉘앙스**를 드러내었다.

환경권의 내용과 효력을 점점 더 정면에서 시인하는 듯 한 뉘앙스는 비록 다수 의견은 아니었지만, 헌법재판소와 대법원의 판례 중 보충의견이나 반대의견을 통해 나타났다. 도시계획법 제21조 위헌소원에 대한 헌법재판소 결정에서 "모든 국민이 건강하고

---

129) 이 결정에 관해서는 윤진수, 환경권 침해를 이유로 하는 유지청구의 허용 여부, 「대법원판례해설」 23(95년 상반기 1995.12), 9－27; 김종률, "환경권의 사권성", 「판례연구」 13집(서울지방변호사회) 등을 참조.

130) 대법원 1995. 9. 15. 선고 95다23378 판결(공사중지가처분이의); 1997. 7. 22. 선고 96다56153 판결(공사금지가처분); 1999. 7. 27. 선고 98다47528 판결(공사금지청구).

131) 대구지방법원 김천지원 1995. 7. 14. 선고 94가합2353 판결(손해배상(기)); 서울지법 남부지원 1994. 2. 23. 선고 91가합23326 판결(하집1994－1, 53). 특히 부산고등법원 1995. 5.18. 선고 95카합5 판결이 주목을 끌었다. 이에 대한 상고심에서 대법원은 기존 판례를 고수하면서도 "헌법 제35조의 규정이 구체적인 사법상의 권리를 부여한 것이 아니고 달리 사법상의 권리로서의 환경권을 인정하는 명문의 법률규정이 없는데도 원심이 마치 신청인이 환경권에 기하여 방해배제를 청구할 수 있는 것처럼 설시하고, 또한 원심이 불법행위나 인격권에 기한 방해배제청구권을 이 사건 피보전권리의 하나로 들고 있는 데 설령 소론과 같은 잘못이 있다 하더라도, 그와 같은 잘못은 판결 결과에 영향을 미치지 못한다."고 지적함으로써 원심 판단을 번복하였다(대법원 1995. 9. 15. 선고 95다23378 판결 공사중지가처분이의).

132) 대법원 1996. 7. 12. 선고 95누11665 판결.

쾌적한 환경에서 생활할 수 있는 환경권(헌법 제35조)은 인간의 존엄과 가치·행복추구권의 실현에 기초가 되는 기본권이므로 사유재산권인 토지소유권을 행사하는 경제적 자유보다 우선하는 지위에 있다"고 한 이영모재판관의 반대의견,133) 대법원 1999년 8월 19일 선고 전원합의체 판결의 다수의견에 대한 보충의견이 그 같은 관점을 드러낸 사례들이다134)

환경권의 구체적 내용에 관한 판례는 한결같지는 않지만, '건강하고 쾌적한 환경에서 살 권리'로서 환경권의 구체적 내용으로는 앞에서 본 바와 같은 환경침해배제청구권과 쾌적한 환경조성청구권과, 일조권, 조망권·경관권, 자연환경향유권 등을 고려할 수 있을 것이다. 이와 관련하여 헌법 제35조 제1항에서 규정한 환경권의 내용에 '자연에 따라 주어지는 일조, 전망, 통풍, 정온 등의 외부적 환경을 차단 당하지 않고 쾌적하게 생활할 수 있는 권리도 당연히 포함된다'는 입장을 분명히 한 하급심판례들이 주목을 끌었다.135)

그러나 대법원은 이미 앞에서 본 바와 같이 '사법상의 권리로서 환경권을 인정하는 명문의 규정이 없는 한 환경권에 기하여 직접 방해배제청구권을 인정할 수 없다'는 전제 아래 사법상의 권리로서 일조권, 경관권·조망권, 종교적 환경권, 교육환경권 등을 이른바 '수인한도 초과'를 조건으로 산발적으로 인정하는 태도를 보였다.

[1] 환경권은 명문의 법률규정이나 관계 법령의 규정 취지 및 조리에 비추어 권리의 주체, 대상, 내용, 행사 방법 등이 구체적으로 정립될 수 있어야만 인정되는 것이므로, 사법상의 권리로서의 환경권을 인정하는 명문의 규정이 없는데도 환경권에 기하여 직접 방해배제청구권을 인정할 수는 없다.

[2] 어느 토지나 건물의 소유자가 종전부터 향유하고 있던 경관이나 조망, 조용하고 쾌적한 종교적 환경 등이 그에게 하나의 생활이익으로서의 가치를 가지고 있다고 객관적으로 인정된다면 법적인 보호의 대상이 될 수 있는 것이므로, 인접 대지 위에 건물의 건축 등으로 그와 같은 생활이익이 침해되고 그 침해가 사회통념상 일반적으로 수인할 정도를 넘어선다고 인정되는 경우에는 위 토지 등의 소유자는 그 소유권에 기하여 건물의 건축 금지 등 방해의 제거나 예방을 위하여 필요한 청구를 할 수 있고, 위와 같은 청구를 하기 위한 요건으로서 반드시 위 건물이 문화재보호법이나 건축법 등의 관계 규정에 위반하여 건축되거나 또는 그 건축으로 인하여 그 토지 안에 있는 문화재 등에 대하여 직접적인 침해가 있거나 그 우려가 있을 것을 요하는 것은 아니다.

[3] 인접 대지에 건물이 건축됨으로 인하여 입는 환경 등 생활이익의 침해를 이유로 건축공사의 금지를 청구하는 경우에 그 침해가 사회통념상 일반적으로 수인할 정도를 넘어서는지 여부는 피해의 성질 및 정도, 피해이익의 공공성, 가해행위의 태양, 가해행위의 공공성, 가해자의 방지조치 또는 손해 회피의 가능성, 인·허가 관계 등 공법상 기준에의 적합 여부, 지역성, 토지 이용

---

133) 헌법재판소 1998. 12. 24. 선고 89헌마214, 90헌바16, 97헌바7 결정(도시계획법제21조에 대한 위헌소원).

134) 대법원 1999. 8. 19. 선고 98두1857 판결(건축허가신청서반려처분취소) 중 정귀호, 이용훈대법관의 보충의견.

135) 대구지방법원 김천지원 1995. 7. 14. 선고 94가합2353 판결(손해배상(기). 또한 서울민사지법 남부지원 1994. 2. 23. 선고 91가합23326 판결(손해배상(기)청구사건)을 참조.

의 선후관계 등 모든 사정을 종합적으로 고려하여 판단하여야 한다.[136]

위법한 재산권 침해로서 일조방해와 환경권

[다수의견] 토지의 소유자 등이 종전부터 향유하던 일조이익(日照利益)이 객관적인 생활이익으로서 가치가 있다고 인정되면 법적인 보호의 대상이 될 수 있는데, 그 인근에서 건물이나 구조물 등이 신축됨으로 인하여 햇빛이 차단되어 생기는 그늘, 즉 일영(日影)이 증가함으로써 해당 토지에서 종래 향유하던 일조량이 감소하는 일조방해가 발생한 경우, 그 일조방해의 정도, 피해이익의 법적 성질, 가해 건물의 용도, 지역성, 토지이용의 선후관계, 가해 방지 및 피해 회피의 가능성, 공법적 규제의 위반 여부, 교섭 경과 등 모든 사정을 종합적으로 고려하여 사회통념상 일반적으로 해당 토지 소유자의 수인한도를 넘게 되면 그 건축행위는 정당한 권리행사의 범위를 벗어나 사법상 위법한 가해행위로 평가된다.

[대법관 고현철, 김영란, 이홍훈, 김능환의 반대의견]
일조방해란 태양의 직사광선이 차단되는 불이익을 말하는 것이고, 그 일조방해의 정도가 사회통념상 일반적으로 인용하는 수인한도를 넘게 되면 사법상 위법한 가해행위로 평가된다. 헌법 제35조 제1항에 비추어 볼 때, 위법한 일조방해는 단순한 재산권의 침해에 그치는 것이 아니라 건강하고 쾌적한 환경에서 생활할 개인의 인격권을 침해하는 성격도 지니고 있다.[137]

결론적으로 '환경권에 관한 헌법 제35조의 규정이 개개의 국민에게 직접으로 구체적인 사법상의 권리를 부여한 것이라고 볼 수 없고, 사법상 권리로서 환경권이 인정되려면 그에 관한 명문의 법률규정이 있거나 관계법령의 규정취지 및 조리에 비추어 권리의 주체, 대상, 내용, 행사방법 등이 구체적으로 정립될 수 있어야 한다'는 대법원의 판례는 현재까지도 계속 유지되고 있다고 판단된다. 이 점은 2006년 6월 2일 환경권, 자연방위권 등 헌법상 권리에 의하여 직접 한국철도시설공단에 대하여 고속철도 중 일부 구간의 공사 금지를 청구할 수 없고, 환경정책기본법 등 관계 법령의 규정 역시 그와 같이 구체적인 청구권원을 발생시키는 것으로 해석할 수 없다고 판시한 '천성산 도롱뇽' 사건 결정을 통해 분명히 드러난 바 있다.

[1] 신청인 도롱뇽의 당사자능력에 관하여
원심결정 이유를 기록에 비추어 살펴보면, 원심이 도롱뇽은 천성산 일원에 서식하고 있는 도롱뇽목 도롱뇽과에 속하는 양서류로서 자연물인 도롱뇽 또는 그를 포함한 자연 그 자체로서는 이 사건을 수행할 당사자능력을 인정할 수 없다고 판단한 것은 정당하고, 위 신청인의 당사자능력에 관한 법리오해 등의 위법이 없다.
[2] 나머지 신청인들의 피보전권리로서의 환경권 및 자연방위권에 관하여

---

136) 대법원 1999. 7. 27. 선고 98다47528 판결(공사금지청구: 강조 인용자). 원심판결: 서울고법 1998. 8. 28. 선고 98나23104 판결. 同旨 대법원 1997. 7. 22. 선고 96다56153 판결(공사금지가처분). 아울러 대학의 교육환경권에 관한 대법원 1995. 9. 15. 선고 95다23378 판결(공사중지가처분이의)을 참조.
137) 대법원 2008. 4. 17. 선고 2006다35865 전원합의체 판결.

신청인 내원사, 미타암, 도롱뇽의 친구들이 환경권에 관한 헌법 제35조 제1항이나 자연방위권 등 헌법상의 권리에 의하여 직접 피신청인에 대하여 고속철도 중 일부 구간의 공사 금지를 청구할 수는 없고 환경정책기본법 등 관계 법령의 규정 역시 그와 같이 구체적인 청구권원을 발생시키는 것으로 해석할 수는 없으므로(대법원 1995. 5. 23.자 94마2218 결정 등 참조), 원심이 같은 취지에서 신청인 내원사, 미타암의 신청 중 환경권이나 자연방위권을 피보전권리로 하는 부분 및 신청인 도롱뇽의 친구들의 신청(위 신청인은 천성산을 비롯한 자연환경과 생태계의 보존운동 등을 목적으로 설립된 법인 아닌 사단으로서 헌법상 환경권 또는 자연방위권만을 이 사건 신청의 피보전권리로서 주장하고 있다.)에 대하여는 피보전권리를 인정할 수 없다는 취지로 판단한 것은 정당하고, 환경권 및 그에 기초한 자연방위권의 권리성, 신청인 도롱뇽의 친구들의 당사자적격이나 위 신청인이 보유하는 법률상 보호되어야 할 가치 등에 관한 법리오해 등의 위법이 없다.[138]

2.2. 국가의 환경보호 임무

헌법은 제35조 제1항 후단에서 "…… 국가와 국민은 환경보전을 위하여 노력하여야 한다"고 규정함으로써 환경보전을 위하여 노력해야 할 국가와 국민의 헌법적 의무를 부과하고 있다. 여기서 특히 주목되어야 할 것은 국가의 환경보호임무이다(§35 ①). 국가의 환경보호임무는 무엇보다도 입법권자에 의해 입법을 통하여 달성되지 않으면 안 된다. 만일 입법권자인 국회가 그 의무를 태만히 한다면 그것은 입법부작위로서 위헌으로 평가될 수밖에 없다. 헌법 제35조 제2항의 법률유보는 이러한 의미에서 입법권자의 입법의무를 부여한 것이라고 볼 수 있다. 행정권은 당연히 헌법의 구속력(§35 ①)에 따라 환경보호의무를 진다. 행정권의 환경보호의무는 일단 입법권자에 의해 구체화된 환경입법에 따라 이행되어야 하겠지만, 그러한 입법이 없더라도 헌법규정에 따라 행정권은 환경보호행정에 나서야 할 의무를 진다고 할 수 있다. 사법권은 재판작용을 통하여 환경권에 관해 내려진 헌법적 결정을 준수하여야 하며 또 입법형성을 통한 구체화가 없더라도 헌법규정으로부터 환경권의 구체적 내용을 해석해 내지 않으면 안 된다. 이것을 권한 없는 법관법(法官法: Richterrecht)의 형성 내지 법창조라고는 볼 수 없을 것이다. 적어도 헌법의 규범적 구속력이 여기에 작용하기 때문이다. 이 헌법규정을 받아 환경정책기본법도 제4조에서 국가 및 지방자치단체에게 환경계획 수립·시행의무를 부과하고 있다.

헌법상 국가의 환경보전의무는 다양한 방향과 힘으로부터 도전을 받고 있다. 규제완화의 압력은 그 대표적인 경우이다. 환경규제는 경제의 외부효과(externalities), 즉 외부불경제(external diseconomy)를 제거하여 자원배분의 왜곡을 시정하기 위한 사회적 규제의

---

138) 대법원 2006. 6. 2.자 2004마1148,1149 결정(공사착공금지가처분).

핵심 부분이다. 기업이 경제활동으로 발생한 외부적·사회적 비용을 국민에 전가함으로써 사회 전체에 후생 상실(Wohlfahrtsverlust)을 초래하는 결과를 막기 위해 '사회적 비용의 내부화'(Internalisierung)를 추구한다.[139] 환경규제는 오히려 환경오염으로 발생한 자원배분의 왜곡을 시정하여 시장의 기능을 회복시키려는 것이므로 규제완화의 대상이 될 수 없다. 규제완화를 규제의 포기나 자유방임과 혼동해서는 안 된다는 것은 환경규제에 관하여 더욱 타당하다.

2.3. 환경행정의 조직

2.3.1. 국가·지방자치단체

(1) 국가

가장 중요한 환경행정의 주체는 말할 나위도 없이 국가이다. 이 점은 '환경보전을 위하여 노력해야 할 국가의 의무'를 규정한 헌법(§35 ① 후단)과 이를 구체화하여 "국가는 환경오염 및 환경훼손과 그 위해를 예방하고 환경을 적정하게 관리·보전하기 위하여 환경계획을 수립하여 시행할 책무를 진다."고 한 「환경정책기본법」(§4 ①)만 보아도 명백하다. 「환경정책기본법」에 따른 환경부장관의 권한은 대통령령이 정하는 바에 따라 그 일부를 시·도지사 또는 지방환경관서의 장에게 위임할 수 있다(§60 ①). 국가의 환경행정조직은 중앙의 환경부와 환경관리청 및 지방환경관리청으로 구성되어 있다. 국가환경행정조직은 몇 차례 괄목할 만한 변화를 겪었다. 당초 1980년 소위 제5공화국의 성립(1980)과 함께 보건사회부(현재 보건복지부)의 외청으로 발족되었던 환경청이 1990년 1월 쾌적한 환경에 대한 국민요구에 부응하고 환경행정의 종합화·적극화·일원화를 도모한다는 취지에서 그 장을 국무위원으로 보하는 국무총리소속기관인 환경처로 승격되었다가, 다시금 환경처는 1994년 12월 23일 김영삼정부의 대대적인 정부조직개편을 통해 집행부서인 환경부로 승격되어 오늘에 이르고 있다.

정부조직법상 환경부장관은 자연환경, 생활환경의 보전, 환경오염방지, 수자원의 보전·이용·개발 및 하천에 관한 사무를 관장한다(정부조직법 §39). 지방환경행정조직으로는 1990년 당초 각 지역의 특성과 여건에 맞는 환경행정을 수행하도록 하려는 취지에서 1986년 10월 이래 설치된 기존 6개 환경지청(서울, 부산, 대구, 광주, 대전, 원주)을 확대개편한 지방환경청이 설치되어 있었다. 그러나 1994년초 낙동강오염사태를 계기로 대도시

---

139) Bender/Sparwasser, 「Umweltrecht」, 1990, Rn.51, S.17.

행정구역별 수질관리체계에서 수계별·영향권별 수질관리체계로 전환해야 한다는 요청이 비등함에 따라 정부는 한강, 낙동강, 금강 및 영산강 4대강의 수계별로 각각 환경관리청을 설치하고 그 관리청장 소속 하에 지방환경관리청을 둠으로써 지방환경행정조직을 개편하였다. 환경부는 현재 유역환경청, 지방환경청 및 수도권대기환경청으로 구성되어 있다(「환경부와 그 소속기관 직제」 제2조 제2항). 그 밖에 환경정책기본법 제58조에 따라 같은 법 제14조의 국가환경종합계획의 수립·변경 등 그 밖에 환경정책에 대한 심의·자문을 위하여 중앙환경정책위원회를 두고 있다.

(2) 지방자치단체

국가 다음으로 환경보전의 법적 책임을 지는 것은 지방자치단체이다. 환경보호에 대한 지방자치단체의 역할은 환경문제의 지역적 특성 때문에 더욱 더 강조되고 있다. 이에 환경정책기본법은 제4조 제2항에서 "지방자치단체는 관할구역의 지역적 특성을 고려하여 국가의 환경계획에 따라 당해 지방자치단체의 계획을 수립하여 이를 시행할 책무를 진다"고 규정함으로써 지방자치단체에게 환경보전행정의 책무를 부과하여 지역적 특수성을 고려한 환경자치행정의 가능성을 열어 놓고 있다. 법이 특별시·광역시·도·특별자치도는 '해당 지역의 환경적 특수성을 고려하여 필요하다고 인정하는 때에는 해당 지방자치단체의 조례로 국가환경기준보다 확대·강화된 별도의 환경기준, 즉 "지역환경기준"을 설정 또는 변경할 수 있도록 한 것(§12 ③)도 바로 그러한 맥락에서이다. 지방자치법은 지방자치단체의 사무범위에 관한 제9조 제2항에서 지방자치단체의 환경행정에 관한 권한을 열거하고 있는데, 환경행정은 시·도의 경우, 서울특별시처럼 기후환경본부를 설치하거나, 제주특별자치도처럼 환경·경제부지사를 두어 그 산하에 세계환경수도추진본부를 통해 수행하기도 하고, 광역시나 도의 경우 환경녹지국 같은 조직을 통해, 시·군·구 등 기초자치단체의 경우 환경관리과, 환경과 등과 같은 조직을 통해 수행되고 있다.

환경과 생태계 보호를 국가의 힘과 노력만으로 달성하기는 불가능하다는 인식이 확산되면서 국가주도 환경정책에 대한 반성과 비판이 공감대를 넓혀 왔다. 국가가 주도해 온 하향식(top-down) 명령통제(command-and-control) 위주의 환경규제는 효과를 거두려면 '군대병력을 동원해야 할' 정도로 집행과 실효성에 한계를 지니고 있음이 판명되었고 설사 부분적인 규제목적을 달성하였다고 해도 환경과 생태계 전체에 어떠한 영향을 주었는지 불분명한 경우가 적지 않았다. 이와 같이 환경문제를 해결함에 있어 국가주의적 환경정책이 노정시킨 문제점과 한계를 반성·비판하면서 환경문제를 새롭게 인식하고 새로운 수단을 사용하는 분권화된 상향적(bottom-up) 이니셔티브를 취해야 한다는 주장이 제기되고 있고 또 점점 더 설득력을 키워가고 있다. 1992년 리우회의는 국가주도적 환경정책을 반성하고 그에 대한 대안을 모색하는 계기를 제공해 주었다. 그중 가장 뚜렷한 조류의 하나로 대두되고 있는 것이 '환경자치주의'라 할 수 있다. '환경자치주의'(civic environmentalism)

란 종래와 같은 국가가 주도해 온 하향식 명령통제 위주의 환경규제가 환경문제를 제대로 해결하지 못했다는 점을 반성·비판하면서 환경문제를 새롭게 인식하고 새로운 수단을 사용하는 분권화된 상향적 이니셔티브를 취해야 한다는 주장을 말한다.[140] 1980년대 미국에서 연방정부의 환경정책이 예산사정의 악화와 정치적 정체로 인해 좌절되는 경우가 많았기 때문에 주와 지방자치단체들이 독자적인 환경정책을 개발·시행하는데 노력을 기울이는 경향이 나타나기 시작했다. 이러한 국가환경정책의 한계에 대한 반성과 대응으로 나타난 것이 환경자치주의이다. 환경자치는 중앙정부에 의한 환경규제를 대체하는 대안은 아니지만, 중앙정부의 역할 못지않게 지방자치단체, 주민, 비정부·비영리 민간기구들의 역할을 강조함으로써 국가환경정책을 보완하는 강력한 방안이라 할 수 있다.

2.3.2. 기타 공공단체

지방자치단체 이외의 특별지방행정기관·영조물법인 등 공공단체도 그 목적 및 권한 범위 안에서 환경행정 임무를 수행한다. 「물환경보전법」 제74조 제1, 2항에서 환경부장관의 권한 일부를 시·도지사, 대도시 시장, 환경부 소속 환경연구기관의 장 또는 지방환경관서의 장에게 위임할 수 있도록 한 것, 환경부장관 또는 시·도지사가 이 법에 따른 업무 일부를 관계 전문기관에 위탁할 수 있도록 한 것이 그런 예들이다.

2.3.3. 국토계획과 연계를 위한 기관간 협조

환경정책기본법은 제4조 제3항에서 국가 및 지방자치단체는 지속가능한 국토환경유지를 위하여 제1항에 따른 환경계획과 제2항에 따른 지방자치단체의 환경계획을 수립할 때에는 「국토기본법」에 따른 국토계획과의 연계방안 등을 강구하도록 하는 한편, 같은 조 제4항에서 환경부장관에게 환경계획과 국토계획의 연계를 위해 필요한 경우 적용범위, 연계방법 및 절차 등을 국토교통부장관과 공동으로 정할 수 있도록 하여 관계기간간 협조 의무를 명시하고 있다.

3. 환경법을 지배하는 기본원리

종래 환경법의 기본원리들은 서로 선택적으로 또는 중첩적으로 적용될 수 있고, 또한 법률에 의해 명시적으로 규정됨으로써 직접 구속적으로 적용될 수 있는 법원칙으로 강화된 효력을 갖지 않는 한, 환경정책 및 법정책적인 행위원칙(Handlungsmaxime)에 불과하다고 이해되어 왔다.[141] 물론 이러한 환경정책 및 법정책적 원리로서의 의미도 결코

---

140) 이에 관하여는 DeWitt John, Civic Environmentalism, Alternatives to Regulation in States and Communities, CQ Press, 1994; 홍준형. "시민환경주의와 그 환경법정책적 의미", 「환경법연구」 제18권, 1996, 356–382를 참조.

과소평가할 것은 아니다. 그러나 환경헌법 및 개별환경법들을 통하여 이들 원리들이 실정법적 토대를 구축·확보해나감에 따라 종래처럼 이들 원리를 프로그램적 지침 (programmatische Leitsätze)으로 간주하는 사고방식은 더 이상 타당할 수 없다.

환경법의 기본원리들을 실정법으로부터 도출할 수 있는 이상, 그것은 단순한 입법방침에 불과한 것이 아니라, 종종 입법을 통한 구체화가 필요할지라도, 엄연히 법적 구속력을 갖춘 법원칙으로 보아야 할 것이다. 이제 우리 환경법의 기본원리들을 살펴보기로 한다.

3.1. 지속가능한 발전의 원칙

한국환경법의 기본원리로서 '지속가능한 발전'의 원칙의 내용은 헌법 제35조 제1항과 헌법전문, 이를 토대로 한 환경정책기본법 제2조, 지속가능발전법, 환경영향평가법 및 자연환경보전법의 규정들에 대한 전체적 해석을 통해 확인할 수 있다. 이 원칙은 1972년의 스톡홀름선언(원칙 1)과 1987년의 브룬트란트보고서에서 촉구된 환경권의 헌법적 보장, 환경가치의 존중 및 환경이용에 있어 환경의 우선적 고려를 내용으로 하는 환경과 개발의 실천적 통합, 환경혜택의 향유에 있어 사회적 형평 및 세대간 형평으로 집약된다.

저탄소 녹색성장기본법은 녹색성장을 비단 환경정책뿐만 아니라 국가발전전략으로서 선양하고 있다. 2010년 4월 14일부터 시행된 이 법률은 당초 기후변화대책법으로부터 시작되었으나 이명박 전 대통령의 저탄소 녹색성장 드라이브에 따라 저탄소 녹색성장기본법으로 격상된 것이다.[142] 이에 따라 지속가능한 발전의 원칙과 녹색성장의 원칙 간의 관계를 어떻게 볼 것인지 결코 쉽지 않은 문제가 대두되었다.[143]

---

141) Bender/Sparwasser/Engel, Umweltrecht, 1/III, Rn.66, S.24.

142) 영국은 기후변화의 위험에 대처하기 위해 법적인 틀을 전 세계에서 가장 먼저 도입하였다. 2008년 11월 26일 제정된 기후변화법(The Climate Change Act)는 영국에서의 저탄소경제를 향한 변화를 지원하고 탄소관리를 향상시키기 위한 목적에서 녹색성장 추진을 위한 국가 비전을 선언하는 한편, (1) 법적 구속력 있는 목표, (2) 탄소예산시스템, (3) 기후변화위원회 설립, (4) 국제 항공 및 해운으로부터의 배출, (5) 국제 배출권의 사용, (6) 배출 저감을 위한 추가 조치, (7) 적응 조치 등을 규정하였다.

143) 이에 관해서는 문상덕, "녹색성장기본법에 대한 환경법적 검토", 환경법연구 제31권 제1호, 2009, 15-38; 함태성, "'녹색성장'과 '지속가능발전'의 관계정립에 관한 법적고찰 - 저탄소 녹색성장기본법 - (안) 제정에 관한 법적 논쟁과 관련하여 -", 환경법연구 제31권 제1호, 2009, 355-376; 조홍식, "우리나라 기후변화대책법의 전망", 환경법연구 제30권 제2호, 2008, 311-338; 한국환경법학회, 기후변화에 대한 환경법적 대처방안, 제91회 한국환경법학회 국제

녹색성장(Green Growth; MCED 2005)이란 '경제성장(economic growth)'과 '환경의 지속가능성(environmental sustainability)'라는 두 가지 요구를 조화시켜 보다 깨끗한 기술적 방식으로 환경자원을 개발·이용하는 성장을 말한다. 녹색성장기본법은 "녹색성장"을 '에너지와 자원을 절약하고 효율적으로 사용하여 기후변화와 환경훼손을 줄이고 청정에너지와 녹색기술의 연구개발을 통하여 새로운 성장동력을 확보하며 새로운 일자리를 창출해 나가는 등 경제와 환경이 조화를 이루는 성장'이라고 정의하고 있다(§2 ii).

녹색성장의 달성을 위해서는 다음 두 가지 요구를 충족시켜야 한다: 첫째, 환경과 경제의 통합을 지향해야 한다. 둘째, 환경이 기업과 경제활동에 비용과 부담으로 인식되지 않고 하나의 기회(opportunity)로 인식되어 환경과 경제간의 win-win 시너지 효과를 창출할 수 있도록 현재의 경제성장 패러다임 개념과 시스템을 변화시켜야 한다. 경제성장 패러다임을 변화시키기 위해서는 먼저, 경제성장과 환경압력의 탈동조화(decoupling)를 통해 경제성장의 생태 효율성(eco-efficiency)을 제고하고, 사회가 생산하고 소비하는 방식의 변화를 통해 생산소비패턴의 생태 효율성을 제고해야 한다.

녹색성장은 성장과 환경이라는 두 마리 토끼를 잡으려는 성장전략이므로, 관건은 이러한 성장전략과 정책이 기업에 추가적 부담을 주지 않으면서 동시에 기후변화 감소에 기여할 수 있는가 하는데 달려 있다. 이를 가능케 하려면 성장지향적 자원이용 방식에서 발생하는 부(-)의 외부효과를 최소화할 수 있는 규제정책과 함께 녹색혁신(green in-novation)이 필요하다. 녹색성장 전략의 핵심은 바로 성장과 혁신(growth with innovation)을 가능하게 하는 규제체계를 구축하는 데 있다.

3.2. 환경정의의 원칙

환경정의(environmental justice)란 이를 "지속가능한 발전을 지지하고, 사람들이 그들의 환경이 안전하고 육성적이고 생산적이라는 확신을 지닐 수 있는 삶의 조건을 지지하며, 분배적 정의가 우선하는 지역사회를 지지하는 제도적 정책, 결정, 문화적 행태"[144]라고 포괄적으로 정의할 수 있다.

1990년대 초 미국을 중심으로 소수민족과 빈곤한 지역사회가 국가의 환경위험을 불균형하게 부담하고 있다는 불평등문제에 대한 처방을 마련하고 이를 실행하고자 하는

학술대회 자료집, 2008 등을 참조.
144) Bunyan Bryunt(1995), 23을 참조.

움직임이 활발히 전대되었다. 이를 "환경정의운동"이라 한다.[145]

　　1994년 빌 클린턴 미국대통령은 소수민족과 저소득인구집단에 있어서의 환경정의를 처리하기 위한 집행명령(Executive Order No. 12898)을 선포한 바 있다. 그동안 이 문제를 관심범위와 활동영역에서 배제해오던 대규모 전국 환경운동조직들이 점차 관심을 기울이기 시작하고 있고, 미국환경법학회에서도 이를 주요 의제로 채택하는 등, 환경정의가 주류환경보호주의자들의 관심영역으로 편입되었다.[146]

　　환경정의론은 이후 입법이 무산되는 등 퇴조세를 보였으나, 오바마 행정부 들어 EPA에서 환경정의를 그 중심적 임무이자 책무로 간주함으로써 다시 부활하였다.[147] 오바마 대통령이 EPA 수장으로 임명한 리사 잭슨(Lisa Jackson)은 불균형적으로 높은 수준의 오염과 위험에 노출되어 있는 저소득 소수자 공동체들을 돕기 위해 교육, 조사 및 오염저감, 에너지효율성 등 다양한 수준의 자금지원 사업을 시행하는 등 다시금 환경정의 프로그램을 강화하였다. 그러나 이후 트럼프 행정부가 들어선 후 석탄화력발전소 배출규제, 차량배기가스 규제, 아동발육지체를 초래하는 살균제 금지 등 기존의 대기와 물 환경 보호를 위한 법령들이 경제성장의 걸림돌(stymied economic growth)로 지목되어 타격을 받으면서 정치지도자들, 학자들과 활동가들 사이에 환경정의를 위한 투쟁이 더욱 더 긴급한 과제로 대두되었다. 학계에서 '환경정의운동의 아버지'로 통하는 불라드(Robert Bullard)에 따르면, 우리가 지난 40여년간 싸워온 차별이 제도화되는 광경(institutionalization of discrimination)이 벌어지고 있다고 한다.[148]

　　트럼프 정부에서 EPA 예산 삭감 등으로 크게 위축되었던 환경정의는 2021년 1월 취임한 바이든(Biden) 대통령이 '환경정의는 우리의 모든 과업의 중심이 될 것'이라고 공언함으로써 새로운 부활의 장을 맞았다. 2021년 1월 27일 바이든 대통령은 환경정의와 형평에 맞는 경제적 기회를 확보하기 위한 행정명령(executive order)에 서명하여 백악관에 '환경정의 자문협의회'와 '환경정의 부처간 협의회'(White House Environmental Justice Advisory Council and the White House Environmental Justice Interagency Council)를 설치하고 범정부 전략(the all-of-government approach)을 통해 환경부정의를 해결하고 '국가기후TF'(National Climate Task Force)를 설치하여 기후변화로 인한 환경정의 문제, 즉 기후정의(climate justice) 문제에 대한 해결방안을 수립, 시행하도록 하였다.[149]

---

145) 초창기 미국에서의 환경정의론의 생성과 전개에 관해서는 Richard J. Lazarus. (1993). Pursuing "Environmental Justice": The Distributional Effects of Environmental Protection. Northwestern University Law Review Vol. 87, No.3., 787－857, 787~791; Thomas Lambert/Christopher Boerner, Environmental Inequity: Economic Crisis, Economic Solutions, Yale Journal on Regulation, Vol.14, No.1, Winter 1997, 195－234; 조명래. (2013). "개발국가의 환경정의: 한국적 환경정의론의 모색". 「환경법연구」 제35권 제3호, 69~111, 72~74 등을 참조.

146) Steven Keeva. (1994). "a Breath of Justice", ABA Journal, 88~89를 참조. Robert D. Bullard(1994), "Overcomming Racism in Environmental Decisionmaking", Environment, 16~19를 참조. Clinton대통령으로 1994년 2월 공포한 Executive Order No. 12898은 정부당국들로 하여금 환경정책 수립시 환경정의에 중요한 우선순위를 두도록 의무화하였다.

147) EPA's Action Development Process, p.3.

148) https://www.theguardian.com/us－news/2017/nov/20/environmental－justice－in－the－age－of－trump.

149) A Guide to the Biden Administration's All－of－Government Approach to Environmental

EPA에 따르면 환경정의란 인종, 피부색, 출신국가 또는 소득을 따지지 아니 하고 모든 사람들을 환경법, 규제 및 정책의 개발, 이행 및 집행에서 공정하고 대우하고 유의미하게 관여시키는 것을 말한다. 이 목표는 누구나 환경 및 건강에 대한 침해로부터 동등한 보호와 자신이 살고 배우고 일하는 건강한 환경을 확보하기 위한 의사결정과정에 대한 동등한 접근권을 향유할 때 달성될 수 있다.[150]

환경정의는 환경 이익과 불이익의 평등한 분배뿐만 아니라 그 평가와 배분 과정, 즉 정책과정에 대한 공공참여의 확대를 요구한다.[151] 이러한 의미에서 환경정의란 환경정책 집행의 대상이 되는 하위 인구집단들 간 환경위험의 불균등한 부담을 시정하고 불평등한 영향을 미치는 법령, 제도, 정책의 변경 또는 시정을 요구하는 사회적 정의에 대한 주장을 말한다.

환경정의론은 환경문제가 정의와 형평의 문제라는 것을 전제로 한다. 환경문제는 본질적으로 정치적이며, 입지결정을 포함한 모든 환경정책결정 과정은 정치적 과정이다.[152] 환경정책의 기초가 되는 정보는 기술평가, 영향분석, 비용—효과분석을 통해서도 이루어질 수 있으나, 동시에 가치와 윤리의 문제를 포함하고 있으므로 전적으로 과학적 분석에 기초하여 환경정책을 결정할 수 없기 때문이다. 환경관련 정책문제들에 대한 해결책은 개개인들의 건강과 생명, 그 밖의 이해관계에 직접적인 영향을 미친다. 상호 첨예하게 대립되는 이해관계의 충돌은 환경문제의 객관적이고 과학적인 해결을 불가능하게 한다. 환경문제를 보는 시각과 세계관도 각각 서로 다른 가치에 입각해 있다. 이러한 환경문제의 윤리적·가치평가적 본질은 환경정책을 기술적·경제적 합리성에 입각하여 해결하는 것을 불가능하게 한다. 환경정책의 결정은 정치적 권력들간의 타협의 산물이며, 정치적 윤리의 문제이다. 그러므로, 환경정의는 윤리와 가치의 시각에서 정의해야 하고 해결책을 모색하여야 한다. 위험시설물이나 유독폐기물처리장의 입지선정은 매우 적은 과학의 문제와 많은 정치의 문제를 포함한다. 환경정책결정에서 전적으로 '객관적'

Justice(by Renee Cho, March 4, 2021: https://blogs.ei.columbia.edu/2021/03/04/biden—administration—environmental—justice)를 참조.

150) https://www.epa.gov/environmentaljustice

151) Kristin Shrader—Frechette, Environmental Justice, Creating Equality, Reclaiming Democracy, Oxford, 2002, 6.

152) Lynton K. Cadwell(1993), "Environmental Policy as a Political Problem", Policy Studies Review 12:3/4, 104~116을 참조. Cadwell은 환경문제는 전적으로 기술적인 것도 아니고 과학적인 것도 아니라고 한다. 환경문제는 인간의 관념, 목표, 행태와 관련된 문제이고, 현실에서는 인간과 자연과의 관계에 대한 다양한 인지와 기대와 가치가 존재하므로 공공적인 합의를 도출해 낼 수 있는 공통적인 기준이 없으므로 환경문제는 정치적·윤리적인 문제를 포함할 수밖에 없다고 한다.

과학에만 의존하는 것은 환경차별을 제도화한다.[153]

경제·기술주의적 관점에 경도(傾倒)된 접근방법만으로는 환경문제의 본질을 이해할 수도 없고 이의 근본적 해결도 기대하기 어렵다. 환경차별은 경제적 기술적인 합리성을 충족하였더라도 외관상 불균형한 환경위험과 건강위해의 부담이 발생한다면 존재하는 것이고, 따라서 환경불평등의 근본적 본질은 정치적 이해관계에 있다. 환경정의의 문제가 환경문제의 인식과 환경정책에 대해 중요한 함의를 가지는 것은 바로 그 때문이다. 환경정책을 결정함에 있어 환경정의의 측면을 우선적으로 고려하는 정책적 발상의 전환이 요구된다.

3.3. 사전배려·예방의 원칙

환경보호를 위해서는 단지 발생할 우려가 있는 위험을 방지하고 이미 발생된 피해를 제거하는 것만으로는 부족하며 이를 넘어서서 환경과 환경자원을 보호하고 또 이를 보호적 방법으로 이용하는 것이 필요하다. 사전배려의 원칙이란 미래예측적이고 형성적인 계획적 조치들을 통하여 모든 사회적·국가적 행위주체들이 환경보호적으로 행동하고 이들이 결정을 내림에 있어 가능한 환경영향을 고려하도록 함으로써 생태계의 기초를 보호해야 한다는 원칙이다.[154] 환경정책기본법은 제1조에서 "이 법은 환경보전에 관한 국민의 권리·의무와 국가의 책무를 명확히 하고 환경정책의 기본 사항을 정하여 환경오염과 환경훼손을 예방하고 환경을 적정하게 관리·보전함으로써 모든 국민이 건강하고 쾌적한 삶을 누릴 수 있도록 함을 목적으로 한다."고 규정하고 있는데 이 규정은 환경정책기본법이 '사전배려의 원칙'(Vorsorgeprinzip: precuationary principle)을 환경보호의 기본원리로 삼고 있음을 보여주는 뚜렷한 예이다. 환경정책기본법 제8조는 환경오염 등의 사전예방 원칙을 천명하였다.

이에 따르면 국가 및 지방자치단체는 환경오염물질 및 환경오염원의 원천적인 감소를 통한 사전예방적 오염관리에 우선적인 노력을 기울여야 하며, 사업자로 하여금 환경오염을 예방하기 위하여 스스로 노력하도록 촉진하기 위한 시책을 마련하여야 한다(§8①). 법은 한 걸음 더 나아가 "사업자는 제품의 제조·판매·유통 및 폐기 등 사업활동의 모든 과정에서 환경오염이 적은 원료를 사용하고 공정(工程)을 개선하며, 자원의 절약과

---

153) Robert D. Bullard, 43을 참조.

154) Breuer, in: Schmidt−Aßmann, Besonderes Verwaltungsrecht, 1995, S.398; Schmidt/Müller, Einführung in das Umweltrecht, 1989, S.7; Bender/Sparwasser, Rn.47, S.16.

재활용의 촉진 등을 통하여 오염물질의 배출을 원천적으로 줄이고, 제품의 사용 및 폐기로 환경에 미치는 해로운 영향을 최소화하도록 노력하여야 한다."고 규정함으로써 사전배려의 원칙을 환경오염의 사전예방에 대한 사업자의 의무에까지 연장시키는 한편(§8 ②), 국가, 지방자치단체 및 사업자에게 행정계획이나 개발사업에 따른 국토 및 자연환경의 훼손을 예방하기 위하여 해당 행정계획 또는 개발사업이 환경에 미치는 해로운 영향을 최소화하도록 노력할 것을 요구하고 있다(§8 ③).

그 밖에도 환경영향평가법 또한 환경영향평가제도의 기초로서 사전배려의 원칙을 명시적으로 규정한 예라 할 수 있다.

이 원칙은 특히 두 가지 측면에서의 사전배려를 내용으로 한다. 즉, 사전배려의 원칙은 무엇보다도 안전확보의 관점에서 **위험에 대비한 사전배려**(Risiko-bzw. Gefahren-vorsorge)를 요구하는 원칙인 동시에, 자원관리의 관점에서 **자원의 관리·보전을 위한 사전배려**(Ressourcesvorsorge)를 요구하는 원칙으로 해석된다.[155] 이것은 사전예방은 물론 과학적 불확실성 상황에서도 위험발생 가능성 등을 고려하여 필요한 보호조치를 취해야 한다는 좁은 의미의 사전배려를 포함하는 원칙이다.

> 이와 관련하여, 사전배려의 원칙과 사전예방의 원칙을 구별해야 한다는 견해가 주장되고 있다.[156] 이에 따르면 '사전예방의 원칙에 따르면 과학적 확실성이 존재하는 경우에만 보호조치를 취하는 것이 가능하지만, 사전배려의 원칙 하에서는 과학적 불확실성이 존재하더라도 보호조치를 취해야 한다'고 한다. 사전배려의 관념이 과학적 불확실성의 경우에도 배려, 즉 일정한 방어적 조치를 해야 한다는 뜻임은 분명하다. 그러나 양자를 준별해야 할 이유나 실익이 무엇인지는 불분명하다. 사전예방 또한 통상 그 예방의 목표가 확정된 경우에 이를 미리 방지한다는 것이지 반드시 과학적 확실성을 전제로 하는 것도 아니다. 사전배려의 원칙을 사전예방은 물론 과학적 불확실성 상황 아래서도 보호조치를 해야 한다는 것을 포함하는 원칙으로 새기더라도 특별한 문제가 생기는 것은 아니다. 오히려 사전배려를 좁은 의미로 파악할 경우 자칫 그에 따른 보호조치의무의 도출이 더욱 어려워지는 결과가 생길 수도 있다.

사전배려 원칙의 일례로 「물환경보전법」은 제1조에서 '수질오염으로 인한 국민건강 및 환경상의 위해를 예방하고 하천·호소 등 공공수역의 수질 및 수생태계를 적정하게 관리·보전함'을 규정하고 있는데 이것은 위해방지와 수질관리를 포함하는 사전배려의 원칙을 표명한 것으로 볼 수 있다. 사전배려의 원칙은, 그것이 환경정책기본법에 의해 뒷받침되고 있는 이상, 단지 행정작용에 대한 환경정책 원리로서 뿐만 아니라 환경입법

---

155) Kloepfer, Umweltrecht, S.589 Rn. 662.

156) 김홍균, "사전배려원칙의 적용과 한계", 2010 한국공법학자대회 발표논문집, 449-474, 451; 김홍균, 환경법, 2010, 홍문사, 49 등.

에 대하여도 **환경정책의 기본원칙으로서 구속력**을 가진다고 해야 할 것이다. 환경정책
기본법은 헌법 제35조 제1항 제2문에 따른 국가의 환경보전의무를 구체화한 것으로서,
이 법에 표현된 환경정책의 기본원리는 바로 이러한 의미에서 '구체화된 헌법'의 내용을
이루는 것이고 따라서 환경정책기본법의 규정은 장래의 환경입법을 구속하는 효력을 가
진다.[157]

사전배려의 원칙의 규범적 요구는 각종 환경입법을 통하여 구현되고 있는데, 그 중
몇 가지 중요한 예를 들어본다면 다음과 같다.

- 환경의 질적인 향상과 보전, 환경이용시 환경보전의 우선적 고려(환경정책기본법 §2)
- 국가 · 지방자치단체의 환경계획 수립 · 시행의무(환경정책기본법 §4)
- 환경영향평가의 목적으로서 사전예방(환경영향평가법 §1)
- 과학기술의 위해성 평가 등(환경정책기본법 §35)
- 환경오염의 피해에 대한 무과실책임(환경정책기본법 §44)[158]

3.4. 원인자책임의 원칙

원인자책임의 원칙(Verursacherprinzip)이란 환경침해의 방지 · 제거 및 손실전보에 관
한 단순한 비용부담(Kostenzurechnung)에 관한 원칙이 아니라 실질적 책임(materielle
Verantwortlichkeit)의 원칙이다.[159] 즉 그것은 누가 환경오염의 방지 · 제거 및 손실전보
에 관하여 책임을 질 것인가에 관한 원칙으로서, 자기 또는 자기의 영향권내에 있는 자
의 행위 또는 물건으로 인하여 환경오염의 발생에 원인을 제공한 자(原因者: Verursacher)
가 그 환경오염의 방지 · 제거 및 손실전보에 관하여 책임을 져야 한다는 것이다. 따라서
이것은 행정이 환경보호를 위하여 무엇을 해야 하며 또 할 수 있는가를 설명하는 원칙
인 사전배려나 위험방지의 원칙과는 구별된다.[160]

---

157) Bender/Sparwasser, Rn.48, S.16.
158) 한편 참고로 독일환경보호법상 사전배려원칙의 구체적 결과로서 제시되고 있는 것을 요약하면
    다음과 같다(Schmidt/Müller, S.8):
    - 환경에 대한 부정적 영향은 더 이상 증대되어서는 안 된다.
    - 최적기술(optimale Technologie)의 적용을 요구함으로써, 환경오염의 許容値가 현재의 기술수
      준(Stand der Technik)에 있어 필요하다고 인정되는 한도내에서만 책정되도록 보장해야 한다.
    - 행정청의 환경보호조치는 어떤 물질 또는 그 농축합성물의 유해성에 대한 證據(Nachweis)가
      아니라 蓋然性(Wahrscheinlichkeit)에 의거하여 행해져야 한다.
    - 환경상의 이해관계는 모든 계획결정에서 함께 고려되어야 한다.
159) Breuer, S.400 Rn. 12; Koepfer, Umweltrecht, S.592 Rn. 673.
160) Prümm, Umweltschutzrecht, 1989, S.67f.

환경정책기본법 제7조는 "자기의 행위 또는 사업활동으로 환경오염 또는 환경훼손의 원인을 발생시킨 자는 그 오염·훼손을 방지하고 오염·훼손된 환경을 회복·복원할 책임을 지며, 환경오염 또는 환경훼손으로 인한 피해의 구제에 드는 비용을 부담함을 원칙으로 한다."고 규정하여 이 원칙을 환경정책과 환경법의 기본원칙으로 받아들이고 있다. 원인자, 즉 환경 오염·훼손의 원인을 발생시킨 자에게 오염·훼손의 방지와 오염·훼손된 환경의 회복·복원 책임을 부담시키는 한편, 환경오염 또는 환경훼손으로 인한 피해의 구제에 드는 비용을 부담시키는 것이 그 주된 내용이다.

이 원칙은 그 밖에도 「대기환경보전법」 및 「물환경보전법」의 배출부과금제도, 환경개선비용부담법에 따른 환경개선부담금제도 등에 따라 구체화되고 있다.

원인제공자의 책임은 오염원인자의 비용부담책임을 규정한 환경정책기본법 제7조의 경우와 같이 비용부담 또는 비용의 귀속이라는 형태로 부과되는 것이 일반적이지만(Kostenzurechnungsprinzip), 그 밖에 명령·금지 및 부담을 통한 직접적인 행위규제를 통해서도 부과될 수 있다. 예컨대 환경정책기본법 제5조는 "사업자는 그 사업활동으로부터 발생하는 환경오염 및 환경훼손을 스스로 방지하기 위하여 필요한 조치를 하여야 하며, 국가 또는 지방자치단체의 환경보전시책에 참여하고 협력하여야 할 책무를 진다."고 규정하는데 이것은 바로 실질적 책임 또는 귀책(Zurechnung)의 원칙에 입각한 것이라고 할 수 있다. 이러한 의미에서 원인자책임의 원칙은 일면 그 일반적 귀책의 측면에서는 일반경찰법상의 책임원칙(책임귀속원칙으로서 직접적 원인제공의 문제)[161]과, 타면 비용부담의 측면에서는 1972년 OECD 지침으로 제시된 「오염자부담의 원칙」(polluter-pay-principle)과 유사한 논리구조를 지닌 원칙이다.[162]

원인자책임원칙은 제44조에서 환경오염의 피해에 대한 무과실책임을 통해 구체화된다. 이에 따르면 환경오염 또는 환경훼손으로 피해가 발생한 경우에는 해당 환경오염 또는 환경훼손의 원인자가 그 피해를 배상하여야 하며(§44 ①), 원인자가 둘 이상인 경우 어느 원인자에 의해 피해가 발생한 것인지를 알 수 없을 때에는 각 원인자가 연대하여 배상하여야 한다(§44 ②).

---

161) Götz, allgemeines Polizei- und Ordnungsrecht, Rn.188, 191ff., S.102ff.; Kloepfer, S.592 Rn. 673; Prümm, aaO, S.67; Bender/Sparwasser, Rn.1057ff., S.311ff.; 김남진, 「행정법 II」, 525.
162) 한편 이상돈, 「사법행정」 1992/3, 34-35는 환경정책기본법 제7조의 규정을 오염자부담의 원칙을 천명한 것으로 보고 있다.

"환경오염을 방지하기 위하여 국가 또는 지방자치단체가 시행하는 환경오염 방지사업에 필요한 비용의 전부 또는 일부를 부담하여야 할 의무가 있는 "원인자"는 그 사업활동으로 인하여 당해 방지사업이 시행되는 지역의 환경에 오염의 원인을 직접 야기하게 한 사업자를 의미하고 그 방지사업 중에는 같은 법 시행령(1987. 6. 4. 대통령령 제12172호로 개정되기 전의 것) 제29조 제5호 소정의 주택 기타 시설의 이전사업도 포함되는 것으로 해석된다."163)

"구 환경보전법(1986.12.31. 법률 제3903호로 개정되기 전의 것) 소정의 환경오염방지사업에 필요한 비용의 전부 또는 일부를 부담할 의무가 있는 오염의 원인을 직접 야기하게 한 자, 즉 "원인자"란 모든 공해배출시설설치허가 대상업체가 당연히 그리고 무조건 포함되는 것이 아니고 당해 환경오염 방지사업과 관계되는 지역에서 그 공해의 원인이 되는 사업을 행하는 자 즉 그의 사업활동으로 인하여 당해 환경오염방지사업의 원인이 되는 오염의 원인을 직접 야기하게 한 자에 한정된다고 볼 것이다."164)

한편 2021년 1월 5일의 환경정책기본법개정법률(법률 제17857호)은 제7조 오염원인자 책임원칙 다음에 제7조의 2을 신설하여 국가·지방자치단체는 환경보전을 위한 사업으로 현저한 이익을 얻는 자에게 그 이익의 범위에서 해당 환경보전을 위한 사업비용의 전부 또는 일부를 부담하게 할 수 있도록 하는 내용으로 수익자부담 원칙을 명문화하였다. 환경오염이나 환경훼손을 발생시킨 자에게 비용을 부담시키는 것이 정의의 요청에 맞는 것이라면, 반대로 그로 인한 환경보호사업으로 이득을 얻는 자에게도 비용을 부담시키는 것도 정의의 요청이라고 할 수 있다. 이러한 견지에서 수익자 부담원칙을 명문화한 것은 실정법상 이미 다양한 분야에서 채용된 법원칙을 환경분야에서 분명히 하기 위한 것으로 정당성을 가진다고 판단된다. 다만, 그 수익자부담의 요건은 '국가 또는 지방자치단체 이외의 자'가 '환경보전을 위한 사업으로' '현저한 이익을 얻는' 경우로 한정되고, 그 부담의 범위도 '그 이익의 범위에서', '해당 환경보전을 위한 사업비용의 전부 또는 일부'를 부담하도록 하되, 이 원칙을 확정적으로 의무화하기보다는 그 여부를 '국가 및 지방자치단체'게 수권하여 입법·정책적 탄력성을 부여하는 여러 측면에서 완화된 방식으로 이 원칙을 도입한 점이 눈에 띤다.

3.5. 존속보장의 원칙

존속보장의 원칙(Bestandsschutzprinzip)이란 환경보호의 목표를 현상의 유지·보호에

---

163) 대법원 1989. 12. 22. 선고 88누8944 판결.
164) 대법원 1989. 10. 24. 선고 88누9251 판결.

둔다는 점에서 악화금지(Verschlechterungsverbot)의 원칙으로도 표현될 수 있다. 이 원칙에는 사전배려의 원칙이 내포하는 바와 같은 미래지향적·형성적 요소를 결여되어 있다. 다시 말해 이 존속보장의 원칙은 환경상태의 개선을 요구하는 것은 아니다. 반면 이 원칙은 환경상태의 악화를 금지한다는 점에서, 보호적인 환경관리 및 자원배분을 통해 결국 추가적인 환경부담을 허용하기 마련인 사전배려의 원칙보다도 더 엄격한 원칙이라고 할 수 있다. 이러한 의미에서 존속보장의 원칙은 특히 환경의 오염 및 파괴행위의 금지 내지는 금지의 해제(허가)와 관련하여 중요한 의미를 지닌다.165) 이 원칙은 무엇보다도 환경관계 법령의 제정과 행정계획의 수립 및 사업의 집행시 고려해야 할 기준으로 환경 악화의 예방 및 그 요인의 제거, 환경오염지역의 원상회복을 규정하고 있는 환경정책기본법 제13조(1호~2호)와 자연환경의 보전이 인간의 생존 및 생활의 기본임에 비추어 '자연의 질서와 균형이 유지·보전되도록' 노력해야 할 의무를 국가와 국민에게 부과하고 있는 환경정책기본법 제40조에서 찾아볼 수 있다.

환경정책기본법의 규정에 기하여 자연환경보전법은 제3조에서 자연환경보전의 7대 기본원칙을 정하고 있는데 이 중 "자연환경을 이용하거나 개발하는 때에는 생태적 균형이 파괴되거나 그 가치가 저하되지 아니하도록 하여야 한다. 다만, 자연생태와 자연경관이 파괴·훼손되거나 침해되는 때에는 최대한 복원·복구되도록 노력하여야 한다."고 규정한 제5호는 존속보장의 원칙을 입법화한 것이라 할 수 있다(이에 관하여 상세한 것은 자연환경보전법에 관한 설명에서 다루기로 한다).

3.6. 협력의 원칙

협력의 원칙(Kooperationsprinzip)이란 환경보전의 과제를 달성하기 위하여 국가와 사회가 협동하여야 한다는 원칙이다. 환경보호는 현대국가의 숙명적 임무(Schicksals-aufgabe)가 되었지만 국가만의 전담사항은 아니다.166) **환경보전은 국가의 힘만으로는 실현될 수 없으며 국가와 국민, 사업자 등의 협력을 통해서만 달성될 수 있기 때문**이다. 이러한 견지에서 환경정책기본법은 헌법 제35조 제1항 후단을 받아 환경보전을 위하여 노력해야 할 국가 및 지방자치단체의 책무(§4), 사업자의 책무(§5) 그리고 국민의 권리와 의무(§6)를 규정하는 한편, 특히 제5, 6조에서는 사업자와 국민이 국가·지방자치단체의

---

165) 김남진, 「행정법 II」, 525.
166) Breuer, aaO, S.402.

환경보전시책에 협력해야 한다고 규정함으로써 이 원칙을 명시적으로 표명하고 있다.

협력의 원칙은 환경정책적인 의사형성 및 결정의 과정에 있어 이해관계인의 참가를 보장함으로써 국가적 책임의 원칙을 손상시키지 않으면서 개인의 자유와 사회적 필요 사이에 적정한 관계를 창출하는데 복무한다.[167] 따라서 협동의 원칙은 행정과정(또는 행정절차)뿐만 아니라 입법과정 등 **환경정책의 형성과정에 대한 참여 및 정보에의 자유로운 접근**의 기회를 보장하고 확대하는 것을 목표로 삼지 않으면 안 된다.[168] 여기에 협동의 원칙이 환경보호에 관하여 가지는 핵심적인 의의가 있으며, 환경법상 절차적 보장과 환경정보공개법의 제도화가 요구되는 것도 바로 이러한 맥락에서이다.[169]

4. 환경정책의 법적 수단

4.1. 환경정책수단의 유형

환경정책은 채찍과 당근이라는 환경규제수단을 사용한다. 전자는 법령이나 행정행위 등에 의거하여 행해지는 명령적 규제(regulation by directives: command-and-control), 후자는 개인이나 기업에 어떤 의무를 부과하기는 하지만 그것을 개인이나 기업이 자신의 경제적 판단에 따라 합리적으로 선택하도록 함으로써 달성하려는 시장유인적 규제(regulation by market incentives) 또는 경제유인(economic incentives) 기반 규제이다.[170]

환경정책기본법은 명령적 규제와 경제적 유인수단을 환경정책의 주요수단으로 제시하고 있다. 즉 제30조에서 "정부는 환경보전을 위하여 대기오염·수질오염·토양오염 또는 해양오염의 원인이 되는 물질의 배출, 소음·진동·악취의 발생, 폐기물의 처리, 일조의 침해 및 자연환경의 훼손에 대하여 필요한 규제를 하여야 한다."고 규정하는 한편, 제32조에서 "정부는 자원의 효율적인 이용을 도모하고 환경오염의 원인을 일으킨 자가

---

167) Breuer, aaO.

168) 리우환경선언도 제11원칙에서 '환경문제는 적절한 수준의 모든 관계 시민들의 참여가 있을 때 가장 효과적으로 다루어짐. 국가차원에서 각 개인은 지역사회에서의 유해물질과 처리에 관한 정보를 포함하여 공공기관이 가지고 있는 환경정보에 적절히 접근하고 의사결정과정에 참여할 수 있는 기회를 부여받아야 함. 각 국가는 정보를 광범위하게 제공함으로써 공공의 인식과 참여를 촉진하고 증진시켜야 함'을 규정하고 있다.

169) 김남진, 「행정법 II」, 526; 홍준형, "환경정보의 기능과 환경정보공개제도", 「법학논총」(경원대, 1995), 277-312; "독일환경정보법의 제정에 관하여", 「환경법연구」 제16권, 1994), 61-90; "환경분쟁해결절차의 문제점과 대안", 「환경과 생명」 1994년 가을, 76-87 등을 참조.

170) 최병선, 정부규제론, 457 이하.

스스로 오염물질의 배출을 줄이도록 유도하기 위하여 필요한 경제적 유인수단을 마련하여야 한다."고 규정하여 정부에게 환경보전을 위하여 명령적 규제와 경제적 유인수단을 강구할 책무를 부과하고 있다.

환경정책수단의 유형

구 분	직접적 정책수단	간접적 정책수단
명령적 규제	– 오염방지시설명령 – 허가기준의 설정 – 배출허용기준 설정 및 위반행위 　제재 – 경영상 매출규제	– 환경행정지도 – 기술공급여건조성 – 장비 및 공정규제 – 생산요소 · 생산물규제 – 기타 홍보 · 교육 – 환경정보의 수집 · 관리 · 공개
시장을 통한 간접적 유인	– 배출부과금제도 – 환경개선부담금제 – 예치금환불제 – 오염권판매 · 오염면허제 – 폐기물부담금제 – 쓰레기종량제 – 기타 각종 자금지원	– 생산물 · 생산요소에 대한 과세/ 　보조 – 대체물질개발 지원 – 친환경장비 보조 – 환경경영인증제 – 환경감사제 – 환경마크제
국가 · 지방자치단체 의 직접투자	– 정화시설설치운영 – 폐기물처리 – 환경유관기구 예산지원	– 독자적 환경기술개발

명령적 규제와 시장유인적 규제의 비교

	명령적 규제	시장유인적 규제
특 징	통제지향적	유도적, 신축적
규제효과	직접적	간접적
비 용	규범준수 비용을 수범자에게 부담시킴	공공부문의 비용 발생
	규범집행 위한 행정기구 유지 위한 비용 발생→ 납세자에게 전가	
예	배출시설 인허가, 지도점검, 행정감독 및 제재처분, 각종 환경관련기준에 의한 지시 및 통제	배출부과금, 환경개선부담금, 폐기물예치금 · 부담금, 수질개선부담금

4.2. 환경정책 패러다임의 흐름

전통적인 명령적 규제방식은 계속 강화되어 왔지만, 막대한 집행비용을 치르고도 이 환경오염 방지에 소기의 성과를 거두지 못하거나 부분적 성과를 거두는데 그치는 사례가 늘어났고, 이에 따라 오염의 유인구조(incentive structure)를 바꾸지 않는 한 그 규제효과를 얻을 수 없다는 인식이 확산되고 환경정책의 패러다임이 바뀌기 시작했다. 경제유인적 규제방식을 통해 오염자들의 이해득실에 대한 계산에 영향을 미치고 유인구조를 바꾸어줌으로써 더욱 효과적으로 환경정책목표를 달성할 수 있다는 경제유인 규제론이 점점 더 많은 지지자들을 확보하게 된 것이다.[171] 그러나 경제유인 규제 역시 문제가 없는 것은 아니라는 사실이 드러났다. 가령 배출허용기준을 초과할 때 부과하는 (초과) 배출부과금의 경우 그 척도가 되는 배출기준이 농도기준으로 되어 있을 때는 집적현상을 막지 못한다는 문제가 있었고, 이를 시정하기 위하여 총량규제가 도입되었지만 이 역시 배출할당량 준수에 대한 감시의 난점, 환경오염이 지역경계를 넘어 확산되는 경우 수인가능한 총량배출기준의 결정이 어렵다는 점, 총량규제가 잘 작동하는 경우에도 '환경의 시장화'(Vermarktung der Umwelt)를 초래할 뿐이라는 비판을 받았다.[172] 사실 경제유인 규제 일반에 대해서도 '환경의 상품화' 우려, 즉 경제적 대가를 치르고 배출의 자유를 누리겠다는 선택을 가능케 한다든가(상쇄효과: override effect), 아예 경제유인에 영향에서 자유로운 대상에게는 그 유인효과를 기대할 수 없다는 한계가 있다는 사실이 드러나기 시작했다.

반면, 「온실가스 배출권의 할당 및 거래에 관한 법률」(약칭: 배출권거래법)에 따라 2015년부터 시행되고 있는 온실가스 배출권거래제(ETS: Emission Trading System) 같은 경우는 오히려 '환경의 시장화', 즉 배출권의 시장 거래를 정면에서 수용하여 활용하려는 취지를 전면에 내세운다. 이 점은 배출권거래법은 시장기능을 활용하여 효과적으로 국가의 온실가스 감축목표를 달성하는 것을 목적으로 천명한 데서도 여실히 확인된다. 여기서는 시장화가 환경가치의 상품화라는 부정적 맥락이 아니라 온실가스 배출 통제라는 환경정책 목표를 위한 의도적인 정책개념으로 채용되고 있는 것이다.

---

171) A. Myrick Freeman III, Economics, Incentives, and Environmental Regulation, in Environmenal Policy(ed. by Norman J. Vig & Michael E. Kraft), 2000, 191 – 208.

172) Bender/Sparwasser, Rn.95, S.35 – 36. 독일의 경우 이러한 배출면허거래제는 특히 이웃관계에 있어 권리보호를 위한 공·사법제도에 잘 통합될 수 없다는 점에서 법질서에 부적합한 제도로서 압도적인 다수에 따라 거부되어 한 번도 구체적으로 검토되지 못했다고 한다. 시장형성의 곤란 등 그 밖의 단점에 관하여는 가령 최병선, 정부규제론, 491 이하를 참조.

다른 한편에서는 무분별한 경제유인화(incentivization)가 오히려 사회화과정에서 자연스레 체득되는 환경보호 의식을 회복불능으로 훼손시킬 수도 있다는 각성의 목소리도 나타났다.

벌금은 가격이다(Fine is a Price)

이와 관련하여 그니지(Uri Gneezy)와 러스티치니(Aldo Rustichini)의 연구결과는 매우 의미심장하다. 두 사람은 비교적 간단한 문제를 조사했다. 유치원에 아이를 너무 늦게 데리러 오는 부모들에게 벌금을 물리면 어떻게 될까? 기존의 경제학 이론에 따른다면 지각하는 부모들의 수가 감소해야 한다. 왜냐하면 부모들에게 제시간에 와야 할 자극이 증가했기 때문이다. 이스라엘 소재 여러 개의 유치원에서 표본조사를 시행한 결과, 전통적인 이론과는 정 반대의 결과가 나왔다. 늦게 오는 부모들에 대한 벌금제가 도입되자마자 오히려 지각이 현저하게 증가했다. 게다가 벌금제가 다시 무효화된 다음에도 부모들의 지각율은 원상복구되지 않고 높은 수준을 유지했다.

그니지와 러스티치니는 심리학과 사회학의 도움을 받았다. 벌금의 도입을 통해 유치원과의 사회적 관계를 보는 부모들의 시각이 변했다. 원래 제 시간에 아이를 찾아 가는 것은 단순히 예양의 문제였다. 왜냐하면 아이들을 데리러 가는 시간이 늦어지면 유치원 교사들이 퇴근시간이 지난 후까지 남아 아이들을 돌봐야 하기 때문이다. 부모들은 이것을 시장에서의 거래로 보지 않고, 친절에서 오는 배려로 생각했다. 어쩔 수 없는 경우에만 부탁하고 이를 교사들이 양해하는 상호배려와 예양의 문제였다. 그런데 벌금제의 도입으로 지각에 가격이 생겨버렸다. 정규시간을 넘겨 아이들을 돌봐주는 일이 유치원에 지불하는 다른 용역과 마찬가지로 유상의 서비스로 바뀐 것이다. 벌금을 통해 부모들은 지각을 도덕적으로 용인할 수 있는 행동으로 보게 된 것이다. 심리학적으로 표현한다면, 강력한 내부 동기가 약한 외부 동기로 대체된 셈이다.[173]

이러한 발견은 환경정책에서도 적용될 수 있다. 누가 시키거나 금전적 인센티브를 결부시키지 않더라도 자발적인 동기와 의무감에서 지켜 오던 친환경적 행동들을 이를 금전적 인센티브와 결부시키거나 그 불이행이나 위반행위에 대해 벌금이나 과태료를 도입함으로써 훼손시키거나 약화시킬 우려가 있지 않을까.

반면 피규제자들이 자발적으로 환경규제를 준수할 것을 서약하고 환경규제기관은 이를 근거로 규제를 일정기간 유예하거나 규제 부담을 덜어주고, 또는 불필요한 규제비용을 회피할 수 있도록 해 주거나 보조금 등의 혜택을 주는 내용으로 상호 합의를 이룰 수 있다면, 규제기관과 피규제자가 모두 상생하는(win-win) 방안이 될 수 있을 것이다. 이런 배경에서 직접 규제와 경제적 유인규제 외에 제3세대 환경정책의 선도적 유형으로 각광을 받으며 1990년대 이후 유럽, 미국, 일본, 그리고 우리나라에서 활용되어 온 자발적 협약(voluntary agreement)이 명령적 규제나 경제유인 규제의 단점을 피하면서 환경과 경제라는 두 마리 토끼를 잡는 제3의 대안으로 부상한다. 자발적 협약은 기존의 다른 정책수단에 비해 강제력이 약하다는 점에서 환경적 효과성에 의문이 제기되기도 하지만,

---

173) Gneezy, Uri, and Aldo Rustichini. 2000. A Fine Is a Price. Journal of Legal Studies 29: 1-18.

규제비용 절감, 유연성, 이해관계자들 간 협치 도모, 기업 환경의지 증진 및 활용 등 다양한 장점들이 알려져 있다.[174)

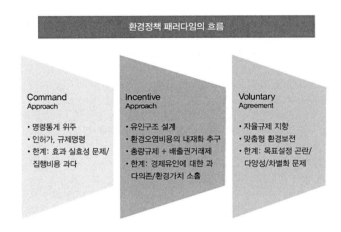

이와 같이 환경정책은 그것이 의존하는 정책수단의 세대교체라고도 부를 수 있는 변화를 겪으면서 진화해 왔다. 물론 자발적 협약의 경우 새로운 패러다임을 말할 수 있는 수준으로 보편화된 것은 아니다. 하지만 환경정책 패러다임이 변화해 온 것은 사실이다. 다만 그 흐름은 배타적인 대체나 교체라기보다는 공존과 연계의 양상을 보이고 있다. 실제로 물환경보전법처럼 하나의 법에서도 이 세 가지 유형의 정책수단들이 공존하는 경우가 적지 않다.

우리나라에서도 1990년대 이전까지 환경법은 주로 배출시설 인·허가, 지도점검이나 행정감독 및 제재처분, 그리고 각종 환경관련기준에 따른 지시 및 통제 등과 같은 직접규제에 해당하는 환경정책수단(command and control)을 중심으로 삼아 왔으나, 1990년대 이후 직접적 규제수단 외에 다양한 경제적 유인수단을 활용하는 방향으로 변화하기 시작하였다. 실제로 1992년부터 배출부과금(기본부과금·초과부과금), 환경개선부담금, 폐기물예치금·부담금, 수질개선부담금 등 경제유인 수단들을 도입·시행해왔고, 환경세, 배출권거래제(marketable permit system) 등 다양한 정책도구의 도입과 확대방안을 모색하고 있다.

자발적 협약은 1998년 '에너지 절약 및 온실가스 배출감소를 위한 자발적 협약'이래 1회용품, 플라스틱 줄이기, 재활용 등 폐기물 분야, 에너지 관리, 미세먼지 비상조치,

---

174) 정우현. (2012). 자발적 협약의 현황 진단 및 효과적 활용방안. 한국환경정책평가연구원 기본연구보고서.

대형발전소와의 대기오염물질 총량관리 저감 협약 등 대기환경보전이나 물환경보전분야, 화학물질배출 저감, 유해정보 알권리 강화 등 화학물질관리, 정유사와의 정화책임 이행협약 등 **토양환경보전, 녹색구매 등 다양한 분야에서** 널리 활용되고 있다.[175)

이미 앞에서 본 바와 같이 직접규제나 경제유인 규제 중 어느 것이 항상 더 효과적이라고 볼 수는 없고 또 양자가 상호보완적이거나 차등적인 효용을 지니는 경우도 많기 때문에 오히려 문제는 개별·구체적인 규제목적에 비추어 어떠한 규제수단이 가장 효과적인가, 또는 다양한 규제수단들을 어떻게 배합하여 사용하는 것이 효과적인가 하는 것을 판단하는데 있다고 볼 수 있다. 즉, 구체적인 환경정책목적에 비추어 직접규제, 경제적 유인제도, 신축적 환경관리수단, 자율적 환경관리 등의 수단 중에 가장 효과적인 것을 선택하거나 또는 가장 적합한 수단들을 연계시킨 환경정책배합(policy mix)을 찾아내고, 그 실효성을 제고해나가는 것이 현명하다.

4.3. 환경정책의 법적 수단

현행법상 환경보호를 위한 법적 수단들 중 중요한 것만을 소개해 보면 다음과 같다.[176)

4.3.1. 환경계획

환경보전이란 극히 복합적인 과제이므로 종종 개개의 명령, 금지 및 인허가 등과 같은 개별적 결정만으로는 이를 달성할 수 없는 경우가 생긴다. 각각의 개별결정들이 상호간에 조화되지 않으면 환경피해가 단지 지연되는데 그치거나 환경보전조치들이 실기해 버리는 결과를 막을 수 없다.[177) 이러한 이유에서 환경보전의 실행수단으로서 등장하는 것이 바로 계획이란 활동형식으로서 계획은 사전배려원칙을 실현시키기 위한 가장 적합한 수단으로 간주된다.

환경계획은 그 수립 주체에 따라 중앙정부가 수립하는 국가계획과 지방자치단체가 지역적 특성을 감안하여 수립하는 지방환경계획으로 나뉜다.

국가 및 지방자치단체가 환경계획을 수립할 때에는 「국토기본법」에 따른 국토계획

---

175) 분야별 자발적 협약 실적에 관해서는 「환경백서」 2018을 참조.
176) 이하 김창수외(공저). 환경행정학. (2020). 박영사. 411−425까지의 내용을 부분적으로 수정, 보완하여 전재하였음.
177) Kloepfer, S.596, Rn. 686.

과의 연계방안 등을 강구하여야 하며(§4 ③), 환경부장관은 환경계획과 국토계획의 연계를 위하여 필요한 경우 적용범위, 연계방법 및 절차 등을 국토교통부장관과 공동으로 정할 수 있다(§4 ④). 환경정책기본법은 국토계획과 환경계획 간의 연계 강화를 위하여 국가환경종합계획의 내용에 생태축에 관한 사항이 포함되도록 하고, 그 밖에 수자원의 효율적인 이용 및 관리에 관한 사항을 국가환경종합계획의 내용에 추가하고 있다(§15 개정 2021. 1. 5).

법은 환경부장관에게 환경적·사회적 여건 변화 등을 고려하여 5년마다 국가환경종합계획의 타당성을 재검토하고 필요한 경우 정비할 책무를 부과하는 한편(§16의2 ①), 국가환경종합계획을 정비할 경우 그 초안을 마련하여 공청회 등을 열어 국민, 관계 전문가 등의 의견을 수렴한 후 관계 중앙행정기관의 장과의 협의를 거쳐 확정하도록 의무화하고 있다(§16의2 ②). 환경부장관은 정비한 국가환경종합계획을 관계 중앙행정기관의 장, 시·도지사 및 시장·군수·구청장(자치구의 구청장)에게 통보하여야 한다(§16의2③).

한편, 법은 지방자치단체에게도 환경계획 수립·시행 의무를 부과하고 있다. 이에 따르면 시·도지사는 국가환경종합계획에 따라 관할 구역의 지역적 특성을 고려하여 해당 시·도의 환경계획을 수립·시행하여야 하며(§18 ①), 시·도 환경계획을 수립하거나 변경하려면 그 초안을 마련하여 공청회 등을 열어 주민, 관계 전문가 등의 의견을 수렴하도록 하고 있다(§18 ②). 시·도지사가 시·도 환경계획을 수립하거나 변경하려는 경우 환경부장관의 승인을 받아야 하며(§18의2 ①), 환경부장관은 제39조에 따른 영향권별 환경관리를 위하여 필요한 경우에는 해당 시·도지사에게 시·도 환경계획의 변경을 요청할 수 있다(§18 ④). 시·도지사는 시·도 환경계획을 수립·변경할 때에 활용할 수 있도록 대통령령으로 정하는 바에 따라 물, 대기, 자연생태 등 분야별 환경 현황에 대한 공간환경정보를 관리하여야 한다(§18 ⑤).

시장·군수·구청장도 국가환경종합계획과 시·도 환경계획에 따라 관할구역의 지역적 특성을 고려하여 시·군·구 환경계획을 수립·시행하여야 한다(§§19). 시·군·구 환경계획을 수립·변경하려면 시·도지사의 승인을 받아야 한다(§19의2).

4.3.2. 환경관련 기준설정

(1) 기준설정

기준설정(standard-setting)이란 일반적으로 법령으로나 행정결정에 따라 기준을 설정하고 이를 규제나 그 밖의 행정적 조치의 근거로 삼는 것을 말한다. 환경법상의 기준설정은 환경보전이란 목적을 달성하기 위하여 국가나 지방자치단체 등이 일정한 환경관련

기준을 정하고 그것에 소정의 법적 효과를 결부시키는 것을 말한다. 환경법에 있어 기준 설정의 대상으로는 환경정책기본법(§12)에 의한 '환경기준'과 '지역환경기준', 「물환경보전법」(§32), 「대기환경보전법」(§16)에 의한 배출허용기준, 「가축분뇨의 관리 및 이용에 관한 법률」에 의한 방류수수질기준(§5), 「토양환경보전법」에 의한 토양오염우려기준 (§14), 토양오염대책기준(§16) 등이 있다.

환경관련기준의 종류

구 분	환경 관련 기준	근거 법령
수 질	수질환경기준(하천, 호수, 지하수, 해역), 먹는물수질기준, 방류수수질기준, 폐수배출허용기준	「환경정책기본법」, 「물환경보전법」, 「가축분뇨의 관리 및 이용에 관한 법률」
대 기	대기환경기준, 대기배출허용기준, 제작차 배출허용기준, 운행차 배출가스허용기준	「대기환경보전법」
소음·진동	소음 환경기준, 공장소음·진동 배출허용기준, 자동차의 소음 허용기준(제작자동차, 운행자동차 건설 및 생활소음·진동 규제 기준)	「소음·진동관리법」
토양보전 및 유독물관리	토양오염 우려기준 및 대책기준, 농수산물 재배를 제한할 수 있는 오염기준, 유독물 및 관찰물질의 지정기준	「토양환경보전법」, 「화학물질관리법」

(2) 환경기준

환경질 기준(Standards of Environmental Quality)이란 쾌적한 환경을 보전하고 사람의 건강을 보호하기 위하여 요구되는 환경조건을 수치화한 것으로서, 일반적으로 「유지되어야 할 환경 조건에 관한 기준」[178]을 말하는 것으로 이해되고 있다. 환경정책기본법은 "환경기준"을 "국민의 건강을 보호하고 쾌적한 환경을 조성하기 위하여 국가가 달성하고 유지하는 것이 바람직한 환경상의 조건 또는 질적인 수준"으로 정의하고 있다(§3 viii).

환경정책기본법 제12조 제1항은 "국가는 생태계 또는 인간의 건강에 미치는 영향

[178) 일본의 경우 당초 성안과정에서는 이와 같은 표현이 정부내 협의과정에서 정부의 행위를 법적으로 의무지우려는 성격을 지닌 것이 아니라 단순히 행정의 도달목표라는 점을 명확히 한다는 취지에서 「유지될 것이 요망되는 환경상의 조건에 관한 기준」으로 완화되었으나, 오늘날 여전히 행정에게 법적 의무를 지우는 것으로 해석되고 있다(이에 관하여는 北村喜宣, 環境基準, pp. 256－257을 참조).

등을 고려하여 환경기준을 설정하여야 하며, 환경 여건의 변화에 따라 그 적정성이 유지되도록 하여야 한다."고 규정하고 있다. 이것은 사회적 규제의 수단으로 보편화되고 있는 기준설정(standard setting)의 한 유형이지만 일반적인 규제기준과는 뚜렷이 구별되는 특성을 지닌다.[179] 환경정책기본법이 일본의 공해대책기본법과 마찬가지로 종래의 환경행정의 기본이 되었던 배출허용기준 중심의 접근방법을 지양하여 환경기준의 설정을 규정하고 있는 것은 환경행정의 전향적 발전을 지향하기 위한 것이다. 종래의 공해대책은 오염물질을 배출하는 발생원에 대한 농도규제를 중심으로 행해졌으나 발생원의 규모·수가 증대되었기 때문에 설령 개개의 발생원으로부터의 오염물질배출량이 감소되더라도 오염의 총량은 오히려 확대되는 집적현상을 막을 수 없었다. 또한 환경오염이 개별발생원으로부터의 배출행위에만 기인하는 것이 아니라 인간의 일상활동 및 부적절한 토지이용 및 하수도의 미정비 등과 같은 원인이 집적된 결과 발생하는 것인 이상, 환경행정의 방법도 총합적인 모습을 띄지 않을 수 없다. 그리하여 자연정화력을 초월하는 오염물질의 배출을 금지할 뿐만 아니라 환경이 지닌 자연정화력의 감소를 막기 위한 방법을 강구하는 것이 환경정책의 기본이 되어야 하며 이를 위해서 이미 오염이 진행되고 있는 지역에서는 당해 지역환경의 정화목표가 설정되어 그 실현을 지향하고 규제·유도등의 대책이 강구되어야 한다. "환경기준"이란 바로 이러한 목표를 수량화한 것으로서,[180] 일반적으로「유지되어야 할 환경상의 조건에 관한 기준」을 말하는 것으로 파악될 수 있다.

「환경정책의 잣대」로서 환경기준은 대통령령으로 정하도록 되어 있다(§12 ②). 환경정책기본법 시행령 제2조는 법 제12조 제2항에 따른 환경기준을 정하고 있다. 법형식상 대통령령으로 정하도록 되어 있는 이상, 환경기준은 행정청에 대한 관계에서 뿐만 아니라 국민·사업자에 대한 관계에서도 일단 법(규범)적 구속력을 갖게 된다.[181] 그러나 그 규범적 효력의 내용이 오로지 행정에 대한 것이냐 아니면 개인이나 사업자에 대한 것이기도 하느냐는 문제이다. 환경기준은 일종의 최저기준으로서 국민 개개인에게 그 기준을 하회하지 않는 환경여건에서 살 수 있는 권리 또는 법률상 이익을 부여하는 것인가? 아니면 단순히 행정에게 유지·달성해야 할 목표만을 설정하는 데 불과한 것인가? 환경기준이 환경보전행정의 기본지표로서 각 개별법에 의한 배출허용기준의 설정의 전제가 된다는 점, 따라서 양자가 상호 밀접한 관계에 있다는 점에 관해서는 의문의 여지가 없

---

179) 기준설정에 관하여는 Stephen Breyer, Regulation and its Reform, 1982, Ch.5, p.96 이하를 참조.
180) 北村喜宣, 環境基準, 增刊 ジュリスト, 行政法の爭點, 256.
181) 따라서 일본에서와 같은 환경기준고시의 법적 성질을 둘러싼 논쟁의 여지는 없다. 이에 관하여는 北村喜宣, 같은 글, 257을 참조.

다.[182] 그러나 환경정책기본법상의 규정만으로 본다면, 환경기준은 일단 국가 및 지방자치단체만을 수범자로 하고 있는 것이라고 해석된다. 환경기준에 따라 국민 개인이나 사업자에 대하여 준수의무가 부과되는 것은 물론 아니다: 환경기준은 직접적 규제기준이 아니다. 그렇다면 문제는 환경기준이 개인에게 권리 또는 법률상 이익을 부여하는 것인가에 귀착된다고 할 수 있다. 이를 해결하기 위해서는 행정에 대한 목표설정이 법적 의무의 성질을 띠는지의 여부와 환경기준의 설정·유지의무에 관한 관계법규정의 취지가 개인의 법률상 이익을 보호하려는데 있는지의 여부가 판단되어야 한다. 환경정책기본법 제13조는 국가 및 지방자치단체에게 제12조에 따른 「환경기준이 적절히 유지되도록」 환경에 관련되는 법령의 제정과 행정계획의 수립 및 사업의 집행을 할 경우 같은 조 제1호 내지 제4호의 사항을 고려해야 한다고 규정하고 있다. 따라서 환경기준의 유지는 단순한 행정목표가 아니라 법적 목표라고 해야 할 것이다. 나아가 법은 제6조 제1항에서 환경권을 제도화하고 있다. 따라서 이미 설정된 환경기준을 근거로 또는 환경기준을 정한 대통령령을 보호법규로 삼아 개인이 자기의 법률상 이익을 주장하거나 그 침해를 이유로 권리보호를 구할 여지는 충분하다고 할 수 있다. 다만 과연 어떤 것이 적정한 환경기준인지에 관하여 법은 기껏해야 불확정개념을 통하여 단지 추상적인 지침만을 제공할 뿐이다. 따라서 환경기준의 내용적 설정 자체에 관한 한, 결국 행정의 정책적·기술적 판단여지가 성립될 가능성이 크다는 점을 시인하지 않을 수 없다. 한편 개인이 환경기준을 설정·변경하는 대통령령의 취소·변경을 소구하거나 그 무효임을 확인하는 소송을 제기할 수 있는가에 관해서는, 먼저 취소소송의 경우 이는 법령에 대한 취소소송의 허용성문제로 귀착되는데 이를 처분법규로 볼 수 있다든지 하는 특별한 사정이 없는 한, 그 처분성을 인정하기 곤란할 것이며, 그 기준설정의 타당성여하에 관하여도, 앞에서 본 것처럼 환경정책기본법규정의 명백한 위반이라고 볼 수 있는 경우가 아닌 한, 행정청의 판단여지가 인정된다고 볼 여지가 많다. 환경기준에 대한 무효확인소송 역시 처분의 성립을 전제로 하는 처분무효확인소송의 형태로는 허용되지 않는다고 볼 것이며, 나아가 대통령령의 위법·위헌여부는 헌법 제107조 제2항에 의한 규범통제의 대상이지 행정소송의 대상은 아니라는 점을 상기할 필요가 있다.

　　일본의 경우에도 환경기준은 행정의 목표, 다시 말해 행정이 달성하기 위하여 노력해야 할 목표를 나타내는 지표로서 제도화된 것이지만 행정에게 이를 달성해야 할 법적 의무를 부과한다든지 사업자에 대한 규제기준으로서 직접 기능하는 것은 아니며 이러한 의미에서 시민(사업자)의 권리의무를 직접 규정하는 것은 아니라고 이해하는 것이 일반적이다(行政目標說).[183] 그러나 예컨대 환경기

---

182) 이것은 행정목표설에서도 인정하는 바이다(전병성, 앞의 글, 98).

준의 달성을 목적으로 하여 행해지는 총량규제제도 하에서는, 백퍼센트 확실한 것은 아니라 해도, 총량규제기준이 환경기준으로부터 상당한 확실성을 가지고 결정되며, 게다가 양기준의 연계구조는 大氣汚染防止法 및 水質汚濁防止法이란 실정법의 근거를 가지므로[184] 그 한도에서는 환경기준이 단순한 노력목표라고는 할 수 없다는 반론이 있다.[185] 일본 공해대책기본법 제9조만을 본다면 환경기준은 추상적인 행정의 노력목표에 불과한 것이라고 하겠지만, 개별법에 따라 일정한 법적 구속력을 지니는 목표로 인정되는 이상, 그 법적 성격에 변화가 생긴 것으로 보아야 한다는 것이다. 그러나 판례는 이산화질소(NO₂)에 관한 환경기준을 현저히 완화시킨 환경기준개정고시의 취소를 구하는 항고소송에서 환경기준고시는 정책상의 노력목표를 추상적으로 정립하는 행위이며 총량규제기준도 오직 환경기준으로부터 자동적으로 결정되지 않는 것이므로, 양 기준의 관계는 사실상의 것에 불과하다고 판시함으로써 그 고시의 처분성을 부정한 바 있다.[186]

환경기준은 다음과 같은 법규범적 의미를 갖는다.

환경기준은 첫째, 환경영향평가에 있어 환경목표의 설정시 고려사항으로 작용한다. 즉 「환경영향평가법」 제5조는 환경보전목표를 설정함에 있어 '환경정책기본법 제12조에 따른 환경기준'을 고려하여야 한다고 규정하고 있다. 아울러 환경영향평가법은 제11조 제3항에서 전략환경영향평가항목등을 결정할 때에는 환경기준 유지 등과 관련된 사항을 고려하여야 한다고 규정하고 있다.

둘째, 환경기준의 오염물질 심사·평가의 기준이 되기도 한다. 가령 「대기환경보전법」 제7조제1항은 환경부장관이 대기 중에 존재하는 물질의 위해성을 독성, 생태계 영향, 배출량과 더불어 「환경정책기본법」 제12조에 따른 환경기준에 대비한 오염도를 기준으로 하여 심사·평가할 수 있다고 규정하고 있다.

셋째, 환경기준은 각각의 개별법이 허가기준에 관하여 환경배려조항을 두고 있는 경우 허가기준으로 고려됨으로써 이를 초과하는 환경악화를 초래하는 시설의 설치허가를 제한하도록 하는 사유가 될 수 있다(「물환경보전법」 §32 ⑤).

넷째, 환경기준은 가령 「대기환경보전법」 제22조의 경우처럼 총량규제의 기준 또는

---

183) 北村喜宣, 같은 글, 257; 小高 剛, 「行政法各論」, 198; 岩田幸基 編, 「公害對策法解說」(東京, 新日本法規, 1971), 165.

184) 일본의 경우 總理府令으로 정한 배출기준은 환경기준이 유지·달성될 수 있을 것을 목표로 설정되는 것이지만, 오직 환경기준으로부터 직접적 자동적으로 결정되는가 여부가 문제되는데, 이에 대하여 판례는 부정적이라고 한다. 반면 대상으로 된 오염물질의 따라 다르지만 가령 유해물질에 관한 배수기준의 경우는 환경기준의 10배로 설정되어 있는데, 이는 배출수가 하천수보다 약 10배로 희석된다는 것을 想定해 역산하여 얻어진 수치라고 한다.

185) 阿部泰隆, "相對的 行政處分槪念의 提唱(二)", 「判例評論」 284호 p.2 이하(「判例時報」 1049호 p.172 이하), 1982, p.10., 北村喜宣, 앞의 글, 257.

186) 東京地判 1981.9.17(「判例時報」 1014호 p.26). 그러나 민사상 손해배상청구에 있어서 환경기준은 오염의 受忍限度의 판단요소로 인정되고 있다고 한다(大阪地判 1974.2.27, 「判例時報」 729호 p.3, 札幌地判 1980.10.14, 「判例時報」 988호 p.37).

근거를 제공하는 기능을 한다. 즉 환경부장관은 대기오염상태가 환경기준을 초과하여 주민의 건강·재산이나 동·식물의 생육에 심각한 위해를 끼칠 우려가 있다고 인정하는 구역 또는 특별대책지역 중 사업장이 밀집되어 있는 구역의 경우에는 그 구역의 사업장에서 배출되는 오염물질을 총량으로 규제할 수 있다(§22 ①).

다섯째, 오염발생원에 대한 민사상의 손해배상청구나 유지청구소송에 있어 수인한도를 판단하는 중요한 기준으로서도 고려될 수 있다.

끝으로, 환경기준은 각종 환경정책이나 제도의 도입여부, 시행시기 등을 좌우하는 유용한 기준을 제공해 준다.

2019년 1월 15일 개정된 환경정책기본법은 환경기준은 국민의 생명 및 생태계에 직접적인 영향을 미치는 중요한 지표임을 고려하여 환경부가 이를 주기적으로 평가하도록 근거 규정을 신설하고, 국민의 알권리 보장 차원에서 환경기준 및 설정근거를 공표하도록 하였다. 이에 따르면, 환경부장관은 제12조에 따른 환경기준의 적정성 유지를 위하여 5년의 범위에서 환경기준에 대한 평가를 실시하고, 그 결과를 지체 없이 국회 소관 상임위원회에 보고하여야 한다(§12의3 ①, ②). 또한 국가 및 지방자치단체에게 제12조제1항 및 제3항에 따라 환경기준을 설정하거나 변경할 때에는 제1항에 따른 평가 결과를 반영하도록 하였다(§12의3 ③). 아울러 환경부장관은 제12조에 따라 정한 환경기준 및 그 설정 근거를 공표하여야 한다(§12의2 ①).

(3) 배출허용기준

배출허용기준(permissible emission standards)이란 오염물질의 배출원에 대하여 오염물질을 배출할 수 있는 법적 허용한도를 정한 것을 말한다. 배출허용기준은 앞에서 본 환경기준을 달성하기 위한 수단의 하나지만 환경기준과는 달리 규제기준으로서 직접 구속력을 가진다. 배출허용기준의 대표적인 예로는 「물환경보전법」 제32조, 「대기환경보전법」(§16)에 따른 배출허용기준, 「가축분뇨의 관리 및 이용에 관한 법률」에 의한 방류수 수질기준(§13) 등을 들 수 있다. 예컨대 「물환경보전법」은 제32조에서 폐수배출시설에서 배출되는 오염물질의 배출허용기준을 환경부령으로 정하고 이를 초과할 경우 일정한 방지시설의 개선을 명하거나(같은 법 제39조에 의한 개선명령) 또는 위의 기준을 초과하여 환경오염물질을 배출하는 업체에 대하여 배출부과금을 부과하도록 규정하고 있는데, 여기서 배출허용기준은 그 법형식이 법규명령일 뿐만 아니라 개선명령 등 규제명령에 의해 그 준수가 확보되고 나아가 배출부과금 부과의 기준이 된다는 점에서 법적 구속력을 가짐을 알 수 있다.

환경부장관이 환경부령으로 배출허용기준을 정하는 때에는 일반적으로 관계중앙행정기관의 장과 협의하도록 되어 있다(「물환경보전법」 §32 ②; 「대기환경보전법」 §16 ②).

배출허용기준은 이미 앞에서 본 바와 같이 각종 개별 환경법들을 통해 환경기준과 일정한 관계를 맺을 수 있다. 실례로 「물환경보전법」은 제32조 제3항에서 특별시 · 광역시 또는 도로 하여금 환경정책기본법 제12조제3항에 따른 지역환경기준의 유지가 곤란하다고 인정하는 때에는 조례로 제1항의 기준보다 엄격한 배출허용기준을 정할 수 있도록 수권하고 있다. 다만, 이러한 배출허용기준의 설정은 제74조제1항에 따라 제33조 · 제37조 · 제39조 및 제41조 내지 제43조에 따른 환경부장관의 권한이 시 · 도지사에게 위임된 경우에 한하며(같은 조 단서), 배출허용기준이 설정 · 변경된 때에는 시 · 도지사는 이를 지체없이 환경부장관에게 보고하고 이해관계자가 알 수 있도록 필요한 조치를 하여야 한다(§32 ④). 배출허용기준은 궁극적으로는 환경기준의 달성을 지향하기 위한 수단이 된다고 볼 수 있고(예: 「가축분뇨의 관리 및 이용에 관한 법률」 §13 '정화시설의 방류수수질기준'), 이 점에서 환경기준은 규제기준의 성질을 띤 배출허용기준의 기초 내지 지침으로서 작용할 수 있다.

배출허용기준의 설정은 각각의 단행법들에 따라 하위법령(환경부령)에 위임되어 있고(예: 「대기환경보전법」 §16 ①; 「가축분뇨의 관리 및 이용에 관한 법률」 §13 ① 방류수수질기준), 환경정책기본법 제38조에 따른 특별대책지역에 관하여는 각각 단행법에서 환경부장관이 특별배출허용기준을 정하도록 하는 경우가 있다(예: 「대기환경보전법」 §16 ③; 「가축분뇨의 관리 및 이용에 관한 법률」 §13 ②).

4.3.3. 환경영향평가

환경영향평가(Environmental Impact Assessment: EIA, Umweltverträglichkeits − prüfung: UVP)란 사전배려 또는 예방의 원칙에 배경을 둔 효과적인 환경보전수단의 하나이다. 환경영향평가(Environmental Impact Assessment: EIA, Umweltverträg − lichkeitsprüfung: UVP)란 사전배려 또는 예방의 원칙에 배경을 둔 효과적인 환경보전수단의 하나이다. 환경정책기본법은 전략환경영향평가, 환경영향평가 및 소규모 환경영향평가의 대상, 절차 및 방법 등에 관한 사항을 따로 법률로 정하도록 규정하고 있고(§41 ②), 이에 따라 「환경영향평가법」이 제정, 시행되고 있다.

환경보호법제가 아무리 잘 정비되어 있어도 환경침해적 영향을 미치는 요인들을 사전에 파악하여 통제할 수 있는 방법이 마련되지 않으면 결국 실효적인 환경보전을 가져오기 보다는 불필요한 시간과 노력의 낭비를 초래할 뿐이다. 이러한 견지에서 환경영향평가제도는 환경에 대한 위해요인을 사전에 예측 · 평가하여 저지 또는 완화방안을 강구하기 위한 효과적인 수단이라 할 수 있다. 이것은 연혁상 1969년 미국의 「국가환경정책법」(National Environmental Policy Act: NEPA)에서 도입된 대표적인 사전예방원칙(precautionary doctrine)에 의한 제도로서,[187] 개발계획의 수립 또는 공사시행에 앞서 개발자로 하여금 그 개발사업이 환경에 미치는 영향을 미리 조사·평가하게 하여 이를 인허가조건으로 삼는 것을 내용으로 하고 있다.

한국의 환경영향평가제도는 1977년 환경보전법이 제정되면서 미국의 제도를 모방하여 도입되었다. 그러나 당초 이 제도는 주로 정부사업의 추진에 있어 관련부처가 보사부와 협의하도록 하는 정도에 불과했고 그나마 관계부처의 이해부족으로 사문화되다시피하다가, 1979년에 발족된 환경청의 활동을 통하여 1981년 「환경영향평가서 작성에 관한 규정」이 만들어져 1982년부터 시행되기 시작했다. 미국의 경우 당초 소극적이었던 환경보호청(EPA)의 태도에도 불구하고 이 제도가 주로 환경단체들의 영향력행사와 이를 배경으로 한 의회의 이니시어티브에 의해 도입됨으로써 정부규제적 측면 외에도 주민참여 또는 공공참여(public participation)의 측면이 강조될 수 있었던 데 비하여, 한국의 경우 당초에는 정부주도에 의하여 주로 행정규제적 목적하에 도입·시행되다가, 여소야대정국에서 우여곡절을 거친 끝에 1990년에 이르러서야 비로소 주민참여가능성을 부여하는 방향으로 정비되게 되었다. 환경영향평가제도는 1993년 2월 환경정책기본법상의 환경영향평가과 관련된 조항을 분리·흡수하여 대폭 개선한 내용을 담은 환경영향평가법이 정부에 의하여 단행법으로 입안·추진되어 1993년 6월 11일 법률 제4567호로 제정됨으로써 독자적인 제도로 완성되었고, 이후 수차례의 개정과 다른 법률과의 통합 등 우여곡절을 거쳐 현행 「환경영향평가법」의 규율을 받게 되었다. 개정법은 환경평가를 전략환경영향평가(사전환경성검토 행정계획), 환경영향평가 및 소규모 환경영향평가(사전환경성검토 개발사업)로 구분하고, 평가체계별 절차·방법 등을 구체적으로 규정하는 등 환경영향평가제도를 전면적으로 재편성하였다.[188]

---

187) 이처럼 미국의 국가환경정책법 제102조(NEPA §102)의 규정이 환경영향평가제도의 효시라 할 수 있다. 미국의 환경영향평가제도에 관한 소개로는 이상돈, 환경정책법, 아세아문화사, 1985; Sloan, Irving J., Environment and the Law, 1979, Oceana Publication, p.2 이하를 참조. 외국의 환경영향평가제도에 관하여는 전병성, 우리나라 환경법의 발전과 환경정책기본법의 제정, 환경법연구 제14집(1992), 112 이하를 각각 참조. 독일의 제도에 관하여는 김성수, 환경관련 절차법, 보상법, 쟁송법의 입법정책적 과제, 고시계 1993/3, 96 이하와 Bender/Sparwasser, aaO, Rn.77ff.(S.27ff.)를, 프랑스의 제도에 관하여는 환경법의 쟁점과 동향, 법무자료 제164집(1992), 121 이하를 각각 참조.

188) 상세한 내용은 홍준형, 환경법특강, 2013, 박영사, 157-243을 참조.

4.3.4. 직접적 규제수단들

환경정책기본법은 제30조 제1항에서 "정부는 환경보전을 위하여 대기오염·수질오염·토양오염 또는 해양오염의 원인이 되는 물질의 배출, 소음·진동·악취의 발생, 폐기물의 처리, 일조의 침해 및 자연환경의 훼손에 대하여 필요한 규제를 하여야 한다."고 규정하고 있다. 환경보전을 위하여 사용될 수 있는 행정수단으로서 이제까지 살펴본 계획, 환경영향평가, 지역·지구제 등이 갖는 중요성이 증대되고 있는 것은 사실이지만, 환경보전행정은 여전히 개별적 사안에 있어 법령 및 계획을 집행하기 위한 행정상의 규제수단들에 의존하고 있다. 이들은 전통적인 경찰법적 배경에서 유래된 전형적인 질서행정 또는 침해행정의 수단들로 크게 신고, 등록, 표시등 의무부과, 인허가제, 그리고 배출규제를 위한 명령·제재, 행정벌 등으로 나뉜다.

직접적 환경규제

인·허가제	예방적 금지	일정한 행위의 법령 위배여부를 사전에 심사하여 문제가 없을 때 이를 허용	예) 배출시설의 설치, 변경허가(대기환경보전법 제23조)
	억제적 금지	사회적으로 유해하거나 바람직하지 못한 행위를 일반적으로 억제하기 위하여 금지하고, 다만 예외적인 경우에만 그 금지를 해제 허용여부는 관계행정청재량	예) 하천점용허가(하천법 제33조)
배출규제	배출허용기준 등과 같은 환경기준을 매개로 하여 적극적으로 상대방에게 행위의무 부과		
행정제재 조치	배출규제조치들은 행정제재적 성격을 갖는 명령, 조치 또는 행정대집행 등에 의해 확보		

(1) 인·허가제

환경규제수단 중에서 인·허가, 즉 법률에 의한 허용유보부 금지(Verbot mit Erlaubnis- oder Genehmigungsvorbehalt)는 핵심적인 지위를 차지한다. 이것은 다시 일정한 행위의 법령위배여부를 사전에 심사하여 문제가 없을 때 이를 허용하는 경우인 '예방적 금지'(Kontrollerlaubnis)와 반대로 사회적으로 유해하거나 바람직하지 못한 행위를 일반적으로 억제하기 위하여 금지하고 다만 예외적인 경우에만 그 금지를 해제하는 경우인 '억제적 금지'(Ausnahmebewilligung)로 나뉜다. 전자와는 달리 억제적 금지의 경우에는 그 허용여부가 관계행정청의 재량에 맡겨져 있다는 점에 특징이 있다. 「대기환경보전법」제23조 제1항, 「물환경보전법」제33조 제1항, 「소음·진동관리법」제8조 등 환경관계법에 따른 배출시설의 설치·변경허가는 배출부과금에 의한 배출규제와 함께 한국에 있어 환경규제의 양대축을 이루는 것으로서 일종의 예방적 규제허가의 성질을 갖는데 비하여, 하천법 제33조에 따른 하천점용허가는 공법상 특별사용권을 부여하는 것이므로 강학상 일종의 특허의 성질을 지닌 것으로 대체로 후자에 해당하는 것으로 보아야 할 경우가 많다.

(2) 배출규제

환경행정은 위와 같은 인·허가제 외에도 일정한 작위·부작위·수인 등의 의무을 부과하는 명령적 행위를 통해서도 수행된다. 배출허용기준을 근거로 해서 상대방에게 일정한 행위의무를 부과하는 배출규제조치가 대표적인 경우이다. 예컨대 「물환경보전법」과 「대기환경보전법」은 가동개시 신고를 한 후 조업 중인 배출시설에서 배출되는 오염물질의 정도가 배출허용기준을 초과한다고 인정하는 때에는 대통령령으로 정하는 바에 따라 기간을 정하여 사업자에게 그 오염물질의 정도가 배출허용기준 이하로 내려가도록 필요한 조치를 취하라는 명령, 즉 개선명령을 발할 수 있도록 하고 있다(「물환경보전법」 §39; 「대기환경보전법」 §33). 「소음·진동관리법」(§15) 역시 시·도지사에게 조업 중인 공장에서 배출되는 소음·진동의 정도가 배출허용기준을 초과하는 때에는 환경부령으로 정하는 바에 따라 기간을 정하여 사업자에게 그 소음·진동의 정도가 배출허용기준 이하로 내려가는데 필요한 조치를 취하라는 개선명령을 할 수 있도록 하고 있다. 이와 같은 개선명령은 가장 전형적인 규제하명에 해당한다.

또한 환경부장관은 공공수역의 수질오염방지를 위하여 특히 필요하다고 인정하는 때에는 시·도지사, 시장·군수·구청장으로 하여금 관할구역의 하수관로, 공공폐수처리시설, 공공하수처리시설 또는 폐기물처리시설 등의 설치·정비 등을 하게 할 수 있고(「물환경보전법」 §12), 공공수역에 유류, 유독물, 농약 등을 누출·유출시키거나 분뇨, 축산폐수, 동물의 사체, 폐기물(폐기물관리법에 의한 지정폐기물 제외) 또는 오니(汚泥)를 버리는 행위로 인하여 공공수역이 오염되거나 오염될 우려가 있는 경우 행위자 등이 당해 물질을 제거하는 등 오염의 방지·제거를 위한 조치(방제조치)를 해야 할 의무를 이행하지 아니하는 경우에는, 시·도지사가 당해 행위자 등에게 방제조치의 이행을 명할 수 있는데(「물환경보전법」 §15 ③), 이러한 처분 역시 하명의 성질을 가진다.

환경규제를 위한 행정처분(하명)들은 배출허용기준의 준수를 확보하기 위해 행해지는 침익적 처분들로서 개개의 관계법규정에서 수권되고, 그 의무의 이행은 다시 일정한 행정제재적 성격을 갖는 명령·조치 또는 행정대집행 등을 통해 확보된다. 「물환경보전법」 제15조 제3항에 따른 방제조치명령으로 이행되지 아니하거나 그 방제조치만으로는 수질오염의 방지 또는 제거가 곤란하다고 인정되는 때에는 시·도지사가 시장·군수·구청장(자치구의 구청장)으로 하여금 행정대집행법이 정하는 바에 따라 당해 방제조치의 대집행을 할 수 있도록 한 「물환경보전법」의 규정(§15 ④)이 대표적인 예이다.

(3) 행정제재적 명령·조치

앞에서 본 바와 같은 배출규제조치들은 다시 행정제재수단에 의하여 그 이행이 확보되고 있다. 「대기환경보전법」과 「물환경보전법」은 환경보전을 위한 규제명령위반에 대하여 조업정지명령·과징금처분·허가취소·위법시설에 대한 폐쇄조치 등 제재적 의미를 갖는 행정처분을 결부시킴으로써 그 명령에 따른 의무이행을 확보하고 있다. 이러한 환경보전행정상 의무이행을 확보하기 위한 수단들은 「소음·진동관리법」(조업정지명령, 허가취소, 위법시설폐쇄명령 등), 「화학물질관리법」(등록의 취소등, 과징금처분, 개선명령 등), 「가축분뇨의 관리 및 이용에 관한 법률」(허가 취소), 「해양환경관리법」(해양환경관리업자에 대한 영업정지명령·등록취소 등) 등에서도 유사하게 채용되고 있다.[189]

4.3.5. 배출부과금

배출부과금(emission charge or effluent charges) 제도란 일반적으로 일정한 기준을 초과하는 공해배출량이나 잔류량에 대하여 일정단위당 부과금을 곱하여 산정되는 금전적 급부의무를 부과함으로써 환경오염을 방지하려는 수단을 말한다. 가령 「대기환경보전법」(§35)·「물환경보전법」(§41) 등이 배출허용기준을 초과하여 배출되는 오염물질로 인한 환경상의 피해를 방지하고 배출허용기준의 준수를 확보하기 위하여 그 배출허용기준을 초과하여 오염물질을 배출하는 업체에 대하여 대통령령으로 정하는 바에 따라 오염물질의 종류·배출기간·배출량등을 기준으로 산정한 배출부과금을 부과할 수 있도록 한 것이 그 예이다.

배출부과금은 행정법상의 의무위반자에 대하여 과하는 금전상의 제재로서 일종의 과징금의 성격과 시장유인적 규제수단으로서의 의미를 아울러 지니고 있다. 배출부과금의 부과는 그 금전적 급부의무의 부과라는 점에서 일견 조세부과와 비슷하여 공해배출세(emission taxes)라고도 불리고 있으나 일정한 환경관련기준을 초과하여 오염물질을 배출했다는 사실에 대한 행정적 제재로서 의미를 가진다는 점에서 조세와 다르다.

---

189) 법령으로 직접 일정한 방지시설(가축분뇨관리법 제12조에 의한 처리시설)의 설치의무를 부과하고 이에 따르지 않을 때 처벌 등 제재를 가하는 경우도 이에 해당하는 것으로 볼 수 있다(같은 법 제50조 제7호).

배출부과금은 환경부장관이 부과·징수하는데, 그 대상은 대기분야의 경우, 대기오염물질로 인한 대기환경상의 피해를 방지하거나 줄이기 위하여 대기오염물질을 배출하는 사업자(제29조에 따라 공동 방지시설을 설치·운영하는 자를 포함)와 제23조제1항부터 제3항까지의 규정에 따른 허가·변경허가를 받지 아니하거나 신고·변경신고를 하지 아니하고 배출시설을 설치 또는 변경한 자가 되고(「대기환경보전법」 §35 ①), 수질분야의 경우, 수질오염물질로 인한 수질오염 및 수생태계 훼손을 방지하거나 감소시키기 위하여 수질오염물질을 배출하는 사업자(공공폐수처리시설, 공공하수처리시설 중 환경부령으로 정하는 시설을 운영하는 자를 포함한다) 또는 제33조제1항부터 제3항까지의 규정에 따른 허가·변경허가를 받지 아니하거나 신고·변경신고를 하지 아니하고 배출시설을 설치하거나 변경한 자가 된다(「물환경보전법」 §41 ①).

배출부과금은 배출허용기준 초과여부, 배출되는 오염물질의 종류, 오염물질의 배출량 등을 고려하여 초과배출부과금(초과부과금)과 기본배출부과금(기본부과금)으로 구분하여 부과하도록 되어 있다(「대기환경보전법」 §35 ②; 동 시행령 §24 ①; 「물환경보전법」 §41 ②: 동 시행령 §41 ①).

4.3.6. 유인(인센티브)의 사용

환경정책의 목적을 달성하기 위하여 경제적 유인 등 각종 인센티브를 활용하는 것은 더 이상 이례적인 일이 아니다. 특히 경제유인적 수단들 가운데 가장 전형적인 시장유인적 규제수단의 예로 배출권거래제(transferable permits)[190] 또는 배출면허거래제(Zertifikats- oder Lizenzmodell), 총량규제방식에 의한 배출상쇄제(Kompensationsmodell)가 주목된다.[191] 환경경제학적 관점에서 각광을 받은 오염면허거래제는 환경행정 당국이 특정 오염물질의 배출에 대해 일정 수의 오염권 또는 오염면허를 만들어 이에 대한 시장을 형성하고 주식처럼 면허를 거래하게 하는 방식이다. 가령 일정한 절차를 거쳐 일련의 유해물질들에 관한 지역적 최대배출허용치(Maximaleimission)를 정하여 이를 등록된 "배출권"(Emissionsrechte)으로 나누고, 각 배출시설의 사업자들에게 배분하는 한편 이 배출권들이 이전성 있는 환경이용권(fungible Umweltnutzungsrechte)으로서 당해 지역에서 전부 또는 분할되어 거래될 수 있도록 한다. 자기에게 할당된 한도를 초과하여 오염물질을 배출하는 시설의 사업자는 시장에서 자기가 지불해야 했을 오염방지비용을 상회하지 않

---

190) Dale, J.H., Pollution, Property and Prices, 1968, p.93-97.

191) 이에 관한 논의로는 김연태, "시장경제적 수단에 의한 환경보호", 「公法研究」 제24집 제2호 (1996.6), 429-456을 참조.

는 한도 내에서 필요한 만큼의 오염권을 매입할 수 있고 이 매입사실을 등록함으로써 자기의 배출을 합법화할 수 있다. 반면 자기에게 배분된 오염권을 이를 매각했을 경우 지불해야 했을 배출방지비용 보다 더 높은 가격으로 판매할 수 있는 사업자는 배출을 감소·중지하거나 억제함으로써 자기의 배출권을 매각하게 될 것이다. 이와 같이 거래를 통해 형성되는 시장가격은 기업이 환경오염에 대해 지불해야 하는 최적의 환경오염방지 비용(optimale Reinhaltungskosten)으로서 일종의 환경공과금(Umweltabgabe)의 역할(물론 이와는 달리 진정한 희소가격으로서)을 수행하게 된다.192) 배출면허거래제는 시장 및 가격기구를 통하여 환경오염문제의 효율적인 해결을 가능케 하는 제도로서, 기준설정이 갖는 단점을 어느 정도 극복하면서도 배출부과금제도가 갖는 장점을 살릴 수 있는 환경규제수단으로 평가되고 있다.193) 이것은 그 경제적 효율성 외에도 민간부문의 자율적 의사결정을 유도하고 이에 따라 민간이 환경오염방지기술의 개발 및 수용을 보다 적극적으로 추진하게 함으로써, 경제성장과 인플레의 경우에도 다른 방안들 보다 효과적이라는데 장점이 있으며, 미국의 경우 대기오염방지와 수질오염방지를 위하여 부분적으로 시행해 본 결과 그 탁월성이 입증되었다고 한다.194) 물론 이러한 오염면허거래제에 대하여는 그 감시의 문제점을 초래하며, 수인가능한 총량배출기준의 결정은 환경오염이 지역경계를 넘어 확산되는 경우 극히 어려울 뿐만 아니라, 과학기술의 진보에 따라 배출허용기준이 인하될 경우 환경이용권의 계속적인 평가절하를 요구하게 될 것이라는 점에서 "환경의 상품화"(Vermarktung der Umwelt)를 초래할 뿐이라는 비판이 제기되고 있다.195)

한편 총량규제방식에 의한 배출상쇄제 또는 보상모델(Kompensationsmodell)은 일면 전술한 배출면허거래제와도 유사하나 총량규제를 전제로 하여 배출시설 상호간의 배출조정 내지 상쇄를 유도하는 제도로서, 어떤 배출업자에게 환경질서법상의 배출제한을 면제받는 대신 이로 인하여 배출방지활동의 부족분을 다른 배출업자가 자기에게 부하된 환경보호의무 이상으로 보상적으로 부담하도록 하는 제도이다. 이 모델에서는 일정한 유해물질에 대하여 한 업소(공장) 또는 복수 업소의 개별 배출시설 간에 배출권의 교환이 허용되며, 따라서 지역적으로 동일한 영향권을 갖는다면 하나의 업종단체 내에서 허용되게 된다. 배출량의 증가는 이러한 배출업종단체 내에서 필요한 배출감소조치를 통

---

192) Bender/Sparwasser, Umweltrecht, 2.Aufl., 1990, Rn.94, S.35.
193) 최병선, 정부규제론, 491; Bender/Sparwasser, Umweltrecht, 3.Aufl., 1995, 52–53, Rn.1/136–138..
194) 최광, 환경오염과 국민경제, 1992, 262–263을 참조.
195) Bender/Sparwasser, 2.Aufl. Rn.95, S.35–36. 시장형성의 곤란 등 그 밖의 단점에 관하여는 가령 최병선, 「정부규제론」, 491 이하를 참조.

하여 보상되어야 한다. 이 모델은 또한 공장밀집지역(Ballungsgebiet)에서 기존의 (배출지역별) 최대배출허용치가 준수되는 한, 기존 배출업소의 확장이나 신규업소의 설치를 가능케 한다. 반면 최대허용치가 소진되어 버리면, 기존 배출시설의 확장이나 신규설치는 그 단체 내에 다른 시설 또는 업소가 그 만큼 자기의 몫 이상으로 배출을 감소시키거나 방지하는 경우에만 가능하게 된다. 배출감소조치가 이들 업소 자신에게 유리하지 못한 경우에는 그 신규배출업소에 따라 그에 대한 보상을 받을 수 있도록 한다.[196] 따라서 이 제도는 공해지역의 집중화를 꾀하여 공해지역의 확산을 방지하려는 취지를 지닌 제도이지만, 자칫 인구가 밀집된 공장지역에 적용되면 그 지역주민이나 근로자들의 정치적 저항을 초래할 수 있다는 점에 문제를 지니고 있다.[197]

배출권거래제(transferable permits), 배출면허거래제(Zertifikats - oder Lizenzmodell), 배출상쇄제(Kompensationsmodell) 같은 경제유인 기반 규제방식은 특히 보호수준의 격차가 크고 장소적으로 건강유해물질 배출의 집중 문제(소위 hot-spot 문제)가 없는 경우에 효과를 거둘 수 있다. 초국경 온실가스 문제가 가장 전형적인 경우인데, 그런 의미에서 거래가능 환경이용권제도가 교토의정서 이래 지구 수준 기후변화 방지 전략으로 등장한 것도 하등 놀라운 일은 아니다.[198] 우리나라에서도 「온실가스 배출권의 할당 및 거래에 관한 법률」(약칭: 배출권거래법)에 따라 2015년부터 온실가스 배출권거래제(ETS)가 시행되고 있다.[199]

4.3.7. 자발적 협약

자발적 협약(voluntary agreement)은 직접 규제와 경제적 유인규제 외에 제3의 환경정책수단으로 각광을 받으며 1990년대 이후 유럽과 미국, 일본, 그리고 우리나라에서 활용되어 온 정책수단이다. 이것은 사업자는 행정기관에게 특정 환경목표 달성을 약속하고 그 대신 연구개발과 혁신을 통한 공정을 개선하여 그에 상응하는 보조금을 받는 조건으로 맺는 행정기관과 기업 간 협약을 말한다. 이 협약은 쌍무적이면서 동시에 그 협약체결에 대한 자발성이 전제된다는 데 특성을 지닌다.[200] 기존의 다른 정책수단에 비해 강

---

196) Bender/Sparwasser, 36, Rn.96.
197) 최병선, 493.
198) Koch, Umweltrecht, 2002, 116 §3 Rn.120.
199) 배출권거래법은 '「저탄소 녹색성장 기본법」에 따른 국가 온실가스 감축목표를 효율적으로 달성하고 전 세계적인 기후변화 대응 노력에 적극 동참하기 위하여 온실가스를 다량으로 배출하는 업체에 온실가스 배출권을 할당하고 시장을 통해 거래할 수 있도록 하는 제도를 도입하려는 것'을 목적으로 천명하였다.

제력이 약하다는 점에서 환경적 효과성에 의문이 제기되기도 하지만, 규제비용 절감, 유연성, 이해관계자들 간 협치 도모, 기업 환경의지 증진 및 활용 등 다양한 장점들이 알려져 있다.[201] 우리나라에서도 1998년 '에너지 절약 및 온실가스 배출감소를 위한 자발적 협약' 이래 1회용품, 플라스틱 줄이기, 재활용 등 폐기물 분야, 에너지 관리, 미세먼지 비상조치, 대형발전소와의 대기오염물질 총량관리 저감 협약 등 대기환경보전분야, 화학물질배출 저감, 유해정보 알권리 강화 등 화학물질관리, 정유사와의 정화책임 이행 협약 등 **토양환경보전, 녹색구매 등 다양한 분야에서** 널리 활용되고 있다.[202]

4.3.8. 통합적 환경규제

앞에서 살펴 본 환경정책수단들과는 다른 맥락에서 환경규제의 통합을 위한 시도가 이루어지고 있다. 환경오염시설의 통합관리를 위한 인허가 통합이 대표적인 예이다. 기존 환경오염 관리방식은 대기, 물, 토양 등의 환경 분야에 따라 개별적으로 이루어지고 있어 복잡하고 중복된 규제와 함께 개별 사업장의 여건을 반영하지 못했다는 반성을 토대로 일정 규모 이상의 사업장을 대상으로 「대기환경보전법」 등 개별법에 따라 분산·중복된 배출시설 등에 대한 인·허가를 통합·간소화하는 입법조치가 단행되었다. 2015년 12월 22일 제정되어 시행된 「환경오염시설의 통합관리에 관한 법률」(법률 제13603호)은 오염물질 등 배출을 효과적으로 줄이면서도 기술적·경제적으로 적용 가능한 환경관리기법인 최적가용기법에 따라 개별 사업장의 여건에 맞는 맞춤형 허가배출기준 등을 설정하도록 하여 고비용·저효율 규제 체계를 개선하고 산업의 경쟁력을 높인다는 취지에서 통합관리방식을 뒷받침하고 있다.[203]

4.3.9. 환경오염에 대한 행정적·형사적 제재

환경문제는 현대국가의 「숙명적 과제」(Schicksalsaufgabe)이다. 현대국가는 전쟁이나 범죄, 질병뿐만 아니라 날로 심각해지고 있는 환경오염과 생태계파괴에 대해 투쟁해 나가지 않으면 안 된다. 과거 환경오염에 대한 국가적 대응은 공공의 안녕질서를 유지하기 위한 경찰작용의 차원에서 이루어졌다. '환경법의 前史'(prehistory)에 해당하는 이 시기에

---

200) https://www.eea.europa.eu/help/glossary/eea-glossary/voluntary-agreement
201) 정우현. (2012). 자발적 협약의 현황 진단 및 효과적 활용방안. 한국환경정책평가연구원 기본연구보고서.
202) 분야별 자발적 협약 실적에 관해서는 「환경백서」 2018을 참조.
203) 이에 관해서는 김홍균 (2016). "환경오염시설 통합관리에 관한 법률의 평가와 과제", 「환경법연구」, 제38권 제2호, 327-361을 참조.

환경법이라 부를 만한 것이 있었다면 그것은 곧 경찰법이었다. 그러나 이후 환경법이 경찰법에서 공해방지법으로 그리고 다시 환경법으로 변천해 나가는 과정에서 환경문제에 대한 경찰의 기능과 역할은 대폭 축소되기에 이르렀고 환경보전은 더 이상 제복을 입은 경찰관의 임무가 아니라 환경전문가를 대동한 전문행정가의 규제행정적 과제라는 인식이 확산되었다. 이것은 일면 경찰의 기능이 이른바 집행경찰(Vollzugspolizei)의 그것으로 축소되고 타면 환경행정과 환경법이 독자적인 행정분야로 분화되는 현상에 따른 것이라 할 수 있다. 그러나 환경문제를 해결하기 위한 국가적 노력에도 불구하고 환경상태는 계속 악화일로를 걸었고 환경법의 집행결함(Vollzugsdefizit)에 대한 무수한 사례들이 보고되었다. 환경법 또는 환경법상의 환경보호수단들의 한계가 노출됨에 따라 전통적인 국가형벌권의 위혁력에 호소하려는 경향이 다시금 고개를 들었고 이는 환경오염행위를 범죄시하는 대중의 고조된 환경의식에 부합되는 것이기도 했다. 이러한 환경오염행위의 범죄화전략(Kriminalisierungsstrategie)은 환경형법(Umweltstrafrecht)의 대두를 가져왔다. 환경형법이 확충·강화되어야 한다는 대중들의 이 같은 요구가 형법의 최후수단(ultima ratio)으로서의 성격이나 일탈행위에 대한 일반적 탈범죄화 경향(allgemeine Tendenz zur Entpönalisierung von abweichendem Verhalten)과 부합될 수 있는지는 의심스럽다. 또한 형법이 원칙적으로 환경불법(Umweltunrecht)의 진정한 행위주체를 포착할 수 있을지 의문이라 하지 않을 수 없다.[204] 그러나 환경범죄의 단속, 진압과 처벌이 이제 환경문제해결을 위한 국가적 노력의 목록에서 빠질 수 없는 항목이 되어 있다는 것은 부인할 수 없는 사실이다. 물론 국가는 이와 같은 환경범죄를 진압·처벌하는 외에도 이를 예방하고 그 밖의 (범죄를 구성하지 않는) 일반적인 환경법위반행위의 단속을 지원하며 또 환경오염으로 인한 위험을 방지하거나 발생한 위험을 제거하는 등 다양한 임무를 통하여 환경문제의 해결에 관여한다. 환경오염과 생태계파괴가 가속화되고 있는 상황에서 이들 영역들은 현대국가가, 그 법치국가적 조건을 준수하면서 효율성을 기할 수만 있다면, 마약사범, 밀수사범 또는 공중위생저해사범의 단속이나 산업스파이의 수사, 개인정보침해의 단속 등과 함께 진정한 국민의 지지를 개척할 수 있는 전략적 부문이자 도전의 장이라 할 수 있다.

환경보전 목적을 관철시키기 위한 최종적인 수단으로 징역·벌금과 같은 행정형벌과 과태료와 같은 행정질서벌을 포함하는 행정벌이 부과될 수 있음은 물론이다. 예컨대 「물환경보전법」이나 「대기환경보전법」 등이 벌칙에 관한 장에서 이러한 행정벌에 관한 규정을 두고 있고 「환경범죄 등의 단속 및 가중처벌에 관한 법률」이 환경오염에 관한

---

204) Kloepfer, Michael, Umweltrecht, in: Achterberg/Püttner, *Besonderes Verwaltungsrecht, II*, 1992, Rn.756.

업무상 과실범을 형사처벌하도록 하고 있는 것이 그 예이다. 이러한 행정벌은 결국 법원의 재판에 의해 부과되는 것이라는 점에서 위에서 본 각종 실행수단과는 구별된다.

4.3.10. 그 밖의 환경정책수단

환경행정이 공해로 인한 위험방지라는 소극적 경찰목적에서 적극적 환경보전의 목적으로 그 중점을 이동하고 있는 이상, 그 행위형식의 전문화·다양화는 불가피한 현상이다. 이와 같이 환경행정의 중점이동이 특히 그 행위형식면에서 관철된 결과 자금지원과 행정지도·기타 비공식적 행정작용 등이 환경보호를 위하여 활용되고 있다.

5. 환경피해의 구제와 분쟁해결

5.1. 개설

환경오염으로 인하여 피해를 입은 주민의 입장에서는 그 피해구제를 받기 위하여 ① 직접 가해자에게 진정하거나 대화를 통하여 타협할 수 있고, ② 관계행정기관에게 피해발생을 알리고 그 해결을 촉구하거나, ③ 「환경분쟁조정법」에 따라 환경분쟁조정위원회에 조정등을 신청할 수 있고, ④ 법원에 제소함으로써 환경오염·환경훼손으로 인한 피해의 구제를 구할 수 있다.[205)]

가해시설의 허가와 같은 합법적 존립의 기초를 소멸시키거나 규제행정청에 대한 환경규제조치 발동청구권을 행정소송을 통하여 관철시키는 공법상 구제와 환경오염피해의 가해자를 직접 상대방으로 한 민사소송에 따른 구제로 나뉜다. 민사구제는 주로 민법 상 불법행위로 인한 손해배상책임과 유지소송[206)] 등을 통해 이루어진다.

5.2. 환경오염에 대한 민사상 손해배상책임

5.2.1. 배상책임의 요건

민법 제750조는 「고의 또는 과실로 인한 위법행위로 타인에게 피해를 가한 자는 피

---

205) 홍천룡, 환경오염피해의 구제, 환경법연구 제14권(1992), 6 이하.
206) 유지청구권을 인정하는 법적 근거에 관하여는 물권적 청구권설, 인격권설, 환경권설 등 절대권 내지 배타적 지배권의 침해로부터 이를 도출하려는 입장과 불법행위설이 있다(이에 관하여는 오석락, 환경소송의 제문제, 16~20, 40~43, 125 이하, 홍천룡, 48 이하를 참조).

해를 배상할 책임이 있다」고 규정한다. 따라서 환경오염으로 인한 피해에 대하여 손해
배상책임이 성립하기 위해서는 적어도 ① 가해자에게 고의 또는 과실이 있을 것(책임요
소), ② 가해행위가 위법한 행위일 것(위법성), ③ 가해행위와 손해의 발생 사이에 인과관
계가 있을 것(인과관계), ④ 손해가 발생했을 것(손해발생)이라는 요건이 충족되어야 한다.
첫째 요건에 관하여는, 해석론 및 입법론 양면에서 위험책임[207] 또는 무과실책임의 원
칙[208]이 진군하고 있다. 그것은 전례 없는 과학기술의 발전에 수반된 사회적 위험의 전
반적 확대, 이러한 상황에서 예측하기 곤란한 환경오염의 위험이나 복합오염 등에 의한
피해발생가능성의 증대 등으로 인하여, 과실책임주의만으로는 피해자구제나 손해의 공
평분담을 실현하기 곤란하게 되었기 때문이다.

현재 위험책임 내지 무과실책임을 인정한 실정법적 제도로는 민법상 책임무능력자
의 감독책임(§755), 사용자책임(§757), 공작물점유자등의 책임(§758), 동물점유자의 책임
(§759) 등과 「환경정책기본법」(§44), 「자동차손해배상보장법」(§3), 「원자력손해배상보장
법」(§3), 「유류오염손해배상보장법」(§4 ①), 「수산업법」(§82), 「광업법」(§91)에 따른 책임
제도들을 들 수 있다.

5.2.2. 환경오염에 대한 무과실책임

「환경정책기본법」은 제44조 제1항에서 "환경오염 또는 환경훼손으로 피해가 발생한
경우에는 해당 환경오염 또는 환경훼손의 원인자가 그 피해를 배상하여야 한다."고 규정
함으로써 환경오염의 피해에 대한 무과실책임을 천명하는 한편, 제2항에서는 "환경오염
또는 환경훼손의 원인자가 둘 이상인 경우에 어느 원인자에 따라 제1항에 따른 피해가
발생한 것인지를 알 수 없을 때에는 각 원인자가 연대하여 배상하여야 한다."고 규정하
여 연대배상을 인정하고 있다.

「환경정책기본법」의 이 조항이 위험책임론에 입각한 무과실책임을 인정한 것이라는
데 대해서는 별다른 이견이 없다.[209] 다만, 이 조항의 법적 효력 여하는 논란되고 있다.
이에 관련하여 위 조항을 무과실책임을 환경정책의 기본원칙으로 삼는다는 취지를 규정
한 것에 불과한, 다른 특별법에 손해배상에 관한 구체적 규정이 있어야 실효성을 가지게

---

207) 위험물을 관리하여 이득을 얻는 자는 그 잠재적 위험이 현실화하여 또는 그 위험물로부터 생긴
손해도 배상하지 않으면 안된다는 법리이다.
208) 그 이론적 근거로는 보상책임설, 위험책임설, 원인책임설, 공평책임설 등이 있다(홍천룡, 앞의글, 10).
209) 이은영, 채권각론, 948, 958; 박준서 외, 주석민법 채권각칙(8), 129; 고영훈, 환경법, 118 이하
등. 독일 환경책임법 제1조에 따른 책임도 위험책임으로 이해되고 있다. 이에 관해서는 李炅春,
騷音과 環境訴訟, 「재판자료: 환경법의 제문제(하)」, 제95집(법원도서관)을 참조.

되는 정책규정으로 보는 견해도 있으나,[210] 직접 법적 효력을 가진 배상책임의 근거규정으로 보는 것이 다수의 견해이다.[211] 대법원 역시 그와 같은 관점에서 위 「환경정책기본법」 제31조 제1항이 손해배상책임의 결정을 위하여 직접 적용된다는 전제 위에서 귀책사유 없는 사업자의 손해배상책임을 인정한 바 있다. 이렇게 본다면, 위 조항은 환경오염으로 인한 손해배상에 관하여 일정한 요건 아래 가해자의 귀책사유가 없이도 배상책임을 인정한 민사상 불법행위책임에 대한 특별법적 규정에 해당한다고 할 수 있을 것이다.

> **경마장에서 뿌린 소금으로 인한 환경피해에 대한 무과실책임과 증명책임**
>
> 1. 환경정책기본법 제44조 제1항은 '환경오염의 피해에 대한 무과실책임'이라는 제목으로 "환경오염 또는 환경훼손으로 피해가 발생한 경우에는 해당 환경오염 또는 환경훼손의 원인자가 그 피해를 배상하여야 한다."라고 정하고 있다. 이는 민법의 불법행위 규정에 대한 특별 규정으로서, 환경오염 또는 환경훼손의 피해자가 그 원인자에게 손해배상을 청구할 수 있는 근거규정이다. 따라서 환경오염 또는 환경훼손으로 피해가 발생한 때에는 그 원인자는 환경정책기본법 제44조 제1항에 따라 귀책사유가 없더라도 피해를 배상하여야 한다.
> 2. 일반적으로 불법행위로 인한 손해배상 청구사건에서 가해자의 가해행위, 피해자의 손해발생, 가해행위와 피해자의 손해발생 사이의 인과관계에 관한 증명책임은 청구자인 피해자가 부담한다. 다만 대기오염이나 수질오염 등에 의한 공해로 손해배상을 청구하는 소송에서 피해자에게 사실적인 인과관계의 존재에 관하여 과학적으로 엄밀한 증명을 요구하는 것은 공해로 인한 사법적 구제를 사실상 거부하는 결과가 될 수 있다. 반면에 기술적·경제적으로 피해자보다 가해자에 의한 원인조사가 훨씬 용이한 경우가 많을 뿐만 아니라 가해자는 손해발생의 원인을 은폐할 염려가 있기 때문에, 가해자가 어떤 유해한 원인물질을 배출하고 그것이 피해물건에 도달하여 손해가 발생하였다면 가해자 측에서 그것이 무해하다는 것을 증명하지 못하는 한 가해행위와 피해자의 손해발생 사이의 인과관계를 인정할 수 있다. 그러나 이 경우에 적어도 가해자가 어떤 유해한 원인물질을 배출한 사실, 유해의 정도가 사회통념상 참을 한도를 넘는다는 사실, 그것이 피해물건에 도달한 사실, 그 후 피해자에게 손해가 발생한 사실에 관한 증명책임은 피해자가 여전히 부담한다.[212]

둘째, 위법성에 관하여는, 학설상 논란은 있으나, 대체로 수인한도론(受忍限度論), 즉 가해자 측의 사정과 피해자의 사정 및 지역성등 그 밖에의 사정을 비교형량하여 손해가

---

210) 주석민법 채권각칙(8), 128~129의 학설 소개내용 참조.
211) 주석민법 채권각칙(8), 129; 곽윤직, 채권각론, 539~540; 김상용, 채권각론, 329; 고영훈, 환경법, 119; 이은영, 채권각론, 951 등. 학설대립의 논거에 대해서는 李炅春, 앞의 글, 187 이하를 참조.
212) 대법원 2020. 6. 25. 선고 2019다292026 판결. 경마공원에 인접한 화훼농가의 운영자인 피고들이 분재와 화훼가 말라죽자 원고가 운영하는 경마공원에서 사용한 소금 때문이라고 주장하며 원고를 상대로 손해배상을 구한 사안에서, 원고가 결빙을 방지하기 위해 경마공원의 경주로에 뿌린 소금이 지하수로 유입되어 피고들이 사용하는 지하수 염소이온농도의 상승에 영향을 미쳤다고 보아 원고의 손해배상책임을 인정한 사례.

합리적인 평균인으로 하여금 통상 인용할 수 있는 한도(인용한도)를 넘어서 피해가 발생한 때에는 가해행위의 위법성이 인정된다고 하는 이론이 인정되고 있다.[213] 본래 수인한도론은 위법성의 판정기준으로 안출된 개념이었으나, 이후 고의·과실과 위법성을 모두 포섭하는 개념으로 발전되었다.[214] 수인한도의 판단기준에 관하여는 행위자체에 따라 불법성을 판단하여 객관적인 주의의무를 책임요소로부터 위법요소에 포함시켜야 한다는 행위태양론, 방지의무 위반에서 위법성·과실을 찾는 방지의무설,[215] 예견가능성을 과실의 중심적 내용으로 보는 예견가능성설, 그리고 불법행위의 요건으로 고의·과실과 위법성을 일원론적으로 파악하여 어느 하나가 인정되면 다른 것도 따라서 성립하는 것으로 보는 신인용한도론 등이 주장되고 있으며, 수인한도의 구체적 판단요소는 피침해이익의 성질, 피해의 중대성, 가해의 반사회성에 대한 사회적 평가, 환경오염피해의 지역성, 손해회피가능성, 가해자의 손해방지조치 여하, 공법상 규제기준 준수 여하, 토지이용관계 등이 거론되고 있다.[216]

수인한도 판단요소와 중앙환경분쟁조정위원회의 '환경피해 평가방법 및 배상액 산정기준'

"철도를 설치하고 보존·관리하는 자는 그 설치 또는 보존·관리의 하자로 인하여 피해가 발생한 경우 민법 제758조 제1항에 따라 이를 배상할 의무가 있다. 공작물의 설치 또는 보존의 하자는 해당 공작물이 그 용도에 따라 갖추어야 할 안전성을 갖추지 못한 상태에 있다는 것을 의미한다. 여기에서 안전성을 갖추지 못한 상태, 즉 타인에게 위해를 끼칠 위험성이 있는 상태라 함은 해당 공작물을 구성하는 물적 시설 그 자체에 물리적·외형적 결함이 있거나 필요한 물적 시설이 갖추어져 있지 않아 이용자에게 위해를 끼칠 위험성이 있는 경우뿐만 아니라, 그 공작물을 본래의 목적 등으로 이용하는 과정에서 일정한 한도를 초과하여 제3자에게 사회통념상 일반적으로 참아내야 할 정도 (이하 '참을 한도'라고 한다)를 넘는 피해를 입히는 경우까지 포함된다. 이 경우 참을 한도를 넘는 피해가 발생하였는지 여부는 구체적으로 피해의 성질 및 정도, 피해이익의 공공성, 가해행위의 종류와 태양, 가해행위의 공공성, 가해자의 방지조치 또는 손해 회피의 가능성, 공법상 규제기준의 위반 여부, 토지가 있는 지역의 특성과 용도, 토지이용의 선후 관계 등 모든 사정을 종합적으로 고려하여 판단하여야 한다(대법원 2011. 11. 10. 선고 2010다98863, 98870 판결, 대법원 2015. 9. 24. 선고 2011다91784 판결 등 참조).
철도소음·진동을 규제하는 행정법규에서 정하는 기준을 넘는 철도소음·진동이 있다고 하여 바로 참을 한도를 넘는 위법한 침해행위가 있어 민사책임이 성립한다고 단정할 수 없다. 그러나 위와

---

213) 서울고법 1973. 9. 6. 선고 71나1620 판결. 가령 舊공해방지법 소정의 배출허용기준을 넘어 조업한 과자제조공장 경영자에게 인근주민에 대한 손해배상을 명한 사례(서울고법 1975. 12. 12. 선고 75나179 판결)가 있다.

214) 오석락, 같은 책, 85.

215) 서울고법 1986. 9. 24. 선고 78다215 판결(진해화학비료공장의 폐수배출에 의한 항만오염으로 인한 김양식장피해사건).

216) 이상 홍천룡, 같은 글, 16 이하.

같은 행정법규는 인근 주민의 건강이나 재산, 환경을 소음·진동으로부터 보호하는 데 주요한 목적이 있기 때문에 철도소음·진동이 이 기준을 넘는지 여부는 참을 한도를 정하는 데 중요하게 고려해야 한다.(대법원 2015. 9. 24. 선고 2011다91784 판결, 대법원 2016. 11. 25. 선고 2014다57846 판결 등 참조)"[217]

한편 셋째 요건, 즉 인과관계에 관하여는, 공해소송의 경우 인과관계를 입증하려면 고도의 자연과학적 지식이 요구되는데 공적 조사기관이 불충분하고 일반적으로 가해자의 협력을 기대하기 곤란할 뿐만 아니라 피해자의 자력이 불충분하여 피해구제가 불가능해지는 경우가 많기 때문에 이러한 피해자의 입증곤란(Beweisnotstand)을 타개하기 위한 개연성(蓋然性)설[218]이 주장되고 또 판례에 의해 수용되고 있다. 이것은 "원고는 인과관계의 존재의 개연성을 증명하면 족하고 피고는 반증으로써 인과관계가 존재하지 않음을 증명하지 않는 한 책임을 면할 수 없다"는 이론으로 피해자의 입증의 범위를 줄이고 가해자의 반증의 범위를 확대하자는 것이다. 실례로 대법원은 "공해로 인한 불법행위에 있어서의 인과관계에 관하여 해당 행위가 없었다면 결과가 발생하지 아니하였으리라는 정도의 개연성이 있으면 그것으로 족하다는, 다시 말하면 가해행위와 손해와의 사이에 인과관계가 존재하는 상당정도의 가능성이 있다는 입증을 하면 되고 가해자는 이에 대한 반증을 한 경우에만 인과관계를 부정할 수 있다"고 판시한 바 있다.[219] 개연성설은 형사소송이나 일반민사소송에서는 '증명의 정도는 고도의 개연성에 이르는 것이어야 하나 환경소송의 경우에는 상당한 정도의 개연성으로도 족하다'는 뜻으로 이해되지만,[220] 그 구체적인 내용이나 법적 구성에 관하여는 대체로 영미법상의 '증거의 우월'(preponderance of evidence)의 법리를 도입하여 환경소송에 적용하려는 견해(증거우월설)와 사실상 추정 이론에 따라 입증책임의 전환을 꾀하려는 견해(사실추정설)가 대립한다.[221] 이 같은 판례는 물론 입증책임의 전환을 인정하는데까지 발전된 것은 아니다. 그러나 원고의 입증의 정도를 단순히 낮춘 「증명도의 인하」냐 아니면 「일응의 추정」[222] 내지 「간접반증

---

217) 대법원 2017. 2. 15. 선고 2015다23321 판결.

218) 개연성설(Wahrscheinlichkeitstheorie)은 본래 일본의 德本 鎭 교수가 鑛害로 인한 손해배상을 청구하는 경우에 있어서의 광업권자의 행위와 손해의 발생간의 인과관계에 관한 피해자의 입증책임을 완화하려는 목적으로 제창한 이론이라고 한다(오석락, 같은책, 93; 德本 鎭, 鑛害賠償における因果關係, 戒能通孝 編, 公害法の研究 63이하).

219) 대법원 1974. 12. 10. 선고 72다1774 판결; 오석락, 같은 책, 259.

220) 德本 鎭(같은 글, 205)은 이를 「疏明의 域은 벗어나지만 證明에는 이르지 않는 정도의 입증」이라고 못박고 있다(오석락, 94를 재인용).

221) 이에 관하여는 오석락, 같은책, 95이하를 참조.

222) 일응의 추정(Prima–facie Beweis)이란 고도의 개연성이 있는 경험칙을 이용하여 어느 사실로부터

이론」223)과 맥락을 같이 하는 것으로 이해된다. 종래 피해자와 가해자간 입증책임의 분담인지 여부는 그렇게 분명하지는 않았다. 그러나 대법원은 이후 「가해기업이 배출한 어떠한 유해한 원인물질이 피해물질에 도달하여 손해가 발생하였다면 가해자 측에서 그 무해함을 입증하지 못하는 한 책임을 면할 수 없다」고 판시함으로써 일응의 추정 내지 간접반증이론에 의한 입증책임 분담의 법리를 분명히 드러낸 바 있다.224): "수질오탁으로 인한 공해소송에서 (1) 피고공장에서 김 생육에 악영향을 줄 수 있는 폐수가 배출되고 (2) 그 폐수 중 일부가 해류를 통하여 이 사건 김 양식장에 도달하였으며 (3) 그 후 김에 피해가 있었다는 사실이 각 모순 없이 증명된 이상 피고공장의 폐수배출과 양식 김에 병해가 발생함으로 말미암은 손해 사이의 인과관계가 일응 증명되었다고 할 것이므로, 피고가 (1) 피고공장폐수 중에는 김의 생육에 악영향을 끼칠 수 있는 원인물질이 들어 있지 않으며 (2) 원인물질이 들어 있다 하더라도 그 해수혼합률이 안전농도 범위 내에 있다는 사실을 증명하여 인과관계를 부정하지 못하는 한 그 불이익은 피고에게 돌려야 마땅할 것이다."225)

| 개연성설·수인한도론에 관한 대법원판례 |

1. 공해소송에 있어 인과관계와 입증책임

1. 불법행위 성립요건으로서의 인과관계는 궁극적으로는 현실로 발생한 손해를 누가 배상할 것인가의 책임귀속의 관계를 결정짓기 위한 개념이므로 자연과학의 분야에서 말하는 인과관계와는 달리 법관의 자유심증에 터잡아 얻어지는 확신에 따라 인정되는 법적인 가치판단이다.
2. 불법행위로 인한 손해배상청구사건에 있어서 가해행위와 손해발생과의 사이에 인과관계가 존재

다른 사실을 추정하는 경우를 말한다. 이 경우 증명에 가까운 상태를 표현증명(Anscheinbeweis)라고 한다. 가령 자동차가 인도에 뛰어들어 인명사고를 낸 경우, 그것만으로 운전자의 과실이 있는 것으로 추정하는 경우이다. 이것은 십중팔구는 틀림없는 정도로 고도의 개연성을 가진 경험칙, 즉 경험법칙에 따른 사실상의 추정을 의미하며, 통상의 사실상의 추정의 경우 처럼 사안의 사실관계를 상세히·구체적으로 주장·입증할 필요가 없다는 점에서 입증책임을 경감하는 효과를 갖는 독일 판례법에 의해 생성·발전된 법리로서 학설의 지지를 받고 있다고 한다. 영미법상의 res ipsa loquitur(The thing speaks itself) rule과도 같은 맥락을 가진 법리이다(이시윤, 민사소송법, 577).

223) 간접반증(indirekter Gegenbeweis)이란 어느 한 입증당사자의 입증활동에 대하여 그 입증의 효과를 반박하기 위하여 상대방이 제출하는 증거(반증)로서, 증명을 필요로 하는 사실을 직접 증명하는 본증의 대상 내지 증명력을 간접사실을 통하여 간접적으로 다투는 경우를 말한다(오석락, 같은책, 114~115). 가령 자동차가 인도에 뛰어들어 인명사고를 낸 경우, 그것만으로 운전자의 과실에 대한 일응의 추정이 생기나, 피고측의 인도진입이 다른 차량과의 충돌의 결과였다는 특단의 사정을 입증하게 되면 운전자의 과실에 대한 일응의 추정은 뒤집어지게 된다. 이 경우 특단의 사정의 입증을 간접반증이라고 한다(이시윤, 민사소송법, 578).

224) 李時潤, 民事訴訟法, 580.

225) 대법원 1984. 6. 12. 선고 81다558 판결.

함에 관한 입증책임은 피해자에게 있음이 분명하지만, 공해소송에 있어서 피해자에게 사실적 인과관계의 존재에 관하여 과학적으로 엄밀한 증명을 요구한다는 것은 결과적으로 공해피해에 대한 사법적 구제를 사실상 거부하는 것이나 다름없게 될 우려가 있으므로 공장폐수와 김의 생육에 대한 피해 사이의 인과관계가 문제로 된 이 사건에 있어서 피해자인 원고로서는 (1) 피고공장에서 김의 생육에 악영향을 줄 수 있는 폐수가 배출되고 (2) 그 폐수중의 일부가 해류를 통하여 이 사건 어장에 도달되었으며 (3) 그 후 김에 피해가 있었다는 사실을 각 모순없이 입증하면 이로써 피고가 배출한 폐수와 원고가 양식하는 김의 생육에 대한 피해 사이에 인과관계가 존재하는 것으로 일응 추정된다 할 것이고 이러한 추정을 깨뜨리기 위해서는 피고가 (1) 피고 공장폐수 중에는 김의 생육에 악영향을 끼칠 수 있는 원인물질이 들어있지 않으며 또는 (2) 원인물질이 들어있다 하더라도 그 혼합률이 안전농도범위를 벗어나지 아니함을 입증하지 않으면 안 된다 할 것이며 이러한 입증에 실패하면 그 불이익은 이들 피고에게 돌림이 마땅하다 할 것이다.[226]

2. 개연성설 · 수인한도론

가. 일반적으로 불법행위로 인한 손해배상청구사건에 있어서 가해행위와 손해발생간의 인과관계의 입증책임은 청구자인 피해자가 부담하나, 대기오염에 의한 공해를 원인으로 하는 손해배상청구소송에 있어서는 기업이 배출한 원인물질이 대기를 매개로 간접적으로 손해를 끼치는 경우가 많고, 공해문제에 관하여는 현재의 과학수준으로 해명할 수 없는 분야가 있기 때문에 가해행위와 손해발생간의 인과관계의 과정을 모두 자연과학적으로 증명하는 것은 극난 내지 불가능한 경우가 대부분인 점 등에 비추어 <u>가해기업이 배출한 어떤 유해한 원인물질이 피해물건에 도달하여 손해가 발생하였다면 가해자 측에서 그 무해함을 입증하지 못하는 한 책임을 면할 수 없다고 봄이 사회형평의 관념에 적합하다.</u>

나. 농장의 관상수들이 고사하게 된 직접원인은 한파로 인한 동해이지만, 인근공장에서 배출된 아황산가스의 일부가 대기를 통하여 위 농장에 도달됨으로 인하여 유황이 잎내에 축적되어 수목의 성장에 장해가 됨으로써 동해에 상승작용을 한 경우에 있어 공장주의 손해배상책임을 인정한 사례

다. 위 "나"항의 경우에 있어 <u>공장에서 배출된 오염물질(아황산가스)의 농도가 환경보전법에 따라 허용된 기준치 이내라 하더라도 그 유해의 정도가 통상의 수인한도를 넘어 인근 농장의 관상수를 고사케 하는 한 원인이 되었다면 그 배출행위로 인한 손해배상책임을 면치 못한다.</u>

라. 공해사건에서 피해자의 손해가 한파, 낙뢰와 같은 자연력과 가해자의 과실행위가 경합되어 발생된 경우 가해자의 배상의 범위는 손해의 공평한 부담이라는 견지에서 손해에 대한 자연력의 기여분을 제한 부분으로 제한하여야 한다.[227]

3. 공해소송에 있어 인과관계의 입증책임(개연성이론)

"일반적으로 불법행위로 인한 손해배상청구사건에 있어서 가해행위와 손해발생 간의 인과관계의 입증책임은 청구자인 피해자가 부담하나, 대기오염이나 수질오염에 의한 공해로 인한 손해배상을 청구하는 소송에 있어서는 기업이 배출한 원인물질이 대기나 물을 매체로 하여 간접적으로 손해를 끼치는 수가 많고 공해문제에 관하여는 현재의 과학수준으로도 해명할 수 없는 분야가 있기 때문에 가해행위와 손해의 발생 사이의 인과관계를 구성하는 하나 하나의 고리를 자연과학적으로 증명한다는 것이 매우 곤란하거나 불가능한 경우가 많으므로, 이러한 공해소송에 있어서 피해자에게 사실적

226) 대법원 1984. 6. 12. 선고 81다558 판결. 평석: 대한변호사협회지 101호(84.11), 56.
227) 대법원 1991. 7. 23. 선고 89다카1275 판결: 평석: 김종국, 환경오염책임의 위법성 및 자연력 가공, 사법행정383호(92,11), 98; 판례월보 255호(91.12), 7; 대법원판례해설 16, 365. 참조판례: 대법원 1971. 4. 20. 선고 71다372 판결; 1977. 7. 26. 선고 77다537 판결.

인 인과관계의 존재에 관하여 과학적으로 엄밀한 증명을 요구한다는 것은 공해로 인한 사법적 구제를 사실상 거부하는 결과가 될 우려가 있는 반면에, 가해기업은 기술적·경제적으로 피해자보다 훨씬 원인조사가 용이한 경우가 많을 뿐만 아니라, 그 원인을 은폐할 염려가 있기 때문에, <u>가해기업이 어떠한 유해한 원인물질을 배출하고 그것이 피해물건에 도달하여 손해가 발생하였다면 가해자측에서 그것이 무해하다는 것을 입증하지 못하는 한 책임을 면할 수 없다고 보는 것이 사회형평의 관념에 적합하다</u>(대법원 2002. 10. 22. 선고 2000다65666, 65673 판결 등 참조)."228)

[1] 오염물질인 폐수를 배출하는 등의 공해로 인한 손해배상을 청구하는 소송에 있어서는 기업이 배출한 원인물질이 물을 매체로 하여 간접적으로 손해를 끼치는 수가 많고 공해문제에 관하여는 현재의 과학수준으로도 해명할 수 없는 분야가 있기 때문에 가해행위와 손해의 발생 사이의 인과관계를 구성하는 하나 하나의 고리를 자연과학적으로 증명한다는 것은 극히 곤란하거나 불가능한 경우가 대부분이므로, 이러한 공해소송에 있어서 피해자에게 사실적인 인과관계의 존재에 관하여 과학적으로 엄밀한 증명을 요구한다는 것은 공해로 인한 사법적 구제를 사실상 거부하는 결과가 될 우려가 있는 반면에 가해기업은 기술적, 경제적으로 피해자보다 훨씬 원인조사가 용이한 경우가 많을 뿐만 아니라 그 원인을 은폐할 염려가 있고 <u>가해기업이 어떠한 유해한 원인물질을 배출하고 그것이 피해물건에 도달하여 손해가 발생하였다면 가해자측에서 그것이 무해하다는 것을 입증하지 못하는 한 책임을 면할 수 없다고 보는 것이 사회형평의 관념에 적합하다</u>고 할 것이다.

[2] 공사장에서 배출되는 황토 등이 양식어장에 유입되어 농어가 폐사한 경우, 폐수가 배출되어 유입된 경로와 그 후 농어가 폐사하였다는 사실이 입증되었다면 개연성이론에 따라 인과관계가 증명되었다고 본 원심판결을 수긍한 사례.229)

4. 인접 대지의 건물신축으로 인한 환경등 생활이익 침해의 수인한도 인정기준

[1] 인접 대지에 건물이 건축됨으로 인하여 입는 환경 등 생활이익의 침해를 이유로 건축공사의 금지를 청구하는 경우, 그 침해가 사회통념상 일반적으로 수인할 정도를 넘어서는지의 여부는 피해의 성질 및 정도, 피해이익의 공공성, 가해행위의 태양, 가해행위의 공공성, 가해자의 방지조치 또는 손해회피의 가능성, 인·허가관계 등 공법상 기준에의 적합 여부, 지역성, 토지이용의 선후관계 등 모든 사정을 종합적으로 고려하여 판단하여야 한다.

[2] 환경권은 명문의 법률규정이나 관계 법령의 규정 취지 및 조리에 비추어 권리의 주체, 대상, 내용, 행사 방법 등이 구체적으로 정립될 수 있어야만 인정되는 것이므로, 사법상의 권리로서의 환경권을 인정하는 명문의 규정이 없는데도 환경권에 기하여 직접 방해배제청구권을 인정할 수 없다.

[3] 어느 토지나 건물의 소유자가 종전부터 향유하고 있던 경관이나 조망, 조용하고 쾌적한 종교적 환경 등이 그에게 하나의 생활이익으로서의 가치를 가지고 있다고 객관적으로 인정된다면 법적인 보호의 대상이 될 수 있는 것이라 할 것이므로, 인접 대지에 건물을 신축함으로써 그와 같은 생활이익이 침해되고 그 침해가 사회통념상 일반적으로 수인할 정도를 넘어선다고 인정되는 경우에는 토지 등의 소유자는 소유권에 기하여 방해의 제거나 예방을 위하여 필요한 청구를 할 수 있고, 이와 같은 청구를 하기 위한 요건으로서 반드시 건물이 문화재보호법이나 건축법 등의 관계 규정에 위반하여 건축되거나 또는 그 건축으로 인하여 소유자의 토지 안에 있는 문화재

---

228) 대법원 2009. 10. 29. 선고 2009다42666 판결(손해배상(기)). 또한 여천공단내 공장들의 폐수 배출과 재첩양식장 손해간의 인과관계에 관한 대법원 2004. 11. 26. 선고 2003다2123 판결을 참조.

229) 대법원 1997. 6. 27. 선고 95다2692 판결. 참조판례: [1][2] 대법원 1984. 6. 12. 선고 81다558 판결; 1991. 7. 23. 선고 89다카1275 판결.

등에 대하여 직접적인 침해가 있거나 그 우려가 있을 것을 요하는 것은 아니다(사찰로부터 6m의 이격거리를 둔 채 높이 87.5m의 19층 고층빌딩을 건축중인 자에 대하여 사찰의 환경이익 침해를 이유로 전체 건물 중 16층-19층까지의 공사를 금지시킨 사례).230)

5.2.3. 환경오염피해에 대한 민사구제의 한계

일반적으로 지적되는 사법상 구제의 난점은 다음과 같다.

첫째, 권리구제의 요건을 완화한다고 해도 원인규명의 곤란성, 피해자범위의 광범성 등으로 말미암아 개인주의적 시민법원리에 입각한 사법적 해결로는 환경오염문제에 적절히 대처하기 어려운 측면이 있다. 민사구제는, 특히 손해배상의 경우, 첫째, 복합오염의 경우 가해자·피고의 특정이 어렵고, 둘째 고의·과실을 피해자 측에서 입증해야 하며, 셋째 인과관계도 피해자측에서 과학적으로 입증할 필요가 있다는 점에 어려움이 따른다.

둘째, 사법적 구제는 원칙적으로 사후적 구제방법의 성격을 띠므로 사전적·예방적 기능을 법원에 기대하기 어렵다.

셋째, 사법적 구제는 법원에 제소한 원고에 대한 개별적 구제로서 기능하므로 소송 당사자가 아닌, 그러나 동일한 피해를 입은 일반주민은 집단소송 등 특별한 제도적 통로가 주어지지 않는 한, 구제를 받을 수 없다.

넷째, 사법적 구제는 곧 재판을 통한 사법적 구제로서 많은 시간과 비용이 드는 경우가 많다.231) 이 점이 가장 큰 단점이다.

> **"환경소송 너무 오래 걸린다"**

> 1972년 진해화학의 공해로 김양식장을 망친 어민들이 손해배상청구소송을 제기하였으나 14년 만인 1986년 10월에야 비로소 최종 소 판결을 받은 것은 유명한 사례로 남아 있다. 강자인 피고측

---

230) 대법원 1997. 7. 22. 선고 96다56153 판결(공사금지가처분). 원심판결: 서울고법 1996. 11. 21. 선고 95나41804 판결.

231) 김남진, II, 532이하; 홍천룡, 환경오염피해의 구제, 환경법연구 제14집, 6이하; 오석락, 환경소송의 제문제, 1991, 20 이하; Ogus, A., The Regulation of Pollution, in: Policing Pollution, A Study of Regulation and Enforcement, 1982, Clarendon Press, Oxford, p.30f. 한편 김남진 교수(같은 곳)는 이러한 사법적 또는 사법적 환경대책의 한정적 효용으로 인해 공법적·행정적 방법을 통한 환경보전책이 요청된다고 하면서 그러한 내용의 행정규제를 사전예방적인 것과 사후대책적인 것으로 나누고 있다. 그러나 행정규제 또는 환경규제행정을 권리구제의 방법으로 다루는 것은 물론 그 관련성이 전혀 없다고 할 수는 없을지라도 불필요한 체계상의 혼란을 초래할 뿐이라는 점을 지적하지 않을 수 없다. 그가 사전적·예방적 행정규제 및 사후대책적인 방법으로 들고 있는 것은 사실은 환경행정의 방법들로서 개괄적인 맥락에서만 환경상의 권익보호에 기여하는 관련을 지니는 것들이라는 점을 유의할 필요가 있다.

이 고의적으로 소송지연작전을 폄으로써 재판비용을 감당하지 못하여 도중에 소송을 포기하는 일이 발생했고, 소송 장기화에 지쳐 피해어민 2명이 자살하는 사건이 벌어졌다. 이는 민사구제에만 특유한 것이라고 할 수는 없을지라도, 재판을 통한 환경권리구제제도의 실상을 노정시킨 충격적인 사례였다.[232] 지금도 사정이 호전된 것은 아니다. 「환경오염피해구제법」 전담기관인 한국환경산업기술원 역시 이 법의 제정배경으로 환경오염 특성상 피해 입증 곤란, 고액의 소송비용과 함께 소송 장기화를 꼽고 있다.[233] 2016년 기준 환경피해 배상소송은 평균 7.5년(심급당 평균 2.5년)이 걸린다는 보고도 있다.[234]

그러나 이 같은 문제점을 들어 곧바로 사법상 구제의 한계를 강조하거나 공법상 구제의 우월성을 표방할 수는 없다. 사실 사법상 구제의 한계로 지적되고 있는 요인 중 주된 것(가령 입증의 곤란)은 비단 민사구제에 특유한 것이라기보다는 재판제도를 통한 환경상 권리구제 전반의 문제점이라고 할 수 있다. 뿐만 아니라, 사전예방적 규제조치나 공해방지협정 등과 같은 협상과 타협을 통한 분쟁해결방식이라고 해서 반드시 모든 문제상황에서 어느 경우에나 타당하다고 볼 수는 없다.[235] 문제는 오히려 각각 공법상 구제나 민사구제, 또는 사전예방적 구제와 사후교정적 구제 등 각종 유형의 구제방법들을 그 고유의 이용가치별로 파악함으로써 각 제도의 권리구제수단으로서의 실효성을 제고시킴으로써 효과적인 환경상 권리구제의 체계를 수립하는데 있는 것이다. 이러한 의미에서 민사구제와 공법상 구제수단 간 분업체계의 확립을 위한 비교연구가 요구된다.

5.3. 환경오염피해구제법에 따른 환경책임의 강화와 피해구제

5.3.1. 개설

환경오염사고는 피해 규모가 크고 광범위한 경우가 많아 사고를 일으킨 기업은 그 배상책임을 감당하지 못하고, 피해자는 피해자대로 적절한 피해배상을 받지 못하며 결국 정부가 막대한 국고를 투입하게 되는 악순환으로 이어지는 경향이 빈번하다. 구미 불산사고가 그 전형적인 사례였다.[236] 더욱이 과학적 인과관계 입증이 용이하지 않은 환경

---

232) 한국일보 1986.11.7. 11면 기사를 참조.

233) http://www.keiti.re.kr/env/relief.html.

234) 「환경오염피해구제제도 주요내용」(환경부 2016. 4.): 환경감시단 김현, 환경오염피해배상_및_구제에_관한_법률 법령해설(http://www.me.go.kr/hg/file/readDownloadFile.do?fileId=127478&fileSeq=3).

235) 가령 J.C.Smith, The Process of Adjudication and Regulation, a Comparison, in: Rights and Regulation, p.91f.를 참조.

236) 2012년 9월 구미의 한 화학공장에서 탱크로리의 불산을 공장 저장탱크로 옮기는 중 작업자 부주의로 밸브를 건드려 누출사고가 발생했다. 이로 인해 대규모 인명·물적 피해가 발생하였고 이

오염사고의 특성상 피해자들이 고통을 당하고서도 원인 규명에 대한 입증부담을 안고 장기간 쟁송에 휘말림으로써 제때 권리구제를 받지 못하는 경우도 빈발한다. 이러한 배경에서 2014년 12월 31일 「환경오염피해 배상책임 및 구제에 관한 법률」(법률 제12949호 약칭: 「환경오염피해구제법」)이 제정되었다.

2016년 7월 1일부터 시행된 이 법은 환경책임과 환경책임보험을 연계하여 환경오염 피해 발생시 자동차 책임보험처럼 대부분 보험을 통해 피해자가 신속히 피해배상을 받도록 하고 사고기업도 추가 부담 없이 보험을 통해 배상에 따른 재무리스크를 회피할 수 있도록 하는 동시에 기업 스스로 환경오염사고 리스크를 줄이기 위해 법령을 준수하고 환경안전에 투자하는 등 환경안전관리를 유도한다는 선순환구조를 지향한다. 특히 환경오염으로 인한 피해 구제를 용이하게 하고 권리구제의 사각지대를 해소하는 등 실효성 있는 환경오염 피해구제를 가능케 하기 위하여 오염원인자 부담원칙의 실질적 구현을 위한 무과실책임과 인과관계 추정의 법리를 명문화하는 등 적지 않은 제도 개선을 가져왔다.[237]

5.3.2. 무과실책임 및 배상책임 제한

환경오염물질을 배출하는 시설들은 통상 환경오염피해를 발생시킬 잠재적 위험을 수반하며 위험시설을 설치·운영해 이익을 얻는 사업자에게는 그 잠재적 위험이 현실화되어 발생한 피해에 대해 엄격한 책임을 지운다는 것이 '위험책임'의 법리이다. 이러한 배경에서 환경오염유발시설 설치·운영자에게 사고 발생시 과실 유무를 불문하고 배상책임을 지우는 '무과실책임'의 법리가 이미 판례를 통해 인정되어 왔고,[238] 「환경정책기본법」, 「토양환경보전법」, 「유류오염손해배상보장법」 등 관계법률에 명문화되어 있다.

「환경오염피해구제법」은 제6조 제1항에서 "시설의 설치·운영과 관련하여 환경오염피해가 발생한 때에는 해당 시설의 사업자가 그 피해를 배상하여야 한다. 다만, 그 피해가 전쟁·내란·폭동 또는 천재지변, 그 밖의 불가항력으로 인한 경우에는 그러하지 아니하다."라고 규정하여 사업자의 환경오염피해에 대한 무과실책임을 명문화하였다. 이어서 환경오염피해가 그 시설 운영 중단 전의 상황으로 인하여 발생한 경우에는 '그 시설을

에 정부는 특별재난지역을 선포하고, 사고 수습을 위해 554억원의 국고를 투입하였다.
237) 이 법률에 대한 전반적인 평가에 관해서는 김홍균 (2015). "환경오염피해 배상책임 및 구제에 관한 법률의 평가와 향후 과제", 「환경법연구」, 제37권 제2호, 141~175; 정남철. (2015). "새로운 環境責任法制의 導入과 被害救濟節次의 問題點 — 특히 「환경오염피해 배상책임 및 구제에 관한 법률」의 내용과 문제점을 중심으로 —". 「환경법연구」, 제37권 제2호, 249~274를 참조.
238) 가령 대법원 2001. 2. 9. 선고 99다55434 판결(손해배상(기)).

운영하였던 사업자가 배상하여야 한다'고 규정하여 배상책임의 공백이 없도록 하였다.

한편 법은 사업자의 무과실책임에 대한 균형장치로서 배상책임의 상한을 설정하여 일정금액 이상의 피해에 대해서는 사업자의 배상의무를 면제하였다(§7 본문).[239] 이러한 책임제한은 환경오염피해가 사업자의 고의 또는 중대한 과실로 발생하거나 환경오염피해의 원인을 제공한 시설에 대하여 사업자가 시설의 설치·운영과 관련하여 안전관리기준을 준수하지 아니하거나 배출허용기준을 초과하여 배출하는 등 관계 법령을 준수하지 아니한 경우 또는 환경오염피해의 원인을 제공한 사업자가 피해의 확산방지 등 환경오염피해의 방제를 위한 적정한 조치를 하지 아니한 경우에는 적용이 없다(§7 단서).[240] 이와 관련하여 법은 환경오염사고 발생 시 신속하고 효과적인 대응을 위하여 사업자에게 신고 및 응급조치 의무를 부과하고 있다(§8).

5.3.3. 인과관계의 추정

환경오염피해는 오염노출경로가 복잡하고 피해양상도 다양하여 현재의 과학기술 수준으로 인과관계를 입증하기가 쉽지 않다. 따라서 피해자 개인이 환경오염으로 피해를 입었다는 인과관계를 입증하기가 사실상 불가능한 경우가 많다. 이러한 현실을 고려하여 피해자가 인과관계 성립 가능성을 상당한 수준으로 입증할 경우 인과관계를 인정하고 기술적·경제적으로 우월한 사업자가 그에 대한 반증을 하지 못할 경우 손해배상책임을 지도록 하는 법리가 판례와 학설에 의해 주장되고 있다.[241] 피해자의 입증곤란(Beweisnotstand)을 완화해 주기 위한 개연성설이 주장되고 또 판례에 반영되고 있음은 이미 앞에서 살펴 본 바와 같다. 법은 그와 같은 학설과 판례 법리를 명문화하여 환경오염유발시설 설치·운영과 피해 발생 간에 상당한 개연성이 있는 경우 인과관계를 법적으로 추정하도록 함으로써 피해자의 입증부담을 경감토록 하였다.[242]

---

239) 배상책임한도는 2천억원의 범위에서 시설의 규모 및 발생될 피해의 결과 등을 감안하여 시행령으로 정하도록 위임되어 있다. 참고로 독일의 환경책임법에서는 2,400억원, 우주손해배상법에서는 2,000억원, 유류오염손해배상법에서는 1,500억원으로 책정되어 있다.

240) 이에 관해서는 배병호. (2016). "환경오염피해구제법 도입에 따른 배상책임성립과 배상범위에 대한 고찰". 「환경법연구」 제38권 1호: 57~88; 안경희 (2016). "환경오염피해구제법상 손해배상책임의 발생과 제한", 「환경법연구」 제38권 2호, 49~92 등을 참조.

241) 환경백서 2015, 219.

242) 이러한 입법적 해결책은 소송실무에 대해서도, 향후 판례 축적을 기다려 보아야 하겠지만, 인과관계 인정여지가 확대되는 방향으로 긍정적인 영향을 미칠 것으로 전망되고 있다. 이에 관해서는 한지형. (2016). "환경오염피해소송에서의 인과관계 판단 — 관련 판례의 분석 및 환경오염피해구제법 시행에 따른 전망을 중심으로 —". 「환경법연구」 제38권 제1호, 135~167을 참조.

법은 시설이 환경오염피해 발생의 원인을 제공한 것으로 볼 만한 상당한 개연성이 있는 때에는 그 시설로 인하여 환경오염피해가 발생한 것으로 추정한다고 전제하고(§9 ①), 상당한 개연성이 있는지 여부에 대한 판단기준으로 '시설의 가동과정, 사용된 설비, 투입되거나 배출된 물질의 종류와 농도, 기상조건, 피해발생의 시간과 장소, 피해의 양상과 그 밖에 피해발생에 영향을 준 사정 등의 고려'를 명시하였다(§9 ②).

「환경오염피해구제법」제9조 제1항에서 인과관계 추정 요건으로 "상당한 개연성"을 요구한 데 대해서는 비판이 제기되었다. 즉 피해자는 환경오염피해 발생의 원인을 제공한 것으로 볼 수 있는 "상당한 개연성"을 입증해야 하며, 향후 법원의 판단을 기다려 보아야 하겠지만, 같은 조 제2항 소정의 기준에 따라 판단되는 이 "상당한 개연성"이란 요건이 오히려 기존의 판례인 개연성이론보다 엄격해 질 우려가 있다는 것이다. 따라서 법원은 인과관계 추정을 위한 해석기준으로서 이 규정을 유연하게 운영할 필요가 있다고 한다.243) 반면 '상당한 개연성이 있는지 여부'에 대한 최종적 판단은 법원이 내리겠지만, 그 판단을 위한 요소가 구체적으로 제시되기 때문에 법원은 그 판단에 큰 압박을 받을 수 있고 그 입법 목적을 존중하여 쉽게 인과관계를 부인하지 못할 것이기 때문에 결국 이러한 조문을 적용하는 것이 판례가 인정하고 있는 개연성이론을 적용하는 것보다 피해자에게 우호적인 결과가 나올 수 있다고 예상하는 견해도 있다. 말하자면 법원에 재량의 여지를 주면서, 법원으로 하여금 입법 취지를 고려하여 상당한 개연성과 관련하여 적극적이고 우호적인 결정을 내릴 가능성을 높일 수 있다는 것이다.244)

환경오염피해가 다른 원인으로 인해 발생하였거나, 사업자가 대통령령으로 정하는 환경오염피해 발생의 원인과 관련된 환경·안전 관계 법령 및 인허가조건을 모두 준수하고 환경오염피해를 예방하기 위하여 노력하는 등 제4조제3항에 따른 사업자의 책무를 다하였다는 사실을 증명하는 경우에는 제1항에 따른 추정은 배제된다(§9 ③). 또한 법은 제10조에서 환경오염피해를 발생시킨 사업자가 둘 이상인 경우에 어느 사업자에 의하여 그 피해가 발생한 것인지를 알 수 없을 때에는 해당 사업자들이 연대하여 배상하도록 하고, 제11조에서는 다른 사업자의 시설 설치·운영에 따른 환경오염피해를 제6조에 따라 배상한 사업자는 해당 시설의 사업자에게 구상하되, 환경오염피해가 시설의 설치·운영 등에 사용된 자재·역무의 제공에 의하여 생긴 때에는 사업자는 해당 자재·역무의

---

243) 정남철, "새로운 環境責任法制의 導入과 被害救濟節次의 問題點 — 특히 「환경오염피해 배상책임 및 구제에 관한 법률」의 내용과 문제점을 중심으로 —", 「환경법연구」제37권 3호, 2010, 249~274, 257~266, 특히 265을 참조.

244) 한상운, 환경책임과 환경보험 - 환경피해구제법(2013. 7. 30. 국회발의)을 중심으로, 사법, 제26호, 2013. 12, 124; 김홍균, 환경정책기본법상의 무과실책임 규정의 한계와 극복, 사법, 제26호, 2013. 12, 93. 한편, 인과관계가 간주되는 것은 아니므로 거꾸로 법원에서 상당한 개연성이 없다는 이유로 인과관계를 부인할 소지를 제공할 수도 있어서, 결국 인과관계의 인정 여부는 자유심증주의에 따라 법원에게 맡겨진 몫이라고 지적하기도 한다(김홍균, "환경오염피해 배상책임 및 구제에 관한 법률의 평가와 향후 과제", 「환경법연구」, 제37권 제2호, 2015. 8, 153).

제공을 한 자의 고의 또는 중대한 과실이 있을 때에만 구상할 수 있도록 하였다. 아울러 제12조에 시설 설치·운영에 관한 업무를 도급한 경우 책임 배분에 관한 규정을 두었다.

5.3.4. 정보청구권

정보 접근(information access)은 피해구제에서 결정적 중요성을 가지며 특히 환경오염 피해구제의 성패를 좌우하는 요인이 된다. 이러한 견지에서 법은 피해자에게는 배상청구권의 성립과 범위 확정을 위하여 시설의 사업자에 대한 정보청구권을 명시적으로 인정하고 있다. 법 제15조제1항에 따르면, 이 법에 따른 피해배상청구권의 성립과 그 범위를 확정하기 위하여 필요한 경우 피해자는 해당 시설의 사업자에게 제9조제2항과 관련한 정보, 즉 인과관계 입증에 필요한 정보의 제공 또는 열람을 청구할 수 있다(§15 ①).

아울러 피해배상 청구를 받은 사업자에게도 피해자에 대한 피해배상이나 다른 사업자에 대한 구상권의 범위를 확정하기 위하여 다른 사업자에게 제9조제2항과 관련한 정보의 제공 또는 열람을 청구할 수 있도록 하였다(§15 ②).

피해자나 피해배상 청구를 받은 사업자로부터 정보의 제공 또는 열람 청구를 받은 자는 해당 정보를 제공하거나 열람하게 하여야 한다(§15 ③).

피해자 및 사업자는 영업상 비밀 등을 이유로 정보 제공 또는 열람이 거부된 경우에는 환경부장관에게 정보 제공 또는 열람 명령을 신청할 수 있고(§15 ④), 그 경우 환경부장관은 제16조에 따른 환경오염피해구제정책위원회의 심의를 거쳐 정보 제공 또는 열람 명령 여부를 결정하고, 그 결정에 따라 해당 사업자에게 정보 제공을 하도록 하거나 열람하게 하도록 명할 수 있다(§15 ⑤).

정보를 제공받거나 열람한 자는 그 정보를 해당 목적과 다르게 사용하거나 다른 사람에게 제공하는 등 부당한 목적을 위하여 사용하여서는 아니 되며(§15 ⑥), 이를 위반하면 1년 이하 징역 또는 1천만원 이하 벌금에 처하도록 되어 있다(§47 ① 1호).

5.3.5. 시설책임: 책임대상 시설 및 배상의 범위

이 법에 따른 책임은 시설책임이다. 법은 제도의 실효성을 높이기 위해 배상책임의 적용대상을 대기·수질·가축분뇨·소음진동배출시설, 폐기물처리시설, 토양오염 관리대상 시설, 유해화학물질 취급시설, 해양시설 등 환경오염물질을 상시 배출하거나 위험물질을 상시 취급하는 시설 등 환경법령 등에 따라 확정이 가능한 시설로 명시하고 있다.

1. 「대기환경보전법」 제2조제11호에 따른 대기오염물질배출시설
2. 「물환경보전법」 제2조제10호·제11호에 따른 폐수배출시설 또는 폐수무방류배출시설
3. 「폐기물관리법」 제2조제8호에 따른 폐기물처리시설로서 같은 법 제25조제3항에 따라 폐기물처리업자가 설치한 시설 및 같은 법 제29조제2항에 따른 승인 또는 신고 대상 시설
4. 「건설폐기물의 재활용촉진에 관한 법률」 제2조제16호에 따른 건설폐기물 처리시설(「건설 폐기물의 재활용촉진에 관한 법률」 제13조의2제2항에 따른 임시보관장소를 포함한다)
5. 「가축분뇨의 관리 및 이용에 관한 법률」 제2조제3호에 따른 배출시설로서 같은 법 제11조에 따른 허가 또는 신고 대상 시설
6. 「토양환경보전법」 제2조제3호에 따른 토양오염관리대상시설
7. 「화학물질관리법」 제2조제11호에 따른 취급시설로서 같은 법 제27조에 따른 유해화학물질 영업을 하는 자 및 같은 법 제41조에 따른 위해관리계획서를 제출하여야 하는 자의 취급 시설
8. 「소음·진동관리법」 제2조제3호에 따른 소음·진동배출시설
9. 「잔류성유기오염물질 관리법」 제2조제2호에 따른 배출시설
10. 「해양환경관리법」 제2조제17호에 따른 해양시설 중 대통령령으로 정하는 시설
11. 그 밖에 대통령령으로 정하는 시설

배상책임의 범위는 "환경오염피해", 즉 시설의 설치·운영으로 인하여 발생되는 대기오염, 수질오염, 토양오염, 해양오염, 소음·진동, 그 밖에 대통령령으로 정하는 원인으로 인하여 다른 사람의 생명·신체(정신적 피해를 포함) 및 재산에 발생된 피해(동일한 원인에 의한 일련의 피해를 포함)에 미친다(§2 1호 본문). 다만, 해당 사업자가 받은 피해와 해당 사업자의 종업원이 업무상 받은 피해는 제외한다(§2 1호 단서).

사업장 내의 내부직원은 산업재해보상제도를 통해 보상을 받고, 자연환경 훼손 등 환경 훼손에 대하여는 「자연환경보전법」, 「물환경보전법」, 「토양환경보전법」 등에 따라 피해복구 및 행정 대집행이 가능하다는 이유에서 배상대상에서 제외하였다.

법은 책임주체인 사업자를 "해당 시설에 대한 사실적 지배관계에 있는 시설의 소유자, 설치·운영자"로 명시하고 있다(§2 3호).

5.3.6. 환경책임보험

이 법의 요체는 환경책임과 환경책임보험을 연계하여 환경오염피해에 따른 책임의 분담과 피해구제의 원활을 기한다는 데 있다. 따라서 대상시설의 환경오염피해보험 의무 가입, 즉 강제보험을 최대한 확보하는 것이 성공의 열쇠가 된다. 이러한 배경에서 법은 대상시설 중 환경오염유발 위험성이 특히 높은 유해화학물질 취급시설, 특정대기·수질 유해물질 배출시설, 지정폐기물 처리시설, 특정토양오염관리대상시설, 해양시설을 운영하는 사업자에 대하여는 환경책임보험 가입을 의무화하고 환경책임보험에 가입한 후가 아니면 시설을 설치·운영할 수 없도록 명시하고 있다. 보험가입금액은 시행령에서

시설규모 등을 고려하여 합리적 수준의 최저금액으로 최저 보장계약 금액으로 규정함으로써 기업의 부담을 최소화할 수 있도록 하고, 보험회사가 피해자에게 보험금을 제때에 지급하지 않을 경우를 대비하여 보험금 일부를 선지급하도록 하였다.

아울러 환경책임보험을 하려는 자는 환경부장관과 약정을 체결하고, 환경책임보험의 원활한 운영을 위하여 보험자는 대통령령으로 정하는 경우 이외에는 보험계약 체결을 거부할 수 없도록 하는 한편(§18), 신속한 피해구제를 위하여 보험금 청구일로부터 일정한 기간이 경과한 후에는 보험금 일부를 선지급하도록 하고, 예비조사 후 지급요건에 해당될 경우에는 구제급여 일부를 선지급할 수 있도록 규정하고 있다(§§20, 25 ③).

또한 원인자 불명 등으로 보험을 통한 피해배상이 사실상 불가능한 경우, 피해자 또는 유족에게 환경오염피해 구제를 위한 구제급여를 지급하도록 하고 있다(§23).

5.3.7. 환경오염피해구제계정의 설치 및 취약계층 소송지원

(1) 환경오염피해구제계정의 설치 운용

환경책임보험 등 오염 원인자의 엄격한 책임 이행을 통해서도 해결하지 못하는 사각지대가 있을 수 있고 피해를 입고도 배상을 받지 못하는 억울한 경우가 생길 수 있다. 법은 이처럼 사각지대에 방치된 피해자 구제를 위해 국가가 구제급여를 지급할 수 있도록 하였다(§§35~37). 즉, 피해자가 환경오염피해의 원인을 제공한 자를 알 수 없거나 원인자 부존재 또는 무능력으로 피해배상을 받지 못하는 경우 환경오염피해구제계정에서 구제급여를 지급할 수 있도록 한 것이다. 법 제35조에 따르면, 보장계약의 체결, 구제급여 관련 업무 수행 등을 하는 운영기관은 보장금의 지급 및 구제급여 등에 필요한 재원에 충당하기 위하여 환경오염피해구제계정을 설정·운영할 수 있다.

(2) 취약계층 소송지원

법은 저소득층, 노약자, 장애인 등 권리를 제대로 보장받지 못할 우려가 있는 취약계층 피해자의 권익보호를 위해 법률자문, 소송서류 작성 등을 지원하며 '환경오염피해 소송지원변호인단'을 구성하여 취약계층의 피해자가 환경오염피해 배상청구소송을 제기하는 경우 소송지원변호인단에서 변론을 담당하도록 배려하고 있다(§42).

5.4. 환경피해의 공법적 구제: 환경행정쟁송

5.4.1. 개설

환경오염으로 인한 권익침해가 행정청의 작위(위법한 배출시설의 허가)나 부작위(개선명령등의 해태)로 인하여 발생하는 경우 상응하는 행정쟁송수단에 따라 권익구제를 구할 수 있음은 물론이다. 즉 취소심판, 의무이행심판, 취소소송 및 부작위위법확인소송뿐만 아니라 집행정지신청 등과 같은 행정쟁송절차가 여기서 고려된다. 그러나 환경행정으로 인한 권익구제에 관한 한 국가나 지방자치단체 자신의 환경침해 같은 행정의 적극적인 작위로 인한 권익침해 못지않게 오히려 규제권한의 불행사·해태 등으로 인한 환경오염의 피해가 크나 큰 비중을 차지하고 있으며 위법한 환경오염물질 배출시설의 허가와 같은 적극적 작위에 따라 환경상의 권익침해가 야기되는 경우에도 그 허가의 상대방보다는 이해관계 있는 제3자의 권익구제가 보다 중요한 문제로 대두되고 있다는 점에 환경행정쟁송의 특징이 있음은 주지하는 바와 같다. 나아가 환경오염의 대규모성·광역성, 피해자의 집단성 등으로 인하여 개개인의 이해보다도 지역주민·이익집단의 집단적인 환경상의 이해관계를 보호하여야 한다는 요청이 환경행정쟁송의 특징을 이루고 있다.

5.4.2. 환경행정쟁송의 분쟁구조와 쟁송 유형

(1) 분쟁의 구조

환경행정쟁송을 통하여 다투어지는 분쟁의 전형적인 구조는 환경오염물질을 배출하는 배출시설의 사업자와 이로 말미암아 권익침해를 받은 주민, 그리고 배출시설의 설치허가·개선명령 등 일정한 작위 또는 부작위를 통하여 이에 관련하고 있는 행정청간의 삼극관계(三極關係)를 바탕으로 이루어지는 것이 일반적이다. 환경행정쟁송의 삼각관계는 환경부장관으로부터 폐수배출시설의 설치허가를 받은 사업자의 배출시설로부터 수질오염물질이 배출됨으로 말미암아 피해를 받고 있는 주민을 중심으로 구성되고 있다.

물론 사업자와 행정청 양면관계에서 배출시설의 설치허가나 각종 규제명령을 둘러싸고 다투어지는 분쟁 역시 환경행정쟁송의 전형적인 대상으로서 중요성을 가지지만 이 점은 일반적인 행정쟁송의 분쟁구조와 크게 다를 바 없으므로 별도로 상론하지 않는다. 또한 사업자와 주민 관계에서 환경오염의 직접적 원인제공자인 사업자를 상대로 배출중지나 손해배상을 청구하는 경우는 민사상 구제의 성질을 띠는 것이므로 일단 논의의 대상에서 제외한다. 여기서 문제는 직접 피해를 입은 주민이 배출시설에 대한 허가 및 감독권자인 행정청을 상대로 하여 어떠한 내용의 권익구제를 청구할 수 있느냐 하는데 있다.

사업자의 배출시설로부터 환경오염물질이 배출됨으로 인하여 권익침해를 받은 인근주민이 행정쟁송을 통하여 구제를 받을 수 있기 위해서는 환경오염이 시설설치허가 등 행정작용의 매개를 통하여 발생되었다고 볼 수 있어야 한다. 그 행정작용의 매개요소가 무엇을 내용으로 하느냐에 따라 행정쟁송의 유형은 주민이 제3자의 입장에서 배출시설의 설치허가의 취소를 구하게 되는 제3자취소쟁송과 주민이 규제행정청에게 사업자의 오염물질배출을 규제해 달라고 청구하는 행정개입청구쟁송으로 나뉜다.

(2) 쟁송의 유형

① 제3자취소쟁송

주민이 제3자의 입장에서 배출시설의 설치허가의 취소를 구하게 되는 제3자취소쟁송은 원칙적으로 배출시설의 설치허가처분의 취소심판과 취소소송의 형태를 띠게 된다. 이 경우 불법배출시설의 조업으로 인한 환경오염에 따라 권익침해를 받고 있는 주민은 쟁송의 대상인 사업자에 대한 허가처분을 중심으로 하여 볼 때 처분의 상대방이 아니라 제3자의 지위에 있다. 따라서 제3자취소쟁송에서 문제의 촛점은 주민이 사업자에 대한 허가처분을 다툴 법률상의 이익을 가지느냐 하는데 모아진다. 행정심판법(§9)과 행정소송법(§§12,35,36)은 청구인적격 또는 원고적격을 '법률상 이익이 있는 자'에 한정시키고 있기 때문이다.

환경행정쟁송에서 법률상 이익의 문제는 특히 배출시설의 설치허가에 대한 관계에서 제3자의 지위에 있는 주민의 쟁송제기권과 관련하여 제기된다. 이에 관하여는 판례상 원고적격·청구인적격의 확대경향이 비교적 뚜렷이 나타나고 있다. 원고적격의 확대를 향한 결정적 계기가 된 다음의 사례에서 바로 그러한 경향을 잘 엿볼 수 있다.

> 주거지역에서 갑이 설치허가를 받아 운영하고 있는 연탄공장으로부터 날아드는 분진, 소음 등으로 피해를 보고 있는 인근지역주민들은 같은 지역주민인 을을 대표로 선임하여 그 연탄공장 설치허가의 취소청구소송을 제기하였다. 이에 대해 관할고등법원은 "원고가 주거지역에서 건축법상 건축물에 대한 제한규정이 있음으로 말미암아 현실적으로 어떤 이익을 받고 있다 하더라도, 이는 그 지역거주민 개개인에게 보호되는 개인적 이익이 아니고, 다만 공공복리를 위한 건축법상의 제약의 결과로서 생기는 반사적 이익에 불과한 것"이라고 하여 원고의 소를 각하하였다. 그러나 대법원은 "주거지역내에서의 일정한 건축을 금지하고 또한 제한하고 있는 것은 …… 공공복리의 증진을 도모하는데 그 목적이 있는 동시에 주거지역내에 거주하는 사람의 주거의 안녕과 생활환경을 보호하고자 하는 데도 그 목적이 있다고 해석된다. 따라서 주거지역내에 거주하는 사람이 받는 이익은 단순한 반사적 이익이나 사실상의 이익이 아니라, 법률에 따라 보호되는 이익"(대법원 1975. 5. 13. 선고 73누96.97 판결)이라고 판시하여 원고의 주장을 인용했다.

이 사건에서는 첫째, 종래 같았으면 단순한 반사적 이익이나 사실상 이익으로 간주되었을 법한, 관계법상의 건축금지에 관하여 제3자(인근주민)가 가지는 주거의 안녕과 생활환경에 관한 이익이 법률에 의해 보호되는 이익으로 인정되었고, 둘째, 관계법규정(건축법)의 목적에 관한 해석을 통해 그러한 결론이 도출되었다는 점을 분명히 알 수 있다. 이 사건에서 대법원은 인근주민의 허가취소소송을 인용했다. 허가가 취소됨으로써 적어도 사업자는 적법하게는 조업을 할 수 없다는 결과가 된다. 유사한 사례가 가령 위법하게 발급된 수질환경보전법상의 폐수배출시설허가와 이로 인한 환경오염피해를 입은 인근주민 사이에 발생한다면 위 판례에 따를 경우 인근주민에게 당연히 원고적격이 인정되리라고 예상할 수 있을 것이다.

그러나 이러한 결과는 오로지 사업자가 발급받은 허가 자체가 위법한 것이었다고 판명된 때에만 달성될 수 있다. 가령, 연탄공장사건의 경우 그 허가 자체가 위법한 것이 아니라 다만 기존시설이 건축법상의 의무를 위반하였기 때문에 관계행정청이 건축법 제79조에 따른 기존시설에 대한 시정명령을 취할 수 있게 된 경우를 가정한다면, 허가처분에 대한 취소소송은 문제될 여지가 없고 대신 주민에게 행정청을 상대로 건축법 제79조에 따른 시정명령을 요구할 권리가 인정되느냐가 문제될 뿐이다. 건축법 제79조 제1항은 다만 "허가권자는 대지나 건축물이 이 법 또는 이 법에 따른 명령으로나 처분에 위반되면 이 법에 따른 허가 또는 승인을 취소하거나 그 건축물의 건축주·공사시공자·현장관리인·소유자·관리자 또는 점유자("건축주등")에게 공사의 중지를 명하거나 상당한 기간을 정하여 그 건축물의 철거·개축·증축·수선·용도변경·사용금지·사용제한, 그 밖에 필요한 조치를 명할 수 있다."고만 규정하고 있을 뿐이다. 즉, 제79조 제1항은 건축행정청에게 재량을 부여한 규정이다. 주민은 이러한 시정명령청구소송을 제기할 수 있는가? 이 물음은 다음에 보는 행정개입청구권과 관련하여 제기된다.

환경행정소송의 원고적격에 관한 판례는 뚜렷한 원고적격 확대경향을 보여준다. 몇 가지 주목되는 사례들을 소개하면 다음과 같다.

원고적격에 관한 대법원판례

가. 행정처분의 직접 상대방이 아닌 제3자라도 당해 행정처분의 취소를 구할 법률상의 이익이 있는 경우에는 원고적격이 인정되는데, 여기서 말하는 <u>법률상의 이익은 당해 처분의 근거 법률에 의하여 보호되는 직접적이고 구체적인 이익이 있는 경우</u>를 말하고, 다만 공익보호의 결과로 국민 일반이 공통적으로 가지는 추상적, 평균적, 일반적인 이익과 같이 간접적이나 사실적, 경제적, 이해관계를 가지는데 불과한 경우는 여기에 포함되지 않는다.

나. 상수원보호구역 설정의 근거가 되는 수도법 제5조 제1항 및 동 시행령 제7조 제1항이 보호하고자 하는 것은 상수원의 확보와 수질보전일 뿐이고, 그 <u>상수원에서 급수를 받고 있는 지역주민들이 가지는 상수원의 오염을 막아 양질의 급수를 받을 이익은 직접적이고 구체적으로는 보호하고 있지 않음이 명백하여 위 지역주민들이 가지는 이익은 상수원의 확보와 수질보호라는 공공의 이익이 달성됨에 따라 반사적으로 얻게 되는 이익에 불과하므로</u> 지역주민들에 불과한 원고들에게는 위 상수원보호구역변경처분의 취소를 구할 법률상의 이익이 없다.

다. 도시계획법 제12조 제3항의 위임에 따라 제정된 도시계획시설기준에관한 규칙 제125조 제1항이 화장장의 구조 및 설치에 관하여는 매장및묘지등에관한법률이 정하는 바에 의한다고 규정하고 있어, 도시계획의 내용이 화장장의 설치에 관한 것일 때에는 <u>도시계획법 제12조 분만 아니라 매장및묘지등에관한법률 및 같은법시행령 역시 그 근거 법률이 된다고 보아야 할 것이므로,</u> 같은법시행령 제4조 제2호가 공설화장장은 20호 이상의 인가가 밀집한 지역, 학교 또는 공중이 수시 집합하는 시설 또는 장소로부터 1,000m 이상 떨어진 곳에 설치하도록 제한을 가하고, 같은법시행령 제9조가 국민보건상 위해를 끼칠 우려가 있는 지역, 도시계획법 제17조의 규정에 의한 주거지역, 상업지역, 공업지역 및 녹지지역 안의 풍치지구 등에의 공설화장장 설치를 금지함에 의하여 보호되는 부근 주민들의 이익은 위 도시계획결정처분의 근거 법률에 의하여 보호되는 법률상 이익이다.245)

[1] 공유수면매립면허처분과 농지개량사업 시행인가처분의 근거 법규 또는 관련 법규가 되는 구 공유수면매립법(1997. 4. 10. 법률 제5337호로 개정되기 전의 것), 구 환경정책기본법(1993. 6. 11. 법률 제4567호로 개정되기 전의 것), 구 환경정책기본법 시행령(1992. 8. 22. 대통령령 제13715호로 개정되기 전의 것)의 각 관련 규정의 취지는, 공유수면매립과 농지개량사업시행으로 인하여 직접적이고 중대한 환경피해를 입으리라고 예상되는 환경영향평가 대상지역 안의 주민들이 전과 비교하여 수인한도를 넘는 환경침해를 받지 아니하고 쾌적한 환경에서 생활할 수 있는 개별적 이익까지도 이를 보호하려는 데에 있다고 할 것이므로, 위 주민들이 공유수면매립면허처분 등과 관련하여 갖고 있는 위와 같은 환경상의 이익은 주민 개개인에 대하여 개별적으로 보호되는 직접적·구체적 이익으로서 그들에 대하여는 특단의 사정이 없는 한 환경상의 이익에 대한 침해 또는 침해우려가 있는 것으로 사실상 추정되어 공유수면매립면허처분 등의 무효확인을 구할 원고적격이 인정된다. 한편, 환경영향평가 대상지역 밖의 주민이라 할지라도 공유수면매립면허처분 등으로 인하여 그 처분 전과 비교하여 수인한도를 넘는 환경피해를 받거나 받을 우려가 있는 경우에는, 공유수면매립면허처분 등으로 인하여 환경상 이익에 대한 침해 또는 침해우려가 있다는 것을 입증함으로써 그 처분 등의 무효확인을 구할 원고적격을 인정받을 수 있다.

[2] 헌법 제35조 제1항에서 정하고 있는 환경권에 관한 규정만으로는 그 권리의 주체·대상·내용·행사방법 등이 구체적으로 정립되어 있다고 볼 수 없고, 환경정책기본법 제6조도 그 규정 내용 등에 비추어 국민에게 구체적인 권리를 부여한 것으로 볼 수 없다는 이유로, 환경영향평가 대상지역 밖에 거주하는 주민에게 헌법상의 환경권 또는 환경정책기본법에 근거하여 공유수면매립면허처분과 농지개량사업 시행인가처분의 무효확인을 구할 원고적격이 없다고 한 사례.246)

한편, 나무나 동물 등 자연물의 원고적격 인정여부에 관해서는 이를 부정적으로 보는 것이 판례경향이다.247) 가령 도롱뇽의 당사자능력을 인정할 수 없다고 한 원심의 판

---

245) 대법원 1995. 9. 26. 선고 94누14544 판결.

246) 대법원 2006. 3. 16. 선고 2006두330 전원합의체 판결(정부조치계획취소등).

247) 이러한 경향은 세계적으로도 다르지 않다. 동물권론은 특히 70년대 피터 싱어(Peter Singer, Animal Liberation, HarperCollins, New York 1975)가 제기한 동물윤리론에 촉발되어 발전되어 왔고, 아르헨티나, 콜롬비아, 인도 등에서 판례를 통해 확산되어 왔다. 특히 2020년 5월 이슬라마바드 최고법원(Islamabad High Court)은 동물의 법적 권리를 인정하면서 생명체들의 상호의 존성을 부각시킨 현재의 팬데믹 위기의 맥락에서 동물의 보호를 인간의 생명권과 연관지운 바 있다(Islamabad High Court 21 May 2020, WP no 1155/2019). 그리하여 법학계에서는 동물권의 가능성 또는 현실성을 인정하는 목소리가 결정적 수준(critical mass)에 도달했다는 평이 나올 정도이다(Editorial *Animal rights: interconnections with human rights and the environment*, *Journal of Human Rights and the Environment*, Vol. 11 No. 2, September 2020, 149-155, 150: Visa AJ Kurki, A Theory of Legal Personhood. Oxford University Press 2019). 그러나 대부분의 나라들은 여전히 동물을 물건, 즉 매매되고 소유, 교환, 사육, 실험, 살

단을 수긍한 사례,248) 복합화력발전소 공사계획 인가처분에 대한 검은머리물떼새의 취소 또는 무효확인을 구하는 소는 당사자적격을 없어 부적법하다고 한 사례249)가 있다.

대법원의 판례에 따르면, 법률상 이익은, ① 당해 처분의 근거법규에서 직접 보호하는 이익이라고 해석되는 경우, ② 당해 처분의 근거법규는 아니지만 관련법규, 즉 당해 처분의 목적을 달성하기 위한 일련의 단계적 관계에서 행해진 관련처분들의 근거법규에서 명시적으로 보호하는 이익으로 해석되는 경우, ③ 당해 처분의 근거법규나 관련법규에 그러한 이익을 보호하는 명시적인 규정은 없더라도 그 합리적 해석상 그 법규에서 행정청을 제약하는 이유가 순수한 공익의 보호만이 아니라 개별적 · 직접적 · 구체적 이익을 보호하는 취지가 포함되어 있다고 해석되는 경우에 인정된다.250)

② 행정개입청구쟁송

환경관계법령은 환경부장관이나 그 밖의 행정청에게 이미 앞에서 본 것처럼 배출시설의 설치허가권뿐만 아니라 감독권자로서 개선명령 · 조업정지명령 · 시설이전명령 등의 규제명령을 발할 권한을 부여하고 있다. 예컨대 「물환경보전법」 제39조에 따르면 제37조제1항에 따른 신고를 한 후 조업 중인 배출시설에서 배출되는 수질오염물질의 정도가 제32조에 따른 배출허용기준을 초과한다고 인정하는 때에는 대통령령으로 정하는 바에 따라 기간을 정하여 사업자에게 그 수질오염물질의 정도가 배출허용기준 이하로 내려가도록 필요한 조치를 취하도록 개선명령을 할 수 있다고 규정하고 있다. 만일 배출시설에서 배출되는 오염물질의 정도가 배출허용기준을 초과함에도 불구하고 환경부장관이 아무런 조치를 취하지 않고 있다면, 이로 말미암아 권익침해를 받은 주민은 개선명령의 발동을 청구할 수 있을 것인가? 이 물음에 대한 답은 첫째, 실체법상 이와 같은 주민의 청구권을 인정할 수 있는가, 둘째, 이것이 긍정된다면 행정쟁송법상 이러한 유형의 쟁송이 허

상, 식용의 대상이 되는 재산으로 다루고 있다(같은 곳). 한편 법주체론의 인간중심적 경향 (anthropocentric proclivity of legal subjectivism) 등 서구법학의 권리 범주에 의존한 동물권론의 한계를 지적하면서 법 자체에 대한 생태적 이해의 필요성을 주장하는 견해로는 Favre, Brian. (2020). Is there a need for a new, an ecological, understanding of legal animal rights? Journal of Human Rights and the Environment, Vol. 11 No. 2, September 2020, pp. 297-319을 참조.

248) 대법원 2006. 6. 2.자 2004마1148 결정(공사착공금지가처분).

249) 서울행법 2010. 4. 23. 선고 2008구합29038 판결(공사계획인가처분취소등 확정). 아울러 이동준, "자연의 권리소송, 그 과제와 전망", 부산법조 27호(2010), 부산지방변호사회, 2009를 참조.

250) 대법원 2004. 8. 16. 선고 2003두2175 판결; 2013. 9. 12. 선고 2011두33044 판결; 2014. 12. 11. 선고 2012두28704 판결(2단계BK21사업처분취소); 2013. 9. 12. 선고 2011두33044 판결; 2015. 7. 23. 선고 2012두19496,19502 판결(이사선임처분취소). 또한 김철용, 행정법 I, 제13판, 2010, 658－659를 참조.

용되는가 하는 문제를 통하여 주어진다. 이것이 바로 행정개입청구쟁송의 문제상황이다.

첫째의 문제에 관하여는 무엇보다도 먼저 각종 규제명령의 근거법규정으로부터 규제명령을 발동할 법적 의무가 도출되느냐 하는 물음이 제기된다. 근거법의 문언형식이, 위법시설에 대한 폐쇄조치의 경우(「물환경보전법」 §42; 「대기환경보전법」 §36 등)나 배출부과금의 부과(「대기환경보전법」 §35; 「물환경보전법」 §41 등)를 제외하고는, 모두 이른바 가능규정(Kann-Vorschrift), 즉 '~ 명할 수 있다'라는 수권규정의 형식으로 되어 있는 이상, 일단 재량권이 수권된 것이지 의무를 부과한 것은 아니라고 할 것이므로 이 문제는 일단 부정적으로 볼 수밖에 없을 것이다. 그러나 행정청에게 재량이 인정되어 있는 경우에도 행정청은 하자 없는 재량행사에 대한 법적 의무를 진다는 점에서 재량권에는 한계가 있다. 이러한 재량한계론은 오늘날 더 이상 의문시되지 않는 행정법의 구성부분으로 확립되어 있으며, 우리 행정소송법 제27조가 "행정청의 재량에 속하는 처분이라도 재량권의 한계를 넘거나 그 남용이 있는 때에는 법원은 이를 취소할 수 있다"고 규정하는 것은 이를 입법적으로 승인한 것이라 할 수 있다. 만일 어떤 법규정이 행정청에게 재량권을 부여하고 있을 경우, 행정청은 재량의 범위 내에서 선택의 자유를 갖지만 동시에 하자없는 재량행사의 법적 의무를 진다고 할 수 있다.

그러나 아직은 무하자재량행사청구권으로부터 개선명령등의 발동의무가 도출되지는 않는다. 관계법규정들은 수권규정일 뿐이므로 그로부터 특정행위의무가 도출되는 것은 오로지 재량이 더 이상 선택의 여지없이 축소되었다고 볼 수 있을 때, 즉, 재량의 수축이 인정될 때뿐이다.[251]

무하자재량행사청구권은 재량수축의 경우, 다시 말해서 사안의 성질상 일정한 결정 이외의 여하한 결정도 하자있는 것으로 판단될 수 있을 경우에는 특정한 내용의 처분을 요구할 청구권으로 나타날 수 있다. 바로 여기에 무하자재량행사청구권의 법리가 행정개입청구권 성립의 기초를 제공하게 되는 연결점이 있다.

현행헌법은 제35조 제1항 제2문에서 환경보전을 위하여 노력해야 할 국가의 헌법적 의무를 부과하고 있다. 배출시설에서 배출되는 오염물질의 정도가 배출허용기준을 초과하여 인근주민의 환경권 또는 법률상의 이익을 현실적으로 침해하고 있는데도 행정청이 아무런 조치를 취하지 않고 수수방관하는 것은 이러한 헌법상 국가의 환경보전의무에 비추어 정당화될 수 없으며, 이러한 경우 재량의 수축이 인정될 여지가 많다고 할 것이다.

---

251) 물론 일반적인 무하자재량행사청구권은 존재하지 않으며 또한 일괄적인(schematische) 재량권수축 역시 인정되지 않는다(Maurer, §8 Rn.15). 문제는 오로지 특정한 관계법규정의 해석과 사실판단에 의해 해결될 수 있을 뿐이다.

이러한 논리적 과정을 거쳐 개선명령등의 발동을 요구할 수 있는 행정개입청구권이 (실체법적으로) 인정된다면, 이제는 그 소송상 관철방법이 문제된다. 먼저 행정심판에 관한 한, 현행법상 의무이행심판이 허용되고 있으므로 이 경우 의무이행심판을 제기하여 구제를 받을 가능성을 염두에 둘 수 있다. 그러나 이러한 심판청구가 행정청의 거부 또는 부작위로 인하여 무위로 끝났을 경우에는 행정소송을 제기하는 수밖에 없을 것이다. 이 때 가장 유효적절한 소송유형은 행정행위요구소송 또는 의무이행소송이 될 것이다. 그러나 대법원은 일관된 판례로 이행소송 또는 의무이행소송을 행정소송법상 허용되지 않는 것으로 보고 있다.252) 따라서 현행법상 고려될 수 있는 소송은 거부처분에 대한 취소소송과 부작위위법확인소송이 있을 뿐이다. 전자는 청구인용판결을 통해 행정청의 재처분의무를 부과한다는 점에서 실질적으로 의무이행소송과 유사한 결과를 기대할 수 있다고 지적되고 있으며 반면 후자는 단순히 무응답상태를 제거하기 위한 소송으로서 청구인용시에도 행정청의 거부 등의 응답을 얻어 이에 대해 다시금 취소소송을 제기하여야 한다는 우회적 효과를 지니는 것으로 파악되고 있다.253) 따라서 주민들로부터 사업자에 대하여 개선명령을 발해 달라고 요구받은 환경부장관이 무응답으로 일관하는 경우와 명시적인 거부의사를 표시하는 경우 사이에 불균형이 문제점으로 남게 된다.

그 밖에 환경상 행정구제를 위한 소송상 방법으로는 행정소송법상 처분에 해당되지 않는 비행정행위적 행정작용에 관한 공법상 당사자소송을 들 수 있다. 그러나 공법상 당사자소송은 판례의 경향에 비추어 그 이용가치가 다소 제한적이다.

5.5. 환경분쟁조정

5.5.1. 환경소송과 대체적 분쟁해결(ADR)

급속한 도시화·산업화과정에서 대기, 수질오염, 폐기물 발생, 소음·진동 등으로 인한 건강과 재산 피해와 이를 둘러싼 분쟁이 빈발했다. 과거에는 이런 경우 분쟁의 해결은 행정기관에게 민원처리 차원에서 개입을 호소하는 외에는 주로 재판등 사법절차를

---

252) 대법원 1986. 8. 19. 선고 86누223 판결; 대법원 1989. 9. 12. 선고 87누868 판결.
253) 예컨대 "부작위위법확인의 소는 ... 국민의 신청에 대하여 상당한 기간 내에 일정한 처분, 즉 그 신청을 인용하는 적극적 처분 또는 각하하거나 기각하는 등의 소극적 처분을 하여야 할 법률상의 응답의무가 있음에도 불구하고 이를 하지 아니하는 경우, 판결시를 기준으로 하여 그 부작위의 위법성을 확인함으로써 행정청의 응답을 신속하게 하여 부작위 내지 무응답이라고 하는 소극적 위법상태를 제거하는 것을 목적으로 하는 것"이라고 판시한 대법원 1990. 9. 25. 선고 89누4758 판결.

통한 피해구제에 의존할 수밖에 없었다. 앞서 살펴 본 사법과 공법 양대 부문에서의 구제방법 역시 재판제도를 통한 권리구제, 즉 '환경소송'의 대표적 유형이었다. 그러나 시간이 지나면서 재판이란 수단은 현실적으로 적지 않은 한계와 문제점을 가지고 있다는 사실이 드러났다. 사실 재판은 무엇보다도 많은 시간과 비용이 든다는 것이 가장 큰 약점이다. 뿐만 아니라 환경오염과 그로 인한 피해의 원인·내용이 극히 다양하고 복합적이어서 전문성과 과학적 지식·정보 없이는 분쟁해결이 곤란한 경우가 많은데 과연 재판이 환경분쟁의 적정한 해결수단인지도 의문시되기도 한다. 재판을 통한 분쟁 해결의 한계가 드러남에 따라 전문성을 갖춘 분쟁해결기구에서 신속·저렴하게 분쟁을 해결할 수 있는 대안적 분쟁해결(Alternative Dispute Resolution: ADR)로서 분쟁조정제도가 주목을 받기 시작했다. 종래 '공해의 시대'에는 공해피해의 구제라는 형태로 분쟁을 해결하는 것이 중심과제였다면 오늘날 '환경의 시대'에는 사회의 제이익과 환경이익의 조정이 분쟁처리의 중심과제로 등장하게 된 것이다. 환경분쟁 분야에서 대안적·재판외적 분쟁조정이 제도화된 데에는 이처럼 「구제에서 조정으로」라는 인식의 전환이 배경을 이루고 있다.254)

우리나라에서도 비교적 이른 시기에 환경분쟁조정 제도가 도입되었다. 환경정책기본법은 국가 및 지방자치단체에게 환경오염 또는 환경훼손으로 인한 분쟁 그 밖에 환경관련 분쟁이 발생한 경우에 그 분쟁이 신속하고 공정하게 해결되도록 하기 위하여 필요한 시책(분쟁조정방법: §29)과, 환경오염 또는 환경훼손으로 인한 피해를 원활히 구제하기위하여 필요한 시책(피해구제방법: §30)을 강구하도록 했고 이를 근거로 제정된 것이 「환경분쟁조정법」이다.

5.5.2. 환경분쟁조정법의 적용범위

환경분쟁조정의 대상은 환경에 관한 민사상 분쟁뿐만 아니라 환경분쟁 일반으로 설정되어 있다. '환경분쟁'이란 "환경피해에 대한 다툼과 「환경기술 및 환경산업 지원법」제2조제2호에 따른 환경시설의 설치 또는 관리와 관련된 다툼"을 말한다.

환경분쟁의 첫 번째 유형은 환경피해에 대한 다툼이다. 여기서 "환경피해"란 사업활동 그 밖에 사람의 활동에 의하여 발생하였거나 발생이 예상되는 대기오염, 수질오염, 토양오염, 해양오염, 소음·진동, 악취, 자연생태계 파괴, 일조 방해, 통풍 방해, 조망 저해, 인공조명에 의한 빛공해, 지하수 수위 또는 이동경로의 변화, 그 밖에 대통령령이 정하는 원인으로 인한 건강상·재산상·정신상의 피해를 말한다(법 제2조 제1호 본문). 다

---

254) 南博 方, ジュリスト, 1992/9, 二〇周年を迎えた公害調整委員會, p.30.

만, 방사능오염으로 인한 피해는 여기서 제외되고 있다(같은 곳 단서).

환경분쟁의 또 하나의 유형은 「환경기술 및 환경산업 지원법」 제2조 제2호에 따른 환경시설의 설치 또는 관리와 관련된 다툼이다. "환경시설"이란 "환경오염물질 등으로 인한 자연환경 및 생활환경에 대한 위해를 사전에 예방·감소하거나 환경오염물질의 적정한 처리 또는 폐기물 등의 재활용을 위한 시설·기계·기구, 그 밖의 물체로서 환경부령으로 정하는 것"으로 정의되고 있다(「환경기술 및 환경산업지원법」 제2조 제2호).

5.5.3. 환경분쟁조정기구

환경분쟁조정법은 환경부에 중앙환경분쟁조정위원회("중앙조정위원회")를, 특별시·광역시·특별자치시·도·특별자치도("시·도")에 지방환경분쟁조정위원회("지방조정위원회")를 각각 설치하여 환경분쟁의 처리를 담당하도록 하고 있다(§4).

(1) 중앙조정위원회의 구성과 권한

① 중앙조정위원회의 구성

중앙조정위원회는 위원장 1인을 포함한 30명 이내의 위원으로 구성된다. 그중 상임위원은 3명 이내로 한다(§7 ①). 중앙조정위원회의 위원장과 위원은 환경에 관한 학식과 경험이 풍부한 사람으로서 다음과 같은 자격을 지닌 자 중에서 환경부장관의 제청에 의하여 대통령이 임명 또는 위촉한다(§8 ①). 법은 그 경우 중앙조정위원회의 조정위원 중 판사·검사 또는 변호사의 직에 6년 이상 재직한 자가 3명 이상 포함되어야 한다고 규정하여 분쟁조정의 공정성·신뢰성을 기할 수 있도록 배려하였다.

- 1급-3급에 상당하는 공무원 또는 고위공무원단에 속하는 공무원으로 3년 이상 재직한 사람
- 판사·검사 또는 변호사로 6년 이상 재직한 사람
- 공인된 대학이나 연구기관에서 부교수 이상 또는 이에 상당하는 직에 재직한 사람
- 환경 관계 업무에 10년 이상 종사한 사람

위원회의 위원의 임기는 2년으로 하되, 연임할 수 있다(§7 ③). 위원회의 위원은 독립하여 직무를 수행하며, 위원회의 위원은 제9조 각호의 결격사유에 해당하게 되거나 장기간의 심신쇠약 등으로 직무를 수행할 수 없게 된 경우 또는 직무와 관련된 비위사실이 있거나 위원의 직을 유지하기 적합하지 아니하다고 인정되는 비위사실이 있는 경우를 제외하고는 그 의사에 반하여 해임 또는 해촉되지 아니한다는 신분보장을 받는다(§10 ②). 법은 제9조에서 위원의 결격사유를 규정하는 한편, 분쟁조정의 공정성을 확보하기 위하여 제12조에서 위원의 제척·기피·회피 등에 관한 규정들을 두고 있다. 이 규정들은 조정절차에 관여하는 직원 및 제13조 제3항에 따른 관계전문가에게도 준용된다

(§12 ⑥).

위원회의 위원중 공무원이 아닌 위원과 관계전문가는 「형법」 제127조, 제129조부터 제132조까지의 규정을 적용할 때에는 공무원으로 본다(§14).

② 중앙조정위원회의 권한

법은 제5조에서 환경분쟁조정위원회의 소관사무를 중앙조정위원회와 지방조정위원회에 공통되게 설정한 후, 각 위원회의 사무를 한정하는 방식으로 권한을 배분하고 있다.

1. 환경분쟁(이하 "분쟁"이라 한다)의 조정. 다만, 다음 각 목의 어느 하나에 해당하는 분쟁의 조정은 해당 목에서 정하는 경우만 해당한다.
   가. 「건축법」 제2조제1항제8호의 건축으로 인한 일조 방해 및 조망 저해와 관련된 분쟁: 그 건축으로 인한 다른 분쟁과 복합되어 있는 경우
   나. 지하수 수위 또는 이동경로의 변화와 관련된 분쟁: 공사 또는 작업(「지하수법」에 따른 지하수의 개발·이용을 위한 공사 또는 작업은 제외한다)으로 인한 경우
2. 환경피해와 관련되는 민원의 조사·분석 및 상담
3. 분쟁의 예방 및 해결을 위한 제도와 정책의 연구 및 건의
4. 환경피해의 예방 및 구제와 관련된 교육, 홍보 및 지원
5. 그 밖에 법령에 따라 위원회의 소관으로 규정된 사항

이 중 중앙조정위원회의 관장사무는 다음과 같다(§6 ①).

1. 분쟁의 재정(제5호에 따른 재정은 제외한다) 및 중재
2. 국가 또는 지방자치단체를 당사자로 하는 분쟁의 조정
3. 둘 이상의 시·도의 관할구역에 걸친 분쟁의 조정
4. 제30조에 따른 직권조정
5. 제35조의3제1호에 따른 원인재정과 제42조제2항에 따라 원인재정 이후 신청된 분쟁의 조정
6. 그 밖에 대통령령으로 정하는 분쟁의 조정

중앙조정위원회의 사무중 제5호 '기타 대통령령이 정하는 분쟁'은 시행령 제3조에서 '관할 지방조정위원회가 스스로 조정하기 곤란하다고 결정하여 이송한 분쟁'으로 정해져 있다. 또한 법은 중앙조정위원회에게 위원회의 소관사무에 대한 처리절차 그 밖에 위원회의 운영에 관한 규칙과 조정(調停)·재정 및 중재위원회의 각 위원장 선임방법 등 구성에 관한 규칙을 정할 수 있는 권한을 위임하고 있다(§15 ①).

법 위원회에게 그 소관 업무의 수행으로 얻게 된 환경보전 및 환경피해방지를 위한 개선대책에 관한 의견을 관계 행정기관의 장에게 통지할 수 있도록 하고 있다(§15의2). 이는 환경피해의 발생이나 확산 예방을 위하여 환경분쟁조정 신청사건의 처리과정에서 얻게 된 환경피해 방지 등을 위한 개선의견을 관계 행정기관에 통지하여 법령 등에 반영할 수 있도록 2008년 3월 21일의 법개정으로 신설된 권한이다.

(2) 지방조정위원회의 구성과 권한

① 지방조정위원회의 구성

지방조정위원회는 20명 이내의 위원으로 구성하되, 위원 중 상임위원 1인을 둘 수 있도록 되어 있다(§7 ②). 지방조정위원회의 위원은 제7조 제1항 각 호의 자격을 가진 사람 중에서 특별시장·광역시장·특별자치시장·도지사·특별자치도지사("시·도지사")가 임명하거나 위촉한다(§8 ③). 지방조정위원회의 위원장은 부시장 또는 부지사 중에서 시·도지사가 임명하는 자로 한다(§8 ④).

② 지방조정위원회의 권한

지방조정위원회는 해당 시·도의 관할구역 안에서 발생한 분쟁의 조정사무 중 제6조 제1항 제2호부터 제6호까지의 사무 외의 사무를 관할한다. 다만, 제1항 제1호의 경우에는 일조 방해, 통풍 방해, 조망 저해로 인한 분쟁을 제외하고 대통령령이 정하는 분쟁의 조정과 중재만 해당한다(§6 ②). 이에 시행령은 지방조정위원회가 관할하는 분쟁의 재정 및 중재 사무를 조정 목적의 가액이 1억 원 이하인 분쟁의 재정 및 중재사무로 제한하고 있다(시행령 §3 ② 본문). 다만, 중앙조정위원회에서 진행 중이거나 재정 또는 중재된 사건과 같은 원인으로 발생한 분쟁의 재정 또는 중재사무는 제외한다(시행령 §3 ② 단서). 지방조정위원회의 운영 기타 필요한 사항은 시·도의 조례로 위임되어 있다(법 §15 ②).

5.5.4. 환경분쟁의 조정

(1) 환경분쟁조정의 원칙

법은 제3조에서 "환경분쟁조정위원회는 조정절차가 신속·공정하고 경제적으로 진행되도록 노력하여야 하며, 조정의 절차에 참여하는 분쟁 당사자들은 상호 신뢰와 이해를 바탕으로 성실하게 절차에 임하여야 한다"고 규정하여 신의성실의 원칙을 환경분쟁조정의 원칙으로 천명하고 있다. 이것은 대체적 분쟁해결수단(ADR)으로서 환경분쟁조정이 소송과는 상이한 분쟁해결절차임을 전제로 한 조항이다. 당사자대립구조에서 법적 공방을 통해 승패를 가리는 소송과 달리 환경분쟁조정절차에서는 분쟁해결을 위한 당사자간 상호신뢰와 이해를 통한 협조가 필수적이다. 재판이 아니라 분쟁조정절차를 택한 이상 당사자들은 상호신뢰를 바탕으로 한 협조와 양보로 분쟁 조정에 이를 수 있다. 그러나 이 규정 자체가 실제 분쟁해결과정에서 어떤 법적 효과를 미칠 수 있는지는 미지수이다. 다만 분쟁조정과정에서 분쟁당사자들과 분쟁조정기구의 분쟁 해결방안 모색에 신축성·탄력성을 부여하는 근거로 작용할 여지는 있을 것이다.

(2) 환경분쟁조정의 종류

종래 환경분쟁조정법상 분쟁처리절차는 알선·조정·재정의 세 가지로 이루어져 있었으나,[255] 2015년 법개정에서 중재제도가 도입됨에 따라 네 가지 유형으로 확대되었다. 다수인관련분쟁의 조정은 제4장에서 이와 별도로 특별한 규율을 받고 있다.

① 알선

알선이란 대체적 분쟁해결절차 중에서 형식성이 가장 약한 약식절차이다. 알선이란 알선위원이 분쟁당사자의 의견을 듣고, 그 요점을 정리하는 등 사건이 공정하게 해결되도록 주선함으로써 분쟁당사자들의 화해를 유도하여 합의에 이르게 하여 분쟁을 해결하는 절차를 말한다. 알선은 그것이 주효할 경우 분쟁당사자 간 민법상 화해계약 체결이라는 결과를 가져올 수 있다.

위원회에 의한 알선은 3인 이내의 위원(알선위원)이 행하며, 알선위원은 사건마다 위원회의 위원 중에서 위원회의 위원장이 지명하도록 되어 있다(§27).

② 조정(調停)

조정이란 중립적인 제3자적 지위를 가진 조정기구에 의한 중개를 통하여 분쟁당사자들이 합의에 도달하도록 함으로써 분쟁을 해결하려는 제도이다. 조정은 일반적으로 조정위원회와 같은 합의기구를 구성하여 이 기구가 일정한 절차에 따라 분쟁당사자들의 의견을 듣고 사실을 조사한 후 조정안을 작성하여 분쟁당사자들에게 수락을 권고함으로써 쌍방의 양해를 통해 분쟁을 해결하는 방식으로 이루어진다.

조정은 3명의 위원으로 구성되는 조정위원회에서 한다(§31 ①). 조정위원회의 위원(조정위원)은 위원회의 위원 중에서 사건마다 각각 위원장이 지명하되, 제8조제1항제2호에 해당하는 사람 1명 이상이 포함되어야 한다(§31 ②).

법 제33조제1항에 따라 성립된 조정과 제33조의2제4항에 따른 이의신청이 없는 조정결정은 재판상 화해와 동일한 효력이 있다(§35의2 본문). 다만, 당사자가 임의로 처분할 수 없는 사항에 관한 것은 그러하지 아니하다(§35의2 본문). 당사자가 조정안을 수락하여 기명날인한 조정조서는 재판상 화해조서와 동일한 효력을 가지므로 당사자 어느 한 쪽이 조정안을 이행하지 않는 경우 별도의 이행청구소송 없이도 강제집행을 할 수 있다. 이는 2008년 3월 21일 법개정의 결과로 조정이 성립했음에도 불구하고 합의사항의 이행

---

255) 환경분쟁조정법은 주지하듯 일본의 공해분쟁처리법을 모방하여 제정된 것이지만 일본과는 달리 중재·원인재정을 제외하고 있었다. 이를 두고 南博 方 교수는 일본에서 이 제도가 이용되고 있지 않기 때문인 것 같다고 지적한 바 있다(ジュリスト, 1992/9, 公害紛爭處理制度の充實と發展(座談會), 24).

을 강제하기 위해 별도로 민사소송 등을 제기해야 하는 불편을 해소하기 위한 것이다.

환경분쟁조정법은 조정절차의 하나로 직권조정을 인정하고 있다. 즉, 중앙조정위원회는 환경오염으로 인한 사람의 생명·신체에 대한 중대한 피해, 제2조제2호의 환경시설의 설치 또는 관리와 관련된 다툼 등 사회적으로 파급효과가 클 것으로 우려되는 환경분쟁에 대하여는 당사자의 신청이 없는 경우에도 직권으로 조정절차를 개시할 수 있다(§30). 직권조정의 대상은 다음과 같다(§30 ①; 시행령 §23 ①).

> 1. 환경피해로 인하여 사람이 사망하거나 신체에 중대한 장애가 발생한 분쟁
> 2. 「환경기술 및 환경산업지원법」 제2조 제2호에 따른 환경시설의 설치나 관리와 관련한 분쟁
> 3. 분쟁조정 예정가액이 10억원 이상인 분쟁

③ 재정

재정이란, 당사자간의 분쟁에 관하여 재정위원회가 소정의 절차에 따라 인과관계의 유무, 피해액 등에 대한 법률적 판단을 내려 분쟁을 해결하는 제도를 말한다. 조정은 당사자간의 타협적인 해결을 모색하는 데 비중을 두고 있는데 비하여 재정은 재정위원회가 사실을 조사하여 이를 근거로 객관적인 판정을 내리는 준사법적 성질을 띤 절차이다. 이와 같이 재정은 대심구조와 당사자의 구술변론권이 보장된 준사법적 쟁송절차라는 점에서 다른 조정유형과 뚜렷이 구별된다(§§37, 39, 40, 45).

재정의 종류는 환경피해를 발생시키는 행위와 환경피해 사이의 인과관계 존재 여부를 결정하는 원인재정과 환경피해에 대한 분쟁 당사자 간의 손해배상 등의 책임의 존재와 그 범위 등을 결정하는 책임재정이 있다(§35의3). 특히 원인재정은 그동안 학계에서 일본의 입법례를 상기하며 도입필요성이 제기되다가 2018. 10. 16. 개정법률에서 추가된 것이며 실제로 환경분쟁 당사자들이 조정제도를 이용하는 가장 중요한 동기가 환경피해의 원인에 대한 유권적 판정을 얻는데 있다는 점에 착안한 제도개선으로 평가할 만하다.

재정은 재정위원회에서 하는데(§36 ① 본문), 재정위원회는 위원 5인으로 구성되며, 재정위원은 사건마다 위원회의 위원 중에서 위원회의 위원장이 지명하되, 제8조제1항제2호에 해당하는 자, 즉 법조인이 1인 이상 포함되어야 한다(§36 ②).

다수인의 생명·신체에 중대한 피해가 발생한 분쟁이나 제2조제2호에 따른 환경시설의 설치 또는 관리와 관련된 다툼 등 사회적으로 파급효과가 클 것으로 우려되는 사건으로서 대통령령으로 정하는 사건은 10인 이상의 위원으로 구성되는 재정위원회에서, 그리고 대통령령이 정하는 경미한 사건의 재정은 3인으로 구성되는 재정위원회에서 행할 수 있다(§36 ① 단서 1호·2호).

재정위원회가 책임재정을 한 경우에 재정문서의 정본이 당사자에게 송달된 날부터

60일 이내에 당사자 양쪽 또는 어느 한쪽으로부터 그 재정 대상인 환경피해를 원인으로 하는 소송이 제기되지 아니하거나 그 소송이 철회된 경우 또는 제1항에 따른 신청이 되지 아니한 경우에는 그 재정문서는 재판상 화해와 동일한 효력이 있다(§42 ③ 본문). 다만, 당사자가 임의로 처분할 수 없는 사항에 관한 것은 그러하지 아니하다(§42 ③ 단서). 위원회의 재정결정을 수락하지 않는 당사자가 재정문서의 효력을 막으려면 소송을 제기해야 하며, 그 불복소송은 채무부존재확인소송의 형식을 띤다.

재정문서의 공시송달과 청구이의의 소의 허용여부

환경분쟁 조정법 제40조 제3항, 제42조 제2항, 제64조 및 민사소송법 제231조, 제225조 제2항의 내용과 재정문서의 정본을 송달받고도 당사자가 60일 이내에 재정의 대상인 환경피해를 원인으로 하는 소송을 제기하지 아니하는 등의 경우 재정문서가 재판상 화해와 동일한 효력이 있으므로 재정의 대상인 환경피해를 원인으로 한 분쟁에서 당사자의 재판청구권을 보장할 필요가 있는 점 등을 종합하면, 환경분쟁 조정법에 의한 재정의 경우 재정문서의 송달은 공시송달의 방법으로는 할 수 없다.[256]

지방조정위원회의 재정위원회가 한 책임재정에 불복하는 당사자는 재정문서의 정본이 당사자에게 송달된 날부터 60일 이내에 중앙조정위원회에 책임재정을 신청할 수 있다(§42 ①). 지방조정위원회의 재정에 대해 불복할 수 있는 일종의 심급제가 도입된 셈이다.

재정위원회가 원인재정을 하여 재정문서의 정본을 송달받은 당사자는 이 법에 따른 알선, 조정, 책임재정 및 중재를 신청할 수 있다(§42 ②).

재정위원회는 재정신청된 사건을 조정(調停)에 회부하는 것이 적합하다고 인정하는 때에는 직권으로 직접 조정하거나 관할 위원회에 송부하여 조정하게 할 수 있고(§43 ①), 조정에 회부된 사건에 관하여 당사자간 합의가 이루어지지 않았을 때에는 재정절차를 계속 진행하고, 합의가 이루어졌을 때에는 재정의 신청은 철회된 것으로 본다(§43 ②).

당사자가 재정에 불복하여 소송을 제기한 경우 소송과의 관계가 문제된다. 당사자가 재정에 불복하여 소송을 제기한 경우 시효의 중단 및 제소기간의 계산에 있어서는 재정의 신청을 재판상의 청구로 본다(§44). 재정이 신청된 사건에 대하여 소송이 진행중인 때에는 수소법원은 재정이 있을 때까지 소송절차를 중지할 수 있고(§45 ①), 수소법원이 소송절차를 중지하지 않은 경우에는 재정위원회가 당해 사건의 재정절차를 중지하여야 한다(§45 ② 본문). 다만, 제4항에 따라 원인재정을 하는 경우는 제외한다(§45 ② 단서).

---

256) 대법원 2016. 4. 15. 선고 2015다201510 판결(청구이의).

재정위원회는 재정이 신청된 사건과 같은 원인으로 다수인이 관련되는 같은 종류의 사건 또는 유사한 사건에 대한 소송이 진행 중인 경우에는 결정으로 재정절차를 중지할 수 있다(§45 ③).

환경분쟁에 대한 소송과 관련하여 수소법원은 분쟁의 인과관계 여부를 판단하기 위하여 필요한 경우에는 중앙조정위원회에 원인재정을 촉탁할 수 있다. 이 경우 제16조제1항에 따른 당사자의 신청이 있는 것으로 본다(§45 ④). 이 경우 원인재정 절차에 필요한 비용 중 제63조제1항에 따라 각 당사자가 부담하여야 하는 비용은 「민사소송비용법」에 따른 소송비용으로 본다(§45 ⑤).

④ 중재

중재(arbitration)란 당사자 간 합의(중재합의)로 사법상의 권리 기타 법률관계에 관한 분쟁을 법원의 소송 절차에 의하지 않고 사인인 제3자를 중재인으로 선정하여 그 분쟁의 해결을 맡기고 최종적으로 중재인의 결정에 복종함으로써 분쟁을 해결하는 제도를 말한다. 이 제도는 2015년 법개정에서 도입되었다. 중재는 양쪽 당사자 간 법원의 확정판결과 동일한 효력이 있다(§45의4).

⑤ 다수인관련분쟁의 조정

"다수인관련분쟁"이란 같은 원인으로 인한 환경피해를 주장하는 자가 다수인 환경분쟁을 말한다(§2 제4호). 법은 제46조에서 다수인관련분쟁에 있어 분쟁당사자중 1인 또는 수인이 대표당사자로서 조정을 신청할 수 있도록 하고, 제50조에서 대표당사자의 감독등에 관한 규정을 두는 한편, 다수인관련분쟁조정 신청의 공고(§51), 이해관계자의 참가(§52), 조정 효력의 인적 범위(§53), 동일분쟁에 대한 조정신청의 금지(§54), 조정결과 지급받은 손해배상금의 배분(§§56~61)에 관한 규정들을 두고 있다. 다수인관련분쟁의 조정 절차 역시 그 밖의 사항에 관하여는 그 성질에 반하지 아니하는 한 분쟁조정에 관한 제3장의 규정을 준용하므로(§55), 앞서 본 조정유형과 본질적으로 다른 것은 아니다.

㉮ 다수인관련분쟁의 조정 신청 및 허가

다수인에게 동일한 원인으로 환경피해가 발생하거나 발생할 우려가 있는 경우에는 그 중 1인 또는 수인이 대표당사자로서 조정을 신청할 수 있다(§46 ①, ②). 다수인관련분쟁의 대표당사자로서 조정을 신청하려면 위원회의 허가가 필요하다(§46 ③, ④). 위원회는 허가신청이 다음 요건을 모두 충족할 때에 허가할 수 있다(§47).

1. 같은 원인으로 발생하였거나 발생할 우려가 있는 환경피해를 청구원인으로 할 것
2. 공동의 이해관계를 가진 자가 100인 이상이며, 제19조에 따른 선정대표자에 의한 조정이 현저하게 곤란할 것
3. 피해배상을 신청하는 경우에는 1인당 피해배상요구액이 500만원 이하일 것

4. 신청인이 대표하고자 하는 다수인 중 30명 이상의 동의가 있을 것
5. 신청인이 구성원의 이익을 공정하고 적절하게 대표할 수 있을 것

　　다수인관련분쟁에서는 대표당사자가 종종 다른 분쟁 당사자와의 관계에서 독단적이고 불공정한 행동을 하거나 당사자들간 알력·갈등으로 인하여 대표성 시비에 휘말리게 되어 분쟁해결이 더욱 곤란해지거나 불가능해지는 사태가 생길 우려가 있다. 법은 이 점을 고려하여 제51조에서 대표당사자의 감독 장치를 마련하고 있다. 이에 따르면 위원회는 필요하다고 인정하는 때에는 대표당사자에게 필요한 보고를 요구할 수 있고(§50 ①), 대표당사자가 구성원을 공정하고 적절하게 대표하지 아니한다고 인정하는 때에는 구성원의 신청 또는 직권으로 대표당사자를 변경하거나 허가를 취소할 수 있다(§50 ②).
　　또한 다수인관련분쟁에서는 분쟁 당사자들이 다른 당사자들로부터 분쟁조정의 신청이 있었는지 몰랐거나 참가의 기회를 놓침으로써 대표성시비가 발생하는 경우도 빈번하다. 종종 이 같은 문제를 둘러싸고 오해와 시비가 발생할 수 있기 때문에 법은 제51조에서 다수인관련분쟁조정의 신청사실을 공고하도록 하고 다른 분쟁 당사자들에게 참가의 기회를 부여하도록 배려하고 있다. 이에 따르면, 위원회는 다수인관련분쟁조정이 신청된 때에는 신청 후 15일 이내에 공고하고, 그 공고안을 그 분쟁이 발생한 지방자치단체의 사무소에서 공람할 수 있도록 하여야 한다(§51 ①).

　　㉬ **다수인관련분쟁에 대한 조정의 효력**

　　다수인관련분쟁에 대한 조정의 효력은 대표당사자와 제52조에 따라 참가를 신청한 자에 대하여만 미친다(§53). 법이 이처럼 다수인관련분쟁에 대한 조정의 효력을 제한한 것은 공동의 이해관계를 가진 자가 다수인 경우 그 모두에게 효력을 확장하는 것은 법적으로 불가능하기 때문이다. 물론 참가인에게 조정의 효력이 미치도록 한 것은 그 조정의 결과를 향수할 이익과 참가를 연계시켜 가급적 환경분쟁조정제도를 통해 집단분쟁을 해결하도록 유도하려는 취지에 따른 것이다.
　　반면 대표당사자가 대표하는 구성원에게도 조정의 효력이 미치는지 여부에 대하여는 논란의 여지가 있다. 대표당사자가 대표하는 구성원 전체에 조정의 효력이 미친다고 보는 것은 무리지만, 적어도 신청인이 자신들을 대표하여 분쟁조정을 신청하는 데 동의한 자에 대하여는 그 효력이 미친다고 보아야 하지 않을까 생각한다. 이들은 자신의 분쟁에 관하여 대표당사자들이 조정신청을 하고 분쟁조정에서 자신의 이익을 대표하는 활동을 하는 데 동의를 한 것이므로, 이들이 별도로 참가신청을 하지 않았더라도 조정의 결과를 향수할 수 있다고 보는 것이 타당하고 또 대표의 법리에도 부합하는 결과이기 때문이다. 법 제50조 제2항에서 대표당사자가 구성원을 공정하고 적절하게 대표하지 아

니한다고 인정하는 때에 구성원이 대표당사자의 변경 또는 허가취소를 신청할 수 있다는 취지로 규정한 것도 그 점을 뒷받침해 준다.

법은 제54조에서 동일분쟁에 대한 조정신청을 금지하고 있다. 즉 제52조에 따라 참가의 신청을 하지 아니한 자는 그 신청원인 및 신청취지상 동일한 분쟁으로 인정되는 사건에 대하여는 다시 조정을 신청할 수 없다. 이것은 다수인관련분쟁에 있어 공동의 이해관계를 가진 자들로 하여금 분쟁조정에 대한 참가신청을 하도록 강제하는 효과를 가진 배제조항이라 할 수 있다. 이를 통해 다수인관련분쟁이 그 이해관계자 사이의 갈등과 대립으로 해결을 보지 못하고 장기간 표류하는 것을 방지하려고 시도한 것이다. 이 배제조항의 효과는 동일분쟁에 대한 환경분쟁조정법상 조정신청에 국한되므로 그 분쟁에 이해관계를 가지는 자가 소송등을 통해 권리구제를 주장하는 것은 방해받지 아니한다.

ⓓ 손해배상금의 배분

법은 제56조 이하에서 대표당사자가 조정에 의하여 손해배상금을 지급받은 경우 그 배분에 관한 규정을 두고 있다. 이에 따르면 대표당사자가 조정에 의하여 손해배상금을 지급받은 경우에는 위원회가 정하는 기간 내에 배분계획을 작성하여 위원회의 인가를 받은 후 그 배분계획에 따라 이를 배분하여야 한다(§§56~57). 손해배상금의 배분은 재정의 이유 또는 조정(調停)조서의 기재내용을 기준으로 하여야 한다(§58 ①).

5.5.5. 환경분쟁의 처리절차

환경분쟁조정 절차는 다음 그림에서 보는 바와 같다. 법은 분쟁조정절차를 알선·조정·재정·중재에 공통되는 사항과 각 절차에 특유한 사항으로 나누어 규정하고 있다.

환경분쟁조정절차의 흐름도

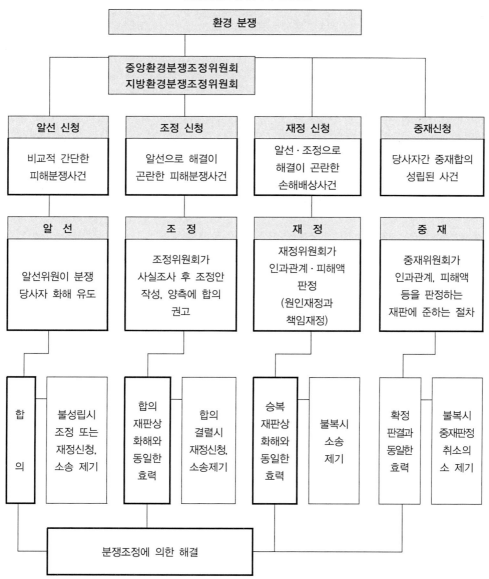

자료: 중앙환경분쟁조정위원회(2001.3), '환경분쟁조정제도 해설'의 표를 업데이트·수정한 것

5.5.6. 환경분쟁조정제도의 한계

대체적 분쟁해결수단으로서 환경분쟁조정제도는 30여 년 동안 많은 성과를 거두며 정착되어 왔다. 그러나 환경분쟁조정제도는 여전히 한계와 문제점을 드러내고 있다. 무엇보다도 소음·진동 분야에 편중되어 환경분쟁의 발생추세에 제대로 대응하지 못하고 있다는 점이 문제이다. 중앙환경분쟁조정위원회가 '91.7.부터 '20년까지 처리(재정, 조정, 합의)한 4,557건 중 소음·진동으로 인한 피해 3,840건으로 전체의 84.3%로 가장 높은 비율을 차지했는데[257] 이는 소음·진동피해의 심각성뿐만 아니라 우리 사회가 겪는 다른 중요한 환경분쟁들이 환경분쟁조정을 통해 해소되지 못하고 있다는 반면사실을 말해 준다. 그 밖에도 중앙과 지방 조정위원회의 조직역량과 전문성이 부족하다든가, 조정결과에 대한 신뢰가 낮고, 조정절차에서 '당사자주의' 원칙이 제대로 구현되지 않고 있다든가 환경분쟁조정제도에 대한 국민의 인지도가 낮다는 등의 지적이 끊임없이 제기되어 왔다.[258]

5.6. 환경구제시스템의 문제점

환경피해가 발생하였다는 사실은 그 자체가 환경보호를 위한 입법적·행정적·정치적 노력이 주효하지 않았다는 의미를 가지는 경우가 많다. 그 경우 피해를 어떻게 얼마

---

257) 환경분쟁사건처리등 통계자료(2020.12.31.기준: https://ecc.me.go.kr/front/board/boardContent sView.do).

258) 이에 관한 문헌목록은 길다. 대표적으로 홍준형. (2010). "환경갈등과 조정: 쟁점과 대안", 「환경법연구」(한국환경법학회) 제32권 제3호: 385~416; 홍준형. (2006). "환경분쟁조정제도의 실효성 및 실효성 제고방안에 대한 고찰"(2006). 「환경법연구」 제28권 1호(2006.5.15.), 356~382; 강정혜. (2008). "대체적 분쟁해결제도(ADR)로서의 환경분쟁조정과 환경소송", 「환경법연구」 30(3): 185~204; 최송화. (2002). "환경분쟁조정제도의 개발에 관한 연구", 「법치행정과 공익」(청담 최송화교수 화갑기념논문집), 530~540; 전경운. (2004). "환경분쟁조정제도의 현황과 문제점". 「환경법연구」 제26권 3호(2004. 9). 219~242; 김세규. (2002). "환경분쟁조정제도에 관한 연구", 「환경법연구」 제24권 1호(2002. 9), 294~319; 김홍균. (2001). "환경분쟁조정제도의 개선방향", 「환경문제연구총서」 9권, 대한변호사협회, 107~109 등을 참조. 이들 논의에서 나온 개선방안은 부분적으로 법개정 등을 통해 반영되기도 하였다. 한편 제도개선방안에 관해서는 강형신. (2013). 환경분쟁조정제도개선방안: 환경부 교육훈련보고서; 한국환경정책·평가연구원. (2006). 환경분쟁조정 기능 강화 등 중장기 발전 방향 연구(중앙환경분쟁조정위원회 제출 연구보고서) 등을 참조. 한편 환경분쟁조정위원회의 권위 제고 방안에 초점을 맞춘 법정책·법경제학적 분석으로는 조홍식. (2011). "환경분쟁조정의 법정책 − 라즈의 권위의 이론에 의존하여 −". 「서울대학교 法學」 제52권 제3호(2011년 9월). 121−159를 참조.

나 효과적으로 구제받을 수 있는가 하는 문제가 남는다. 그러나 환경구제제도에는 여러 가지 맹점과 공백이 도사리고 있다.

민사구제에는 가해자·피고의 특정이 곤란하거나 고의·과실과 인과관계를 피해자 측에서 입증하는데 어려움이 따르는 등 한계가 있고, 공법상 구제에도 원고적격이라는 장애물을 뛰어넘어야 하고, 집단분쟁해결을 위한 소송절차가 마련되어 있지 않으며, 나아가 규제행정청의 환경규제의무의 이행을 관철시킬 수 있는 소송상 수단, 즉 행정상 이행소송이 허용되지 않고 있다는 점 등 적지 않은 문제점들이 도사리고 있다. 이들은 모두 환경법상 효과적인 권리구제를 제약하는 요인으로 작용한다.

사실 재판은 많은 시간과 비용이 들고 전문성과 과학적 지식·정보 없이는 분쟁해결이 곤란한 경우가 많은 환경분쟁의 특성으로 말미암아 일정한 한계를 안고 있다.

환경소송의 현실적 애로

환경소송은 대체로 사회적 강자라 할 수 있는 대기업을 상대로 하는 경우가 많다. 그런 경우 종종 경제적으로 열세에 놓인 원고 측이 오염원인등을 규명하는데 전문인력의 도움을 받지 못해 패소하거나, 재정능력이나 인력 등 모든 면에서 실질적 우위를 지닌 피고측의 소송상 지연전술에 막혀 원고측이 재판비용을 감당하지 못하고 소송을 중도에 포기하는 사례들이 빈번히 나타난다. 법원의 소송사건 폭주 등으로 인한 소송지연 또한 환경분쟁에서의 권리구제를 제약하는 현실적 애로로 작용한다. 14년만에 최종 판결을 받은 진해화학 폐수배출로 인한 김양식장피해사건이 단적인 사례인데 이 같은 사례가 지금도 얼마든지 반복될 수 있다.

반면 재판제도에 대한 (보완적) 대안으로 도입된 환경분쟁조정제도를 통해 신속·저렴한 분쟁해결을 기대했지만, 그 용도의 편중 등 앞서 본 바와 같은 한계와 문제점을 불식시키지 못하고 있다.

「환경오염피해 배상책임 및 구제에 관한 법률」의 제정은 이러한 기존 환경구제의 맹점을 보완하기 위하여 시도된 가장 중요한 처방으로 평가된다. 환경오염사고는 피해 규모가 크고 광범위한 경우가 많아 사고유발기업은 그 배상책임을 감당하지 못하고, 피해자는 적절한 피해배상을 받지 못하며 결국 정부가 막대한 국고를 투입하게 되는 악순환으로 이어지는 경향이 빈번하다는 점,259) 더욱이 과학적 인과관계 입증이 용이하지 않은 환경오염사고의 특성상 피해자들이 고통을 당해도 원인 규명에 대한 입증부담을 안

---

259) 구미 불산사고가 그 전형적인 사례였다. 2012년 9월 구미의 한 화학공장에서 탱크로리의 불산을 공장 저장탱크로 옮기던 중 작업자 부주의로 밸브를 건드려 누출사고가 발생했다. 이로 인해 대규모 인명·물적피해가 발생하였다. 정부는 특별재난지역을 선포하고, 사고 수습을 위해 554억 원의 국고를 투입하였다.

고 장기간 쟁송에 휘말림으로써 제때 권리구제를 받지 못하는 경우가 빈번하다는 점을 이유로 2014년 12월 31일 환경오염피해구제법이 제정되었다. 이 법은 환경책임과 환경책임보험을 연계하여 환경오염피해 발생시 자동차 책임보험처럼 대부분 보험을 통해 피해자가 신속히 피해배상을 받도록 하고 사고기업도 추가 부담 없이 보험을 통해 배상에 따른 재무리스크를 회피할 수 있도록 하는 동시에 기업 스스로 환경오염사고 리스크를 줄이기 위해 법령을 준수하고 환경안전에 투자하는 등 환경안전관리를 유도한다는 선순환구조를 지향한다. 특히 환경오염으로 인한 피해 구제를 용이하게 하고 권리구제의 사각지대를 해소하는 등 실효성 있는 환경오염 피해구제를 가능케 하기 위하여 오염원인자 부담원칙의 실질적 구현을 위한 무과실책임과 인과관계 추정의 법리를 명문화하는 등 주목할 만한 제도개선을 담고 있다. 그러나 「환경오염피해구제법」이 과연 환경구제의 사각지대를 해소하는 해결책이 될 수 있을까? 이 특별처방이 실제로 체감도 높은 피해구제 효과를 거둘 수 있을지는 아직은 미지수로 남아 있다.

> 「환경피해구제법」의 시행실태는 그런 의문을 뒷받침해 준다. 2018년 8월말 기준 환경책임보험 가입 대상 기업은 총 1만3723개(휴·폐업 사업장 제외)로 그중 1만 3,381개 기업이 가입해 97.6%의 가입률을 보였다. 연간 총 보험료 규모는 약 800억 원으로 기업당 평균보험료는 500만~600만 원 수준으로 나타났다. 오염 원인자가 불명하거나 배상능력이 없을 경우 국가가 의료비, 요양생활수단, 장의비, 유족보상비, 재산피해보상비를 지급해주는 구제급여의 경우 2018 상반기 총 31건에 8,998,110원이 지급된 것으로 나타났다(환경산업기술원 내부자료).
>
> 한편, 환경부는 2019년 9월 11일, 오랜 기간 언론을 통해 원인 미상의 이유로 주민들에게 암, 호흡기질환 등 건강피해가 발생한 마을로 알려진 거물대리 오염 피해 주민 8명에게 구제금을 지급하겠다고 발표했다. 암, 호흡기 질환, 심·뇌혈관 질환, 당뇨병 등 원인을 특정하기 힘든 '비특이성 질환'에 대한 첫 구제금 명목으로 지급된 8명에 대한 구제금 액수는 총 931만원이었고, 그 중 직장암으로 2011년 당시 76세로 사망한 이모씨의 아들에겐 1만 9,500원의 구제금이 책정됐다. 이씨는 "장난하는 거냐"고 화를 냈다고 한다.260)

환경오염 피해가 발생한 경우 분쟁을 정규적인 구제절차보다는 시위나 실력행사, 집단적 분규를 통해 해결하려는 경향이 여전히 문제로 남는다. 물론 이런 경향 자체 보다

---

260) "1만 9,500원을 오염 구제금이라고 준 '환경정의' 장관", 조선일보 2019. 9. 25.자 한삼희 칼럼 (http://news.chosun.com/site/data/html_dir/2019/09/24/2019092403334.html). 거물대리 사례에서 드러난 환경피해구제법의 문제점과 개선방안에 관해서는 환경오염피해 구제제도 실효성 제고를 위한 개선 방안 모색, 2018. 12. 19, 국회의원 이정미, 환경정의 주최 환경오염피해 구제제도 개선을 위한 정책토론회 발표문, 특히 박창신, "김포 사례를 통해 본 현행 환경오염피해 구제제도의 문제와 개선 방안"; 이종현·김현주. (2019). 김포시 환경오염 정밀조사 및 피해구제방안연구 (2019. 6. 27.: www.keiti.re.kr/ site/keiti/ex/board/View.do?cbIdx=318&bcIdx=29660)을 참조. 환경오염피해구제제도 개선방안에 관해서는 차경훈. (2018). 「환경오염피해구제제도 개선 및 발전방안 마련」을 참조.

는 피해자로 하여금 시위 등 집단적 실력행사를 통한 문제해결을 선호하도록 만드는 사회적 분위기와 제도적 결함에 관심을 기울여야 한다. 법적 절차 보다는 명망가의 압력, 민심수습 차원의 권력적 문제해결방식의 능률성을 뒷받침했던 권위주의적 사회분위기가 점차 해소된다 할지라도, '공해소송은 오래 걸린다', '승산이 불확실하다'는 체험적 법의식이 남아 있는 한 그런 경향은 계속될 것이기 때문이다.

참고문헌

❖

강정혜. (2008). "대체적 분쟁해결제도(ADR)로서의 환경분쟁조정과 환경소송". 「환경법연구」(한국환경법학회), 제30권 제3호: 185~204;

_____. (2016). "환경오염피해 구제와 환경분쟁조정위원회의 기능관계". 「환경법연구」. 제38권 제1호: 1~21;

강형신. (2013). 환경분쟁조정제도개선방안: 환경부 교육훈련보고서;

경건. (2005). "행정정보의 공개", 「행정작용법」(김동희교수정년퇴임기념논문집);

고영훈. (2000). 「환경법」. 법문사;

곽윤직. (1994). 「채권각론」. 박영사;

구병문, "캐나다 및 미국의 프라이버시 영향평가제도 분석과 국내전자정부 법제로의 도입방향 검토". 「정보화정책」 10권 3호, 2003;

_____. "프라이버시 영향평가제도의 국내법적 도입방안 – 공공부문을 중심으로". 제3회 개인정보보호 정책 포럼 자료, 2004.6;

구연창. (1992). 「환경법론」. 법문사;

국회예산정책처, 대한민국 공공기관, 2018.3.26.(http://www.mosf.go.kr/synap/602e0cd1 – d7f4 – 4608 – 98 39 – 278c3b3547fd.view.htm);

김남진 · 김연태. (2002). 「행정법 I」. 제12판, 법문사;

_____. (2007). 「행정법 II」. 법문사;

김도창. (1992). 「일반행정법론(하)」. 청운출판사:

김동건. (2000). "환경행정소송과 지역주민의 원고적격", 「행정판례연구 V」(한국행정판례연구회 편), 서울대학교 출판부(2000. 10.);

김동희. (2008). 「행정법 II」. 박영사;

김석은. (2020). "공공기관의 전략적 사회책임 활동을 위한 조건 탐색". 『입법과 정책』(국회입법조사처) 제12권 제2호 2020. 8. 31. 231~261(https://doi.org/10.22809/nars.2020.12.2. 009);

김석준/강경근/홍준형. (1993). 「열린 사회, 열린 정보」. 비봉출판사;

김성수. (1992). "환경침해시설설치절차와 주민참여", 「고시계」 1992/9;

_____. (1993). "환경관련 절차법, 보상법, 쟁송법의 입법정책적 과제" 「고시계」 1993/3;

김세규. (2002). "환경분쟁조정제도에 관한 연구", 「환경법연구」 제24권 1호(2002. 9), 294~319;

김연태. (1996). "시장경제적 수단에 의한 환경보호", 「公法研究」 제24집 제2호(1996.6), 429~456;

김연태. (2010). "환경행정소송상 소송요건의 문제점과 한계 – 원고적격과 대상적격을 중심으로 – " 「환경법의 법리와 법정책」(서울대학교 환경에너지법센터 주최 제3차 학술포럼 발표논문집 2010.11.27.), 45~86;

김영수. (1994). 「지방자치단체간 분쟁조정방안」(한국지방행정연구원, 1994.2.);

김유환. (1994). "환경법규에 있어서의 규제실패와 법적 대응", 「환경법연구」 제16권;

김재환·박인환. (2017). "공공기관 지정제도의 쟁점과 개선방안";

김종국. (1992). "환경오염책임의 위법성 및 자연력 가공". 「사법행정」 383호(92,11);

김종률. (2000). "환경권의 사권성", 「판례연구」 13집(서울지방변호사회);

김종철. (2001). "헌법적 기본권으로서의 개인정보통제권의 재구성을 위한 시론." 「인터 넷법률」 제4호, 법무부, 23 – 44;

김중하. (2014). "공공기관의 법무업무 처리 실태와 개선방안에 관한 사례 연구". 2014 년 8월. 서울대학교 행정대학원 석사학위논문;

김창수외(공저). (2020). 「환경행정학」. 박영사;

김철용. (2010). 「행정법 I」. 제13판, 박영사;

_____. (2010). 「행정법 II」. 박영사;

김춘환. (2000). "공권적 환경권이론", 「공법연구」(한국공법학회) 제29집 제2호, 349~ 367;

김향기. (2009). "행정소송의 원고적격에 관한 연구", 「환경법연구」 제31권 제2호;

김현준. (2010). "저탄소 녹색성장 기본법의 법적 성질 및 다른 법률과의 관계", 「공법 연구」 제39집 제2호, 489~518;

김홍균. (2001). "환경분쟁조정제도의 개선방향", 「환경문제연구총서」 9권, 대한변호사 협회, 107~109;

_____. (2010). 「환경법」. 홍문사;

_____. (2010). "사전배려원칙의 적용과 한계", 2010 한국공법학자대회 발표논문집, 449 – 474;

_____. (2013). 환경정책기본법상의 무과실책임 규정의 한계와 극복, 「사법」, 제26호;

_____. (2015). "환경오염피해 배상책임 및 구제에 관한 법률의 평가와 향후 과제", 「환경법연구」, 제37권 제2호, 141~175;

_____. (2016). "환경오염시설 통합관리에 관한 법률의 평가와 과제", 「환경법연구」, 제38권 제2호, 327−361;

대한민국 국회. (2019). 2019년도 제헌 71주년 기념 학술대회 『입법의 현재와 미래 − 국회의 역할과 과제를 중심으로』 자료집;

명승환, "미국의 전자정보공개법 제정과정의 교훈"(http://chunma.yeungnam.ac.kr/~j9516053/dc3. html);

문상덕. (2009). "녹색성장기본법에 대한 환경법적 검토", 「환경법연구」 제31권 제1호, 15~38;

박균성. (2009). 「행정법론(상)」. 제5판. 박영사;

박균성·함태성. (2005). 「환경법」, 박영사;

박윤흔. (2004). 「최신행정법강의(하)」. 박영사;

박재완. (2002). "환경행정소송에서의 원고적격", 「재판자료」 제94집, 법원도서관, 117~227;

박준서 외. (2000). 「주석민법」 채권각칙(8);

박창신. (2018). "김포 사례를 통해 본 현행 환경오염피해 구제제도의 문제와 개선 방안", 환경오염피해 구제제도 실효성 제고를 위한 개선 방안 모색, 2018. 12. 19, 국회의원 이정미, 환경정의 주최 환경오염피해 구제제도 개선을 위한 정책토론회 발표문;

방동희·김현경. (2004). "개인정보보호의 법적쟁점과 해결과제". 정보화정책 이슈 04−정책−11(한국전산원), 2004. 8;

법무부. (1992). 「환경법의 쟁점과 동향」, 법무자료 제164집;

_____. (1995). 「국제환경법연구」;

_____. (1995). 「국제환경법과 무역」;

배병호. (2016). "환경오염피해구제법 도입에 따른 배상책임성립과 배상범위에 대한 고찰". 「환경법연구」, 제38권 1호: 57~88;

서찬용. (2012). "대한민국 Public Sector의 재정안정성은?", 나이스이슈리포트(2012.8.27. http://www.nicerating.com/);

석인선. (1992). "환경기본권론", 한국공법학회 제24회 월례발표회 발표문, 1992.1.25.;

성낙인. "미국의 전자정보자유법(EFOIA)과 운용현황". 「미국헌법연구」 제9호(미국헌법

학회). 제9호, 1998, 112－139;

_____. 정보공개법의 정립과 개정 방향, 2000.7.26. 행정자치부 주최 「정보공개법 개정을 위한 공청회」 발표논문;

송동수. (2009). "종량제봉투의 불법유통 방지를 위한 폐기물관리법과 조례의 개선방안", 「환경법연구」 제31권 제2호, 291~318;

안경희 (2016). "환경오염피해구제법상 손해배상책임의 발생과 제한", 「환경법연구」, 제38권 제2호, 49~92;

오석락. (1991). 「환경소송의 제문제」, 일신사;

유제원외 4인. (1995). "환경규제권의 분권화 효과", 「한국행정학보」 제29권 제1호(1995 봄), 3~21;

윤진수. (1995). "환경권 침해를 이유로 하는 유지청구의 허용 여부". 「대법원판례해설」 23(95년 상반기 1995.12), 9－27;

이강혁. (1992). "환경권과 권리구제", 「현대행정과 공법이론」(南河徐元宇博士華甲記念論文集);

李炅春. (2002). "騷音과 環境訴訟". 「재판자료: 환경법의 제문제(하)」, 제95집(법원도서관);

이동준. (2009). "자연의 권리소송, 그 과제와 전망", 부산법조 27호(부산지방변호사회);

이동진. (2014). "개정 정보통신망법 제32조의2의 법정손해배상: 해석론과 입법론", 서울대학교 법학 55권 4호 서울대학교 법학연구소, 365－420;

이상돈. (1985). 환경정책법. 아세아문화사;

_____. (1992). "환경정책기본법과 환경대책개별법". 「사법행정」 1992/3;

이시윤. 민사소송법;

이원우. "민영화에 대한 법적 논의의 기초". 한림법학포럼 제7권. 1998;

_____. "공기업의 의의와 공법적 통제의 법적 과제". 「공법연구」 제45집 제3호. 2017년 2월. 277－311;

이유봉. (2016). 「환경규제상의 인센티브에 관한 연구」. 한국법제연구원 연구보고서 2016－12(http://www.klri.re.kr/viewer/skin/doc.html?fn=rpt_75478 52807730548292_ re2016－12.pdf&rs=/doc_convert/ FILE_000000000021271Dliqj);

이은영. (2004). 채권각론. 박영사;

이인호. (1999). "정보사회와 개인정보자기결정권 ". 「중앙법학」 창간호. 중앙법학회. 62－67;

이종현·김현주. (2019). 김포시 환경오염 정밀조사 및 피해구제방안연구(2019. 6. 27.:

www.keiti.re.kr/site/keiti/ex/board/View.do?cbIdx=318&bcIdx=29660);

이홍훈. "환경오염피해 구제와 법원의 역할 — 환경권의 해석에 있어 —"(2016. 5. 28. 제126회 한국환경법학회 학술대회 기조연설). 「환경법연구」 제38권2호;

임영호. (2005). "폐기물처리시설의 주변영향지역 밖에 거주하는 주민들이 소각장 입지 지역결정·고시처분의 무효확인을 구할 원고적격이 있는지 여부". 대법원 판례해설 제55호. 2005. 12;

임현철·은재호. (2020). "미래의 갈등관리. 어디로 가야하나? 공정성, 소통, 사회갈등의 삼각관계". 『입법과 정책』(국회입법조사처) 제12권 제3호. 57~88(https://doi.org/10.22809/nars.2020.12.3.003);

장태주. (2010). 행정법개론. 제8판. 법문사;

전경운. (2004). "환경분쟁조정제도의 현황과 문제점". 「환경법연구」 제26권 3호(2004. 9). 219~242;

전병성. (1992). "우리나라 환경법의 발전과 환경정책기본법의 제정". 「환경법연구」 제14권;

정광호·서재호·홍준형. (2007). "쓰레기 종량제 정책효과 실증분석". 「한국행정학보」 제41권 제1호(2007 봄), 175~201;

정남철. (2006). "환경소송과 인인보호 — 소위 새만금사건과 관련하여 —". 「환경법연구」 제28권 1호, 239~268;

정남철. (2015). "새로운 環境責任法制의 導入과 被害救濟節次의 問題點 — 특히 「환경오염피해 배상책임 및 구제에 관한 법률」의 내용과 문제점을 중심으로 —". 「환경법연구」. 제37권 제2호, 249~274;

정우현. (2012). 자발적 협약의 현황 진단 및 효과적 활용방안. 한국환경정책평가연구원 기본연구보고서;

조명래. (2013). "개발국가의 환경정의: 한국적 환경정의론의 모색". 「환경법연구」 제35권 제3호, 69~111;

조은래. (2000). 「환경법」. 세종출판사;

조현권. (1999). 「환경법 — 이론과 실무 —」. 법률문화원;

조홍식. (2000). "분산이익소송에서의 당사자적격". 「판례실무연구」 Ⅳ(비교법실무연구회 편). 박영사;

_____. (2006). "대안적 분쟁해결제도(ADR)의 경제학: 환경분쟁조정제도에 대한 평가를 중심으로". 「비교사법」. 13(1): 85~159;

_____. (2008). "우리나라 기후변화대책법의 전망". 「환경법연구」 제30권 제2호, 311~338;

_____. (2011). "환경분쟁조정의 법정책 - 라즈의 권위의 이론에 의존하여 -". 「서울 대학교 *法學*」 제52권 제3호(2011년 9월). 121~159;

중앙환경분쟁조정위원회. (2010). 2009 환경분쟁조정사례집(제18집);

지구환경기획단. (1992). 「21세기 지구환경실천요령-리우지구환경회의 문서 영문본-」;

차경훈. (2018). 「환경오염피해구제제도 개선 및 발전방안 마련」;

채영근. (2001). "우리나라 토양환경보전법과 그 개정안의 내용과 문제점". 「공법연구」 제29집 제2호, 381~386;

최경진. "새로 도입된 법정손해배상에 관한 비판적 검토: 개인정보보호 관련법에서의 법 정손해배상을 중심으로". 성균관법학 Vol.27 No.2(2015). 성균관대학교 법학연구소, 175~208;

최광. (1992). "환경오염과 국민경제". 생태계 위기와 한국의 환경문제;

최병선. (1992). 「정부규제론」. 법문사;

최송화. (2002). "환경분쟁조정제도의 개발에 관한 연구". 「법치행정과 공익」(청담 최송 화교수 화갑기념논문집), 530~540;

하혜영. (2009). "환경분쟁에서 조정성립의 결정요인에 관한 연구: 조성성립 요인의 판 별과 예측을 중심으로". 「한국행정학보」. 43(4): 335~357;

_____. (2011). "환경분쟁조정의 실효성 분석: 재정결정 불복사건의 법원 제소를 중심 으로". 「한국행정학보」제45권 제1호(2011 봄), 77~99;

한국법제연구원. (2016). 「한국의 분쟁조정제도 소개 - 제2차 워크숍 -」(2016. 8. 5. 법제교류 자료 16-18-④) 발표문(https://policy.nl.go.kr/cmmn/FileDown.do?atch FileId=200443&fileSn= 43312);

한국환경법학회. (2008). 기후변화에 대한 환경법적 대처방안. 제91회 한국환경법학회 국제학술대회 자료집;

한국환경정책·평가연구원. (2006). 환경분쟁조정 기능 강화 등 중장기 발전 방향 연구 (중앙환경분쟁조정위원회 제출 연구보고서);

한상운. (2013). 환경책임과 환경보험 - 환경피해구제법(2013. 7. 30. 국회발의)을 중심 으로. 사법. 제26호, 2013. 12;

한지형. (2016). "환경오염피해소송에서의 인과관계 판단 — 관련 판례의 분석 및 환경 오염피해구제법 시행에 따른 전망을 중심으로 —". 「환경법연구」 제38권 제1호,

135~167;

함태성. (2009). "'녹색성장'과 '지속가능발전'의 관계정립에 관한 법적 고찰 - 저탄소 녹색성장기본법 - (안) 제정에 관한 법적 논쟁과 관련하여 -". 「환경법연구」 제31 권 제1호, 355~376;

허 영. (1995). 「한국헌법론」. 박영사;

행정안전부. (2011). 개인정보 보호법령 및 지침·고시 해설. 2011. 12;

현대호. (2000). 인터넷상의 정보보호에 관한 법제연구. 한국법제연구원;

홍보람. (2019). "다중흐름모형과 정책옹호연합모형 적용을 통한 환경오염피해구제법 도 입과정 분석". 『입법과 정책』(국회입법조사처) 제11권 제3호 2019. 12. 309~331;

홍성방. (2000). "환경기본권 -한국헌법 제35조에 대한 해석론적·입법론적 소고-". 「환경법연구」 제22권, 473~490;

홍완식. (2019). "의원입법의 증가와 질적 수준의 향상 방안". 2019년도 제헌 71주년 기 념 학술대회 『입법의 현재와 미래 - 국회의 역할과 과제를 중심으로』 제1주제 발제 문. 자료집 17~37;

홍준형. (1992). "정보공개청구권과 정보공개법". 「법과 사회」 제6호;

_____. (1994). "독일환경정보법의 제정에 관하여". 「환경법연구」 제16권, 61~90;

_____. (1994). "환경분쟁해결절차의 문제점과 대안". 「환경과 생명」 1994년 가을, 76~87;

_____. (1995). "환경정보의 기능과 환경정보공개제도". 「법학논총」(경원대학교 법학연 구소), 277~312;

_____. (1996). "시민환경주의와 그 환경법정책적 의미". 「환경법연구」 제18권, 356~ 382;

_____. (2005). "갈등관리와 공적해결 시스템". 『공공갈등관리의 이론과 기법(下)』(대 통령자문지속가능발전위원회편). 2005, 514~547;

_____. (2006). "환경분쟁조정제도의 실효성 및 실효성 제고방안에 대한 고찰"(2006). 『환경법연구』제28권 제1호(2006.5.15.), 356~382;

_____. (2010). "환경갈등과 조정: 쟁점과 대안". 「환경법연구」 제32권 제3호: 385~ 416;

_____. (2010). 「행정과정의 법적 통제」. 서울대학교 출판문화원;

_____. (2017). 「행정법」. 법문사;

_____. (2017). 「행정쟁송법」. 도서출판 오래;

_____. (2017).「환경법특강」. 박영사;

_____. (2018).「한국행정법의 쟁점」. 서울대학교출판문화원;

_____. (2020). 상징입법 - 겉과 속이 다른 입법의 정체. 한울아카데미;

_____. (2021).「시민을 위한 행정법입문」. 박영사;

_____. (2021).「지방자치법」. 대명출판사;

홍준형편(공저). (2008).「공공갈등의 관리, 과제와 해법」. 법문사;

홍준형 외. (2004). "개인정보보호법제 정비를 위한 기본법 제정방안 연구". 한국전산원.
  2004. 10. 29;

홍천룡. (1992). "환경오염피해의 구제".「환경법연구」제14집;

환경부. (2000 ~ 2019).「환경백서」;

_____. (1996).「쓰레기 종량제 시행 1년의 실적분석평가」;

_____. (2016).「환경오염피해구제제도 주요내용」(환경부 2016. 4.):

_____. (2016). 환경감시단. 환경오염피해배상_및_구제에_관한_법률 법령해설(http://
  www.me.go. kr/hg/file/readDownloadFile.do?fileId=127478&fileSeq=3);

황계영. (2016). "재활용 가능자원의 '폐기물' 해당 여부".「환경법연구」. 제38권 제2호,
  169~200, 169~170;

황종성외. (2004). 전자정부시대 개인정보보호법제 정립방안 연구(정부혁신지방분권위원
  회·한국전산원). 2004.12.31.;

松村弓彦. (1999).「環境法」. 成文堂;

阿部泰隆·談路剛久編. (1995).「環境法」. 有斐閣;

北村喜宣. (1992). 環境基準. 行政法の爭点(新版). ジュリスト 增刊, 256-257;

小高 剛. (1992). 行政法各論. 有斐閣;

木佐茂男·古城誠. (1995). 環境行政判例の綜合的研究. 北海道大學圖書刊行會;

原田尙彦. (1981).「環境法」. 弘文堂;

_____. (1977). 環境權と裁判. 弘文堂;

山村恒年. (1997).「環境法入門」. 昭和堂;

吉田克己. (1979). 環境基準. 公害總點檢と環境問題の行方. ジュリスト 增刊 總合特輯;

岩田幸基 編. (1971).「公害對策法解說」(新日本法規);

阿部泰隆. (1982). "相對的 行政處分概念の提唱(二)".「判例評論」284號(「判例時報」1049);

德本 鎭. (1969). "鑛害賠償における因果關係". 戒能通孝 編.「公害法の研究」;

南博 方. (1992). ジュリスト. 1992/9. 二〇周年を迎えた公害調整委員會;

ABA. (1988). Dispute Resolution First Aid Kit for Attorneys. ABA General Practice Section;

Abel, Richard L. (1982). The Politics of Informal Justice. Vol.1. American Experience. Academic Press;

American Bar Association. (1991). Section of Administrative Law and Regulatory Practice. Report to the House of Delegates, Recommendation. 1990; ABA Resolution adopted by the House of Delegates. August 12−13, 1991(Report No.109C);

Becker, Jürgen. (1984). Öffentliche Unternehmen als Gegenstand des Wirtsch− aftsverwaltungsrechts. DÖV;

Bender/Sparwasser. (1990). Umweltrecht. 2.Aufl. C.F.Müller;

Bender/Sparwasser/Engel. (1995). Umweltrecht. Grundzüge des öffentlichen Umweltschutzrechts. 3.Aufl. C.F.Müller;

Breuer, R. (1992). Umweltschutzrecht, in: I.v.Münch(hrsg). Besonderes Verwaltungsrecht. 9.Aufl.;

_____. (1995). Umweltschutzrecht, in: Schmidt−Aßmann. Besonderes Verwa− ltungsrecht. 1995;

Breyer, Stephen. (1982). Regulation and its Reform. Harvard University Press;

Bullard, Robert D. (1994). "Overcomming Racism in Environmental Decisionmaking". Environment;

Bunyan Bryunt. (1995). Environmental Justice. Island Press;

Cadwell, Lynton K. (1993). "Environmental Policy as a Political Problem". Policy Studies Review 12:3/4, 104~116

Carnevale, D.G. (1989). Alternative Dispute Resolution: An Illustrative Case in the US Postal Service. Public Administration Review. Vol.14. No.1;

Dale, J.H. (1968). Pollution, Property and Prices;

Dolšak, Nives & Ostrom, Elinor (ed.) (2003). The Commons in the New Millennium. MIT Press;

Editorial. (2020). *Animal rights: interconnections with human rights and the* environment. *Journal of Human Rights and the Environment*. Vol. 11 No. 2. September 2020, 149-155;

Eifert, Martin. (1994). *Umweltinformation als Regelungsinstrment*. DÖV 1994, 546ff.;

EPA. (2011). EPA's Action Development Process;

Executive Office of the President. Office of Management and Budget. (1994). Review Draft Electronic FOIA Principle(Memorandum for Interested Parties from Bruche McConnell. Government Information Working Group. Information Policy Committee. Information Infrastructure Task Force). November 18, 1994;

Favre, Brian. (2020). *Is there a need for a new, an ecological, understanding of legal animal rights?* Journal of Human Rights and the Environment. Vol. 11 No. 2. September 2020, pp. 297-319;

Folberg, J./Taylor, A., (1986). Mediation: A Comparative Resolving Guide to Conflicts Without Litigation. San Francisco: Jossey—Bass Publishers;

Foucault, Michel. (1980). Power/Knowledge. Vintage;

Freeman, Micahel. (1995). Alternative Dispute Resolution. Dartmouth;

Freeman III, A. Myrick. (2000). Economics, Incentives, and Environmental Regulation, in Environmenal Policy(ed. by Norman J. Vig & Michael E. Kraft), 191 — 208;

Gerschwer, Lawrence. (1993). *Informational Standing under NEPA: Jurisdictionality and the Environmental Decisionmaking Process*. Columbia Law Review Vol.93;

Gneezy, Uri, and Aldo Rustichini. (2000). A Fine Is a Price. Journal of Legal Studies 29: 1—18;

Goldberg, S.B./Green, E.D./Sander, F.E.A. (1985). Dispute Resolution. Boston. Mass.: Little Brown;

Götz, Volkmar. (2008). Allgemeines Polizei— und Ordnungsrecht. 14. Aufl. Vandenhoeck & Ruprecht;

Grad, Frank P. (1989). Alternative Dispute Resolution in Environmental Law. Columbia Journal of Environmental Law. Vol.14, 157—185;

Hansjürgens, B./Lübbe—Wolff, G. (Hrsg.). (2000). Symbolische Umweltpolitik. Frankfurt a. M.: 217~238;

Hauf/Müller(Hrsg). (1985). Umweltpolitik am Scheideweg. C.H.Beck;

Himmelmann/Pohl/Tünnessen−Harmes. (2000). Handbuch des Umweltrechts. C.H. Beck;

Hoffmann−Riem, Wolfgang. (1994). *Ökologisch orientiertes Verwaltungsverfah−rensrecht − Vorklärungen*. AöR 1994, 590;

Hong, Joon Hyung. (1997). Die Umweltproblematik und der Stand der Umweltgesetzgebung in Korea. Vortrag an der Tagung von KAS "Die Umweltproblematik in Ostasien". 1997;

Hucke, J. (1983). *Regulative Politik, Das Beispiel Umweltschutz*, in: Abschied vom Recht ?;

Jänicke, M./Kunig, P./Stitzel, M. (1999). Umweltpolitik. Dietz;

John, DeWitt. (1994). Civic Environmentalism, Alternatives to Regulation in States and Communities. CQ Press;

Jourova, Vera. (2015). "Commissioner Jourová's remarks on Safe Harbour EU Court of Justice judgement before the Committee on Civil Liberties. Justice and Home Affairs (LIBE)". 26 October 2015;

Kanowitz, L., (1990). Alternative Dispute Resolution. 1990 Supplement. 2 Vols. West;

Keeva, Steven. (1994). "a Breath of Justice". ABA Journal, 88~89;

Kloepfer, M. (1992). Umweltrecht, in: Achterberg/Püttner(Hrsg). Besonderes Verwaltungsrecht II;

Koch, Hans−Joachim(Hrsg.). (2002). Umweltrecht. Luchterhand;

Kraft, Michael E. & Vig, Norman. J. (1994). *Environmental Policy From the 1970s to the 1990s: Continuity and Change*, in: Environmental Policy in the 1990s, Toward a New Agenda(CQ Press) 3~29;

Kurki, Visa AJ. (2019). A Theory of Legal Personhood. Oxford University Press;

Lal, Rattan et al. 'Soil Carbon Sequestration Impacts on Global Climate Change and Food Security'(Science 304: 1623−1627. 2004. 7);

Lambert, Thomas/Boerner, Christopher. (1997). *Environmental Inequity: Economic Crisis, Economic Solutions*. Yale Journal on Regulation. Vol.14. No.1. Winter 1997, 195−234;

Lazarus, Richard J. (1993). *Pursuing "Environmental Justice": The Distributional Effects of Environmental Protection*. Northwestern University Law Review Vol. 87.

No.3., 787−791;

Mackie, K. J.(Ed.). (1991). A Handbook of Dispute Resolution. Routledge and Sweet & Maxwell;

Marx, Gary T. (1999). "Privacy and Technology"(http://web.mit.edu/gtmarx/www/privantt.html);

Maurer, H. (2009). Allgemeines Verwaltungsrecht. 17.Aufl. 2009;

Mikati I1, Benson AF1, Luben TJ1, Sacks JD1, Richmond−Bryant J. (2018). Disparities in Distribution of Particulate Matter Emission Sources by Race and Poverty Status. Am J Public Health. 2018 Apr; 108(4): 480−485. doi: 10.2105/AJPH.2017.304297. Epub 2018 Feb 22.;

Nabatchi, Tina. (2007). The Institutionalization of Alternative Dispute Resolution in the Federal Government. *Public Administration Review*, July/August 2007, 646−661;

Newig, Jens. (2003). Symbolische Umweltgesetzgebung − Rechtssoziologische Untersuchungen am Beispiel des Ozongesetzes, des Kreislaufwirtschafts− und Abfallgesetzes sowie der Großfeuerungsanlagenverordnung. Schriftenreihe zur Rechtssoziologie und Rechtstatsachenforschung (RR). Band 84;

_____. (2010). *Symbolische Gesetzgebung zwischen Machtausübung und gesell−schaftlicher Selbsttäuschung*, in: Michelle Cottier, Josef Estermann, Michael Wrase (Hrsg.) Wie wirkt Recht?, 301~322(Ausgewählte Beiträge zum ersten gemeinsa−men Kongress der deutschsprachigen Rechtssoziologie−Vereinigung 1. Auflage 2010) Reihe: Recht und Gesellschaft − Law and Society. Bd. 1 nomos Verlag;

Newkirk II, Vann R. (2018). Trump's EPA Concludes Environmental Racism Is Real, Feb 28, 2018(https://www.theatlantic.com/politics/archive/2018/02/the−trump−administration−finds−that−environmental−racism−is−real/554315);

OECD. (1989). Economic Instruments for Environmental Protection. Paris;

OECD. (2004). Economic Aspects of Environmental Compliance Assurance;

OECD. (2009). Ensuring Environmental Compliance: Trends and Good Practices;

OECD. (2011). "The size and composition of the SOE sector in OECD countries". OECD Corporate Governance Working Papers. No.5(www.oecd.org/daf/corpo−rateaffairs/wp(http://www.esade.edu/public/ modules/news/files/48512721.pdf);

Ogus, A. (1982). The Regulation of Pollution, in: Policing Pollution, A Study of Regulation and Enforcement. Clarendon Press. Oxford;

O'Leary, Rosemary. (1993). *The Progressive Ratcheting of Environmental Laws: Impact on Public Management.* Policy Studies Review. Autumn/Winter 1993, 12:3/4, 118~136;

_____. (1993). Emergency Planning: Local Government and the Community Right−to−Know Act. ICMA;

O'Leary, R. & Raines, S. (2001). *Lessons Learned from Two Decades of Alternative Dispute Resolution Programs and Process at the U. S. Environmental Protection Agency.* Public Administration Review. 61(6): 682~692;

Panayotou, T. (1990). *The Economics of Environmental Degradation: Problems, Causes and Responses.* Development Discussion Paper No.335. A CAER Project Report. Harvard Institute for International Development. Cambridge. MA: Harvard University;

Pernthaler/Weber/Wimmer. (1992). Umweltpolitik durch Recht − Möglichkeiten und Grenzen, Rechtliches Strategien zur Umsetzung des Umweltmanifests. Manzsche Verlags− und Universitätsbuchhandlung. Wien;

Pohl. (1996). Instrumente des Umweltrechts, in: Himmelmann/Pohl/TünnesenHarmes. Handbuch des Umweltrechts. 1996. C.H.Beck;

Posner, Richard A. (1981). The Economics of Justice. 1981. Harvard University Press;

_____. (1995). Overcoming Law. Harvard University Press;

Prümm, H.P. (1989). Umweltschutzrecht;

Retenberg, Marc. (2002). The Privacy Law Sourcebook 2002. United States Law, International Law, International Law, and Recent Developments, Electronic Privacy Information Center;

Riley, Thomas B. (2003). The Information Society: The Role of Information in the Emerging Global E−Government, E−Governance and E−Democracy Environments (http://www.electronicgov.net/pubs/research_papers/tracking03/IntlTracking ReporttApr03no3.pdf);

Rose, Carol M. (1994). Given−ness and Gift: Property and the Quest for the environmental ethics. Environmental Law Vol.24:1, 1~31;

Rossi, Matthias. (2006). Informationsfreiheitsgesetz. Handkommnentar. Nomos. Berlin;

Roßnagel, A./Neuser, U.(Hrsg.) (1996). Reformperspektiven im Umweltrecht. Nomos—Verlags gesellschaft. Baden—Baden;

Sander, Frank E.A. (2000). The Future of ADR. Journal of Dispute Resolution 2000(1): 3-10;

Sloan, Irving J. (1979). Environment and the Law. Oceana Publication;

Smith, J.C. (1983). The Process of Adjudication and Regulation, a Comparison, in: Rights and Regulation, 71—96;

Schmehl, Arndt. (1991). *Symbolische Gesetzgebung.* Zeitschrift für Rechtspolitik 24. Jahrg., H. 7 (Juli 1991), pp. 251~253(https://www.jstor.org/stable/23422424);

Schmidt/Müller. (1989). Einführung in das Umweltrecht. JuS Schriftenreihe. C.H. Beck;

Schmidt, Reiner. (1994). *Der Staat der Umweltvorsorge.* DÖV 1994, 749ff.;

Schwartz, Paul. (1995). Privacy and Participation: Personal Information and Public Sector Regulation in the United States. 80 Iowa L. Rev. 553;

Shrader—Frechette, Kristin. (2002). Environmental Justice, Creating Equality, Reclaiming Democracy. Oxford;

Simitis, Spiros. (1987). Reviewing Privacy in an Information Society. 135 U. Pa. L. Rev. 707;

Singer, Peter. (1975). Animal Liberation. HarperCollins. New York;

Sparks, Tom/Kurki, Visa/Stucki, Saskia. (2020). *Animal rights: interconnections with human rights and the environment: Editorial.* Journal of Human Rights and the Environment. Vol. 11 No. 2. September 2020, 149-155;

Stavins, Robert N. (1998). *The Choice of Regulatory Instruments in Environmental Policy.* Harvard Environmental Law Review. volume 22. number 2, pp. 313~367. With N. Keohane and R. Revesz. Reprinted in Land Use and Environmental Law Review. vol. 30. September 1999;

Stone, Christopher D. (1974). Should Tree Have Standing? — Toward Legal Rights for Natural Objects. Portola Valley. CA: Tioga Publishing Company;

Storm, Peter—Christoph. (1994). in Kimmnich/von Lersner/Storm, Handwörterbuch des Umweltrechts (HdUR). Bd.II. 2.Aufl.;

Takeyoshi Kawashima. (1963). Dispute Resolution in Contemporary Japan, in:

Arthur Taylor von Mehren(ed.), Law in Japan: The Legal Order of a Changing Society. Harvard University Press;

Tokiyasu Fujita. (1994). Streitvermeidung und Streiterledigung durch informelles Verwaltungshandeln in Japan. NVwZ 1994, 136−137;

Thompson, Micheal(권순일 역). (1993). "ADR운동의 전개와 현대적 분석". 법조 1993.9

Tyler, Tom R. (1989). The Quality of Dispute Resolution Procedure and Outcomes: Measurement Problems and Possibilities. Denver University Law Review. 66, 419−436;

Vaughn, Robert. (1995). Public Information Law & Policy. Spring, 1995, Part 1 of 5;

Vig, Norman J. & Kraft, Michael E. (ed.) (2000). Environmental Policy. 4.ed. CQ Press;

Wacks, Raymond. (1989). Personal Information. Clarendon Press;

Westin, Alan Furman. (1967). Privacy and Freedom. New York Atheneum;

World Commission on Environment and Development. (1987). Our Common Future. Oxford. UK: Oxford University Press;

Global Internet Policy Initiative. (2003). Privacy and E−Government: Privacy Impact Assessments and Privacy Commissioners−Two Mechanisms for Protecting Privacy to Promote Citizen Trust Online. 2003.5;

EC Commission. (2000). 2000/520/EC: Commission Decision of 26 July 2000 pur− suant to Directive 95/46/EC of the European Parliament and of the Council on the adequacy of the protection provided by the safe harbour privacy principles and related frequently asked questions issued by the US Department of Commerce (notified under document number C(2000) 2441), accessed 1 November 2015;

European Parliament and of the Council. (1995). Status of implementation of Directive 95/46 on the Protection of Individuals with regard to the Processing of Personal Data(http://ec.europa.eu/justice/policies/privacy/law/implementation_en.htm);

찾아보기

홍준형(洪準亨)

서울대학교 행정대학원 교수

서울대학교 법과대학 졸업 (법학사)
서울대학교 대학원 법학과 석사과정 졸업 (법학석사)
서울대학교 대학원 법학과 박사과정 수료
독일 Universitat Gottingen 법학박사 (Dr. iur., summa cum laude)

한국공법학회 회장 역임(2011.7~2012.6)
한국환경법학회 회장 역임(2009.7~2010.7)
행정안전부 주민등록변경위원회 위원장(2017~현재)
서울특별시행정심판위원회 위원(2016~현재)
정보보호산업분쟁조정위원회 위원장(2016.6.29~현재)
서울특별시교육청 행정심판위원회 위원(2013~2018)
법제처 자체평가위원회 위원장(2012~2018)
문화재위원회 위원(2017.5.1~2019.4.30)
국토교통부 댐 사전검토협의회 위원장(2013~2017)
개인정보분쟁조정위원회 위원장(2011.11.14~2015.12)
한국학술단체총연합회 회장(이사장)(2014.1.1~2016.12.31)

연구실적(저서)

『시민을 위한 행정법입문』. 2021, 2018. 박영사
『한국행정법의 쟁점』. 2018. 서울대학교출판문화원
『행정쟁송법』. 2017. 도서출판 오래
『행정법』. 2017. 법문사
『환경법특강』. 2017. 박영사
『지방자치법』. 2017. 대명출판사
『환경법』, 2005, 2001, 박영사
『법정책의 이론과 실제』. 2008. 법문사
『공공갈등의 관리, 과제와 해법』(공저). 2008. 법문사
『판례행정법』, 1999, 두성사

공기업법

초판발행	2021년 4월 20일
지은이	홍준형
펴낸이	안종만·안상준
편 집	한두희
기획/마케팅	이영조
표지디자인	Ben Story
제 작	고철민·조영환
펴낸곳	(주) **박영사**
	서울특별시 금천구 가산디지털2로 53, 210호(가산동, 한라시그마밸리)
	등록 1959. 3. 11. 제300-1959-1호(倫)
전 화	02)733-6771
f a x	02)736-4818
e-mail	pys@pybook.co.kr
homepage	www.pybook.co.kr
ISBN	979-11-303-3909-2 93360

정 가   20,000원